포스트사회주의 중국의 문화정체성과 문화정치

문화과학 이론신서 74

포스트사회주의 중국의 문화정체성과 문화정치

지은이 | 임춘성

초판인쇄 | 2017년 5월 4일
초판발행 | 2017년 5월 11일

펴낸이 | 손자희
펴낸곳 | 문화과학사

출판등록 | 제1-1902 (1995. 6. 12)
주소 | 03707 서울시 서대문구 성산로13길 22(연희동)
전화 | 02-335-0461
팩스 | 02-334-0461
이메일 | transics2@gmaill.com
홈페이지 | http://cultural.jinbo.net

값 24,000원

ISBN 978-89-97305-12-4 93910

이 도서의 국립중앙도서관 출판시도서목록(CIP)은 서지정보유통지원시스템 홈페이지(http://seoji.nl.go.kr)와
국가자료공동목록시스템(http://www.nl.go.kr/kolisnet)에서 이용하실 수 있습니다.
CIP제어번호: CIP 2017010351

이 저서는 2014년도 정부(교육부)의 재원으로 한국연구재단의 지원을 받아 연구되었음(NRF-2014S1A6A4A02025101)

문화과학 이론신서 74

포스트사회주의 중국의
문화정체성과 문화정치

임춘성 지음

문화과학사

서 문 | 문화연구와 중국연구, 1996~2016

중국의 개혁개방은 소련의 페레스트로이카와 글라스노스트보다 8년 이른 1978년 시작되었다. 개혁개방이 시작된 지 소련 기준으로는 30년이 갓넘었지만 중국 기준으로는 40년이 다 되어가는 셈이다. 개혁개방 이후의 사회주의 사회를 지칭하는 포스트사회주의(postsocialism/postsocialist)라는 용어가 출현한 것도 30년이 넘었다.

그러나 포스트사회주의에 대한 이해는 논자에 따라 다양하다. 아리프 딜릭(Arif Dirlik)은 일찍이 사회주의적 이상이 현실에서 실현될 가능성이 배제된 현재와 같은 상황에서, '사회주의가 자본주의와 결합한 상황'을 포스트사회주의로 설정하는 동시에 이를 '지구적 자본주의'와 대립하는 것으로 설정했다. 하지만 개혁개방 시기에 '혁명적 사회주의'는 '중국 특색의 사회주의'라는 목표를 실현하는 데 장애가 되고 있으니, 이는 '사회주의의 합리성 위기'가 아닐 수 없다. 딜릭이 포스트사회주의를 지구적 자본주의의 대립물로 설정했다면, 폴 피코위츠(Paul Pickowicz)는 포스트사회주의를 포스트모더니즘의 이데올로기적 카운터파트로 설정한다. 사회주의의 새로운 단계로 포스트사회주의라는 독자적인 사회구성체를 제안한 피코위츠는 중국에서의 포스트사회주의를 일종의 '감정구조(structure of feeling)'로 인식했다. 그런가하면, 장잉진(張英進)은 포스트사회주의를 포스트마오 시대의 다양한 문화경관으로 파악하고 있다.

개혁개방 이후 중국 관방에서 '중국 특색의 사회주의'라고 한 것에 빗대어, '중국 특색의 자본주의'라는 해석도 설득력 있게 제시되고 있다. 데이비드 하비(David Harvey)는 '중국 특색의 신자유주의'라 하고, 앨빈 소(Alvin Y. So)는 중국이 동아시아 발전 모델에 가까운 국가 발전주의로 이행하고 있다고 주장하기도 한다. 장쥔(ZHANG Jun)의 경우, '얼룩덜룩한 자본주의(variegated capitalism)'라고 하여 현재의 중국이 복잡하고 혼종된 발전 유형을 가지고 있는 사회임을 강조하기도 했다.

개혁개방 이후의 중국을 단일한 잣대로 규정하는 것은 현명한 일이 아니다. 그보다는 사회주의 정치체제를 고수하면서 자본주의를 적극 수용해 신자유주의적 개혁을 시행하고 있는 중국을 '이행(transition)'의 관점에서 바라보는 것이 설득력 있을 것이다. '중국의 장기 근현대(the long-term modern China)' 시각에서 보면, 중국은 아편전쟁 이후 반식민·반봉건 사회를 거쳐 1949년 중화인민공화국, 즉 사회주의 사회로 이행했다. 그리고 지금은 포스트사회주의 시기를 통과하는 중이다. 관점을 바꿔 말하면, 아편전쟁 이후 저급한 자본주의를 거쳐 1949년 이후 국가자본주의, 그리고 개혁개방 이후 중국 특색의 자본주의를 경과하고 있는 것이다. 물론 이행의 관점은 중국이 서양식 시장 자본주의로 이행할 것이라는 가정을 경계한다. 그렇다고 '현실 사회주의'가 지속될 것으로 전제하지도 않는다. 현재 중국과 중국인들은 무엇인가로 이행 중이다. 학생들과 지식인들은 민주로의 이행을 희망하고 언론인들은 언론의 자유와 더 큰 민주로의 이행을 원하며 많은 중국인들은 더 많은 재화와 더 나은 수준의 삶으로의 이행을 원한다. 비자본주의적이면서 현실 사회주의와는 다른 제3의 길은 과연 무엇일까?

이 책에서는 포스트사회주의를 개혁개방 이후 중국을 관찰하는 시야로 설정한다. 포스트사회주의는 문화대혁명으로 대변되는 '사회주의 30년'을 부정하고 그것과 단절되는 측면과, 새로운 단계에 들어섰음에도 문혁의 기제가 여전히 관철되는 측면을 동시에 지적한다는 장점이 있다. 즉 사회주의의 지속(after, 後)과 발전(de-, 脫)을 절합(articulation)시키고 있는 중국 '개혁개방' 시기의 특색을 요약할 수 있다는 점에서 유효하다. 한마디 덧붙이자면, 아리프 딜릭의 결기를 본받아 지구적 자본주의에 대립하는 그 무엇으로 설정하고 싶지만 새로운 유토피아를 만들어 내기 전에는 그것이 쉽지 않음도 인식하고 있는 수준의 시야임을 밝혀둔다.

개혁개방 이후 중국의 급변하는 추이를 따라가며 문학적으로 분석해 보려 노력한 지도 어언 30년이 넘었다. 좌익문학 운동을 주제로 쓴 박사학위논문을 마무리하고 목포대학에 부임한 후 본격적으로 시작한 이 노력은 '신시기' 소설을 통해 시대 상황을 읽는 방법으로 시작되었고, 학제간 만남이 빈번해지면서 '문학 너머'를 넘보게 되었다. 그 와중에 '문화연구(cultural studies)'를 만난 것이 1996년 무렵이었다. 인문대 동료교수들과 문학이론 공부를 시작하며 자연스레 문화연구에 입문하게 되었던 것이다. 이 책은 그 후 20년 간 문화연구와 중국연구(Chinese studies)를 결합한 공부의 결과물이다.

'문화연구로의 전환(cultural studies' turn)'은 '문화적 전환(cultural turn)'과 긴밀한 관계를 가지고 있다. 문화적 전환은 인문학 및 사회과학 분야의 학자들 사이에서 1970년대 초반부터 문화를 당대 토론의 초점으로 만들기 시작한 운동이다. 그것은 이전 사회과학의 주변 분야에서 나오게 된 다양한 새로운 이론적 충격에서 비롯된 광범한 분야를 포함한다. 포스트구조주의로부터 비롯된 지적 혁명은 바로 '문화적 전환'의 주제의식을 가지고 진행되었던 것이라고 볼 수 있다. '문화적 전환'이라는 큰 흐름에는 문화연구 외에도 '공간적 전환(spatial turn)' '번역 전환(translation turn)' 등이 포함된다.

'문화연구로의 전환'은 유독 한국의 중문학계에서는 그 반향이 더뎠다. 문화연구의 특징인 학제간 융복합연구의 관점에서 보면 개혁개방 이후 중국 대륙에서 성과를 낸 학자들은 대부분 '한 우물 파기' 식의 분과학문 연구에서 벗어나, 활발하게 학제간 대화를 진행하며 연구에 전념했다는 면에서 넓은 의미의 '문화연구' 종사자라 할 수 있다. 포스트사회주의 중국의 비판적 사상의 기원이라 할 수 있는 리쩌허우(李澤厚)는 미학과 철학, 사상사 등을 넘나들며 마지막 양식(late style)으로 '인류학 역사본체론'을 제창했고, 첸리췬(錢理群)은 문학과 사상을 넘나들며 루쉰(魯迅) 연구부터 마오쩌둥(毛澤東) 연구까지를 아울렀다. 루쉰 연구에서 시작해 사상과 문화연구를 넘나드는 왕후이(汪暉), 중국문학과 일본사상사를 오고가며 동아시아 시야를 확보한 쑨거(孫歌), 그리고 문화연구로의 전환을 분명하게 표명한 왕샤오밍(王曉明) 등도 마찬가지다. 이들은 하나의 분과학문에 안주하지 않고 자신의 학문적·실천적 아젠다를 해결하기 위해 인문학의 전통 분야인 문사철(文史哲)을 토대로 삼아, 인류학, 정치학, 사회학 등의 사회과학 범주와 문화연구, 지역연구, 포스트식민연구, 인지과학 등의 신흥 학문까지 아우르면서 융복합적 연구에 매진하고 있다.

문화연구의 발원지인 영국 버밍햄학파는 리비스주의에 대한 반발로 시작되었다. 리비스주의는 '문화의 연구(study of culture)'를 주장했는데, 이는 대중문화를 무정부 상태로 간주하고 비판한 것이었다. 이에 대한 반발로 버밍햄학파의 문화연구는 대중문화 연구에 중점을 두었다. '문화의 연구'에서 대상으로 삼은 것은 고급문화였고, '문화연구'에서는 고급문화 위주의 전통을 비판하면서 대중문화를 연구 시야에 넣었던 것이다. 새로운 단계의 문화연구는 고급문화와 대중문화의 장벽을 타파하고 양성문화에 대한 학제간 융복합적 연구를 진행해야 할 것이다. 리비스주의의 '문화의 연구'로부터 버밍햄학파의 '문화연구'로, 이제 다시 '문화에 대한 문화연구(cultural studies of culture)' 단계로 나아가자는 것이다. 이는 기존의 고급문화와 대중문화의 구분, '문화의 연구'와 '문화연구'의 장벽을 타파하고, 고급문화와 대중문화를 아우르는 문화 개념을 새롭게 제출하면서 그것을 '문화적으로' 연구하자는 것이다. 고급문화 중심의 리비스주의가 1단계였고, 이를 비판하고 대중문

화 중심의 문화연구를 제창한 버밍햄학파가 2단계였다면, 고급문화와 대중
문화를 구분하지 말고 양성문화를 발굴하고 악성문화를 지양하는 새로운
3단계로 나아갈 필요가 있다고 본다. 이는 기존의 '문화연구'의 입장에서
보면 연구의 대상을 확장하는 것이고, '문화의 연구' 입장에서 보면 연구
방법론을 확립하는 장점이 있다.

'혁명의 80년대'가 저물어갈 무렵 뜻이 맞다고 생각했던 동업자 몇과
모임을 만든 적이 있었다. 당시 타이완 유학파들의 반공 실증주의적 학풍에
식상해 새로운 검을 주조하자는 취지에서 그 모임을 '주검회(鑄劍會)'라 명명
했다. 얼핏 '주검'을 연상케 하는 이 단어는 루쉰의 단편소설 「주검(鑄劍)」에
서 따온 것이었다. '검을 벼리다'라는 동빈(動賓)구조는 '벼린 검'으로 번역할
수도 있는데, 나에게는 검을 제대로 벼리려면 '주검'을 각오해야 될지도 모르
겠다는 생각으로 다가왔다. 하지만 그때 벼리던 검은 몇 년 되지 않아 폐기처
분하고 말았다. 나는 지금도 그때 벼리려던 검을 떠올리곤 한다. 그리곤 다짐
한다. 언젠가 다시 제대로 된 검을 벼려보겠노라고.

이 책을 마무리하는 시간은 탄핵정국의 촛불혁명 진행과 맞물려 있었다.
지난 가을부터 시작된 촛불혁명은 나를 30년 전으로 돌아가게 만들었다.
'혁명의 80년대'에 후배들과 함께 공덕동 로터리와 남대문로 등에서 격렬하
게 시위하며 맡았던 최루탄 가스가 '1987년 체제'로 귀결되었던 기억이 새로
워, 여러 차례 동료와 후배, 그리고 마침 한국을 방문한 외국 친구들과 광화
문 네거리 현장에 나가곤 했다. 한 개인에게 30년은 반생(半生)에 가깝지만
역사에서는 한 순간에 불과할 수 있다. 하지만 1987년이 그러했듯이 2016년
가을부터의 시간은 특별한 시간으로 기록될 것이다. 역사가 단순 반복되지
않기 위해서는 1987년을 반면교사로 삼아 촛불혁명을 진정한 '발란반정(撥
亂反正)'의 단계로 승화시켜야 할 것이다.

샹탈 무페(Chantal Mouffe)는 근대 민주주의에서 대의민주주의 실행이

불가피하다고 생각하는 것을 문제로 지적했다. 그녀가 보기에 민주주의의 가장 중요한 내용인 '인민민주 원칙'을 위해 '대의제'를 시행했음에도 불구하고 '대의제'가 '인민민주 원칙'을 억압하는 현상이 출현한다는 것이다. 그녀는 이를 '민주주의의 역설'이라 명명했다. 우리는 이 '역설'을, 인민이 민주적으로 선거를 통해 선출한 지도자가 당선 이후 인민의 뜻을 대표하지 않는 상황으로 이해할 수 있겠다. 원칙이 통용되지 않는 상황은 어지러움이다. 마침내 우리는 그러한 '어지러움을 평정(撥亂)'했다. 이제 '정의로 돌아가야(反正)' 한다.

돌이켜 보면 이 책에 묶인 글들은 혼자 썼지만 그 과정은 혼자만의 힘으로 이루어진 것은 아니었다. 먼저 '문화기호학' 세미나를 함께해온 목포대학교 동료 교수들에게 고마움을 전한다. 강내희 교수가 주관하는 '인지과학' 세미나는 '문화기호학' 세미나와 함께 최근 내 공부를 견인하는 쌍두마차다. 멤버들에게 감사를 전하며 두 분야를 조만간 글에 녹여내기를 기대해 본다. 아울러 '맑스 코뮤날레' 중국세션 멤버들에게도 감사의 마음을 전한다. 이 책의 일부는 2015년과 2016년 지식순환협동과정 대안대학 4쿼터에서 강의 자료로 활용했었다. 어려운 내용을 경청하고 끊임없이 질문을 쏟아내던 대안대학 학생들과의 만남은 전에 없던 신선한 자극이었다.

지속적으로 읽고 쓸 수 있는 여건을 제공해준 목포대학교에도 감사드린다. 이 책에 실은 글들은 대부분 단편논문으로 발표한 것들이다. 게재를 허락해준 『중국현대문학』과 『문화/과학』을 비롯한 여러 간행물에 감사를 표한다. 아울러 한국연구재단의 지원은 이 책을 완성하게 한 주요한 계기이자 동력이었음을 밝혀둔다. 글의 출판을 흔연히 허락해 주신 문화과학사의 손자희 선생께 감사의 말을 드린다. 특히 출간에 임박해 생각지 못한 암초를 만났을 때 따뜻한 격려와 믿음을 보내주신 덕분에 난관을 헤쳐 나올 수 있었다. 『문화/과학』과의 만남에 다리를 놓아주고 '맑스 코뮤날레' 및 지식순환

협동조합을 함께 하는 심광현 선생에게도 깊은 고마움을 전한다.

3년 전 '문학사 담론' 책을 낼 무렵 사우(師友) 이재현 선생이 '나름의 목소리'를 내라고 충고했을 때 '학이사(學而思)'의 경지로 나아가겠다는 의지를 피력했었다. 지금 새로운 책을 내면서 돌아보니 그때와 많이 달라졌다고 자평하면서도 갈 길이 멀다는 느낌을 지우기 어렵다. 갈수록 박람강기가 쉽지 않지만 새롭게 가다듬으며 발분(發憤)을 기약해 본다.

마지막으로 이 책에 실린 글들의 출처를 밝혀둔다. 일부 글들은 책으로 묶으면서 약간의 수정을 가하기도 했고, 전면적인 재구성을 하기도 했다.

서장: 「21세기 문명전환시기 중국의 문화정치」(『중국현대문학』 제74호, 2015 수정 보완. 원제: 천하위공과 체진민주(遞進民主)—제도와 주체의 변증법)

1장: 「포스트사회주의 중국의 비판적 사상의 흐름」(『중국현대문학』 69호, 2014 재구성. 원제: 포스트사회주의 중국의 비판적 사상의 흐름과 문화연구)

2장: 「리쩌허우의 문화심리구조와 역사본체론」(『중국연구』 67권, 2016 수정 보완)

3장: 「'문화에 대한 문화연구'와 '문화번역의 정치학」(『중국학연구』 제79집, 2017, 수정보완. 원제: 방법으로서의 문화연구와 중국문학)

4장: 「포스트사회주의 중국의 문화연구와 왕샤오밍의 비껴서기」(『문화연구』 2권1호, 2013. 원제: 중국의 비판적·개입적 문화연구: 상하이 문화연구 그룹을 중심으로; 『중국학보』 제70집, 2014. 원제: 왕샤오밍(王曉明)론: 문학청년에서 유기적 지식인으로. 이 두 편의 글을 수정보완하여 한 편의 글로 재구성)

5장: 「문화중국의 타자, 중국 소수민족의 정체성」(『중국현대문학』 제54호, 2010)

6장: 「장뤼(張律) 영화를 통해본 중국 소수민족 정체성과 문화정치」(『중국현대문학』 제58호, 2011. 원제: 포스트사회주의 시기 중국소수민족 영화를 통해본 소수민족 정체성과 문화정치—張律의 영화를 중심으로)

7장: 「소수자 문학 관점에서 고찰한 중국 내 '동남아 중어문학 연구」(『중국학보』 제73집, 2015)

8장: 「포스트사회주의 중국의 도시화와 도시영화의 정체성」(『중국현대문학』 제64호, 2013)

9장: 「포스트냉전 도시 타이베이의 문화정체성」(『중국현대문학』 제43호, 2007. 원

제: 도시 폭력의 우연성과 익명성—에드워드 양의 『위험한 사람들』 읽기)

10장: 「지구적 이주와 뉴욕 중국인의 문화정체성」(『중국현대문학』 제44호, 2008. 원제: 이주와 디아스포라—중국영화에 재현된 뉴욕의 중국인)

11장: 「문화중국과 중국의 자기 인식」(『문화/과학』 54호, 2008 수정보완. 원제: 중국 문화민족주의의 최근 흐름들과 재현의 정치학)

12장: 「미국화와 한국 대학의 중국 인식」(『현대중국연구』 제11집 1호, 2009 재구성. 원제: 한국 대학의 미국화와 중국 인식)

13장: 「중국 인식의 몇 가지 경로—『정글만리』와 <슈퍼차이나>를 화두로 삼아」(『문화/과학』 79호, 2014. 원제: '대국굴기' 중국을 어떻게 인식할 것인가—조정래의 『정글만리』를 화두로 삼아; 『중국현대문학』 제79호, 2016 재구성. 원제: 문명 전환 시대 한국인의 중국 인식—『정글만리』와 「슈퍼차이나」를 중심으로)

2017년 3월 31일
임 춘 성

차례

서 장:
21세기 문명전환시기
중국의 문화정치

1_ 21세기 문명전환과 중국

현재 미국 헤게모니는 상당히 약화되었고, 중국의 경제력이 크게 부상하면서 세계 정세는 불안정하게 요동치고 있다. 그러나 경제력의 중국 집중에도 불구하고 과학 기술과 군사력은 여전히 미국에 집중되고 있다. 이 새로운 요동의 역사적 배경을 분석하고, 향후 이 2강 구도가 어떤 형태의 대결과 경쟁과 협력 방식으로 전개될지를 전망하면서 세계체계의 요동 속에서 대안 세계화로의 이행 가능성을 탐색하는 일은 필요하고도 시급한 일이다. 15세기 이래 이슬람 문화에서 서유럽(미국 포함)이 주도하는 자본주의 문화로 전환되었다면, 이제 앞으로의 세계에서는 신아시아 문화 또는 유라시안 문화, 나아가 중국이 세계를 지배할 것이라는 전망이 속출하고 있다.*

회족(回族) 출신의 중국 원로 작가 장청즈(張承志)는 15세기에 시작된 이슬람문명에서 서유럽문명으로의 전환이 1919년에 이르러서야 완성되

---

* 지식순환협동조합 대안대학 [문명의 전환과 아시아] 강의계획서. http://cafe.naver.com/freeuniv/9549 (검색: 2016.7.25.)

었다고 보면서, 1492년과 1699년-1919년의 두 개의 분기점을 제시하고 있다.(장청즈, 2013: 240) 그가 보기에 세계사는 1492년에 커다란 변화를 맞이했다. 그해는 우리에게 너무 익숙한, 콜럼버스가 미주대륙을 발견한 해이지만, 그와 동시에 800년간 지속되어 오던 이슬람 문명의 중심지인 그라나다가 함락된 해이기도 하다. 1492년은 서양에서 발원한 자본주의가 해양을 통해서 비서양으로 확장된 동시에 자본주의의 육로 확산을 막고 있는 이슬람 제국의 포위망을 뚫은 것이다. 이후 세계사는 서양 '대국[1])의 식민 정복의 역사였고 부르주아계급의 잔혹한 포식의 역사였다. 장청즈의 문제제기는 바로 이 지점에서 시작된다. 이슬람 문명은 고대의 수호자 역할을 하며 서양의 자본주의 포식자로부터 비서양 전체를 수호했던 것인바, 오늘날 자본주의의 종식을 위해서는 이슬람적 가치가 이제 다시 중요한 사상자원의 하나가 되어야 할 것이다.(임춘성, 2013a: 251-52)

오랜 기간 이슬람에 의해 억압받아온 서양은 오스만 제국 몰락 이후에도 이슬람에 대한 열등감을 극복하지 못했고, 그러기에 이슬람 세계가 재기하지 못하도록 갖은 수단을 강구했다. 그리고 이슬람의 '만리장성'을 돌파한 서양의 자본주의가 온 세계를 대상으로 폭력과 약탈을 자행했음은 이미 우리가 잘 알고 있는 역사 사실이다. 지리상의 대발견은 아주 작은 원인에 불과하다. 더 중요한 원인은 그 당시 이미 출현한 자본과 부르주아계급의 탄생에 있다. 화폐금융자본과 고리대자본은 대량의 귀금속으로 새로운 토대를 삼으려 했다. 이러한 중요한 배경 때문에 그들은 해외시장을 개척하고 황금과 백은을 약탈해야만 했다. 이런 목적으로 선택된 정치 형식이 바로 식민주의였다.(장청즈: 245) 이제 우리는 세계사를 새롭게 파악

---

1) 반제반봉건 혁명으로 신중국을 건설한 중국 공산당이 이전의 제국을 대국으로 명명하면서 '대국 굴기' 대열에 동승하고 있는 것이 포스트사회주의 중국의 현실이라 할 수 있다.

해야 할 것이다. 그동안 서유럽 이외 지역에 근대 과학기술과 문명을 전파했다고 기록된 서유럽 중심의 자본주의 발전사는, 서유럽 부르주아계급의 약탈사로 수정되어야 할 것이다.

15세기 이후 자본주의는 역사적 발전과 순환을 거듭해 왔다. 조반니 아리기(Giovanni Arrighi)는 역사적 자본주의 체제의 장기지속과 변형의 구조를 헤게모니의 교체와 이행이라는 관점에서 고찰했다. 그가『장기 20세기(The Long Twentieth Century)』에서 자본주의를 분석하는 시각은 체계적 축적순환이 장기지속 구조로 구성되어 있다는 것이다. 그는 브로델의 '장기 16세기(1450-1640)'라는 관점을 원용하여, '장기 17세기(1648-1790)'의 패권국은 네덜란드, '장기 19세기(1776-1914)'의 패권국은 영국, '장기 20세기(1931-현재)'의 패권국은 미국이었지만, 현재 국면은 장기 20세기의 축적순환 체계가 종말을 고하면서 이행기로 진입했다고 평가하고 있다. 아리기는 한 체계의 종말을 '체계의 카오스(systemic chaos)'라는 용어로 설명한다. 이는 "조직화가 완전히, 그리고 명백히 치유 불가능할 정도로 부재하는 상황을 가리킨다. 이런 상황이 발생하는 이유는, 갈등이 강력한 상쇄 경향들의 작동 범위를 넘어 증폭되기 때문, 아니면 새로운 행위 규칙·규범군을 대체하지 않고 그 위에 부과되거나 그 내부에서 성장하기 때문, 또는 이 두 가지 환경이 결합되기 때문이다."(아리기, 2008: 78) 아리기에 따르면, 16세기에 자본주의 세계체계가 성립한 이후 헤게모니 국가들은 변해 왔지만, 헤게모니의 부상과 쇠락의 역사적 경로를 보면 나름의 법칙이라 할 수 있는 어떤 구조가 나타난다는 것이다. "체계의 카오스가 증가하면, 질서―구질서, 신질서, 어떤 질서든!―에 대한 요구가 점점 더 통치자들 사이에서나 피지배자들 사이에서, 또는 양자 모두에게서 일반적이 되는 경향이 있다. 체계 전체에 걸친 이런 질서의 요구를 충족시킬 위치에 있는 어떤 한 국가 또는 국가들의 집단도 세계헤게모니적이 될 기회를 얻게 된다."(78) 『삼국연의』의 "나뉜 지 오래되면 반드시 합해지고 합해진 지 오래되면 반드시 나뉜다(分久必合, 合久必分)"²)라는 명언을 연상시키는 아리기의 논단은 역사적 자본주의 헤게모니가 제노바에서 네덜란드로, 다시 영국으로, 그리고 미국으로 네 차례 축적 순환해 왔음을 밝히고 있는 셈이다.

이런 맥락에서 보자면, 아리기의 『베이징의 애덤 스미스—21세기의 계보』는 역사적 자본주의 체제의 헤게모니가 미국에서 중국으로 이행하는 것으로 본 것이라 할 수 있다. 아리기는 "현재 진행 중인 세계 정치경제의 중심지가 북아메리카에서 동아시아로 이동하는 현상을 애덤 스미스의 경제 발전론의 관점에서 해석"(아리기, 2009: 7)하고자 한다. 물론 그가 말하는 동아시아의 중심은 중국이다. 그는 부상하는 중국과 기울어가는 미국의 관계를 "19세기 말과 20세기 초의 기존 헤게모니 강국(영국)과 그 시대에 경제적으로 가장 성공적인 신흥 강국(미국) 사이의 관계와 비교"하면서 양국 관계가 "심한 상호 적대에서 점차 긴밀한 협조로 전개되기 시작"(432)한 것에 주목한다. 이것이 "'새로운 미국의 세기 프로젝트'의 실패와 중국의 성공적인 경제 발전이 결합된 결과, 세계 문명들 사이의 더 큰 평등성에 기초한 스미스 식 세계-시장 사회가 『국부론』 출판 이래 250여 년간 어느 때보다도 실현 가능성이 높아졌다는"(23) 진단을 내리는 주요 근거이다. 그러나 경제력과 군사력의 불균형으로 인해 "미국과 그 유럽 동맹국들은 군사적 우위를 이용하여 새롭게 출현한 동아시아의 자본주의 중심들로부터 '보호비'를 징수하려 시도할" 수도 있고 "그 시도가 성공한다면, 세계사에서 처음으로 진정한 의미의 세계 제국(global empire)이 나타

---

2) 분합(分合)론은 현상적 분석으로 보이지만 그것은 자본주의 시대를 뛰어넘어 중국 전 역사를 관통하는 법칙이라는 점에서 설득력을 가지고 있다.

나게 될 것"(21)이라는 우려도 접지 않는다. 이후 세계가 '세계 제국'의 길로 갈 것인지 '세계-시장 사회(a world-market society)'의 길로 나아갈 것인지는 쉽게 예견할 수 없다. 아리기가 제시하는 '신아시아 시대(the new Asian age)'는 아시아와 유럽을 적대 관계로 설정하지 않고 "두 유산이 근원에서부터 교배하여 맺은 열매일 것"이라는 낙관에 기초하고 있다.

아리기가 역사적 자본주의의 축적과 순환이라는 관점에서 중국의 부상을 5번째 체계적 축적 순환으로 보았다면, 크리스 한(Chris M. Hann)이 엮은『포스트사회주의』는 '유라시아 시야(Eurasian perspective)'로 포스트사회주의의 이상과 이데올로기 그리고 실천을 인류학적으로 검토하고 있다는 점에서 주목할 필요가 있다. 크리스 한은『포스트사회주의』의 서문「사회주의 '타자'와의 작별」에서, 과거 제국주의 시절의 인류학자들이 비서유럽 사회를 '야만적 타자(savage other)'로 설정하는 우를 범한 예를 들면서, 지구적 자본주의 시대에 사회주의를 '타자'로 설정해서는 안 된다는 경고를 하고 있다.(Hann, 2002: 1)『포스트사회주의』의 또 다른 필자인 캐럴라인 험프리(Caroline Humphrey)는 자신의 글「'포스트사회주의' 범주가 여전히 의미가 있는가?」에서 '현실 사회주의'의 몰락을 문자 그대로 '사회주의의 몰락'으로 볼 수 없다고 했다. 한 사회가 쉽게 다른 사회로 '이행'하기도 어렵고, 비록 실패를 고했다 하더라도 실재했던 70여 년의 역사 경험은 지구 곳곳에 스며들어 있을 뿐만 아니라 더 중요한 점은 사회주의의 이상과 이론에 합리적 부분이 있다는 것이다. 그러므로 사회주의에 대한 연구—최소한 그 유산에 대한 평가—를 통해 자본주의와 비교해 보다 더 나은 인류의 새로운 길을 모색해야 한다고 본다.(Humphrey, 2002: 12) 그녀는 사회주의 및 그 유산에 대한 평가와 연구를 통해 자본주의를 뛰어넘는 새로운 길을 추구하고 있다.

영국의 마르크스주의자 마틴 자크(Martin Jacques)는 『중국이 세계를 지배하면』에서, 위안화가 달러를 대신하고 상하이가 세계 금융 중심지로 떠오르며 중국어가 영어와 함께 세계 공용어로 자리 잡는 '팍스 시니카(Pax Sinica)'의 미래를 묘사하고 있다. 그는 '팍스 시니카'가 중화주의를 기반으로, 조화와 안정을 중시하는 평화주의적 성격을 띨 것으로 낙관했다. 그는 중국과 최근 중국의 부상에 대한 서양의 주류적 견해 및 공감대인 중국위협론에 대해, 그것이 중국을 제대로 이해하지 못한 오독에서 비롯되었음을 지적했다. 그는 당연하게도, 중국을 관찰할 때 서양적 관점에서 바라볼 것이 아니라, 중국적 특색 – 중국적 모더니티를 충분히 고려하는 관점에서 바라보아야 함을 주장하고 있다. 마틴 자크는 중국 모더니티의 특성을 여덟 가지로 요약하고 있다. 국민국가가 아닌 문명국가, 조공국가 체계, 인종과 에스니서티에 대한 중국인의 독특한 태도, 대륙의 크기, 정체(polity)의 속성, 농촌 개혁 속도, 공산당 통치 체제, 선진국과 개발도상국의 특징들의 결합(Jacques, 2009: 417-28)이 그것들이다.

그러나 이 지점에서 경계해야 할 것은 서유럽 보편주의 편향을 비판하면서 동아시아 특수주의로 기우는 또 다른 편향이다. 중국의 특수성에 천착(穿鑿)하다 보면 또 다른 편향, 즉 중국 중심주의(sino-centrism) 또는 중화주의로 기울 수 있음을 경계해야 한다.

그러면 유라시안 시대, 신아시아 시대가 펼쳐지고 중국이 세계를 지배하리라는 전망이 나오고 있는 시점에 한국의 지식인들은 중국을 어떻게 파악하고 있을까? 지정학적 시각에서 보면, 미국이 태평양 너머에서 한반도와 동아시아에 작용하는 '부재하는 현존'이라면, 한반도와 접해있는 "중국은 동아시아의 범위를 넘어서면서도 동아시아의 일원이기도 한 양면성을 가졌다"(최원식, 2009: 50)고 볼 수도 있다. 한국의 근현대화 과정에서

서유럽과 미국의 문화가 주요한 지위를 차지하면서 "우리 것에 대한 최소
한의 자부심마저 허락하지 않는"(신영복, 2004: 16) 식민지적 상황을 초래
했는데, 그것을 반성하고 우리 것에 대한 공부를 하다보면 그 심층에 자리
잡고 있는 중국 고전과 만나게 된다는 인식도 가능하다. 우리 시대의 비판
적 지식인들은 그래서 '감옥에서 자신을 반성하는 계기로 동양고전에 대해
관심을 가지기 시작(신영복: 18)하기도 하고, '회통(會通)의 네트워크'를 구
축하기 위해 동방의 길을 모색(최원식: 6, 7)하기도 했다. 이처럼 중국, 나
아가 동양은 신자유주의와 세계화로 대변되는 작금의 세계체계에 대해
'사회와 인간 그리고 인간관계에 관한 근본적 담론'을 담지하고 있을 뿐
아니라 '21세기의 새로운 문명과 사회 구성 원리'를 재조직할 수 있는 가능
성을 가지고 있어 보인다.

2_ 포스트사회주의 중국의 지정학과 지경학

신아시아 문명 또는 유라시안 문명으로의 전환이 예견되고 있고, 나아
가 중국이 세계를 지배할 것이라는 전망이 속출하고 있는 상황에서, 최근
중국을 포스트사회주의 시야에서 고찰하는 것은 중요한 의미를 가진다.
알다시피 포스트란 용어는 포스트모던에서 시작되었다. 1980년대 중반 이
후 도입되고 1990년대 들어 중국 지식인의 관심을 받기 시작한 "포스트모
더니즘은 '포스트학(postology)'이나 '포스트주의(postism)'와 같이 다양하게
번역되는 '후학(後學)'이라는 새로운 용어를 등장시키며, 중국 지식계에서
현저한 진전을 만들어왔다."(딜릭, 2005: 276)
최근 부상하는 중국을 포스트사회주의(postsocialism) 시야에서 고찰하

는 시도는 '지속(after, 後)과 발전(de-, 脫)의 변증법적 절합'이라는 중층적 의미를 가진 포스트(post)를 적극적으로 해석한다는 면에서 강점을 가진다. 이는 개혁개방 이후의 중국을 관방의 수사처럼 사회주의 견지로 보는 견해와, 그와 반대로 자본주의에의 투항으로 보는 견해 모두를 부정하면서 중국을 새롭게 바라볼 수 있는 시야를 제공한다. 역사의 유물이 된 '현실 사회주의'를 고수한다고 선언하는 것도 문제지만 파멸을 앞두고 최후 단계로 나아가는 자본주의에 투항할 것이라고 희망하는 것 또한 단견에 불과하다. 무엇보다 분명한 것은 '중국적 사회주의'가 자본주의를 '중국식'으로 수용하고 있다는 점이다. 중국은 과거 인도의 불교를 수용해 중국적 불교인 선종(禪宗)을 개창했고, 근현대 들어 러시아혁명 이후에는 마르크스-레닌주의를 받아들여 중국적 마르크스주의인 마오이즘을 빚어냈다. 이 막강한 소화력의 예봉을 중국은 이제 자본주의라는 거대한 괴물에 겨누고 있다. 이런 역사적 사실과 맥락에서 볼 때 '사회주의 셴다이화(現代化)'라고 일컬어지는 사회주의 중국의 자본주의 수용은 21세기 이후 인류의 미래를 가늠하는 거대한 실험이라고 할 수 있다.(임춘성, 1995: 241)

포스트식민 담론이 식민지를 전제(前提)로 삼았듯이, 포스트사회주의 담론도 '현실 사회주의'를 전제로 삼고 있다. 더불어 포스트사회주의는 포스트냉전의 문제의식과도 중첩되어 있다. 1987년 고르바초프가 페레스트로이카를 선언하고 1989년 베를린 장벽이 무너진 후 소비에트 연방이 해체되고 동유럽 사회주의권이 와해되면서 포스트냉전 시기로 진입한 것은 모두가 아는 사실이다. 지구적 차원에서는 자본주의 진영과 사회주의 진영 간의 대립으로 표상된 냉전 체제가 무너진 것이고, 사회주의권에 초점을 맞추면 '현실 사회주의'가 붕괴된 것이다. 그렇지만 '현실 사회주의' 사회들이 동질적이지도 않았을 뿐만 아니라 포스트냉전 시기에 각 사회주의 국가들이 취한 대응도 각양각색이었다. 특히 페레스트로이카보다 10년쯤 앞서 개혁개방을 시작한 중국은 소련 및 동유럽과 무관하게 자발적으로 포스트 사회주의 단계로 진입한 셈이다. 지금의 중국이 사회주의를 견지하고 있다고 보기도 어렵지만, 이들 사회주의권 국가들의 대응을 일률적으로 '자본주의에의 투항'이라 보는 것은 피상적 관찰에 불과하다고 할 수밖에 없다. 포스트사회주의라는 문제의식은 현실 사회주의가 자본주의를 수용해서 어떻게 변화했는지, 사회주의와 결합한 자본주의에는 어떤 변화가 생겼는지, 그리고 사회주의와 자본주의를 뛰어넘는 제3의 가능성은 무엇인지 등과 연계되어 있기 때문이다. 이렇게 볼 때 포스트사회주의를 온전히 고찰하기 위해서는 기존의 현실 사회주의의 지속과 변화라는 맥락에 초점을 맞추는 동시에 지구적 자본주의(global capitalism)와의 협력과 저항이라는 맥락도 놓치지 말아야 할 것이다. 포스트사회주의는 바로 개혁개방 이후 중국 사회와 문화를 고찰하는 주요한 시야이자 방법이다.

아리프 딜릭(Arif Dirlik)은 1989년 「포스트사회주의?—중국 특색의 사회주의에 대한 성찰」[3]이라는 글에서, 포스트사회주의란 사회주의가 다음과 같은 세 가지 역사 환경에 놓인 상황을 가리킨다고 보았다. 첫째, 사회주의의 이상은 역사 발전과정에서 쇠락했기 때문에 그것은 이미 정치 원(元)이론으로서의 통일성을 상실했다는 점, 둘째, 사회주의와 자본주의의 결합은 어떤 상황에서도 '현실 사회주의'라는 구조의 제약을 받게 되며, 셋째, 결합의 진행과정이 자본주의의 복권으로 귀결되지는 않는다는 것이 그 세 가지 역사 환경이다. 포스트사회주의는 필연적으로 포스트자본주의

---

3) Arif Dirlik, "Postsocialism? Reflections on Socialism with Chinese Characteristics," in Arif Dirlik and Maurice Meisner, eds., *Marxism and the Chinese Experience* (Armonk, N. Y.: M. E. Sharpe, Inc., 1989). 여기에서는 중국어 번역본(德里克, 2007)을 먼저 입수함으로 인해 그것을 저본으로 삼았고 부분적으로 원문을 참조했다.

이기도 하므로, 자본주의의 경험을 이용할 수밖에 없다. 따라서 포스트사회주의는 자본주의 발전의 결함을 극복하려 시도하는 의미에서의 사회주의로 표현된다.(德里克, 2007: 27) 이런 관점에서 보면 아리프 딜릭은 포스트사회주의를 일종의 '국면(dimension)'으로 파악하고 있는 것으로 보인다. 사회주의적 이상이 현실에서 실현될 가능성이 배제된 현재 상황에서, '사회주의가 자본주의와 결합한 상황'을 포스트사회주의로 설정하고 이를 자본주의의 복권으로 귀결지어서는 안 된다는 전망을 제시하고 있는 것이다. 흔히 자본주의의 궁극적 승리라고 일컬어지는 현상을 '사회주의와 자본주의의 결합'으로 인식하되 그 전제가 '현실 사회주의의 제약'이라고 읽어내는 딜릭의 통찰력은 주목을 요한다.

소련과 동유럽의 사회주의가 실패를 고하고 자본주의에 투항한 이후에도 '중국 특색의 사회주의'를 견지하는 중국 현실에서 포스트사회주의를 해석하려는 딜릭은 우선 중국 사회주의의 기본모순을 세 가지로 정리한다. 중국의 사회주의와 그 자본주의적 지구성 사이의 모순, 그리고 사회주의의 특수성과 보편성 사이의 모순, 마지막으로 역사 사업으로서의 사회주의와 그 원역사의 예측 사이의 모순이 그것이다. 그런데 중국 관방이 주도하는 '중국 특색의 사회주의'는 주로 이데올로기적 선전으로 사회주의를 국족화[4]함으로써 그 목표를 달성하려 한다.(德里克: 28) 사실 중국의 사회주의는 역대로 강렬한 국족주의 경향을 표현함으로써 부강 추구의 도구 역할을 해왔던 것이 사실이다. 이른바 '혁명적 사회주의'도 장기간 중국의 사회주의자들에 의해 국족자치와 발전을 실현하는 전제로 구상되었던 것이다. 그런데 개혁개방시기에 '혁명적 사회주의'는 '중국 특색의 사회주의'라는

---

4) 이 책에서는 nation을 국족(國族)으로, ethnic을 민족(民族)으로 번역했다. 자세한 내용은 이 책의 5장 1절 참조

목표를 실현하는 데 장애가 되었다. 이것이 바로 아리프 딜릭이 말하는 '중국 사회주의의 합리성 위기'(29)인 것이다.

딜릭의 문제설정은 주목을 요한다. 사회주의 중국이 자본주의를 수용하면서 이전 단계의 '혁명적 사회주의'가 방해가 되었다고 한다면 "사회주의 제도가 자본주의 세계체계 속으로 진입한 것은 자본주의 자체에 대해 무엇을 의미하는가"(42)라는 질문도 가능하다는 것이다. 자본주의의 최종 승리라고 일컬어진 미국 주도의 지구화의 수혜자는 아이러니컬하게도 동아시아였고 그 가운데에서도 중국이 최대 수혜자였다. 오랜 무역 흑자로 축적된 자금은 이제 미국에 역투자되어 미국의 금융 위기를 구원하고 있으며 중국의 급속한 경제 발전은 국제무대에서의 발언권을 강화시켜 주고 있다. 이와 비슷하게 개혁개방은 중국인들에게 새로운 가능성을 가져다 주었는데, "첫째 비교적 큰 경제 선택의 공간이 생겼다. 둘째 이전에 비해 더욱 많은 민주의 가능성이 생겼다. 왜냐하면 강제적 유토피아주의에 대한 신앙을 포기했기 때문에. 셋째 더 풍부한 문화 선택의 가능성이 생겼다. 이런 가능성은 지구적 문화다양성에 대한 중시에 따라 증가했다."(42) 이렇게 본다면 딜릭의 입장은 현 세계를 "당대 자본주의(지구적 자본주의)와 '현실 사회주의' 사이에 미래를 쟁취하기 위해 진행하는 전 방위적 투쟁"으로 설정하는 것이다. 그리고 포스트사회주의를 "'비자본주의적 발전'을 통해 자본주의 세계체계에 의해 제약된 발전 목표를 실현"하는 것으로 간주하는 것이다. 그러므로 그에게 "포스트사회주의는 사회주의의 종결을 의미하는 것이 아니라 사회주의의 위기에서 새롭고 창조적인 방식으로 사회주의를 성찰할 가능성을 제공"(43)하는 담론인 것이다.

이 지점에서 다음과 같은 질문이 가능할 것이다. 1949년 충분한 자본주의를 거치지 않은 채 사회주의에 진입한 중국은 발전한 생산양식과 낙후

한 생산력 사이의 모순을 극복하지 못한 채 30년을 보냈다. 덩샤오핑(鄧小平)은 생산력을 발전시키기 위해 자본주의와의 타협을 불사했고 30년이 넘은 지금 개혁개방은 생산력 발전이라는 목표를 어느 정도 달성한 것으로 평가할 수 있다. 그렇다면 현재 중국의 '사회주의 시장경제'는 관방 사회주의를 위한 변호인가, 또는 중국에서 자본주의 복권을 은폐하는 것인가? 아니면 '비자본주의적인 제3의 길'인가? 이는 현재 '중국 특색의 사회주의'를 평가하는 문제이기도 하지만 이후 포스트사회주의 중국의 앞에 놓여 있는 세 갈래 길이기도 하다. 과연 비자본주의적 출로가 가능할까?

중국의 발전 경로에 대해 훙호펑(孔誥烽)과 아리기는 세계체계론과 역사적 자본주의 관점에서 설득력 있는 답변을 제시하고 있다. 훙호펑은 중국의 부상을 가능하게 만든 "1970년대 이후 지구적 자본주의 체계의 구조적 전환"으로, "(1) 새로운 국제 노동 분업의 출현, (2) 미국 헤게모니와 냉전 질서의 이중의 쇠퇴, (3) 노동자 계급 기반, 국가 권력 지향의 대중정치 형태를 가진 반체제 운동의 일반적인 쇠퇴라는 3중의 전환"(훙호펑, 2012: 19)을 들면서, 3중 전환이 중국의 부상으로 넘어가는 "중간 단계로서 동아시아 지역 자본주의 질서의 부상"(훙호펑: 29)에 초점을 맞춘다. 모두 알다시피, 동아시아 자본주의의 부상은 2차 대전 이후 미국의 냉전정책과 긴밀한 연관을 가지고 있다. 아시아를 '공산주의 봉쇄의 취약한 고리'로 간주한 "워싱턴은 이 국가들이 번영할 수 있는 우호적인 조건을 창출하는 데 예외적으로 관대하였으며, 동아시아의 수출품에 서방 시장을 개방하고 금융 및 군사 원조를 제공하였다. 이 조건들로 인해 자원이 풍부한 발전 국가developmental state가 등장할 수 있었으며 … 일찍부터 수출 지향적인 산업 정책을 채택하였다."(29) 이처럼 '냉전의 지정학'과 '지역 내부의 특징'에 기인해 경제 분야에 나타난 것이 "뒤집힌 V자 형의 기러기

flying geese 모델"(30)이다. 중국은 그러나 1970년대 자본주의 경제와 재통합하고, 이후 1990년대 개혁개방을 심화 확대하면서, "저임금 노동력의 막대한 공급, 국가 사회주의 부분에서 온 엔지니어와 기술자의 거대한 풀, 제조업 상품의 거대 시장으로서의 잠재력 덕분에, 저부가가치의 제조업 활동뿐만 아니라 모든 수준의 가치 사슬에서 제조업 투자를 흡수할 수 있었다."(33) 이처럼 "이전의 동아시아 부상의 국면에서 다른 동아시아 국가들이 축적해온 자본, 마케팅 망, 수출 지향적인 제조업 노하우를 대부분 흡수한 중국의 눈부신 경제 성장은 동아시아의 부상을 중국의 부상으로 바꾸어 놓았다."(34) 홍호펑의 논단은 거시적이면서도 치밀하다. 조금 단순화하면, 중국을 견제하려던 미국의 냉전 정책이 중국의 G2 부상이라는 결과를 초래한 셈이다. 홍호펑이 중국 부상의 원인을 이처럼 외부에서 찾았다면 아리기는 그 원인을 내부에서 추적한다.

아리기는 우선 "19세기 중반 아편전쟁으로 실현된 문명의 충돌에서 유럽이 우위를 보인 것에 대한 설득력 있는 해답은 앞선 5세기 동안 국가 간 체계의 동학에서 드러나 유럽과 동아시아의 근본적인 차이점에서 찾을 수 있다"(아리기, 2012: 48)고 전제한다. 사실 이는 『베이징의 애덤 스미스』의 8장 「역사적 자본주의의 영토적 논리」의 주요 내용이기도 하다. 아리기는 유럽과 동아시아의 국가 간 체계 동학을 추적하면서 양자의 발전 경로를 발견한다. "유럽의 발전 경로에서 전형적으로 나타난 군사주의, 산업주의, 자본주의 간의 공동 상승 작용은 끊임없이 해외 영토 팽창을 추진했으며, 또한 그 결과로 유지되었는데, 이러한 공동 상승 작용은 동아시아에서는 나타나지 않았다."(57) 이로 인해 동아시아는 서유럽의 군사적 침략에 취약했고 그 결과 동아시아는 아편전쟁부터 2차 대전까지 100여 년 동안 유럽의 발전 경로를 추종했지만 이는 동아시아 각국에 불행을 가져다주었을 뿐이었다. 그러나 "2차 세계 대전의 종전 이후 반세기 동안은, 서구 체계와 동아시아 체계의 혼성화hybridization가 방향을 바꾸어 놓았으며, 점차 지역의 경제적 부흥에 유리한 조건들을 창출하였다."(60) 이처럼 홍호평과 아리기는 세계체계론과 역사적 자본주의라는 관점에서 중국의 부상 과정을 지정학·지경학적으로 해석하고 있다. 또한 아리기는 덩샤오핑의 개혁 성공의 두 가지 핵심 조치를, 중국의 경제를 "지역 및 세계 경제에 재통합"시킨 점과 동아시아 발전 경로의 또 다른 유산인 "화교들의 지원을 요청한 결정"으로 본다.(69) 그리고 해외 투자를 쇄도하게 만든 결정적인 조치로 "농촌에 기반을 둔 시장 경제 전통을 부활시킨 것"(71)으로 판단하면서, 그 두드러진 예로 '향진 기업의 폭발적인 성장'을 들면서 그것이 개혁 성공에 결정적인 기여5)를 했다고 평가한다.

이상의 논의를 종합해 보면, 근현대 중국을 세 단계로 나눠볼 필요가 있음을 알 수 있다. 아편전쟁부터 2차 대전 종전까지를 1단계, 중화인민공화국 건국부터 1970년대까지를 2단계, 개혁개방 이후를 3단계로 보는 것이 그것이다. 1단계는 쇠퇴의 시기다. 아편전쟁과 청일전쟁의 패배를 만회하고자 시도했던 서양 학습—"유럽식 유형의 수렴"—은 "몰락을 늦추기는커녕, 오히려 더 파괴적인 결과를 낳았다."(78) 2단계는 회복의 시기다. 하지만 이 회복은 미국의 군사적 질서가 주도했고 우선 일본이 그 수혜자가 되었고, '투자의 눈덩이 과정'이 진행되면서 네 마리 용/호랑이로, 다시 중국과 베트남 그리고 동남아시아로 확장되었다. 3단계는 알다시피 굴기(崛起)의 시대다. 중국은 '1970년대 이후 지구적 자본주의 체계의 구조적 전환'과 '동아시아 지역 자본주의 질서의 부상' 그리고 '화교 자본과 네트

---

5) 노동 집약적 성향, 생산성 제고, 세원 확보, 지역 재투자 등(아리기, 2012: 73).

워크' 및 '양질의 저비용 농촌 노동 대중' 등에 힘입어 경제 기적을 가능케 만들고 있다.

이제 아래에서는 대동 유토피아와 체진민주에 초점을 맞춰 포스트사회주의 중국의 문화정치의 가능성을 검토해 보고자 한다. 먼저 민주주의의 역설에 대한 최근 논의부터 살펴보자.

3_ 민주주의의 역설

최근 민주주의에 관한 몇몇 논의를 검토하다 보니, 초등학교 사회 시간부터 지고지순의 가치로 배워왔고 그 누구도 감히 이의를 제기하지 않았던/못했던 민주주의가 언제부터인가 위기를 맞이했음을 알 수 있었다. 민주주의의 빈곤(샹탈 무페), 차악(次惡) 없는 최악(윈스턴 처칠, "민주주의는 가능한 통치 체제 가운데 최악의 것이다. 그러나 그보다 나은 것은 없다."), 텅 빈 기표(웬디 브라운, "민주주의라는 말은 누구나, 그리고 모두가 자신의 꿈과 희망을 싣는 텅 빈 기표이다."), '현대 정치사회를 지배하는 상징'(알랭 바디우), 세계종교(웬디 브라운), 증오의 대상(자크 랑시에르), 무의미의 전형적인 사례(장-뤽 낭시) 등이 운위되고 있고, 심지어 민주주의의 죽음을 선고하고, 그렇기 때문에 민주주의의 역설(샹탈 무페)을 이해하고 진정한 민주주의를 '본래 의미대로 복원'(알랭 바디우)해야 한다고 주장하기도 한다. 이들이 지목하는 민주주의는 모두 대의민주주의, 즉 선거를 통해 대표를 뽑는 간접민주주의를 가리키고, 이는 궁극적으로 부르주아계급이 주인이 되는 그런 민주주의를 지칭하는 것임을 지적해 둘 필요가 있다.

돌이켜 보건대, 히틀러의 파시즘도 선거라는 절차를 밟아 소위 '정당성'을 획득했고, 스탈린의 공산 독재도 '민주 집중'이라는 절차를 밟은 것처럼 위장했으며, 박정희의 개발 독재도 '한국적 민주주의'라는 수식어로 은폐되었던 것이다. 더 한심한 것은, 지난한 투쟁을 통해 수많은 열사들의 생명을 희생하고 획득했다고 생각한 1980년대의 민주화 또한 우리가 생각했던 민주화와는 거리가 멀었다는 점이다. 그것은 김대중·노무현 정부 시절 우리의 머리를 갸웃거리게 만들었고 이명박 정부 들어와서야 그것이 허상임이 분명하게 드러났으며 지금은 뭔가 다시 시작해야 한다는 사실을 깨우쳐 주고 있다. 분명 민주화를 달성했음에도 불구하고 민중이 여전히 살기 힘든 상황은, 풍년이 들어도 농민은 재난을 당하는 풍수성재(豐收成災)를 연상시키는데, 이는 '유감(遺憾)'이 아닐 수 없다. 정치철학자 셸던 월린(Sheldon Wolin)은 정치적 실천으로서 민주주의의 어려움을 '도망치는 민주주의 (fugitive democracy)'라는 말로 표현했는데, 이는 "특정 시점과 상황에서 이것이 민주주의다라고 생각하는 순간 민주주의는 사라져 버리고 또다시 도망치듯 달려 나가는 정황을 상상"(최장집·박찬표·박상훈, 2007: 16)했다는 점에서 '풍수성재'라는 평가와 일맥상통한다.

그 이전 단계에 비해 많은 변화가 있었음을 부인할 수는 없지만, 이른바 '87년 (민주화) 체제'는 수많은 민주열사들이 지향했던 목표와는 일정한 거리가 있었다. 우리가 권위주의 독재정권과의 지난한 투쟁을 거쳐 '민주화'를 획득했다고 여겼던 '87년 체제'가 사실은 '자유화'였다라는 비판은 이런 맥락에서 설득력을 가진다. "1987년 체제(이하 87년 체제)가 민주화 체제라고 불리는 데에는 그로 인해 1961년부터 4반세기 넘게 지속되던 군부 권위주의의 지배가 종식되고 한국사회에 민주주의가 구현되고 있다는 인식이 반영되어 있다. 하지만 민주화 체제라는 통념과는 달리 87년 체제는 오히려 그동안 민주주의를 배반하는 각종 정책을 펼쳐왔다고 봐야 한다. 이는 그것이 자본의 자유를 최대한 보장하기 위해 민중과 소수자의 권익을 짓밟는 신자유주의 전략을 사회운영의 원리로 삼은 결과다."6) 이 평가는, '6월 항쟁' 등을 통해 권위주의 정부를 압박해 이른바 '민주화'를 쟁취했음에도 불구하고 이후 한국의 정체를 진정한 민주주의라고 평가하기 어려운 점을 명쾌하게 설명하고 있는 것이다.

포스트사회주의 중국의 경우도 유사하다. 1978년 개혁개방 이후 사상해방의 과정을 거쳐 1989년 민주화를 요구하는 '톈안먼(天安門) 운동'이 무력으로 진압된 후의 시기를 개혁개방 2단계라고 하는데, 이를 흔히 '6·4체제'라고 한다. '6·4체제'는 첸리췬(錢理群)에 의해 명명되었다. 그가 볼 때 "공화국의 역사에서 1957년의 반우파운동이 하나의 관건이며, 그것이 출범시킨 '1957년 체제'와 그 후의 대약진, 인민공사운동, 4청, 그리고 문혁의 출현이 밀접한 관계를 맺고 있다." 첸리췬이 볼 때 공화국 건설 후 9년째 되는 1957년의 반우파운동 이후 수립된 '57년체제'가 마오쩌둥 체제의 근간을 이루며 그것은 개혁개방 이후에도 지속되었다. 첸리췬은 마오쩌둥과 덩샤오핑을 연속체로 보는데, 이는 특히 부국강병과 개인 독재라는 측면에서 그러하다. 덩샤오핑 체제를 지칭하는 이 '6·4체제'는 "1989년의 '6·4 대학살'"이라는 "역사적 전환점" 이후 형성되었는데, "'6·4' 이후에 진일보하게 강화되고 발전한 일당전제체제가 마오 시대의 '1957년 체제'의 연속임과 동시에 새로운 덩 시대의 특징을 가지며, 이러한 '6·4체제'는 '6·4' 이후의 중국 사회구조의 거대한 변동과 밀접하게 연계"되어 있다. "'6·4 대학살'이 중국 정치에 가져온 직접적 영향은 정치체제 개혁의 전면적 후

---

6) 강내희, 「1987년 체제 이후 한국에서의 신자유주의 지배와 문화지형 변동」, 상하이대학교 문화연구학부 특강 발표문(2012.5.9), 1; 여기에서는 강내희, 2016: 137에서 인용.

퇴, 민간저항 역량에 대한 전면적 타격, 그리고 당 권력의 전면적 확장 등"(錢理群, 2012하: 365)이다.

실제로 현재 민주주의는 하나의 사상으로서나 정치적 실체로서나 근본적으로 논쟁의 대상이 되고 있는 것이 사실이다. 민주주의 역사를 둘러싸고 상반된 해석이 대립하고 있을 뿐만 아니라, 민주주의의 고대적 개념과 근대적 개념이 혼합됨으로써 민주주의 이론의 핵심 용어들에 대한 애매모호하고 모순적인 논의들이 산출되고 있다.(헬드, 2012: 11) 그리고 현실 차원에서 민주주의를 표방한 국가들은, 정도의 차이는 있지만, 대부분 그 어원적 의미의 다중(demos)에 의해서가 아니라 소수에 의해 통치되었던 것이다. 그러면 다음과 같은 문제설정이 가능하다. 우리가 지고지순한 원리라고 배웠고 그래서 수많은 선지선각자들이 희생을 감수하고 달성하려 했던 민주주의의 실체는 과연 무엇인가? 그 실체가 있다면 민주주의의 역사 과정은, 민주주의의 변질 과정으로 보아야 할 것인가 아니면 민주주의 자체의 문제로 이해해야 하는가? 여기에서 우리는 최소한 민주주의의 두 가지 층위, 즉 '진정한 민주주의'와 '대의적 민주주의', '평등지향의 민주주의'와 '자유지향의 민주주의'를 변별해야 한다.

최근의 논의 가운데 프랑스 라파브리크 출판사에서 출간된 책[7]이 눈길을 끈다. 이는 출판사 대표 에릭 아장이 민주주의라는 '장소'에 대한 조사를 요청하고, 여덟 명의 사상가가 이 요청에 부응해 제출한 나름의 '조서(調書)'들을 묶은 결과물이다.

「기획의 말」에 다음과 같은 언급이 나온다.

---

[7] 원제는 『민주주의, 어떤 상태에?(*Démocratie, dans quel état?*)』 (Paris: La Fabrique éditions, 2009)이고, 국내에서는 『민주주의는 죽었는가?: 새로운 논쟁을 위하여』(2010)라는 표제로 번역 출간되었다.

자유민주주의, 인민민주주의, 참여민주주의, 공화민주주의, 사회주의적 민주주의 등, 민주주의에 어떤 수식어를 붙이느냐에 따라 각 정체는 서로 구분된다. 하지만 이 모든 정체는 대중들의 운동과 투쟁인 '민주화'를 '형식적' 민주주의 또는 민주적 '절차'에 묶어두면서 사실상 대의제를 표방한다. 심지어 소수의 우두머리에게 '갈채'와 '합의'를 보내고, 언론이 이 공적 의견을 조직한다는 점에 있어서는 이른바 민주주의와 전체주의가 구별되지 않는다.(아감벤 외, 2010: 13)

대의제라는 형식적 절차가 민주주의를 전체주의와 구별되지 않는 것으로 전락시킬 수 있다는 의미다. 결국 이 책의 한국어판 부제는 바로 전체주의와 변별되는 원래 의미의 진정한/참된 민주주의를 위한 새로운 논쟁을 시작하자는 의미로 다가온다. 그럼 '조서'들을 일별해 보자.

조르조 아감벤(Giorgio Agamben)은 민주주의의 중의성을 지적하고 있다. 그는 "오늘날 인민주권은 모든 의미를 차츰 상실해버렸으며, 행정과 경제가 그것을 압도적으로 지배하고 있"(아감벤, 2010: 24)다고 보면서, 서유럽 정치체계의 핵심을 민주주의로 설정하고 그것이 "서로를 정당화해 주고 서로에게 일관성을 부여하는 정치적-법적 합리성과 경제적-통치적 합리성, '구성형태'와 '통치형태'"(아감벤: 24)의 두 요소로 묶여있음을 지적한다. 문제는 양자에게 절합의 가능성이 없으므로 "두 요소를 탈구시킴으로써 통치할 수 없는 것을 출현"(24)시켜야 한다고 주장하고 있다. 그에 따르면 민주주의는 결국 도달할 수 없는 그 무엇이다.

알랭 바디우(Alain Badiou)는 "'민주주의'라는 단어는 현대 정치사회를 지배하는 상징emblème으로 남아 있다."(바디우, 2010: 29)고 전제한다. 그가 보기에, "민주주의자들의 '세계'가 '모든 이'의 세계가 전혀 아니라는 사실로부터 이미 민주주의는 보수적인 과두정을 집결시킨다는 사실이 따라 나온다. 민주주의는 소수의 사람만이 누리며, 살고 있다고 믿는 성벽들의 성벽지기이자 상징이다."(바디우: 31) 그러므로 그가 이런 민주주의와 민주주의자를 비판하는 것은 당연하다. 그렇지만 그는 거기에서 머물지 않는다. 그는 민주주의를 본래 의미대로 복원하자고 한다. 의미가 복원된 "민주주의란 인민들이 스스로에 대해 권력을 갖는 것으로 간주된 실존이다. 민주주의란 국가를 고사시키는 열린 과정, 인민에 내재적인 정치이다. 따라서 우리는 진정한 민주주의자로 남을 수 있는 기회, 인민의 역사적 삶과 동질적인 사람들로 남을 수 있는 기회를 가질 수 있다. 오늘 천천히 발명되고 있는 형태들 속에서 공산주의자가 되는 한에서 말이다."(31) 그러므로 바디우에게 진정한 민주주의의 복원은 공산주의를 실행하는 일이다.

장-뤽 낭시(Jean-Luc Nancy)는 "무의미의 전형적인 사례"가 된 민주주의를 "이성의 법정에 출두시킬 것을 요구한다."(낭시, 2010: 107) 심문 결과 그는 다음과 같은 판결을 내린다. "민주주의가 욕망하는 진짜 이름, 민주주의가 사실상 지난 150년간 자신의 지평으로서 발생시키고 짊어졌던 진짜 이름은 **코뮤니즘**이다. 이 이름은 모든 점에서 사회에 결핍되어 있던 공동체의 상징적 진리를 창조하고 싶은 욕망의 이름이었을 것이다."(낭시: 118- 강조는 원문) 그가 보기에 진정한 민주주의가 지향하는 가치는, 인류 사회에서 결핍되어 있는 공동체를 창조하고자 하는 코뮤니즘이라는 것이다.

자크 랑시에르(Jacques Rancière)는 자신의 전작에 대해 이렇게 말한다. "'민주주의'라고 자임하는 나라들에서 민주주의를 향한 모종의 불신, 암묵적이거나 명시적인 조롱을 목도하게 됐습니다. 『민주주의에 대한 증오』에서 저는 지배담론의 상당수가 형태는 다르더라도 공히 민주주의에 맞서고 있음을 보이려고 했습니다."(랑시에르, 2010: 129) 다시 말해 그의 책 표제는, 포스트냉전 시대로 접어들면서 대부분의 정부형태나 사회생활 방식에서 민주주의에 대한 증오가 표출되고 있음을 나타내고 있다.

여기서 슬라보예 지젝(Slavoj Žižek)을 빠트릴 수 없다. 그는 민중은 국가 또는 인민에게 봉사하고 국가 자체는 민중에 봉사하는 순환 논리는 결국 "인민은 모든 현존하는 개인이 그에 봉사해야만 하는 끝없이 끔찍한 희생을 요구하는 신Moloch의 다른 이름"(지젝, 2010: 171)이 되어버리는 역설이 되는 것에 주목한다. 이 역설은 "개인들로서의 민중은 그 자신이기도 한 인민에 봉사하며, 그들의 지도자들은 민중이 인민으로서 갖게 되는 보편적 이해관계를 직접적으로 구현한다는 역설"(지젝: 171)이기도 하다. 이런 역설로 인해, "민주주의 역시 날로 확산되는 비상사태의 논리에 따라 증대되는 **행정부 수장의 특권**에 의해서뿐만 아니라 거대 다수의 수동화를 수반하는 **의회주의적 형태**에 의해 그 기초를 위협받는다."(168-강조는 원문) 제3세계 지식인답게 지젝은 서유럽과 비서유럽의 민주주의를 비교하면서 그 연속성을 지적한다. 그가 지구적 민주주의를 성찰하면서 찾아낸 핵심어는 '권위주의적 눈물의 계곡'이다.

이상에서 주마간산 격으로 살펴본 논자들에게서 공통점을 찾아본다면, 그것은 민주주의를 단일한 것으로 보지 않고 이중적 또는 다층적인 것으로 보고 있다는 점이다. 민주주의 내부의 이중적 또는 다층적 요소는 대개 상반된 성격을 가지고 있다. 이 부분이 민주주의 역설의 근거가 된다.

이들 논자와는 별도로, 샹탈 무페(Chantal Mouffe)는 고대 민주주의와 달리, 근대 민주주의는 대의민주주의, 의회민주주의, 다원적 민주주의, 합헌적 민주주의, 자유민주주의 등 다양한 이름으로 불렸는데, 그 핵심은 근대 민주주의는 대의민주주의가 불가피하다고 생각(무페, 2006: 14)한다는 점을 지적했다. 그녀는 지배형태로서의 민주주의, 즉 인민주권의 원칙과 민주적 지배가 실행되는 상징적 틀 사이의 차이에 주목한다. 전자를 구현하기 위해 민주혁명을 추진한 결과 군주(또는 독재자)에 구현되었던 권력은 소멸되었지만 대의제를 통해 초월적 권위에 권력을 이양하게 되었고 그 안에서 권력은 '빈 공간이 되었다(무페: 14-15)는 것이 그녀의 주장이다. 결국 인민민주 원칙을 위해 대의제를 시행했음에도 불구하고 대의제는 인민민주 원칙을 억압하게 되는 역설이 성립하는 셈인 것이다. 그런데 무페는 근대 민주주의의 상이한 전통으로 자유주의적 전통과 민주주의적 전통을 대립시키고 있다. "한편으로는 법의 지배, 인권의 보장과 개인적 자유에 대한 존중 등의 가치로 구성되는 자유주의적 전통이 있고, 다른 한편으로는 평등과 치자와 피치자의 동일시, 그리고 인민주권 등의 사상으로 구성되는 민주주의적 전통이 있다."(15) 그녀는 C. B. 맥퍼슨의 말을 빌어 "자유주의는 민주화되었고 민주주의는 자유화되었다."고 하면서 "양자의 조합은 결코 순탄한 과정이 아니라 치열한 투쟁의 산물이라는 점을 상기하는 것이 중요하다."고 첨언하는 것을 잊지 않는다.

그러나 현실에서 진정한 자유주의-민주주의는 찾아보기 어렵고 그것의 세속적 형태인 '자유민주주의'만 횡행할 뿐이다. 우리는 여기서 무페의 용어를 조금 수정 보완할 필요를 느낀다. 자유주의와 민주주의를 대립시키기보다는, '자유지향적 민주주의'와 '평등지향적 민주주의'로 바꾸는 것이 불필요한 오해를 피할 수 있다. 문제는 이 두 가지가 상생하지 못하고 장기간 상호 대립했다는 점이다. 이른바 자본주의 진영과 사회주의 진영의 대립이 대표적이다. 그녀가 볼 때 "오늘날의 지배적인 경향은 (자유주의적-인용자) 민주주의를 거의 배타적으로 법치국가와 인권의 보호와 동일시하는 것으로 받아들이며, 인민주권의 원칙은 거의 낡아빠진 것으로 치부"하는데, 이는 '(평등지향적-인용자) 민주주의의 빈곤'을 초래하게 된다.(17) 무페가 생각하는 민주주의의 역설은 "자유를 위해서 인민주권에 한계를 설정하는 것이 정당하다"(18)는 자유민주주의의 생각이다. 과연 그럴까? 무페의 목표는 바로 (신)자유주의의 패권이 민주주의적 제도를 위협한다는 사실을 입증하는 것이다. 그녀는 적대감과는 다른 "'경쟁성'의 범주가 근대의 다원주의적 민주주의의 정치의 특징을 포착하는 열쇠"라고 보기 때문에 "민주주의를 '경쟁적 다원주의'로 이해"한다.(31) 그러나 '경쟁적 민주주의' 또는 '다원주의적 민주주의'는 "(그) 가능성의 조건은 동시에 그것의 완벽한 실현을 불가능하게 하는 조건이기 때문"에 "그것의 역설적 성격을 이해하는 것이 중요하다."(34)고 본다. 결론적으로 그녀는 "윤리와 정치 사이의 가능한 화해에 대한 환상을 파기하고 윤리적인 것으로 정치적인 것을 끊임없이 심문하는 것을 이해하는 것이 실로 민주주의적 역설을 인식하는 유일한 방법"(209-10)임을 이야기했다.

쟁점을 단순화시키면, 민주주의의 역설을 해결하기 위해서는 두 가지 방법이 가능할 것이다. 하나는 인민민주 원칙을 제대로 구현하기 위한 새로운 제도를 발견/발명하는 방법이고, 다른 하나는 지금까지의 역사 경험을 통해 인민민주 원칙을 구현할 수 있는 직접민주주의는 현대 사회에서 불가능하다는 판단을 수용하고, 차선의 제도인 대의제를 최대한 보완해 가는 방법이다. 물론 또 하나의 급진적인(radical) 문제설정이 있다. 인민민주 원칙이 진정 최선인가라는 문제제기다. 이에 대해서는 잠시 유보하기로 하자. 왜냐하면 이 문제에 답하기 위해서는 플라톤의『공화국』과 아리스토텔레스의『정치학』의 민주주의 비판부터 시작해 정치사상사의 흐름을 종관(縱觀)해야 하는데, 이는 이 글이 담당할 수 있는 몫이 아니기 때문이다.

역사적으로 볼 때, 모든 민주주의는 배제된 내부 집단(노예, 원주민, 여성, 빈민, 특수한 인종·종족·종교에 속하는 자들, 또는 오늘날의 불법 거주자나 외국인 체류자)을 갖고 있었다. 민주주의를 정의해 주는 구성적인 바깥, 즉 고대인들이 처음에 그렇게 불렀고 그 뒤로도 공산주의 국가들뿐만 아니라 민주주의 국가들의 식민지에서까지 저마다의 방식으로 되풀이해 불린 '야만인들'이 항상 있었던 셈이다. 오늘날에는 '이슬람 근본주의자들'이 그런 역할을 해준다.(브라운, 2010: 94-95) 이런 관찰은 역사적 민주주의가 항상 불충분한 것이었음을 알려준다. 뒤에서 다시 언급하겠지만, 명목적으로는 인민(人民)[8]이라 했지만, 실제로는 국인(國人)과 국민(國民)을 구분하고 국민을 배제한 채 국인만 통치에 참여했던 것이다. 국민주권이 배제된 국인주권이었던 셈이다.

　　이 지점에서 근대적 민주주의의 후진국으로 알려진 중국의 사상사 자료에서 진정한 민주주의의 가능성을 찾아보는 것은 의미 있는 작업이 될 것이다. 백성이 가장 귀중하다는 맹자의 '민위귀(民爲貴)'론과 혁명사상부터 검토하는 작업은 다른 글들로 미루고, 여기에서는 캉유웨이가 『대동서』에서 그린 '천하위공'이라는 '민주세계'의 구상을 검토하고, 그 구체적인 방안으로 왕리슝(王力雄)이 『황화(黃禍)』에서 제출한 축급체선제에 대해 고찰하고자 한다. 『대동서』를 통해 우리는 모든 인민이 의원을 선출하고, 의원이 행정관을 선출하며 의원과 행정관은 세계인민의 대표로서 '공(公)정부'의 관리자가 되어 업무를 수행하는 '대동/민주세계'의 화폭을 엿볼 수 있을 뿐 아니라, 왕리슝이 제안한 체진(遞進)민주를 살펴보면 '대동/민주세계'를 실천할 수 있는 유효한 방략으로 자리매김 될 수 있다고 보인다.

---

8)　우리는 영어의 people을 인민 또는 민중으로 번역하지만, 엄밀하게 보면, '민의 무리'를 지칭하는 民衆과, 참정권을 가진 國人과 참정권이 없었던 國民을 통합한 人民은 의미 층위가 다르다.

4_ 대동 유토피아와 체진(遞進)민주의 문화정치

1) 천하위공(天下爲公)의 사후래자(思後來者)

우리에게 변법유신 제창자로 잘 알려진 캉유웨이는 당시 다른 사람들에게는 거의 보여주지 않았던『대동서』9)에서 대담한 대동 세계의 유토피아 방안을 제시했다. 캉유웨이의 대동 세계는 중국의 전통적 유토피아인 '도화원(桃花園)' 류와는 달랐다. 그것은 서양의 과학기술의 성과를 수용하여 물질문명이 완전하게 갖추어진 세계로, 과학과 문화가 발달하고 인민생활은 아름답고 원만하게 묘사되었다. 차별화와 양극화가 극한으로 치닫고 있는 21세기 한국 사회를 위한 해결책이라 해도 모자라지 않을 유토피아 구상이 나온 지 1백 년이 지났지만, 사회주의 실험을 거친 중국이나 자본주의의 길을 달려온 한국에서 그 유토피아의 꿈을 구현하기는 요원해 보인다.

그 가운데 민주세계의 구상도 있었는데, 리쩌허우(李澤厚)는 이를 아래와 같이 요약한 바 있다.

"대동세계에는 모든 관리가 다 있지만 병부와 형부의 두 관리만 없"다. 군대도 없고 형벌도 없고 군주도 없고 귀족도 없다. '공정부'의 관리자는 모두 인민의 공개선출로 뽑힌 '지혜로운 사람'과 '어진 사람'이다. "태평세계에서는 만인이 평등하다. 하인과 노예도 없고 군주의 통솔도 없으며 교주와 교황도 없다." "공정부를 배반하고 땅을 점거하여 반란을 일으켜 황제나 왕을 참칭하고 세습을 회복하려는 것은 반역의 가장 큰 죄이다." "공정부는 의원만 있을 뿐, 행정관도

---

9) 캉유웨이는 1884년에『인류 공리』를 지었는데, 이것이 바로『대동서』의 초고였다. 그리고 1886년에『공리서』를 지었고 이 두 책에 기초하여『실리공법전서』를 지었다. 이들이 1901-2년 사이에 완성된『대동서』의 전신이었다. 국내 번역본은 다음과 같다. 康有爲,『대동서』, 이성애 옮김, 을유문화사, 2006.

없고 의장도 없으며 통령도 없고 더욱이 제왕도 없다. 큰일은 다수에 따라
결정한다." "공정부의 행정관은 상하의원이 선출하고" "그 직책은 차이가 있지만
업무수행 중에만 사용하고, 업무 외에서는 모두 세계인이고 모두 평등하며
작위의 특수함은 없다." 그리고 "의원은 모두 인민이 선출한다. … 그들도 모두
인민이고 … 의원은 다만 세계인민의 대표일 뿐이다. … 3년에 한번 선출하거나
매년 한번 선출"한다.(리쩌허우, 2010: 257)

모든 인민이 의원을 선출하고, 의원이 행정관을 선출한다. 의원과 행정
관은 세계인민의 대표로서 '공(公)정부'의 관리자가 되어 업무를 수행하지
만, 업무 외에는 다른 인민과 대등하다. 오늘날 선거꾼들과 금권선거가
판치는 광경을 목도하지 못했기에 캉유웨이가 공개 선출만 하면 공정하게
시행될 것으로 예상한 것은 지나치게 단순하지만, 순진함에서 기발한 창의
성이 발휘될 수도 있다. 이를테면 고대 군대조직의 십부장, 백부장, 천부장
등의 제도를 위로부터의 임명이 아니라 아래로부터 선출하는 대표로 구성
한다면 이는 캉유웨이의 공(公)정부 의원선출을 보완하는 제도가 될 것이
다. 다음 장에서 살펴볼 축급체선제가 바로 그런 방안이라 할 수 있다.
　캉유웨이가 제안한 선출제를 우리에게 익숙한『삼국연의』에 접합시켜
보자. 2008년 새로 제작된 드라마 <삼국(三國)>(高希希, 95회)은 기존의
『삼국연의』를 새롭게 해석하고 있다. 유비, 관우, 장비의 도원결의로 시작
해 제갈량의 죽음으로 끝나고 나머지는 여담처럼 진행됐던 이전 이야기
방식과는 달리, 새로 제작된『삼국』은 조조의 동탁 암살 시도에서 시작해
사마의의 죽음으로 끝나면서 주제를 '기다림'으로 잡고 있다. 이는 25사의
하나인 진수(陳壽)『삼국지(三國志)』의 이른바 '정통' 관점이기도 하다. 천
하를 통일하려 동분서주하던 조조는 적벽의 패배를 계기로 자신이 천하

통일을 완수하려던 계획을 접고 '사후래자(思後來者)' 단계로 들어간다. 그는 사마의의 건의를 받아들여 더 이상 정벌에 나서지 않고 역내를 안정시키며 후사(後嗣)에 치중한다. 결국 '삼국' 이야기의 결말은, 조조 때부터 능력을 인정받으면서도 조비-조예 등에게 경계의 대상이었던 사마의가 은인자중하면서 여러 차례의 고비를 넘기고 쿠데타로 위(魏)의 정권을 잡은 후 그 손자인 사마염에 가서 진(晉)을 세우고 전국을 통일하는 것으로 끝난다. 물론 진 이후의 이야기는 계속되지만, 일단락된 이야기의 교훈은 준비를 하며 기다리라는 것이다. 적벽 이후 조조의 기다림과 제갈량의 지속적인 공격에 대해 지지 않는 방어로 일관한 사마의의 기다림이야말로 궁극적인 승리의 초석이었던 셈이다. 그러나 조조의 입장에서 보면, 자신이 시작한 천하통일 위업이 사마의에게 계승되어 그 손자에 의해 완성된 것을 어떻게 평가할까? '천하위공(天下爲公)'의 입장에서 보면 성공이지만 조조는 사마의를 후래자로 생각하지 않고 자신의 후손을 보좌할 사람으로만 여겼을 것이다. 반면 유비는 죽기 전 제갈량에게 불초(不肖)한 아들 유선 대신 대권을 물려받아 통일 대업을 완수할 것을 당부한다. 단 유비는 마지막 순간에 교활했다. 그 판단을 제갈량에 넘긴 것이다. 조조와 유비 각각 사마의와 제갈량이 후래자의 능력을 가졌음을 알았지만 천하위공의 입장에 서지 못했던 것이다. 캉유웨이의 대동 유토피아에 준하면, 조조와 유비 등이 행정관으로 선출되어 천하의 업무를 수행하고 제갈량과 사마의 등이 그를 계승하여 행정관으로 선출되어야 하는 것이다. 요에서 순으로, 순에서 우로 넘어가듯이. 단 선양(禪讓)이 아니라 선출(選出)에 의해서.

2) 축급체선(逐級遞選)—체진민주(遞進民主)
이 지점에서 선출의 방식과 절차가 문제가 된다. 왕리슝(王力雄)[10]은

자신의 정치예언소설 『황화(黃禍)』에서 '축급체선제(逐級遞選制)'라는 선출
방식을 제시한 바 있는데, 이는 주목을 요한다. 먼저 이 소설의 개략적인
줄거리를 살펴보자.

중국 공산당 내 투쟁이 한창일 때 군대 소장파 왕펑(王鋒)은 외국 킬러
를 고용해 중공 총서기를 암살하고 꼭두각시를 내세워 중국 정권을 장악하
고는 더욱 강경한 정책을 추진하기 시작한다. 자유화 수준이 비교적 높은
남방 7성은 베이징 쿠데타의 합법성에 의문을 제기하면서 각성 자치를
선포하고 베이징의 통치를 벗어난다. 베이징은 남벌을 시작하고 남북전쟁
이 발발한다. 남방연맹이 곧 패배할 즈음 중국 북방정권의 위협을 우려하
는 타이완이 남방을 위해 왕펑의 암살 교사 증인을 체포해 북방정권의
민심 이탈 상황을 조성했고, 타이완 군대는 이 기회를 틈타 남군의 반격을
돕는다. 외해에 직면한 북방정권을 구하기 위해 왕펑은 타이베이에 핵공격
을 감행하는데, 이때 부총리 스거(石戈)는 타이완에 이 사실을 통보하려
하지만 뜻을 이루지 못한다. 타이베이는 대륙 핵폭탄에 의해 궤멸되고 스
거도 반역죄로 수감된다. 격노한 타이완 군대도 보복을 위해 대륙 핵기지
를 탈취하는 동시에 베이징에 핵공격을 실행한다. 대륙 핵기지 쟁탈전에서

---

10) 왕리숑(1953년생)은 작가이자 사회이론가로, 중국 사회 및 그 미래에 관한 책을 여러 권
출간했다. 그는 한족임에도 불구하고 시짱(西藏)과 각 소수민족의 상황에 대해 상당한 관심을
가지고 있다. 주요 저서는 다음과 같다. 『天堂之門』(花城出版社, 1984), 『天葬: 西藏的命運』(明鏡出版
社, 1998; 台北: 大塊文化出版社, 2009), 『自由人心路』(中國電影出版社, 1999), 『溶解權力: 逐層遞選制』(明鏡
出版社, 1999), 『与達賴喇嘛對話(Talking with Dalai Lama)』(美國人間出版社, 2002), 『遞進民主』(台北: 大塊
文化出版, 2006), 『我的西域, 你的東土(My west land, your east country)』(台北: 大塊文化出版, 2007),
『黃禍: 新世紀版(Yellow peril)』(台北: 大塊文化出版, 2008. 초판: 1991), 『听說西藏(Voices from Tibet)』
(与唯色合著, 台北: 大塊文化出版, 2009), 『圖伯特這几年: <听說西藏>之二』(与唯色合著, 台北: 大塊文化出
版, 2009), The Struggle for Tibet(与唯色, Tsering Shakya合著, 英國唯首出版社, 2009), Voices from
Tibet: Selected Essays and Reportage(与唯色合著, 香港大學出版社, 2013). <百度百科>. http://baike.baidu.com/
link?url=tceAPa2IIQ7HFSWlT5CmgoCqggmkHNEEjODNnetGtQCEW40Ujce8YgSyROxrQGz
P5VkMjGAR1s_b_wK7imh2Oa (검색: 2015.7.16.)

핵탄두 오조작으로 인한 발사와 폭발이 여러 차례 일어나고 그중 하나가 러시아 경내에 떨어진다. 중국에서 핵 남발이 일어나자 세계는 공포로 뒤덮이고, 미국과 러시아는 세계경찰을 자임하면서 손을 잡고 중국에 외과수술식 공격을 진행해 중국의 핵능력을 철저하게 소멸시킴으로써 세계의 안전을 보장하려 한다. 미국과 러시아의 공격은 중국 민중의 전면적인 심리 공황을 야기했고 곧 붕괴하려는 중국 사회의 붕괴를 가속시켰다. 생존 조건을 잃어버린 중국인들은 스스로 국경을 넘어 다른 나라로 진입했다. 중국 임시정부 수반을 맡게 된 스거는 대규모로 죽어가는 중국인을 구제하기 위해 정부 역량을 이용해 전 세계를 향한 중국인구의 대이동을 암중 추진한다. 중국인의 대이동에 충격을 받은 세계 각국에서는 각종 충돌이 일어난다. 그중 러시아와 미국의 모순이 가장 첨예해서 양국의 충돌은 계속 상승하고 있다. 미국과 러시아의 공격시 발견되지 않는 중국 핵잠수함 한 대가 해저 깊숙이 숨겨져 있었다. 잠수함 대원들의 가족은 미국과 러시아 공격 때 전부 몰살되었다. 복수를 결심한 함장 딩다하이(丁大海)는 미국과 러시아의 충돌이 최고조에 달한 시기를 기다려 미국에 돌발적인 핵 공격을 감행함으로써 미국은 그것이 러시아에서 감행된 것으로 오해해 핵반격을 감행한다. 미국과 러시아 사이에 핵대전이 폭발한다. 핵대전은 핵겨울의 강림을 조성하고 지구는 농업이 궤멸되고 인류 사회는 해체되고 만다.[11]

'축급체선제'는 소설 벽두에서 스거에 의해 제정된 '백자(百字)헌법'의 주요 골자인데, 그 전문은 다음과 같다.

제1조 각 사회조직의 지도자는 n(注)을 기수(基數)로 하여 축급체선제를 실시한다. 3분의 2 다수결로 선출된다. 임기는 한정하지 않으나 수시로 파면당할 수 있다.

---

11) 「≪黃禍≫梗概」. http://wlx.sowiki.net/?action=index&cid=13 (검색5: 2015.7.28.)

제2조 복수 이상의 신분을 지닌 자는 각 신분에 속해 있는 조직에서 모두 선거권을 부여받는다. 제3조 직무의 협조자는 지도자가 임명한다. 주(注): 3≤n≤ 9.(바오미[왕리슝], 1992: 130)[12]

주요 내용은 축급체선이라는 선거 방식을 간명하게 설명한 것이다. 작가는 다른 곳에서 '축급체선'의 내용을 구체적으로 보충하고 있다.

예컨대 n명의 노동자로 구성된 하나의 작업반이 3분의 2의 다수로 반장을 선출하고, n개의 작업반으로 구성된 하나의 작업장에는 n명의 반장이 3분의 2의 다수로 작업장 주임을 선출한다. 그런 식으로 이어나가면 n개의 작업장 주임이 공장장을 선출하고, n개의 공장장이 회사의 사장을 선출한다 … 이것이 바로 <축급체선>의 과정이다. n은 세 명 이상 아홉 명 이하로 한정한다.(135)[13]

비록 소설에서 제시된 견해지만, 그간 시행되어 온 민주주의의 문제점에 대한 성찰을 엿볼 수 있다. 그 핵심은 그간 민주주의가 '민(民)'이 '주(主)'가 되지 못했다는 점에 있기에, '민'을 진정한 '주'로 삼자는 것이다. 그리고 '민'을 '주(체)'로 정립하기 위한 제도 또는 절차로서 '축급체선'을 제시하고 있다. 표면적으로는 예전 군대조직인 십부장-백부장-천부장-만부장 체제를 연상시키지만, '축급체선'은 위에서 아래로 임명하는 것이 아니라, 아래로부터 위로 선출한다는 점에서 천양지차가 있다.

---

12) 王力雄(1991). "第一條各社會組織各級領導人均以n(注 爲基數)逐級遞選。 以三分之二多數当選。 任期不限。 可隨時罷免。 第二條兼有多种組織身份者在各組織均有選擧權。 第三條協助履行公務的權力委議人由領導人任命。 注: 3≤n≤9"

13) 王力雄(1991). "比如n名工人組成一个生産班組。 他們以三分之二多數選擧班長。 n个班組組成一个車間。 n个班長以三分之二多數選擧車間主任。 以此類推，n个車間主任選擧厂長。 n个厂長選擧公司經理……這就是逐級遞選的過程。 n限制在不少于三人不多于九人的范圍內。"

왕리슝은『황화』에서 간략하게 제시한 축급체선제를 '체진민주(遞進民主)'로 이론화시킨다. 1999년『용해권력: 축층체선제(溶解權力: 逐層遞選制)』에서 주요 원리를 제시했고, 2006년 출간된『체진민주(遞進民主)』에서 중국 공산당 통치제도와 서양의 대의민주제를 비판하면서 '제3의 길'로 '체진민주제'를 제시하고 있다. 그에 따르면, "체진민주는 우선적으로 방법이다. '체진'은 시간과 범위의 점진을 가리킬 뿐만 아니라 더 주요하게는 '축층체선제'와 '체진위원회제'에 의해 형성된 일종의 체진 구조다. 이런 구조는 사회 전환이 중국 사회에 가져올 동탕(動盪)을 피할 수 있을 뿐 아니라 최종적으로 자유와 민주 그리고 공화의 이상을 실현할 수 있다."(王力雄, 2006: 6) 방법이자 구조로서의 체진민주제는 독재에 대한 저항 방법인 동시에 대의민주제를 극복할 수 있는 대안이기도 하다.

왕리슝은 2015년 2월 영국 BBC 방송과의 인터뷰에서, 대의민주를 '수량 민주'라 일컫고 진정한 민주를 '벡터(矢量) 민주'라고 했다. 그에 따르면, "수량은 방향이 없고 오직 찬성 또는 반대만 있지만, 인간의 판단과 선택은 사실 무한히 풍부하고 복잡하다. … 진정한 민주는 의당 '벡터'적이어야 한다. 그래야 각 개인의 의지를 체현할 수 있을 뿐 아니라 모든 '벡터'의 합을 구할 수 있고, 그 결과 부분을 확대하는 것이 아니라 진정한 전체 국면을 얻을 수 있을 것이다."[14] 그는 '층괴(層塊)'라는 개념을 제기한다. 즉 각 층위에 따라(逐層) 계속 선출할 때 각 층위가 하나의 덩어리가 되어야 한다는 맥락이다. "'층괴'는 직접 선거자와 당선자로 구성된다. 촌민위원회와 당선된 촌민위원회 주임은 하나의 층괴를 구성하고, 촌민위원회 주임으로 구성된 향진관리위원회와 당선된 향진장은 또 한 층 높은 층괴를 구성

---

14) 「中國作家王力雄訪談錄(2): 遞進民主」, <BBC 中文網>. http://www.bbc.com/zhongwen/trad/china/2015/02/150210_iv_wanglixiong_2 (검색: 2015.2.10.)

한다. 이때 촌민위원회 주임은 이중 신분—그는 자신의 촌민위원회의 주임인 동시에 향진위원회 위원이다—을 가진다. 그는 하급 층괴의 당선자인 동시에 상급 층괴의 선거자이고, 하급 층괴의 행정자인 동시에 상급 층괴의 입법자인 것이다." "이로부터 유추하면, 향진장은 현위원회를 구성하고, 현장을 선출하고 … 각 성위원회가 선출한 성장들은 국가위원회를 구성해서 국가 대사의 방침을 결정하고 국가 원수를 선출한다."15) 여기에서 중요한 것은 각 층괴에서 선출된 당선자의 임기가 제한이 없되 선거자들이 당선자를 수시로 소환해서 파면할 수 있다는 점이다.

축급체선/체진민주는 분명 신선한 발상에서 비롯되었다. 하지만 모든 제도가 그렇듯이 문제가 없을 수 없다. 이를테면 각 당선자들이 야합해 또 다른 관료집단으로 변질되어 거꾸로 각 층괴를 조정할 가능성도 배제하기 어렵다. 왕리슝은 이를 방지하기 위해 '범위 축소'와 '수시 선거'를 체진민주의 기본으로 내세우고 있지만, 더 중요한 것은 제도 혁신과 아울러 새로운 주체의 '발명'이다. 아무리 새로운 제도를 만들어내도 그것을 운영하는 주체가 새로운 제도를 제대로 운영하지 못하면 혁신 제도는 무용지물이 될 것이기 때문이다.

5_ 새로운 주체의 발명

민주주의에서 중요한 것은 '민'의 성격 내지 자격이다. 조조와 유비 다음으로 사마의와 제갈량이 행정관으로 선출될 수 있기 위해서는 천하위

---

15) 같은 자료

공(天下爲公)의 입장에서 사후래자(思後來者)할 수 있는 사회 분위기와 제도의 완비도 중요하지만, 각 '층과' 또는 심급에서 선거하고 당선되는 주체에 대한 고민이 필요하다. 계몽적이고 도덕적인 주체는 이미 파산을 선고받았다 할 수 있다.[16] 앞당겨 말하면 새로운 주체는 자기통치적인(self-governed) 주체여야 할 것이다.

캉유웨이가 제시한 "'대동' 세계는 노동집단의 경제적 기초 위에 세워졌지만, 다른 한편으로는 이른바 '절대적으로 자유로운 개인'이라는 사회적 기초 위에 세워졌다." "『대동서』 전서의 중심고리인 캉유웨이의 민주이론과 '대동' 공상의 가장 중요한 초석은 개인의 자유·평등·독립이었고, 개인의 권리와 개성의 해방이었다."(리쩌허우, 2010: 247) 이는 프랑스혁명의 이상인 '자유-평등-박애'와 상통하고 있다. '절대적으로 자유로운 개인', '독립적이고 자주적인 개인'의 지표는 무엇일까? 이에 대해 캉유웨이는 구체적인 답변을 하지 않는다. 동서양의 학인들이 이에 대해 수많은 견해를 제시했지만 그 누구도 완벽한 주체 이론을 내세우지 못했다. 따라서 우리는 이 지점에서, 생산양식과 주체양식의 변증법에 초점을 맞추면서 감정의 정치학, 제3세대 인지과학, 통치양식 등의 문제의식을 통해 새로운 주체 이론을 탐색하고 있는 심광현의 논의를 참고할 필요가 있다.

괴테는 일찌감치 "우리가 학문에서 모종의 전체성과 같은 것을 기대한다면 그 학문을 예술로서 사유하지 않으면 안 된다."[17]라고 갈파한 바 있다. 학문 지식을 예술적으로 성찰하는 일은 '바깥에서 본 주체와 안에서 본 주체의 연결'을 필요로 하는데, 심광현에 따르면, 이 과제 해결에 중요

---

16) "알튀세르 이후 더욱 진전된 해체론과 포스트모더니즘의 세계적 확산 과정에서 낡은 계몽주의적-휴머니즘적 주체이론은 해체되었지만, 새로운 변혁주체 형성을 위한 이론은 재구성되지 못했다"(심광현, 2014: 491).

17) 요한 볼프강 폰 괴테, 「색채론의 역사에 관한 자료」; 벤야민, 2009: 35에서 재인용.

한 실마리를 제공해주고 있는 분야가 바로 '21세기의 신경과학'이다. 그에 따르면, 마크 솜즈(Mark Solms)와 올리버 턴불(Oliver Turnbull)은 『뇌와 내부세계』18)에서 '양쪽의 시각에서 관찰한 지식을 결합'하는 작업을 '양면적 일원론'이라고 기술하면서, "뇌/신경과학(바깥에서 본 지식)과 정신분석학(안에서 본 지식)을 결합한 <신경정신분석학>(Neuro-psychoanalysis)이라는 새로운 연구방식을 주창하고 있다."(심광현, 2014: 527) 조금 친절하게 설명하자면, "정신 기구는 두 가지 서로 다른 방식으로 알려질 수 있다. 내부를 들여다봄으로써 우리 마음의 주관적 인상을 얻게 되는데, 이것이 정신분석이 마음을 연구하는 방법이다. 한편 뇌라는 신체기관은 마음에 대한 객관적인 시각, 즉 마음을 사물로 바라보는 시각을 제공해주며, 이것이 뇌-신경과학이 마음을 연구하는 방법이다."(537) '신경정신분석학'의 성과를 수용한다면, 우리가 주체를 이해하기 위해서는 내부정보의 경로와 외부정보의 경로를 밝히고 나아가 이 두 경로가 '전전두엽'에서 합류되는 기제(機制)까지 이해해야 할 것이다. 새로운 주체론은 바로 이들 연구 성과에 바탕을 두어야 할 것임은 더 말할 필요가 없을 것이다.

사실 심광현의 출발점은 마르크스의 「포이에르바흐 테제」 3번과 11번이다. 그는 테제의 요점을 "세계에 대한 올바른 해석과 변혁, 주체에 대한 올바른 해석과 변혁이라는 4가지 과제의 '일치'"(6-7)로 파악한 후, 그 과제를 이성의 윤리학과 감성의 윤리학을 변증법적으로 '절합'하려 했던 칸트의 『판단력 비판』, 사회사와 사상사가 연결되어야 한다는 푸코의 주장, 그리고 이를 발터 벤야민의 미메시스 이론으로 연결시키고, 다시 최근 신경정신분석학의 성과까지 섭렵하고 있는 것이다. 이 글에서 그 전 과정을

---

18) 마크 솜즈·올리버 턴불, 『뇌와 내부세계』, 김종주 옮김, 하나의학사, 2005.

모두 추적할 수는 없지만, 그의 표현을 빌어보면 새로운 주체는 다음과 같다. "자유-평등-연대를 체화한 주체"(45), 바꿔 말하면, '자유로운 개인들의 평등한 연대!' "자본주의적 주체양식으로부터의 탈영토화"와 "새로운 주체양식을 위한 재영토화"(439), 다시 말해 "자기-부정/순응의 테크놀로지"로부터 "자기-배려/창조의 테크놀로지"(492)로 나아가는 주체를 발명하자는 것이다. 심광현은 새로운 주체양식의 창조를 위해 최종적으로 '신체화된 마음의 정치학'(442)을 제창하고 있다. '신체화된 마음의 정치학'의 다른 이름은 '마르크스주의적 마음의 정치학'이다. 여기에서 마르크스주의는 기존의 속류 마르크스주의가 아니라 '칸트와 벤야민에 의해 매개된 마르크스주의'다. 그리고 '마음의 과학(science of mind)'은 '인지과학(cognitive science)'이 확대, 심화된 명칭이다. "인지과학은 단일한 분과학문이 아니라 1970년대 이래 철학-심리학-인류학-문학과 같은 전통적 인문학 분야와 생물학-신경과학-뇌과학과 같은 자연과학 분야가 합류하면서 다양한 경로를 취하면서 발전하고 있는 학문적 통섭의 첨단을 이루는 다학제적 학문이다."(16) '신체화된 마음의 정치학'은 바로 "<칸트-벤야민 맑스주의>가 <마음의 과학>과 수평적으로 '통섭'(通攝, consilience=jumping together)"(17) 하기 위해 새롭게 형성된 연구 주제인 것이다.

진정한 민주주의에 이르는 길은 요원하다. 분명 풍년이 들었다고 환호하는 순간 재난으로 바뀌고(豊收成災), 확실하게 도달했다고 작약하는 순간 저만큼 도망가 버린다('도망치는 민주주의'). 풍년의 환상에 젖어있기에 그 다음에 찾아오는 재난을 제대로 인지하지 못함으로 인해 그 피해는 증폭된다. 목표에 도달했다는 기쁨으로 인해 미꾸라지처럼 빠져나가는 민주주의를 의식하지 못하고 여전히 손에 쥐었다고 착각하는 것이다. 이 글에서는 이런 상황을 '민주주의의 위기'로 파악했다. 아울러 대의민주주의 문제점을 '민주주의의 역설'로 파악하고 이를 해결하기 위한 방식으로 천하위공의 사후래자와 체진민주를 소개했다. 아울러 진정한 민주주의에 이르기 위해서는 궁극적으로 '제도와 주체의 변증법적 절합'이 필요하다는 맥락에서 진정한 민주주의를 수행하기 위한 새로운 주체의 발명 경로를 시탐해보았다.

근대 자본주의의 역사는 부르주아 민주주의의 역사다. 바꿔 말하면 부르주아계급이 주인으로 군림하면서도 선거를 통해 대표를 선출하는 민주주의로 위장한 그런 역사였다. 진정으로 자유로운 개인은 부르주아 지배 이데올로기에 침윤되지 않아야 할 뿐만 아니라 우리 DNA 어딘가에 각인되어 있을 법한 봉건 이데올로기의 영향도 떨쳐내야 한다. 나아가 '종교와 당의 지도로부터 자유로운', 그런 주체로 거듭나기 위해서는 지난한 과정을 각오해야 할 것이다.

제 1 부

포스트사회주의 중국의 비판적 사상과 문화연구

1장: 포스트사회주의 중국의 비판적 사상의 흐름

시진핑(習近平) 정부 들어 중국은 검열을 강화하고 있다. 이전 단계 모든 것을 통제하던 방식에서 일벌백계식의 간접 통제 방식으로 바꿨을 뿐, 그 수법은 더욱 교묘해진 것으로 보인다. 검열은 자연스레 자기검열을 유발하며, 후자는 전자보다 더 높은 잣대를 들이대게 마련이다. 우리도 군부독재 시절을 겪었기에 검열의 폐해는 미루어 짐작하기 어렵지 않다. 하지만 통제는 시간의 시련을 견디지 못한다. 요원(燎原)의 불, 땅속의 불은 어느 시기든 존재하고 조건이 무르익으면 들판을, 지상을 태울 수 있다. 이 글에서는 요원의 불, 땅속의 불을 '비판적 사상'으로 비유하면서, 리쩌허우(李澤厚)의 사상을 포스트사회주의 시기 '비판적 사상'의 시원으로 설정하고자 한다. 그리고 첸리췬(錢理群)의 마오쩌둥 사상 연구, 왕후이(汪暉)의 사상사론 등으로 이어지는 흐름에 주목했고, 쑨거(孫歌)의 동아시아론 등을 그 연장선상에서 파악하고자 했다. 물론 이들만이 포스트사회주의 중국의 비판적 지식인은 아니다. 이를테면 원톄쥔(溫鐵均)의 '백년 급진론' 등도 그 속에 포함시킬 수 있다.

포스트사회주의 중국의 사상의 '비판적 흐름'을 고찰하기 위해서는, 우선 개혁개방 이전부터 사회주의 유토피아 사상에 관심을 기울여 온 리쩌허우를 주목할 필요가 있다. 그러나 리쩌허우에 대해서는 다음 글인 2장에서 집중적으로 고찰하고, 여기에서는 일단 첸리췬, 왕후이, 쑨거에 초점을 맞춰 포스트사회주의 비판적 사상의 계보를 먼저 그려보고자 한다.

1_ 검열과 비판 그리고 논쟁

포스트사회주의 중국 사회를 바라보는 키워드는 논자에 따라 다양할 수 있다. 그러나 중국의 심층을 바라보는 눈 밝은 이라면 '검열' 문제를 비켜가지 않을 것이다. 필자 개인 경험만 하더라도, 상하이대학 당대문화연구센터 웹사이트에 올린 글의 한 부분에서 <색, 계>의 섹슈얼리티를 논했다가 한동안 검색이 금지되었고, 장뤼(張律) 관련 글(林春城, 2011)을 투고해 세 번 거절당했으며, 『신세기 한국의 중국 현당대문학 연구』(林春城·王光東, 2013)를 편집하는 과정에서 가오싱젠(高行健) 관련 글과 작가의 세계관 지양(止揚) 관련 글을 제외시켜 달라는 출판사의 요구를 거절할 수 없었고, 한국에서 발표한 첸리췬 관련 칼럼(임춘성, 2013b)을 중국어로 번역해 보냈더니 난색을 표명해 결국 발표를 유보하기도 했다.

우리도 군사독재 시절에 겪었지만 '검열'의 해악은 그 자체로 끝나는 것이 아니라 '자기검열'을 유발하고, 후자의 기준은 항상 전자의 기준을 상회하기 마련이라는 점에 있다. 그리고 분명 '검열'에 비판적인 중국 지식인들도 외국 친구의 호의적인 지적을 수용하다가도 어느 순간부터 국가에 자신을 동일시하면서 국정(國情) 운운하며 불필요한 자존심을 드러내곤 한다. 2011-2012년 방문학자로 머물렀던 상하이대학 중국당대문화연구센터의 웹사이트도 내가 방문하기 전 어떤 일로 폐쇄되었다가 귀국할 무렵 간신히 해제되었다. 폐쇄 조치는 해당 기간 웹사이트를 활용하지 못하게 만드는 것에 그치지 않고, 그동안 축적했던 자료를 회복하는 데 대량의 시간과 인력을 낭비하게 만든다. 이는 마치 청조에서 한족 지식인들의 비판의 화살을 다른 곳으로 돌리게 하려고 『사고전서(四庫全書)』를 편찬케 한 경우와 유사하다. 『사고전서』는 인류의 문화유산이 되었지만, 웹사이트 자료 회복은 단순한 소모로 그칠 가능성이 크다. 시진핑 정권 들어 더욱 강화된 검열 지침은 2013년 6월 인쇄만 남겨둔 『열풍학술(熱風學術)』제7집을 또 한 차례 표류시켜 6개월 후에야 발간되게 만들었다.

최근 중국 당국의 검열은 직접 통제 방식에서 간접 관리 방식으로 바뀐 듯하다. 그 대표적인 예가 TV드라마의 '제편인/즈펜런(制片人) 제도'다. 개혁개방 이후 대중문화가 유행하더니 21세기 들어서는 특히 중국산 TV드라마가 기세를 떨치고 있다. 1980년대가 '문학의 황금시대'였고, 1990년대가 '영화의 시대'였다면 21세기는 'TV드라마의 시대'라 할 수 있다. 그것은 "자본 동향과 시장 규모, 정부의 대응, 사회심리, 업계 체제, 매체의 작동 등 각 방면의 신속한 변동을 유발해 거대한 덩어리의 스크린을 합성해 오늘 중국의 지배적 문화 및 그 생산 기제의 복잡한 작동을 명료하게 드러내"(王曉明, 2013: 396)는 바다. 뤄강(羅崗)은 TV드라마의 물질적 기초로, 수상기 보급, TV채널 증가, 제작 인원의 다원화 등을 들고 있다. 예를 들면, 장시(江西)성 TV채널과 같은 경우, 중앙방송국 십여 개, 몇 십 개의 각지 위성방송, 성(省) 방송극 열 몇 개, 지역 방송국 몇 개에서 열 몇 개, 구(區) 방송국 또한 적어도 한두 개, 이것을 모두 합하면 거의 백 개에 가까운데, 이들은 기본적으로 드라마로 유지되고 있다는 것이다.[1] 따라서 수많은 방송국의 프로그램을 일일이 검열할 수 없는 상황에서 등장한 것이 즈펜런 제도라 할 수 있다. 즈펜런은 1980년대 말 등장했는데, 이는 시장경제 작동 방식을 TV드라마 제작 시스템에 도입한 것이다.

즈펜런은 정부의 입장을 대변하면서 동시에 시장과 시청자의 요구를 반영해 TV드라마 제작부터 배급까지 전체 유통과정을 통제한다. 바꿔 말해 이전에는 당국에서 직접 통제하던 TV드라마를 1980년대 말부터는 이 제도를 도입해 즈펜런이 대신 관리하도록 만든 것이다.[2] 이를 통해 추론해 보면, 이전에는 모든 것을 사전에 확인하고 검열했는데, 톈안먼 사건 이후 일정 정도 자율적인 공간을 열어주되, 선을 넘어서는 행위에 대해서는 일벌백계라는 사후 책임 추궁의 방책을 시행하고 있음을 알 수 있다. 6세대 감독 러우예(婁燁)가 당국에 알리지 않고 <여름 궁전>을 국제영화제에 출품했다가 5년간 자격정지를 받은 것은 대표적 사례.

그러나 한국에서 군사독재시절 비판적 흐름이 존재했던 것처럼, 중국에도 비판적 경향이 존재하고 있다. 그 가운데 주목할 것은 논쟁이다. 쉬지린(許紀霖)과 뤄강(쉬지린·뤄강 외, 2014)에 따르면, 1990년대 이래 사상 문화계의 중대 논쟁으로 '급진과 보수의 논쟁', '인문정신에 관한 논쟁', '포스트모던과 탈식민주의 논쟁', '루쉰에 관한 논쟁', '국족주의에 관한 논쟁', '시민사회에 관한 논쟁' 등이 있었는데, 그 가운데 1990년대 중반의 '신좌파와 자유주의' 논쟁은 이 글에서 중점적으로 고찰하는 비판적 지식인과 직접적인 연관이 있다.

가오리커(高力克)는 '자유주의와 신좌파의 논쟁에 관해'라는 부제를 붙인 글에서, 1990년대 시장화 추세로 인해 자유주의와 신좌파 사조가 1980

---

1) 「21세기 중국의 TV드라마(좌담)」; 임춘성 엮음, 2014: 176, 179 뤄강 발언 부분 참조
2) 즈펜런 제도에 대해서는 高允實, 2015: 제1장 제1절 '制片人制度' 부분 참조

년대 '신계몽 운동'이라는 범자유화 사조로부터 분화되었다고 진단하고, 1994년 『구준(顧准)문집』과 왕후이의 「당대 중국의 사상 상황과 현대성 문제」(왕후이, 1994)의 출간을 그 표지로 삼는다. 신계몽적 입장을 견지하고 있던 자유파는 서양의 자유주의로부터 시장화와 민주화의 사상적 자원을 찾아내려 했고 지속적으로 심도 있게 극좌 이데올로기와 권력구조를 비판하는 한편 중국의 입헌 민주 체제를 위한 정치 체제 개혁을 추진하고 있었다. 그에 반해 신계몽 진영으로부터 분화되어 나온 신좌파는 서양의 좌익 비판 이론으로부터 영감을 얻어 반(反)자본주의적인 신좌익 비판 전통을 새롭게 건설하려 했다. 서양 자유주의에 뿌리를 두고 있고 그것을 중국 상황에 적응/왜곡시킨 중국의 자유주의가 복잡한 것만큼 또는 그 이상으로, 이른바 '신좌파' 또한 "각종 좌익 비판 사상의 혼합체로, 그 사상 자원은 마르크스주의, 사회주의, 세계체제이론, 프랑크푸르트학파, 공화주의, 공동체주의, 포스트모더니즘, 포스트식민주의 등 각종 비(非)자유주의적 이론을 포괄하고 있다. 신좌파는 이론 형태가 복잡한 반(反)자유주의 사상 연맹으로, 그 가치지향과 사상자원은 각자 다르다. 자유주의에 대한 신좌파의 비판은 중국의 하이에크식 경제적 자유주의와 귀족적 자본주의의 시장 만능주의를 직접 겨냥하고 있으며 그 주요 주장은 평등과 공정의 문제에 놓여 있다."(高力克, 2007: 195-96) 자유주의에는 하이에크 중심의 우파와 롤스 중심의 좌파가 있는데, 왕사오광(王紹光), 추이즈위안(崔之元) 등과 함께 '신좌파'로 불리는 간양(甘陽)은 자신들을 마르크스-레닌주의식의 '구좌파'와 변별해 '자유 좌파'라 부르기도 했다. 그에 따르면, 1990년대 중국 자유파 지식인이 '자유 좌파'와 '자유 우파' 또는 '신좌파'와 '신우파'의 두 진영으로 분화되었다는 것이다.(高力克: 197) 간양이 말하는 '자유 우파' 또는 '신우파'는 바로 레이거노믹스를 추종하는 '신자유주의파'를 지칭하는 것이고, '자유 좌파' 또는 '신좌파'는 케인스식 수정주의 입장에 가깝다. 이들에 비해 왕후이의 비판이론은 월러스틴과 폴라니를 대표로 하는 서양 신좌파 전통에 기대고 있다.

1990년대 중국 사상계를 대표하는 논쟁인 '자유주의와 신좌파의 논쟁'에 대한 첸리췬의 평가를 살펴보자. 첸리췬은 중국 사회 성격, 중국식 시장 경제, 마오쩌둥·마오쩌둥 사상·마오쩌둥 시대, 그리고 중국혁명에 대한 서로 다른 역사적 평가, 중국의 미래 발전 노선의 4가지 쟁점으로 나누어 양자의 견해를 대비시킨 바 있다.(錢理群, 2012/하: 384-85) 첸리췬은 이 논쟁이 모두 1990년대 중국 사회변동에 대한 반응이며 서로 다른 판단과 이론적 분석이 있고, 서로 다른 대책을 가지고 있고 그 자체로서 깊이 있는 역사적 내용과 현실 의의를 가지는 것이며 동시에 논쟁을 통해 모종의 공통 인식(즉, 이른바 최대공약수)에 도달할 수도 있고, 동시에 각자의 의견을 보존할 수도 있었다고 보고 있다. 그러나 문제는 쌍방이 상대방을 주요 위험으로 보았다는 데 있다고 진단한다. 신좌파는 자유주의자가 독점 엘리트의 대변인이라고 여겼고, 자유주의자는 신좌파가 전제체제의 공모자라고 보았다는 것이다.(385) 그런데 문제는 늘 그렇듯이 역사는 이렇게 반복되고 있다는 점이다. 상호 변증법적으로 접합해야 할 개혁세력의 쌍방이 적대적으로 대립하고, 그 사이에 보수 세력은 유리한 고지를 차지하고 개혁세력의 분쟁을 지켜보고 있다는 문제점 말이다.

2_ 첸리췬의 마오쩌둥 연구

내가 첸리췬을 처음 만난 것은 1993년 가을 '한국 중국현대문학학회'가

주최한 '루쉰(魯迅) 국제학술대회'에서였다. 당시 처음 방한한 대륙 학자들은 나름 좌파를 자처하던 한국의 소장 학자들과 진지하게 이야기를 주고받았다. 당시 학술대회가 끝난 후 첸리췬 등과 함께 광주로 순천으로 목포로 다녔던 기억이 새롭다. 그때 첸리췬이 돌아가면서 했던 말은 "마오쩌둥을 다시 읽어야겠다!"였다. 그로부터 20년째 되는 해인 2012년, 그는 마오쩌둥과 함께 한국에 다시 왔다. 2012년은 그야말로 중국분야 출판계에서 '첸리췬의 해'로 기록될 만하다. 3월에 『망각을 거부하라: 1957년학 연구 기록』이, 4월에 『내 정신의 자서전』이, 9월에는 『毛澤東 시대와 포스트 毛澤東 시대 1949-2009 (상하)』가 각각 번역 출간되었다. 1939년생인 그는 42세에 석사학위를 받은 늦깎이 학자로, 문혁 시기를 포함한 18년간의 하방과 유랑의 경험을 통해 중국 사회에 대해 비판적이고 실천적 관점을 형성했다. 20세기 중국 지식인의 정신사라는 맥락에서 루쉰, 저우쭤런(周作人), 차오위(曹禺) 등의 작가를 연구했다. 베이징대학 중문학부에서 퇴직한 이후 중고등학교 문학교육에 열성을 쏟는 한편 국가 권력에 의해 억압되었던 1950년대 우파와 1960년대 문혁의 복원에 주력하고 있다. 특히 민간의 이단사상 발굴에 초점을 맞추고 있다. 루쉰 전문가에서 마오쩌둥 전문가로 변신한 그에게서 우리는 사상을 중시하는 중국 인문학자들의 전통을 읽을 수 있다. 그는 작가 루쉰을 연구할 때도 '선구자의 정신을 찾아서'라는 주제로 루쉰의 산문시집 『들풀』을 집중적으로 연구했고, 혁명가/정치가 마오쩌둥을 연구할 때도 20세기 중국 대륙에 커다란 영향을 준 마오쩌둥 사상과 마오쩌둥 문화에 초점을 맞추었던 것이다.

첸리췬은 마오쩌둥 사상과 마오쩌둥 문화를 20세기 중국의 특징으로 꼽는다. 그가 볼 때 마오쩌둥은 다음과 같은 기본 특징을 가지고 있다. 첫째, 마르크스주의자로서 세계를 해석하는 사상가에 그치지 않고, 동시에 세계를 개조하는 행동가이다. 사상이 추구하는 것은 철저와 비타협, 하지만 실천은 타협을 해야 한다. 사상이 추구하는 것은 초월적인 것, 하지만 실천은 현실을 중시한다. 그러므로 "사상의 실현은 곧 사상 자신과 사상가의 훼멸(毁滅)이다." 둘째, 시인. 이론 형태의 낭만주의가 실천 층위의 전제주의로 전환했다. 셋째, 국가의 최고 통치자. 넷째, 권위주의적 국가의 지도자. 다섯째, 마오쩌둥은 사상을 개조하고자 한다. 마오쩌둥은 스스로를 호걸이자 성인으로 자리매김하고자 했다. 여섯째, 그가 통치하고 개조하고자 한 대상이 전 세계에서 가장 인구가 많은 나라인 중국이라는 점이며, 그 영향이 크고 깊어 가벼이 볼 수 없다. 마오쩌둥 사상은 반세기 동안 지구 인구의 3분의 1을 차지하는 중국인의 생존방식, 기본 사상, 행위방식을 지배했다. 마오쩌둥은 아주 목적의식적으로 그 자신의 사상을 이용하여 중국과 세계의 현실, 그리고 중국인의 영혼세계를 개조하고자 했고, 또한 그의 사유 모델에 따라 중앙에서 지방의 기층에 이르는 사회생활의 조직 구조를 만들고자 했다. 이는 마오쩌둥이 사상적 존재일 뿐만 아니라, 더욱이 물질적이고 조직적인 존재(錢理群, 2012/상: 23-26 발췌 인용)임을 말해주는 것이다.

첸리췬에 따르면 마오쩌둥 사상은 "근본적으로 대륙 중국인의 사유방식, 정감 방식, 행위 방식, 언어 방식을 전면적으로 바꾸었으며, 나아가 민족정신, 성격, 기질에도 아주 깊은 각인을 남겼습니다." "이리하여 하나의 시대적 문화 및 정신을 형성했고, 우리는 사실 그대로 이를 '毛澤東 문화'라고 부를 수 있을 뿐입니다. 다시 말해, 중국 전통의 유·도·묵·법 등 외에 중국 대륙은 마오 문화를 하나 더 가지고 있는 것입니다. … 마오 문화는 확실히 중국 전통문화 밖의 하나의 새로운 문화입니다. 이러한 마오 문화는 오랫동안 조직적이고 계획적이며 지도적인 주입을 통해 중국 대륙에서 이미 민족 집단의 무의식, 곧 새로운 국민성을 형성했습니다."(26) 그러므로 첸리췬은 자신을 "마오 시대가 만들어냈고 마오 문화가 혈육과 영혼 속에 스며들어, 아무리 발버둥치고 자성하고 비판해도 여전히 구제불능인 이상주의자, 낭만주의자, 유토피아주의자"인 동시에 "마오 시대의 목적의식적인 모반자"(21)라고 자평한다. 말하자면 그는 마오쩌둥 문화에 대해 "저주하면서도 축복하고, 결별하면서도 그리움을 두며, 복수하면서도 사랑하는"(22) 그런 양가적 감정을 가지고 있다. 그러나 중요한 것은 "어떻게 마오로부터 빠져나올 것인가?"이다. 이는 첸리췬 개인만의 문제는 아니다. 마오쩌둥 사상은 이미 마오쩌둥 개인의 것이 아니고 마오쩌둥 문화는 전통 중국 밖에 존재하는, 그것과 확연히 구별되는 새로운 문화로, 이는 중국 대륙의 새로운 국민성을 형성케 했기 때문이다. 1980년대 지식계는 이 과제를 인식하지 못했고 그렇기 때문에 문제를 해결하지 못했다. 우리는 첸리췬의 이런 평가를 현실로 받아들일 필요가 있다.

첸리췬의 연구에서 또 하나 중요한 성과는 마오쩌둥 체제의 문제다. 그가 볼 때 "공화국의 역사에서 1957년의 반우파운동은 하나의 관건이었으며, 그것이 건립한 '1957년 체제'와 그 후의 대약진, 인민공사운동, 4청, 그리고 문혁의 출현은 밀접한 관계를 맺고 있다." 첸리췬은 공화국 건설 후 9년째 되는 1957년의 반우파운동 이후 수립된 '57년체제'가 마오쩌둥 체제의 근간을 이루며 그것은 개혁개방 이후에도 지속되었다고 판단한다. 그는 마오쩌둥과 덩샤오핑을 연속체로 보는데, 특히 부국강병과 개인 독재라는 측면에서 그렇다고 판단한다. 그러므로 덩샤오핑 체제를 지칭하는 '6·4체제'는 "1989년의 '6·4대학살'"이라는 "역사적 전환점" 이후 형성되었는데, "'6·4' 이후에 진일보하게 강화되고 발전한 일당전제체제가 마오 시대의 '1957년 체제'의 연속임과 동시에 새로운 덩 시대의 특징을 가지며,

이러한 '6·4체제'는 '6·4' 이후의 중국 사회구조의 거대한 변동과 밀접하게 연계"되어 있다는 것이다. "'6·4대학살이 중국 정치에 가져온 직접적 영향은 정치체제 개혁의 전면적 후퇴, 민간저항 역량에 대한 전면적 타격, 그리고 당 권력의 전면적 확장 등"(錢理群, 2012/하: 365)이다.

마오쩌둥 사상문화의 영향력은 "현재 중국의 집정자들과 모반자들이 어떤 관념에 있어서 사유 방식, 행위 방식, 정감 방식, 언어 방식상 마오와 매우 놀라운 유사성을 가지고 있다는 것이고, 우리는 심지어 일부 이의분자, 모반 지도자에게서 '작은 마오'를 발견하기도" 한다는 점에서 편재(遍在)하고 있는 것이다. "그 안에는 긍정적 요소들도 있지만, 부정적인 것이 다수를 차지"하는데, "마오가 지난 세기 연속적으로 추진했던 '후계자 양성', '수정주의 반대 및 예방, 화평연변 반대' 교육, 그리고 그 후의 홍위병 운동, 지식청년 상산하향운동의 깊은 영향은 절대 가볍게 볼 수 없"다.(錢理群, 2012/하: 27) 이렇게 보면 마오쩌둥 문화는 공산당의 집단적 지혜의 산물인 동시에 지식인이 동참했으며 대중과의 관계를 통해 형성된 것이다. 첸리췬은 특히 '마오쩌둥 사상과 민간이단사상의 관계'에 초점을 맞추고는데, 장시간에 걸친 연구를 통해 "민간이단은 기본적으로 마오에 의해 각성"되었고 "최후에 이러한 민간사상가는 모두 그의 반대자"(29)가 되었다는 사실을 깨닫게 된다.

첸리췬이 관심을 가져온 민간이단사상은 크게 학원운동과 민간사상으로 나눌 수 있다. 전자에는 1956-1958년 중국 학원에서의 사회주의 민주운동, 1960년대 초반 중국 학원의 지하 신사조, 1998년 전후의 베이징대학 개교 100주년 민간 기념 등이 있고, 후자로는 문혁 후기의 민간 사조, 1989년 톈안먼 민주운동, 1998년 '베이징의 봄', 21세기의 권리방어운동과 온라인 감독 그리고 비정부조직 등 3대 민간운동의 흥기 등을 들 수 있다.

이처럼 첸리췬은 민간이단사상에 초점을 맞춰 기존의 당 일변도의 역사 해석에 균열을 내고, 마오쩌둥 체제와는 다른 것으로 인식되었던 덩샤오핑 체제를 마오쩌둥 체제의 축소된 연속체로 파악함으로써 공화국 60여 년 역사의 흐름을 일목요연하게 보여주었다.

3_ 문제적인 왕후이를 문제화하기

21세기에도 좌파는 존재하는가? 그렇다면 좌파의 기준은 무엇인가? 지구상에 몇 안 되는 공산당이 집권하고 있는 중국은 신민주주의 혁명을 통해 중화인민공화국을 건립한 이후, "소부르주아적 뿌리를 가진 정치 이데올로기적 조류"인 '마오주의(Maoism)'가 "그 본질상 <마르크스-레닌주의>와 원리적인 적대 관계에 있다"[3]라는 평가에도 불구하고, '중국적 사회주의' 또는 '중국 특색의 사회주의'를 60년 이상 시행해 왔다. 그러나 개혁개방 이후, 특히 1989년 '톈안먼 사건' 그리고 1992년 '남방 순시 연설' 이후의 중국을 과연 사회주의라 할 수 있을지는 의문이다. 이와 관련, 원톄쥔(溫鐵軍)의 다음 발언은 주목할 만하다. "중국이 세 차례의 토지혁명전쟁과 반세기의 노력을 거쳐 세운 것은 공산주의 국가가 아니었다. 농민이 주력이 되고 경자유전을 목표로 삼아 벌인 혁명전쟁을 통해 건설한 것은 세계 최대의 소자산계급 국가였다."(원톄쥔, 2013: 37) 태평천국운동과 변법유신, 신해혁명을 거쳐 신민주주의 혁명의 결과로 이룩한 사회가 사회주의 사회가 아니라 쁘띠부르주아 국가였다는 평가는 새로운 것은 아니지만,

---

3) 한국 철학사상연구회 편, 1997: 363. 이 평가에 따르면 "<마르크스-레닌주의>는 중화인민공화국의 공적 생활에서 추방되었다."

원톄쥔이 중국 삼농(三農) 전문가라는 점에서, 그리고 '여기 이곳'의 조사와 연구를 통해 나왔다는 점에서 그의 판단은 주목을 요한다. 그와 더불어 '일당전제'의 '당-국가 체제'에서 좌파의 존재 여부와 존재 방식은 관심의 초점이다. 우리가 현 중국이 '일당전제'의 '당-국가 체제'라는 평가에 동의한다면 당내에서 좌파는 찾기 어렵게 되고 이른바 '신좌파'가 우리의 주목을 끈다. 뉴 레프트(new left)라는 명명은 사실 유로코뮤니즘을 가리키는 것으로, 그것은 스탈린주의에 대한 대안으로 제시된 것이었다. 그러나 중국의 신좌파는 유럽의 뉴 레프트와는 다른 기의를 가지고 있다.

서양 신좌파 전통에 기대고 있는 왕후이는 현재 영어권에 가장 많이 소개된 중국학자이다. 문학연구로 시작해 철학과 사상 그리고 문화연구와 사회과학을 넘나들고, 중국에 국한되지 않고 아시아를 사유하며 소수자에도 관심을 기울여 티베트와 오키나와에도 관심을 기울이고 있는 인문사회과학 학자다. 그의 탁월함은 '키워드를 통한 아젠다의 제시'에서 두드러진다. 루쉰을 연구할 때도 '절망에 반항', '역사적 중간물' 등으로 루쉰의 정신과 그 역할을 요약했고, 그 이후에도 '반현대성적 현대화 이데올로기'와 '현대성적 현대화 이데올로기'라는 용어로 마오쩌둥의 '중국적 사회주의'/혁명적 사회주의와 덩샤오핑의 '중국 특색의 사회주의'/개혁개방 사회주의를 변별했으며, '탈정치화된 정치'는 단기 20세기의 혁명 실험이 실패—중국의 경우 1989년 톈안먼 사건—로 끝난 이후 탈혁명화 상황을 요약한 것이고, '트랜스시스템 사회'는 포스트사회주의 시대에 국족주의와 국민국가를 초월하는 동시에 신자유주의적 글로벌리즘에 제한을 가하는 방안으로 제시한 것이다. 이처럼 그는 키워드를 통해 중국 지식계의 아젠다를 제시하곤 한다. 1994년 한국에서 먼저 발표된 글을 통해 자유파와 신좌파의 논쟁에 불을 지피고 신좌파의 명망을 한 몸에 얻었지만, 정작 자신은 신좌파라는 명명보다는 비판적 지식인을 자처한다. 그는 이른바 '신좌파' 중에서는 서유럽의 '뉴 레프트'에 가까워 보이지만, '세련된 중화주의자'라는 혐의에서도 자유롭지 못하다.

1996년부터 시작한 『두수(讀書)』 주편 경력은 그의 진보성을 드러내는 동시에 거기에는 체제와의 타협이라는 측면도 존재한다. 아울러 『두수』와 리카싱(李嘉誠)의 커넥션도 눈여겨 볼 지점이다. 싼롄(三聯)서점 홍콩지사 전 대표였던 모 인사는 2004년 리카싱의 지원을 받아 리카싱의 부인과 함께 '중국문화논단'을 만들었다. 그 인사는 퇴직한 후에도 싼롄서점에 막강한 영향력을 발휘했던 출판인이다. 리카싱의 해외자본과 중선부(中宣部) 산하의 싼롄 그리고 거기서 발행하는 『두수』의 커넥션이 어제오늘의 일은 아니다. 이는 당국과 유연하게 '협상과 타협'을 하고 있는 이른바 '6세대' 독립영화 제작자들4)의 행동방식과 유사하다. 왕후이 등이 주관한 『두수』의 역할을 폄하할 필요는 없지만 다소 과대평가된 것도 사실이다. 신화화된 측면이 없지 않은 것이다. 그렇기 때문에 왕후이가 『두수』 주편을 그만둔 것을 중국 당국의 탄압이라 여기고 그에 대해 항의해야 한다고 했던 일부 국내 학자들의 반응은 난센스였다 하겠다. 왜냐하면 주편 임명도 당국에 의해 이뤄진 것이기 때문이다. 그리고 2010년 '표절 사건'도 있었다.

왕후이는 마오쩌둥의 이론을 '반현대성적 마르크스주의'(汪暉, 1998)라 개괄한 바 있다. 그런데 그는 다른 글에서 "중국 사상가의 특수한 표현일 뿐 아니라 현대성 자신의 모순적 구조의 표현"(汪暉, 2008: 491)으로서 '반현대성적 현대성'을 언급하면서 "이런 모순적 구조가 현대성의 자아갱신의 원천이자 자신의 내재적 모순을 극복할 수 없는 근원"(491)이라고 주장

---

4) 이 책의 8장 5절 참조

했다. 이 언급은 모더니티(현대성) 자체의 이중성(자기정당화와 자기비판의 내면적 결합-하버마스)을 지적했을 뿐만 아니라 현대성의 중국적 특수성도 함께 거론했다는 점에서 주목을 요한다. 그러나 왕후이의 논단은 서양적 맥락과 중국적 맥락을 변별하지 않고 있다는 점에서 혼란의 소지가 있다. 필자는 서유럽 맥락의 '모더니티'와 동아시아 맥락의 '근현대성'을 변별해서 보아야 할 것을 여러 차례에 걸쳐 지적해 왔다. 서유럽 맥락의 'modernity'와 동아시아 맥락의 '근현대성'이 유사점을 가지고 있으면서도 다른 개념(임춘성, 2009a)임을 인정한다면, 왕후이의 언급은 조정될 필요가 있다. 즉 서유럽 맥락에서는 '반모더니티적 모더니티'가 '모더니티 자신의 모순적 구조의 표현'(서양 모더니티의 이중성)이라고 말할 수 있지만, 중국적 맥락에서는 '반모더니티적 근현대성'—서양 모더니티의 어떤 측면에 반대하는 중국의 근현대성—이라야만 '중국 사상가의 특수한 표현'이 될 수 있는 것이다. 서유럽의 모더니티는 전통과의 관계 방식이 주를 이루었지만, 동아시아의 근현대성은 서유럽의 모더니티에 의해 촉발되어 그것을 국족화(nationalization)해야 하면서도 그것을 참조하여 전통을 근현대화(modernization)해야 하는 이중과제를 가지고 있는 것이다.

한편 국내외 미디어의 초점이 되었던 '충칭사건'에 대해 왕후이는 밀실정치와 신자유주의의 권토중래라는 각도에서 충칭사건을 재평가한 바 있다. 한국에서 먼저 발표된 이 글에서 그는 충칭사건의 배경으로 덩샤오핑의 남방순시 이후 중국 상황을 분석했다. 그에 따르면, 덩샤오핑의 남방순시를 경계로 '정치적 통제 아래 추진되는 시장화 개혁 모델을 창조'했는데, 역설적이게도 이 모델은 서양에서 정치적 통제를 최대한 완화시키는 신자유주의와 맞물린 결과를 자아냈다. 이로 인해 국유기업 사유화, 노동자들의 대규모 실직, 삼농 위기, 보장체계의 전면적 위기, 그리고 빈부 도농

격차와 생태 위기 등이 초래되었다는 것이다. 이런 와중에 이른바 '신좌파' 들이 의미를 부여하면서 논의를 불러일으켰던 충칭 실험은 중앙 정부의 신자유주의 개혁에 배치되는 것이었다. 왕후이는 충칭모델에 대해 다음과 같이 평한다. "충칭은 상대적으로 도농 통합이라는 과제에 치중하고 있고 재분배나 공평, 정의를 더 강조하는 경향을 보여주고 있다. 충칭은 원래 상당한 수준의 공업화 조건을 갖추고 있었기 때문에 국유기업의 선도적 기능에 상대적으로 더 많이 의지하여 발전을 추진하고 있었다. 충칭의 염가 임대주택[公租房] 실험, 국가와 인민의 동반 성장이라는 구호, 지표(地票) 교역 실험, 적극적인 해외 진출 전략 등과 같은 일련의 조치는 2000년 이후 중국 사회의 개혁에 관한 토론 과정에서 제출된 '더욱 공평한' 개혁에 대한 강렬한 요구에다 실질적이고 생생한 사례들을 덧붙여 제시하고 있다. 이런 까닭에 충칭의 실험에 대해서는 좌파와 우파 사이의 논쟁만 존재하는 것이 아니라 좌파와 좌파, 우파와 우파 사이에서도 서로 다른 관점의 대립 과 날선 논쟁이 전개되고 있다. 비록 충칭에 주도면밀하게 계획된 개혁 모델이 완전한 형태로 수립되어 있지는 않지만, 그럼에도 불구하고 충칭은 공개적이고 정정당당하게 자기의 가치 지향과 입장을 밝히고 있을 뿐만 아니라, 스스로의 실험이 이러한 가치 지향이나 입장과 일치하는 것임을 주장함으로써 지속적인 반향과 격렬한 논쟁을 불러일으키고 있다."(왕후 이, 2012: 170-71) 그러나 왕리쥔(王立軍) 사건과 구카이라이(谷開來) 사건 에 연루된 보시라이(薄熙來)의 실각으로 인해, "충칭 사변 전후의 사회적 반응 정치적 충격 국내외 서로 다른 세력들 사이의 상호작용 그리고 이로 인해 유발된 여러 가지 복잡한 문제를 도대체 어떻게 해석해야 할 것인 가"(159) 등을 충분히 해명하지 못한 채 충칭 실험은 막을 내리고 말았다. 왕후이의 진단대로라면, 당분간 중국에서 반(反)자본주의 또는 반(反)신자유주의 방식의 도시화 가능성은 희박해 보인다. 바꿔 말하면 지구적 자본주의 또는 신자유주의 방식의 도시화가 대세가 될 것이다.

국내에서도 왕후이는 주목의 대상으로 그와 관련된 글이 꾸준히 발표되고 있다. 이 가운데 왕후이에 대해 호의를 가지고 바라보던 논자가 「중국굴기의 경험과 도전」(왕후이, 2011)에 대한 논평(백승욱, 2011)에서 "너무 빨리 반환점을 돌았다", '중국 경험의 이례성'을 주장했다고 비판한 바 있다. 그러나 왕후이의 제자들과 옹호자들은 그가 변한 것이 없다고 말한다. 다시 말해 그는 좌우의 잣대로 나눌 수 없는 사상가라는 것이다. 왕후이는 문제적이다. 그러므로 왕후이를 제대로 문제화하는 것이 필요하다. 왕후이를 제대로 문제화하기 위해서는 그의 주저인 『현대 중국 사상의 흥기(現代中國思想的興起)』(총 4권, 1683쪽)를 어떻게 볼 것인가가 중요하다. 아울러 왕후이가 기대고 있는 폴라니의 세계체계론 등에 대한 논의도 필요하다. 물론 그의 이론적 입론이 폴라니의 케인스주의적 관점과 아리기의 스미스주의적 관점에 근거하고 있다는 점은 그를 '신좌파'로 분류했던 것 자체가 '신화적'이었음을 말해주고 있는 것이기는 하다.

4_ 쑨거의 동아시아담론

'비판적 동아시아담론'이란 인문학/문화 범주에서 동아시아 지역(region) 각 국가 사이의 소통을 중시하는 담론을 가리킨다. 중국발 동아시아담론으로, 일본과 중국의 근현대 사상사의 심층을 가로지르는 쑨거(孫歌)의 논의가 있고, 일본의 최근 논의로 고모리 요이치(小森陽一)와 마루카와 데쓰시(丸川哲史)의 자기 비판적 담론이 있다. 한편 한국발 동아시아론의 진원지에는 '창작과비평' 진영의 최원식과 백영서의 논의가 있다.[5] 그러나 이들 간의 소통은 그다지 활발한 편은 아니다. 중국과 일본의 자료들은 종종 한국에 소개되고 있지만, 역의 방향, 즉 한국 자료가 중국 또는 일본에 소개되는 경우는 매우 드물다.(崔元植, 2008; 白永瑞, 2009) 여기에서 집중 조명하는 쑨거의 경우 그 주요 자료가 대부분 한국에 소개되어 있지만, 한국 동아시아담론의 대표 논자인 최원식의 경우 중국어권에는 아직 단행 본이 소개되어 있지 않다.[6] 게다가 쑨거와 최원식의 글에는 상호 참조가 거의 없다. 그러나 불모이합(不謀而合)으로 공감대에 도달하고 있는 부분이 있다. 여기에서는 최원식을 참조체계로 삼아 쑨거의 동아시아담론을 고찰 하고자 한다.

먼저 동아시아담론의 커다란 장애로 역사인식의 차이와 연계된 것이 자 그 근원이랄 수 있는 국족주의(nationalism)와 '패도적 대국주의'를 지적 해야 한다. 베네딕트 앤더슨(Benedict Anderson)의 '상상의 공동체' 이후 국 족주의가 많은 비판을 받았고 최근에는 탈(脫)국족주의에 대한 언설도 무 성하다. 국족주의와 민주주의의 균형이라는 관점(최원식, 2009: 34)이 필 요하고, 국족(nation)은 상상의 공동체가 아니라 '공동체의 상상'(카스텔, 2008: 54)이라는 지적도 새겨들을 필요가 있다. 여기에 더하여 다케우치 요시미(竹內好)는 아시아를 국족주의를 사유하는 중요한 시각(쑨꺼, 2003: 85)으로 삼았다.

쑨거는 동아시아의 진정한 상황이란, 복잡한 패권관계가 '내부'와 '외 부'가 상호작용하는 과정을 통해서 아시아 내부의 패권관계와 동양에 대한

---

5) 이밖에도 『문화/과학』과 『중국현대문학』에 게재된 글, 성공회대 동아시아연구소의 성과, 그리고 일본과 중국의 논의들이 있다.
6) 타이완에서 발간되는 『人間+思想』 第六集(2014)에 <崔元植的東亞論>이란 특집으로 최원식의 글 3편이 편자의 말, 해제와 함께 게재된 바 있다.

서유럽(특히 미국)의 패권관계가 서로 긴밀하게 얽어매는 상황(쑨거: 16)이라 지적한 바 있다. 쑨거는 또한 기존의 동아시아 시각에는 냉전의 형성과 해체가 동아시아에 가져다준 국제적 변동이라는 역사적 시야가 빠져 있다고 본다. 그 대표적인 예가 북한 핵문제에 대한 태도이다. 그가 볼 때 동아시아담론의 하나로 간주되어야 할 북한의 핵문제가 단지 일회적인 국제정치문제로서 다루어질 뿐, 동아시아라는 틀과 연계되어 인식되지 않고 있다는 것이다.(쑨거, 2009: 42) 그러므로 그녀는 한중일 공히 '냉전구조 속의 동아시아 시각'을 가질 것을 주장한다. 냉전구조가 사실상 해체된 상황에서조차 냉전 이데올로기는 여전히 상대적으로 독립된 채로 불변의 형태를 유지하고 있으며 갈수록 단순화되고 경직화되고 있기 때문이다.

일본의 탈아입구(脫亞入歐)는 모두 잘 아는 사실이지만, 해방 이후의 한국과 개혁개방 이후의 중국도 급속한 탈아 경향을 보이고 있다. 탈아의 방향은 이전에 서유럽에 경도되었지만 2차 대전 이후에는 미국화(americanization)로 집중되고 있다. 한국 사회에서 미국화란 "20세기 초반 미국의 다양한 제도와 가치가 새로운 자본주의 질서 재편성과 (정보) 커뮤니케이션 혁명을 토대로 세계 각 지역에 다양한 방식으로 펼쳐지고, 그 결과 수용 지역에서 자발적이거나 강요에 의해 그러한 것을 베끼고 따라잡는 현상과 과정"(김덕호·원용진 엮음, 2008: 17)으로 정의할 수 있는데, 한국은 어떤 측면에서는 미국보다 더 미국적인 모습을 보여주고 있다.

중국의 탈아 경향에 대해 쑨거는 이렇게 평한다. "실제로 최근의 가장 비판적인 지식인들은 서구는 시야에 두고 있지만, 아시아 특히 가까운 동아시아는 진정한 의미에서 시야에 담고 있지 않다."(쑨거, 2007: 18) 개혁개방 이후 현대화의 길을 선택한 중국도 미국화의 길에 본격적으로 접어들었다. 일본이 과거부터 탈아입구했었다면 중국은 지금 탈아입구(脫亞入

'球')하고 있다. 한중일 3국에서 미국은 '부재하는 현존'으로 깊숙하게 내면화되어 있다.

동아시아인들의 '우리 의식(we-ness)' 조직은 '동아시아인의 동아시아'를 발견하고 상상하는 일이기도 하다. 이를 위한 여러 가지 방법 가운데 공유 가능한 사상자원의 발굴이 필요하다. 이 지점에서 쑨거의 언급은 의미심장하다. "한 시대 앞서 다케우치 요시미는 중국과 루쉰을 가장 풍성한 사상의 자원으로 바꿔놓았다. 나는 역의 방향에서 다케우치 요시미를 아시아의 사상자원으로 삼고 싶다."(쑨거, 2007: 22) 일본의 다케우치 요시미가 루쉰을 발굴해 일본에 소개하고 중국의 쑨거가 다케우치 요시미를 중국에서 재해석함으로써 중국과 일본의 지식계는 한결 공감대가 형성되고 소통이 되고 있는 느낌이다. 여기에서 중요한 것은 각국에 산재한 수많은 사상자원들이 국민국가의 경계를 가로질러 동아시아의 양국 이상의 지역에서 공유될 수 있어야 한다는 점이다. 안중근의 동양평화론, 한용운의 우주적 혁명론 등도 동아시아인의 훌륭한 사상자원이 될 수 있을 것이다. 그러나 이들이 한국인들에게만 전유(專有)되어서는 곤란하다. 중국과 일본의 비판적 지식인들과 공감대를 형성하지 못할 때 그것은 자국중심주의의 증거가 될 뿐이다.

문화횡단(transculturation)은 자문화와 타문화의 횡단을 통해 새로운 주체를 형성할 수 있다는 전망을 전제하는데, 그 경로는 우선 타문화에 심층 진입한 체험을 통해 자문화를 되먹이는 과정을 필요로 한다. 쑨거는 일본을 가져다 중국을 고찰하는데, 이는 그가 영향을 자인하는 다케우치 요시미의 방법이었다. 다케우치 요시미는 아시아—주로 중국—를 가져다 종전 후의 일본을 고찰했다. 다케우치 요시미를 본떠 쑨거에게 일본 공부는 량치차오(梁啓超) 등의 '길 찾기'—"'일본'에서 길을 취하여 '중국'으로 되돌아오리라"—라는 기나긴 여로와 유사했다. 그리고 그렇게 한번은 '가고' 한번은 '돌아오는' 과정에서, 의심할 나위 없이 확고했던 '중국'과 '일본'에 대한 감수방식이 변하기 시작했다.(쑨꺼, 2003: 35) 그녀는 근현대 일본 사상사를 고찰하면서 만난 "다케우치 요시미를 따라 일본의 근대로 들어갈 수 있었으며, 그로부터 루쉰에 들어갈 수 있는 새로운 시각이 계발되어 다시 중국의 근대로 들어갈 수 있었다."(51) '부정의 부정'을 연상케 하는 이 여정은 동아시아에 관심을 가지는 지식인들이 반드시 거쳐야 할 것으로 보인다. 쑨거는 우연한 계기들에 의해 이 과정을 충실하게 거쳤고 이 과정을 통해 그는 '(동)아시아의 원리성'과 '역사 진입'에 관심을 가질 수 있었다. 단순하게 몸만 가고 오는 것이 아니라 부정의 부정의 과정을 통해 자국 이외의 문화 가치를 습득하고 그것을 자국화(domestication)시키는 과정이 요구된다. 이와 비슷한 맥락에서 최원식은 '동아시아인의 공감각'을 제창했다. "충돌에 잠재된 친교에 대한 갈증과 신민족주의의 균열을 자상히 독해하면서도 우리 안에 억압된 아시아를 일깨움으로써, 한국인이면서, 일본인이면서, 중국인이면서도 동시에 **동아시아인이라는 공감각(共感覺)**을 어떻게 계발하는가, 이것이 문제다."(최원식, 2009: 43-강조는 원문)

주변의 관점은 우리에게 철저한 통찰력을 제공한다. 쑨거는 오키나와를 통해 일본의 징후를 관찰하고 그것을 일본 국내 문제로 국한시킬 것이 아니라 중일 관계 나아가 동아시아 문제로 볼 것을 경고하고 있다. 오키나와 전투에서의 집단자결을 '옥쇄'로 몰고 가는 황민화 기술을 반대하는 오키나와인들은 "일본 내부에서 항쟁하여 싸운다기보다는 일본의 전쟁 책임을 추궁하는 동아시아 권역(region)의 유기적인 한 부분이 되었다."(쑨거, 2009b, 431)

동아시아의 지정학은 유난히 복잡하므로 복잡한 지정학적 현실에 대한 인식은 필수적이다. 하나이면서 둘이고 둘이면서 하나인 한반도(또는 조선반도)의 한국과 조선,7) 동아시아에 위치하면서도 부재하는 일본,8) 그 와 반대로 동아시아에 부재하면서도 현존하는 미국과 러시아, 그리고 동아 시아에 속하면서도 그 경계를 넘어서는 중국.9) 쑨거는 "중국이 동아시아 · 남아시아 · 서아시아 및 매우 드물게 언급되는 단위이기는 하지만 '북아시 아'와 모두 접하고 있다 보니 동아시아라는 틀에 몰입하기 어렵다"(쑨거, 2009a: 13-14)고 진단하고 있고, 최원식도 "중국은 동아시아의 범위를 넘 어서면서도 동아시아의 일원이기도 한 양면성을 가졌다."(최원식, 2009: 50)고 보고 있다. 이렇게 복잡한 지정학적 요인은 동아시아를 하나의 단위 로 범주화하기 어렵게 만든다. 지정학적 실체에 얽매여서는 안 되지만 그 것을 무시할 수도 없다. 이를테면 최근의 북한10) 핵문제와 이를 해결하기 위해 구성된 6자회담은 동아시아의 현실을 전형적으로 보여주고 있다.

7) 여기서 '조선'이란 호칭은 이른바 '북한'을 가리킨다. 북한은 남한과 대비되는 호칭이고 조선은 한국과 대비되는 호칭이다.
8) 쑨거가 근현대 일본사상사를 고찰한 내용 가운데 동아시아론과 관련된 핵심어는 '탈아와 흥아의 이중변주'라 할 수 있다. 후쿠자와 유키지(福澤諭吉)와 오카쿠라 덴신(岡倉天心)의 아시아관 을 대표하는 탈아와 흥아는 그 당시의 내재적 긴장상태에 대한 두 가지 대응방식으로 은연중에 후대의 일본 지식인들의 사고방향을 규정했다. 그러나 이들의 아시아관은 커다란 맹점을 가지고 있었다. 그 출발점에서부터 아시아문제는 기본적으로 하나의 기호로 설정되어 실제로 존재하는 지역과 분리될 수 있는 가능성이 있었다. 그와 동시에 아시아와 상대되는 자리의 서양 또한 모호하면서도 추상적인 배경으로 방치되어 버렸고 그때부터 아시아문제에 대한 논의가 극도로 추상화되고 이데올로기화되었다(쑨꺼, 2003: 81-82).
9) "중국 대륙의 입장에서는 동쪽의 한국, 일본과 함께 '동북아시아', 남쪽의 태국, 미얀마, 말레이 시아, 싱가포르, 인도네시아 등 동남아시아국가연합(ASEAN)에 속한 국가들과 함께 '동남아시 아', 북쪽의 우즈베키스탄, 타지키스탄 등과 함께 '중앙아시아', 서쪽의 인도 · 네팔 등과 함께 '남아시아'라는 권역을 구성할 수 있기 때문에 어느 한 권역에 얽매이고 싶지 않을 것이다"(홍석 준 · 임춘성, 2009: 5).
10) 사까모토 요시까즈는 동아시아를 보는 관점으로 휴머니즘(humanism)과 센서빌리티(sensibility) 를 제시하면서 "북한(朝鮮) 문제를 중심에 두고 도대체 이를 어떻게 해결함으로써 21세기의 동아 시아를 만들 것인가라는 과제"를 제시하고 있다(사까모토, 2009: 35). 참고로 사까모토의 이 글은 『창작과비평』, 2009년 겨울호에 「21세기에 '동아시아 공동체'가 갖는 의미」라는 제목으로 게재되었다.

5_ '지식인 지형도' 찰기(札記)

최근 현대 중국의 지식인 지형도에 관한 흥미로운 책이 출간되었다. 저자는 "21세기 중국 지식 지형에 대한 나름의 인문학적 비판과 평가 그리고 전망"(조경란, 2013: 12)을 담으려는 야심찬 도전을 시도하고 있다. 조경란의 시도는 일종의 사조유파론에 해당한다. 우선 주요 사조를 대륙 신유가, 자유주의, 신좌파로 나눈 후, 좀 더 세밀하게 신좌파, 자유주의파(자유주의 좌파 포함), 문화보수주의파, 사회 민주주의파(또는 민주사회주의파), 구좌파(포퓰리즘파), 대중 민족주의파, 신민주주의론파 등의 7개 유파로 나눠, 대표 인물, 출현 시기, 마오쩌둥 시대와 문혁 시대 등 14개 항목으로 나눠 분류하고 있다.[11]

조경란의 지식 지형도는 한국의 '비판적 중국학자'들에게 커다란 윤곽을 제시해준 장점이 있지만, 세부에서는 쟁론의 여지가 있다. 국내에서 서평이 이어지는 것은 그만큼 관심이 있다는 증거일 터이고, 서평에서 비판하고 있는 쟁점은 지속적인 논의가 필요하다는 반증일 것이다. 이를테면 "중국 신좌파들이 국가주의로 경도되어 보수화했다는 평가는 아직 유보적으로 판단해봐야 할 문제는 아닌가 … 기존의 이데올로기 중심의 지식인 분류가 … 전형적인 틀로 정형화하고 있는 것은 아닌가"(하남석, 2014: 388)와 같은 문제제기는 함께 고민해야 할 과제인 것으로 보인다. 또 하나 더 지적하자면, 자유주의파의 스펙트럼이 너무 넓은 것도 문제다. 이를테면 조경란의 지식 지형도에서 범 '자유주의파'로 분류된 친후이(秦暉)를 뤼신위가 '신자유주의파'로 규정한 대목에 주목할 필요가 있다. 이렇게 본다

---

11) '<도표> 중국 지식 유파별 주의·주장 일람표'(조경란, 2013: 70-73 참조).

면 자유주의 좌파와 우파는 구분할 필요가 있다. 레토릭이 가미된 것이지만, 간양은 자신을 자유주의 좌파라 칭하기도 했는데, 일리 있는 판단인 것으로 여겨진다.

사조유파론은 나름 의미가 있는 방법론이지만, 신(新)과 구(舊), 좌(左)와 우(右), 중국과 외국의 대립 갈등 나아가 혼재된 양상으로 인해 경계를 확정하기 어려운 면이 있고 '지금 여기'의 시대적 과제와 맞물리게 되면 더욱 복잡한 양상을 노정하기 마련이다. 따라서 논자에 따라 분류 기준이 다를 수 있고 특히 특정 인물을 어느 유파에 배치하느냐 하는 문제는 의론이 분분할 수밖에 없다. 필자도 1917년부터 1949년까지의 중국문학사의 발전 윤곽을 고찰하면서 세 가지 문화사조—마르크스주의, 자유주의, 보수주의—로 나누고, 각 문화사조가 리얼리즘, 로맨티시즘, 모더니즘의 예술방향과 결합하는 양상에 따라 16개의 유파로 나눈 바 있다.(임춘성, 1995: 277-81 참조) 굳이 양자를 비교해 보면, 필자가 문화사조를 가로축으로, 예술방향을 세로축으로 설정하고, 문화사조와 예술방향의 결합 여하에 따라 다양한 유파가 형성[12]되었다고 본 반면, 조경란은 3대 유파를 중심으로 하되 4개의 중소 사조를 추가해 그 특징을 항목별로 기술하고 있다. 조경란이 주요 유파로 설정한 대륙의 신유가, 자유주의, 신좌파는 필자의 보수주의, 자유주의, 마르크스주의와 대응하는 것으로 볼 수 있다. 다만 필자는 그것을 문화사조로 본 반면, 조경란은 바로 유파로 분류하고 있다는 점이 차이다. 커다란 흐름이 있고(사조) 그 흐름이 '여기 지금'의 시대적 과제와 맞물려 유파가 형성된다는 점을 감안한다면, 조경란의 지식지형도는 보완할 필요가 있다.

---

12) 임춘성, 1995: 281의 '표 <문화사조와 예술방향>'을 일부 수정. 이 표는 20여 년 전에 작성한 것으로, 사조 유파를 다루는 하나의 사례로 제시한다.

조경란의 지식 지형도는 공간과 전공 면에서 편향을 가지고 있다. 주로 베이징 중심의 지식인을 대상으로 삼되, 그 시야에는 문학/문화연구 베이스의 지식인이 대거 누락되어 있다. 첸리췬과 왕후이는 문학 전공자이면서도 워낙 잘 알려져 있지만, 리튀, 다이진화, 왕샤오밍은 빠져있다. 뿐만 아니라 이른바 문화연구 상하이학파(또는 그룹)에도 주목할 필요가 있다. 왕샤오밍 외에도, 최초로 '저층(底層)'이란 개념을 제출하고[13] 중국 사회주의 문학과 문화를 '혁명중국'이라는 관점에서 새롭게 고찰(蔡翔, 2010)한 차이샹, 1989년 이후 톈안먼 사건의 폐허 위에서 새롭게 등장한 신(新)다큐멘터리 운동을 의제화하고(呂新雨, 2003; 2008) 최근에는 저층으로 들어가 그들과 대등한 지위에서 작업을 하는 독립다큐멘터리 감독들에 대한 글(呂

문화사조 \ 예술방향	마르크스주의 문화사조	자유주의 문화사조	보수주의 문화사조	문학방법/ 기법
리얼리즘 1917-1927		인생파, 향토사실파		비판적 리얼리즘
리얼리즘 1927-1937	좌익, 동북실향작가군, 타이완향토 소설			혁명적 리얼리즘
	사천향토작가군 소설			비판적 리얼리즘
리얼리즘 1937-1947	동북실향작가군 소설			혁명적 리얼리즘
	칠월파 소설			비판적 리얼리즘
	해방구 소설			사회주의 리얼리즘
로맨티시즘 1917-1927		서정낭만파 소설		개방적 신로맨티시즘
	초기프로 소설			혁명적 로맨틱
로맨티시즘 1927-1937			구파통속소설	소극적 로맨티시즘
로맨티시즘 1937-1949	(郭沫若의 역사극)			혁명적 로맨티시즘
	화남작가군 소설			
모더니즘 1917-1927				
모더니즘 1927-1937		경파 소설		詩化小說
		상하이현대파 소설		유미주의+ 프로이트주의
모더니즘 1937-1949				

13) 蔡翔, 「底層」; 薛毅編(2008). 이 글은 원래 1995년에 썼고, 고등학교 교과서 《語文讀本》에 수록되어 있다. http://baike.baidu.com/view/1137515.htm#3

新雨, 2012)을 발표하고, 삼농(三農) 문제를 놓고 친후이(秦暉)를 비판(呂新雨, 2013)한 뤼신위, 사회주의 노동자 신촌시기 인간의 존엄이 존중되었던 생활세계를 복원시키고(뤄강, 2012) 인민주체, 인민주권, 인민지상이라는 관점에서 중국 혁명의 길과 현대의 길을 탐토(羅崗, 2012)하고 있는 뤄강 등에 대해서는 진지한 재고가 요구된다. 이는 지식인의 자기 성찰과 실천을 검증할 수 있는 '지식의 공공성'(조경란, 208)이라는 기준으로 중국의 비판적 지식인을 고찰한 조경란의 대의에 동의하면서도 그 구체적 성과로 제출된 지식 지형도는 수정 보완할 필요가 있다고 생각하는 근거인 셈이다.

정작 중요한 것은 '좌파'의 기준을 어디에 두느냐에 있다. 그 기준은 평가자마다 다를 수밖에 없다. 특히 사회주의 혁명을 경험한 중국에서, 그리고 그 혁명을 주도한 중국 공산당의 혁명 대의부터 그 대의의 초지(初志)를 지금도 일관(一貫)하고 있는가에 대한 평가[14]에 따라 중국의 좌파를 규명하기란 쉽지 않은 일이므로 이 글이 감당할 몫이 아니다. 다만 이 글에서 '비판적'이라 표현한 좌파의 기준은 누가 뭐래도 소수자의 입장에 서는 것이라는 사실만 언급하기로 하자. 첸리췬의 민간이단사상, 왕후이와 쑨거의 소수자에 대한 관심, 그리고 1990년대까지는 신좌파의 명단에 오르지 못했지만, 문화연구로의 전환을 통해 새롭게 소수자의 입장에 접근하고 있는 왕샤오밍과 상하이학파의 비판적/개입적 문화연구는 분명 비판적이고 유기적인 좌파 지식인의 실천과 긴밀한 연계를 가지고 있다.

---

14) 앞에서 언급한 원톄쥔 등의 평가 외에도 다음의 평가를 참고할 만하다. 중국공산당은 그보다 '훨씬 큰 역사적 운동'인 '중국혁명 전통'의 산물 중 하나였고 '적어도 지금은 1940년대의 국민당과 마찬가지로 혁명전통의 배반자'가 되었다(왕샤오밍・임춘성, 2012: 104).

2장: 리쩌허우의 문화심리구조와 역사본체론

1_ 인지적 맹점

리쩌허우는 1950년대에 시작해 훌륭한 검을 벼리고[鑄劍] 그것을 녹슬지 않게 잘 간수해 포스트사회주의 시기에 '검을 빛낸[亮劍]' 사상가다. 그가 벼린 보검은 한두 자루가 아니다. 그는 미학과 철학 그리고 사상사의 영역을 넘나들면서, 중국 전통 문화와 마르크스주의 그리고 칸트 철학을 중심으로 한 서양 철학을 한데 버무려 21세기 인류가 새롭게 나아갈 길의 초석을 닦았다. 도(度) 본체와 정(情) 본체, 도구 본체와 정감 본체, 실용이성과 낙감(樂感)문화, 무사(巫史) 전통과 자연의 인간화, 유학 4기설 등, 그리고 이를 관통하는 적전론(積澱論)은 그만의 독창적인 선견지명의 견해들이다. 그리고 21세기 벽두에 스스로 자신의 학문을 집대성해서 '인류학 역사본체론'(이하 역사본체론)이라 명명했다.

"우리는 우리가 보지 못한다는 것을 보지 못한다."(마뚜라나 · 바렐라,

2007: 26) 이는 제3세대 인지과학을 개척했다는 평가를 받는 프란시스코 바렐라(Francisco Varela)가 스승 움베르또 마뚜라나(Umberto Maturana)와 함께 미주기구(Organization of American States)의 제안을 받아들여 1980년 9월부터 사회사업가와 경영자를 대상으로 진행한 강연을 토대로 출간한 『앎의 나무(Der Baum der Erkenntnis)』 1장의 핵심 문장이다. 이들에 따르면, "색채 지각 현상을 설명하려면 먼저 우리가 바라보는 물체의 색이 그 물체를 떠나온 빛의 속성에 따라 결정된다는 생각을 버려야 한다는 것이다. 오히려 색채 지각이 신경계의 특정 흥분상태에—이것은 신경계의 구조에 의해 결정된다—어떤 방식으로 대응하는지를 이해하는 데 주의를 집중할 필요가 있다." (마뚜라나·바렐라: 29) 바꿔 말하면, "우리는 세계의 '공간'을 보는 것이 아니라 우리의 시야(visuelles Feld)를 체험하는 것이다. 우리는 세계의 '색깔'을 보는 것이 아니라 우리의 색채공간(chromatischer Raum)을 체험하는 것이다."(30) 여기에서 바렐라 등의 '발제론적 인지론(enactive cognitive theory)'[1]을 구체적으로 설명할 여유는 없다. 다만 시각에 맹점이 존재하듯이 우리의 인지에도 맹점이 존재한다는 점을 환기하고 싶을 뿐이다. 앞의 명제는 이렇게 바꿀 수 있다. "우리는 우리가 알지 못한다는 것을 알지 못한다."

인간에게 시각적 맹점뿐만 아니라 '인지적 맹점'이 존재한다는 사실을 전제한다면, 특정 대상에 대한 이론적 쟁론에 앞서 학습/연구 대상을 온전히 파악하고 있는지, 바꿔 말해 '인지적 맹점'은 없는지 자기성찰이 필요하

---

1) 바렐라와 함께 『몸의 인지과학(The Embodies Mind: Cognitive Science and Human Experience, 1991; 한국어판: 2013)』의 공저자이자 제자인 에반 톰슨은 인지과학 연구를 3세대로 나눈다. 제1세대 인지주의(cognitivism, 혹은 계산주의computationalism)가 1950-70년대를 지배했고, 1980년대 제2세대 연결주의(connectionism)가 인지주의에 도전했으며, 1990년대 제3세대 신체화된 역동주의(embodied dynamism)가 뒤따랐는데, 오늘날에는 이 세 가지 접근법이 공존하며, 서로 분리되어 있음과 동시에 다양한 형식으로 혼합되고 있다고 한다(Thompson, 2007: 3-4). 바렐라 등의 발제론적 인지주의는 제3세대 신체화된 역동주의의 다른 명칭이다.

다. 이 글에서 살펴보려는 리쩌허우에 대한 기존의 연구에는 여러 가지 인지적 맹점이 존재하고 있다는 것이 이 글의 문제의식이다. 1980년대 중국 젊은 지식인들의 사상적 지도자였던 그가 어느 순간부터 '계몽사상가/신계몽주의자'로 축소 해석되었고 '이론적 유효성이 기각'되었다는 평가까지 나왔다. 특히 류짜이푸(劉再復)와의 대담집인『고별혁명』(1997)이 출간된 이후에는 이른바 진보학자 명단에서 삭제되어 버렸다. 이는 중국 내에서 가오싱젠(高行健)에 대한 연구가 거의 이뤄지지 않는 경우보다는 덜 하지만, 망명 이후 어느 순간 중국 내 담론 지형에서 리쩌허우는 사라졌고, 중국 담론을 따라가는 한국 연구자들의 평가도 그와 대차 없었다.

나는 리쩌허우가 올바르게 인지되어야 하고 그에 기초해서 재평가되어야 한다고 생각한다. 그의 사상사론, 특히 근대사상사론을 정독해 보면, 고(古)와 금(今), 중(中)과 서(西), 그리고 좌(左)와 우(右)가 뒤섞여 혼재하던 시기에 '중국은 어디로 갈 것인가'를 놓고 고민하던 수많은 지식인들의 초상을, 사상에 초점을 맞춰 추적하고 있음을 알 수 있다. 최근 중국에서 박사학위 논문만 해도 5편[2]이 나왔고 리쩌허우 관련 논문[3]이 증가한 것은 '이론적 유효성 기각' 운운이 성급한 판단이었음을 반증하는 것이다. 리쩌허우는 국내 출판계에서 그 저작이 꾸준히 출간되고 있는 몇 안 되는 생존해 있는 중국 인문학자이다. 1991년『미의 역정』이 처음 번역된 후 2015년 대담집까지 15종[4]이 번역 출간된 것만 봐도 그의 현재성은 유효하다.

---

2) 錢善剛, 2006; 劉广新, 2006; 羅紋文, 2011; 牟方磊, 2013; 趙景陽, 2015; 王耕, 2015.
3) 이 글을 준비하면서 cnki에서 李澤厚로 검색한 결과 140건이 검색되었다. (검색: 2015.12.26.) 이 연구 성과들의 분석은 다른 지면을 기약한다.
4)『미의 역정』(1991);『중국 미학사』(1992);『중국 현대사상사의 굴절』(1992);『화하미학』(1999);『중국 미학 입문』(2000);『고별혁명』(2003);『역사본체론』(2004);『학설』(2005);『중국 고대사상사론』(2005);『중국근대사상사론』(2005);『중국현대사상사론』(2005);『논어금독』(2006);『중국 철학이 등장할 때가 되었는가』(2013);『미의 역정』(2014);『중국 철학은 어떻게 등장할

리쩌허우는 개혁개방 이후 중국의 가장 영향력 있는 사상가였다. 미학에서 시작된 그의 연구는 후기에는 점차 중국 철학, 특히 유학(儒學) 방향으로 전환했는데, 특히 포스트사회주의 중국의 비판적 사상과 문화 흐름에 대한 그의 영향을 간과해서는 안 된다. 동서고금을 아우르면서 실용이성이 강고한 중국 전통을 해체하기 위해 현대적 과학기술을 근본으로 삼자고 주장한 리쩌허우는 첸리췬과 천쓰허(陳思和) 등의 '20세기 중국문학', 왕후이의 『중국 현대사상의 흥기』 등에 계시를 주었다. 그리고 진다이(近代) 사회주의 유토피아 사조에 대한 고찰은 중국의 진보적 전통을 중국 공산당의 범주보다 큰 것으로 설정함으로써 중국 지식인들에게 거시적인 시야를 제공했다. 왕샤오밍의 『중국현대사상문선』 역시 바로 그 직접적인 산물이다.

최근 리쩌허우의 대담집 출간이, 일부 젊은 연구자들의 표현대로 한물간 노학자의 잔소리로 치부될지, 아니면 세계적인 석학의 회광반조(廻光返照)로 평가될지는 두고 볼 일이다.

리쩌허우는 자기 나름의 사상체계를 구축한 몇 안 되는 사상가 중 한 사람이다. 그 사상체계의 핵심은 바로 역사본체론이다. 미학과 철학, 사상사 등의 영역은 모두 역사본체론을 원심으로 삼아 바깥으로 확장한 동심원 구조인 셈이다. 그러므로 역사본체론이라는 핵심을 틀어쥐어야만 리쩌허우의 사상을 정확하게 이해할 수 있다. 이 글은 그동안 산발적으로 진행해온 리쩌허우에 대한 연구를 '문화심리구조와 서체중용'에 초점을 맞추어 집성하고, 리쩌허우 학술 사상의 집대성이랄 수 있는 '인류학 역사본체론'을 집중 조명해 봄으로써 리쩌허우 학술 사상 전반에 대한 개략적인 평가

것인가?—'하나의 세계'에서 꿈꾸는 시적 거주』(2015); 『화하미학』(2016).

를 진행하고자 한다. 그 전에 그의 근현대 시기구분에 대해 살펴보자.

2_ 근현대 시기구분

'중국연구'에 몸담고 있는 사람이라면 중국의 근현대(modern)가 한국의 그것과 다른 기표-기의 체계를 가지고 있음을 알 것이다. 핵심은, 진다이(近代)-셴다이(現代)-당다이(當代) 삼분법에서 現代(셴다이)는 한국의 現代(현대)와 한자 표기가 같음에도 불구하고 시간적으로 서로 일치하지 않는 기의를 가지고 있다는 데 있다. 일반적으로 한국의 '현대'는 중국의 '셴다이'가 종결되기 직전 시점에서 시작한다. 이를 변별하기 위해 이 글에서는 한국의 現代는 현대로, 중국의 現代는 셴다이로 표기한다.

리쩌허우는 '사상사론'이라는 독특한 '체제'[5]를 통해 '구다이(古代)', '진다이(近代)', '셴다이(現代)'를 논술하고 있는데, 흔히 운위되는 '당다이(當代)'는 '셴다이'에 포함되어 있다. 그는 곳곳에서 '진셴다이(近現代)'라는 용어를 사용하고 있는데, 그의 '진셴다이'는 넓은 의미에서 서양의 '모던(modern)'에 해당하고 필자의 '근현대'[6]와 내포 및 외연을 같이 하는 개념으로 이해할 수 있다. 따라서 리쩌허우의 近現代는 이 글에서 '근현대'로 표기한다.

---

5) 흔히 '사론(史論)'은 '역사에 관한 논설이나 주장'이란 사전적 의미를 가지고 있는데, 이는 '역사에 관한 이론'으로 확대할 수 있다. '사상사론'은 '사상사에 관한 논설이나 주장 또는 이론'으로 이해할 수 있다. 리쩌허우의 '사상사론'은 사상사의 진행과정에서 핵심적인 역할을 했다고 보이는 인물 또는 주제를 선별해서 그에 대해 논의하고 있는 점에서 독특하다 할 수 있다. 아울러 구다이, 진다이, 셴다이로 시기를 구분하면서 80년에 불과한 진다이를 다룬 『중국근대사상사론』의 두께가 가장 두껍다는 것도 특징적이다.
6) 여기서 '근현대'는 아편전쟁 전후의 어느 시점에 시작해 지금까지를 하나의 유기적 총체로 보자는 개념으로, '서유럽 모던'에 대응하는 '동아시아 근현대'를 염두에 두고 있는 개념이다.

중국 근현대 시기구분에 관한 리쩌허우의 견해는 다채롭고 유연하다. 이 글에서 주목하는 부분은, 그가 '진다이'와 '셴다이'를 별책으로 집필했음에도 불구하고 도처에서 '진다이'와 '셴다이'를 하나로 묶어 '진셴다이'라 칭하면서 그에 대한 시기구분을 시도한 점이다. 뿐만 아니라 그의 시기구분이 하나의 기준만을 고집하지 않고 관점과 대상에 따라 유연한 유동성을 가지고 있다는 점이다. 그러면 근현대 시기구분에 관한 그의 기준과 구체적 양상을 네 가지로 나눠 살펴보자.

우선 근현대에 대한 '개괄적인 시기구분'(Ⅰ)을 보자. 그는 「20세기초 부르주아 혁명파 사상 논강」에서 "분기점이 되는 중대한 역사 사건은 그 사건이 '총체적 계급투쟁 상황의 전환점이 될 수 있는가'라는 의미로 엄격하게 제한해야만 사회발전 추세에서의 계급적 성격을 나타낼 수 있다"고 하면서 중국 근현대를 "(1) 1840-1895, (2) 1895-1911, (3) 1911-1949, (4) 1949-1976, (5) 1976년 이후"의 다섯 단계로 나누었다.(리쩌허우, 2010: 473의 각주2) 이는 '진다이'의 시기구분을 설명하는 과정에 그 상위 기준을 언급하면서 제기한 것으로, 앞서 말한 '총체적 계급투쟁 상황의 전환점'이라는 기준에 의한 시기구분인데, 아편전쟁, 청일전쟁, 신해혁명, 중화인민공화국 건국, 문화대혁명(이하 문혁) 종결 등의 사건을 전환점으로 설정했음을 알 수 있다. 문학전공자의 입장에서 보면 근현대문학의 기점이라 일컬어지는 1919년의 5·4 운동이 분기점에서 빠진 것이 눈에 띈다. 리쩌허우는 이렇게 해명한다. "어떤 중대한 사건이 모두 분기점으로 적합한 것은 아니며, 분기점이 되는 사건이 그렇지 않은 사건에 비해 그 자체의 역사적 지위나 의의가 더 중요한 것도 물론 아니다."(473) '총체적 계급투쟁'의 관점에서는 5·4 운동을 신해혁명의 연장선상에 있는 것으로 파악하기 때문일 것이다. 그러나 세대별 또는 문예사의 시기구분에서는 달라진다.

「루쉰 사상발전에 대한 약론」에서 리쩌허우는 중국 근현대 '지식인의 세대구분'(II)을 시도한다. (1) 신해 세대, (2) 5·4 세대, (3) 대혁명 세대, (4) '삼팔식'7) 세대이다. 여기에다가 (5) 해방 세대(1940년대 후기와 1950년대)와 (6) 문혁 홍위병 세대를 더하면 중국 혁명의 여섯 세대 지식인이다. 그리고 (7) 제7세대는 완전히 새로운 역사 시기일 것이라 했다.(742) 이는 루쉰 이전 세대(아편전쟁 세대, 양무 세대, 변법유신 세대 등)를 제외한 세대구분이다. 리쩌허우에 따르면, "각 세대는 모두 그 시대가 부여한 특징과 풍모, 교양과 정신, 장점과 한계를 가지고 있다."(742) 이를테면, '신해 세대'와 '5·4 세대'는 전환기 중국의 농촌 출신이거나 그와 관계를 맺은 애국 사대부 기질이 농후했고, 그로 인해 복고로 퇴보하고 봉건의 품으로 돌아가곤 했다. '대혁명 세대'는 안목과 견문이 넓었으며 학자와 교수가 되었고 무장투쟁의 길로 나아갔다. '삼팔식 세대'는 전형적인 프티부르주아 학생지식인군으로, 항일전쟁을 통해 노동자·농민·병사와 결합했다. '해방 세대'는 천진난만한 열정과 동정으로 혁명을 수용했지만 지식은 적고 참회는 많았다. '홍위병 세대'는 사악한 투쟁을 통해 성숙한 세대로, 다시금 반봉건 구호를 외치며 미래 지향의 교량이자 희망의 가능성이 되었다.(742-43 발췌 요약) 이를 첫 번째 시기구분과 연계시켜 보면, 시기구분(II)의 (1) 신해세대는 시기구분(I)의 (2) 1895-1911에 해당하고, 시기구분(II)의 (2) 5·4 세대, (3) 대혁명 세대, (4) '삼팔식' 세대는 시기구분(I)의 (3) 1911-1949에 해당하며, 시기구분(II)의 (5) 해방 세대와 (6) 문혁 홍위병 세대는 시기구분(I)의 (4) 1949-1976에 해당하고, 시기구분(II)의 (7)은 시기구분(I)의 (5)와 동일함을 알 수 있다.

---

7) "삼팔은 중국인민해방군의 행동준칙을 가리킨다. … 삼팔식 세대란 1940년대 중국인민해방군에 복무한 세대를 가리킨다"(리쩌허우, 2010: 742의 역주 참고).

이어서 중국 혁명의 길과 연계시켜 지식인의 세대구분(III)을 세밀하게 했다. (1) 계몽의 1920년대(1919-27), (2) 격동의 1930년대(1927-37), (3) 전투의 1940년대(1937-49), (4) 환락의 1950년대(1949-57), (5) 고난의 1960년대(1957-69), (6) 스산한 1970년대(1969-76), (7) 소생의 1980년대, (8) 위기의 1990년대.(743) 이는 10년 단위로 근현대사를 이해하기 좋아하는 중국인의 문화심리구조를 염두에 둔 개괄이다. 리쩌허우는 세대간 중첩을 염두에 두면서 이들의 운명과 길, 경력과 투쟁, 요구와 이상, 탐색과 추구, 대가와 희생과 고통 그리고 승리와 환락과 추구 등을 계보로 써낸다면 "장엄하고 아름다운 중국 혁명의 비가"(743)가 될 것이라고 장담하기도 했다. 그리고 한 마디 덧붙인다. 오직 루쉰만이 "중대한 역사적 깊이를 가진 중국 지식인의 길과 성격문제를 자각적으로 의식하고 예견"했기에 "불후하다"(743)라고 평가했다.

한 발 나아가 리쩌허우는 「20세기 중국 문예 일별」에서 '지식인의 심태(心態) 변이(變異)'(IV)를 기준으로 다음과 같은 구분도 시도했다. (1) 전환의 예고(1898 戊戌-1911 辛亥), (2) 개방된 영혼(1919-1925), (3) 모델의 창조(1925-1937), (4) 농촌으로 들어가기(1937-1949), (5) 모델의 수용(1949-1976), (6) 다원적 지향(1976년 이후).(리쩌허우, 2005b) 사실 '세대연구'와 '지식인 심태 변이'의 기준은 맞물려 있다. 리쩌허우는 '성인이 되는 시절(17-25세) 공통의 사회 경험을 가진 사람들이 행위와 습관, 사유 방식과 정감 태도, 인생 관념과 가치 척도 그리고 도덕 기준 등의 각 방면에서 가지는 역사 성격'에 주의를 기울이는 '세대연구 방법'에 의거하여 중국 근현대 지식인을 신해세대, 5·4세대, 대혁명세대, 항전세대, 해방세대, 홍위병세대의 여섯 세대로 나누었던 것이고, 아울러 사상사의 입장에서 지식인의 심태, 즉 문화심리구조의 변천이라는 기준으로 각 세대의 주요 활동을 여섯 시기로 나눈 것이다. 특히 「20세기 중국 문예 일별」은 1980년대 중국 근현대 문학 연구의 전환점을 이루었던 '20세기 중국문학'8) 개념 제출에 결정적인 영향을 주었다. 이상의 네 가지 시기 구분을 도표화하면 아래와 같다.

[표 1] 리쩌허우의 4가지 근현대 시기 구분

	기준	소시기 구분	관련 사항	근거 자료
개괄적 시기구분 (Ⅰ)	총체적 계급 투쟁 상황의 전환점	(1)1840-1895 (2)1895-1911 (3)1911-1949 (4)1949-1976 (5)1976년 이후	아편전쟁, 문화대혁명 등 주요한 정치 사건	「20세기초 부르주아 혁명파 사상 논강」
지식인 세대구분 (Ⅱ)	세대별	(1)신해세대 (2)5·4세대 (3)대혁명세대 (4)'삼팔식'세대 (5)해방세대 (6)문화대혁명 홍위병 세대 (7)완전히 새로운 역사 시기	주요한 사건을 중심으로 한 세대 구분	「루쉰 사상발전에 대한 약론」
지식인 세대구분 (Ⅲ)	중국 혁명의 길과 연계	(1)계몽의 1920년대 (2)격동의 1930년대 (3)전투의 1940년대 (4)환락의 1950년대 (5)고난의 1960년대 (6)스산한 1970년대 (7)소생의 1980년대 (8)위기의 1990년대	10년 단위로 이해하기 좋아하는 중국인의 심리를 염두에 둔 개괄	「루쉰 사상발전에 대한 약론」
지식인 심태 변이(Ⅳ)	문화심리 구조의 변천	(1)전환의 예고 (2)개방된 영혼 (3)모델의 창조 (4)농촌으로 들어가기 (5)모델의 수용 (6)다원적 지향		「20세기 중국 문예 일별」

이상에서 네 종류의 시기구분을 요약하면서 리쩌허우의 유연한 유동성을 실감할 수 있다. 그럼에도 확실한 사실은, 시기구분의 기준이 계급투쟁이 되었건, 세대가 되었건, 문화심리구조가 되었건, 근현대를 하나의 유기적 총체로 파악하고 있다는 점이다. 네 번째 시기구분에서 '20세기'를

---

8) '20세기 중국문학' 개념은 黃子平·陳平原·錢理群(1985)에서 처음으로 제출되었으며, '세계문학으로 나아가는 20세기의 중국문학'이라는 양적인 규정과 '민족 영혼의 개조'라는 사상 계몽적 주제를 가진 '반제반봉건 민족문학'이라는 질적인 규정을 명확하게 제시하고 있다. 번역문은 임춘성, 2013c: 315-42 참조.

'근현대'와 등치시킨 것은 5·4소설과 신소설의 긴밀한 연관관계를 밝힌 천평위안(2013)의 문제의식과도 상통한다. 그렇다면 '20세기'는 물리적 시간 개념이 아니라 중국적 맥락의 '장기 20세기'라 할 수 있다. 그것은 리쩌허우의 시기구분을 존중한다면, 올려 잡아 아편전쟁부터, 내려 잡아 무술변법부터 지금까지의 시간을 통칭하는 것으로 이해할 수 있을 것이다.

3_ 문화심리구조, 역사적 실용이성, 서체중용

리쩌허우는 「중국인의 지혜 시탐(試探中國人的智慧)」에서 '자아의식 성찰의 역사'라는 전제 아래, "중국 고대 사상에 대한 스케치라는 거시적인 조감을 거쳐서 중국 국족의 문화심리구조 문제를 탐토(探討)하는 것"(李澤厚, 1994b: 294)을 자신의 과제로 제시하고 있다. 그에 의하면, "사상사 연구에서 주의해야 할 것은 인간들의 심리구조 속에 적전(積澱9))되어 있는 문화전통으로 깊이 파고들어 탐구하는 것이다. 본 국족의 여러 성격 특징(국민성, 국족성) 즉 심리구조와 사유모식을 형성하고 만들고 그것들에 영향을 주는 고대 사상과의 관계를 탐구하는 것이다."(295) 리쩌허우는 바로 그런 과정을 거쳐 중국의 지혜를 발견하고자 한다. 중국의 지혜란 "문학, 예술, 사상, 풍습, 이데올로기, 문화현상으로 드러나는 것"으로 그것은 "국족의식의 대응물이고 그것의 물상화이자 결정체이며 일종의 국족적 지혜"라고 생각한다. 그의 '지혜' 개념은 대단히 광범위하다. "사유능력과 오성",

---

9) 적전(積澱): 저자의 조어(措語)를 존중하는 차원에서 '적전'을 그대로 사용했다. 참고로 『역사본체론』(황희경 옮김)에서는 '침적(沈積)'으로, 『미의 역정』(이유진 옮김)에서는 '누적-침전'으로 번역했다.

"지혜(wisdom)와 지성(intellect)"을 포괄하되, "중국인이 내면에 간직한 모든 심리구조와 정신역량을 포괄하며, 또 그 안에 윤리학과 미학의 측면, 예컨대 도덕자각, 인생태도, 직관능력 등을 포괄한다."(이상 295) 중국인 사유의 특징은 바로 이 광의의 지혜의 지능구조와 이러한 면들이 서로 녹아 섞인 곳에 존재한다는 것이다.

리쩌허우 사상체계의 핵심어인 '문화심리구조'는 그의 필생의 연구과제인 동시에 위에서 언급한 지혜 개념과 상통한다. 그것은 유가학설을 대표로 하는 전통문명과 더불어 이미 일반적인 현실생활과 관습·풍속 속에 깊숙하게 침투하여, 구체적인 시대나 사회를 초월하는 것이다. 리쩌허우가 자주 사용하는 적전, 즉 오랜 세월 누적되고 침전되어 마치 DNA처럼 중국인의 몸과 마음에 새겨져 영향을 주고 있는 그런 것이다. 그러므로 적전론은 문화심리구조의 형성 원리인 셈이다.

문화심리구조는 '가정 본위주의', 즉 '혈연적 기초'에 기원을 가지고 있고, 소생산 자연경제의 기초 위에 수립된 가족 혈연의 종법제도에서 유래하는 것이다. 그러므로 혈연 종법은 중국 전통의 문화심리구조의 현실적인 역사적 기초이며, '실용이성'은 중국 전통의 문화심리구조의 주요한 특징이다. 실용이성은 리쩌허우에게 있어, 혈연(血緣), 낙감(樂感)문화, 천인합일(天人合一)과 함께 중국인 지혜의 하나이다. 혈연이 중국 전통사상의 토대의 본원이라면, 실용이성은 중국 전통사상의 성격상의 특색이다. 그것은 선진(先秦)시기에 형성되기 시작했다. 선진 제자백가(諸子百家)들은 당시 사회 대변동의 전도와 출로를 찾기 위해 제자들을 가르치고 자기주장을 펼쳐, 상주(商周) 무사(巫史)문화에서 해방된 이성을, 그리스의 추상적 사변이나 인도의 해탈의 길이 아니라, 인간 세상의 실용적 탐구에 집착하게 했다. 장기간의 농업 소생산의 경험론은 이런 실용이성을 완강하게 보존되

게 촉진한 중요한 원인이었다. 중국의 실용이성은 중국 문화, 과학, 예술의
각 방면과 상호 연계되고 침투되어 형성, 발전하고 장기간 지속되었다.
그것은 유가사상을 기초로 삼아 일종의 성격-사유 패턴을 구성하여 중국
민족으로 하여금 일종의 각성하고 냉정하면서도 온정이 흐르는 중용(中庸)
심리를 획득하고 승계(承繼)하게 했다.(301-2 발췌 요약)

리쩌허우는 『역사본체론』에서 실용이성을 아래와 같이 요약한다.

이성은 역사적으로 건립되어온 것이다. 이성의 기초는 합리성이다. '실용이성'은
바로 합리성의 철학적 개괄이며 선험적 사변이성에 대한 부정이다. 그것은
상대성, 불확정성, 비객관성을 강조하지만 상대주의는 아니다. 그것은 첫 번째로
'사람은 살아간다'라는 밥 먹는 철학의 절대적 준칙의 기초 위에서 건립되었기
때문이다. 두 번째로 이러한 상대성·비확정성·비객관성은 누적을 통해 인류에
게 공통으로 적용될 수 있고 모두 준수될 수 있는 '객관사회성', 즉 '보편필연성'을
건립했기 때문이다.(리쩌허우, 2004: 65)

이는 '역사본체론'의 세 가지 명제 가운데 하나인 '역사가 이성을 건립'한
다는 맥락을 전제해야 이해할 수 있다. 리쩌허우가 보기에 서양 철학의 핵심
인 '선험적 사변이성'은 현실의 적전과는 괴리된 것이다. '실용이성'만이 역
사적 합리성을 갖춘 동시에 상대성, 불확정성, 비객관성의 적전을 통해 객관
사회성, 보편필연성을 건립한다고 보는 것이다. 그러기에 그는 이렇게 단언
한다. "선험적이고 뻣뻣하게 변하지 않는 절대적 이성(rationality)이 아니라
역사가 건립한, 경험과 연관 있는 합리성(reasonableness), 이것이 바로 중국전
통의 '실용이성'이다. 그것은 곧 역사이성이다. 왜냐하면 이 이성은 인류역사
에 종속되어 발생·성장·변화해온 것이기에 매우 융통성 있는 '도(度)'를 갖

추고 있기 때문이다."(65-66) 실용이성의 실용은 이성의 절대성을 약화시키는 동시에 역사성을 보완하기에 '역사적 실용이성'이라는 명명이 가능할 것이다. 그것은 바로 '역사본체론'의 출발점인 '도(度)'를 구비하고 있다.

리쩌허우 사상의 핵심 개념의 하나인 '서체중용'은 바로 이런 맥락에서 제기되었다. 그의 '서체중용'은 '중체서용'에 대한 언어유희가 아니라, 근본적인 전복을 주장한 것이다. 그는 근현대 중국의 역사과정에서 중국의 전통이 가지는 강고한 힘이 외래(外來)를 압도했다고 본다. 그러므로 중국의 과제는 전통을 해체하고 재해석하는 것이다. '문화심리구조', '실용이성' 등은 이 과정에서 만들어진 개념이다. 그리고 현대적 대공업과 과학기술을 현대 사회 존재의 '본체'와 '실질'로 인정하여 그것을 근본으로 삼아야 한다고 주장하고 있다. 그것은 전통적인 '중학'이 아니라 근현대의 '서학'인 것이다. 서학 수용에서 중요한 것은 비판적 태도이다. 그것은 무조건적인 수용이 아니다. 우선은 루신식의 '가져오기(拿來) 주의'에 입각해 모든 것을 가져와 그것이 중국 현실에 적합한지를 살피는 것이 중요하다. 연후에 그것을 중국 토양에 맞게 본토화(localization)해야 한다. 여기에서 경계할 것이 '우리 것이 좋은 것이여!'라는 식의 복고적 태도다. 우리는 서학을 비판하면서 봉건의 품에 안긴 사례를 수없이 봐왔다. 서학을 비판적으로 수용하여 본토화하는 것은 복고와는 다른 것이다. 리쩌허우는 이 점에 착안해 중국 진다이의 사회주의 유토피아 사상이 우선은 서학을 참조했고 그것을 중국에 맞게 개량했다는 사실을 강조한다. 봉건으로의 회귀를 경계하면서 중국의 사회적 조건과 시대적 임무에 맞는 서학의 사상자원을 찾는 일, 이것이 진다이 사회주의 유토피아 사상이 나아간 길이었다. 물론 그 과정은 순탄치 않았다.

이런 맥락에서 리쩌허우는 중체서용에 대해 부정적인 평가를 서슴지 않는다. '중학'이 가지는 강고한 전통의 힘이 '서학'을 뒤덮은 것이 근현대 중국의 역사과정이라고 보기 때문이다. 그는 그러므로 '문화심리구조'와 '실용이성'이라는 개념을 통해 전통을 재해석하면서 역으로 '서체중용'을 내세운다. 리쩌허우에 따르면, 중국의 실용이성은 불학을 수용할 때 "감정적인 고집에 사로잡히지 않고, 기꺼이 그리고 쉽사리 심지어는 자기와는 배척되는 외래의 사물까지도 받아들"(리쩌허우, 2005a: 510)이게 했고, 5·4 시기에 "다른 민족의 문화에서는 나타난 적이 없던 종류의 전반적인 반전통적 사상·정감·태도와 정신"이 나타나게 하여 "중국 현대의 지식인들은 아무런 곤란 없이 마르크스를 공자 위에 올려놓을 수 있"게 했다. "그러한 전반적인 반전통적 심태는 바로 중국 실용이성 전통의 전개이기도 하다."(510) 그러나 문화심리구조는 전통의 다른 표현이기도 하다. "때로는 전통의 우량한 정신이 새로운 사회로의 진입에 활기를 불어넣고 때로는 전통의 열등한 정신이 이를 저해하는 순환적 과정이었지만 결국 이러한 움직임이 귀착하는 곳은 문화심리구조의 보수성이었다."(황성민, 1992: 381) 그러기에 '옛날부터 가지고 있었다(古已有之)'라든가, '선왕을 모범으로 삼는다(法先王)'라는 등의 교조에 얽매여 벗어나지 못했던 것이다. 보다 중요한 것은 그것이 "개인적인 주관성의 범위를 벗어나 사회의 경제, 정치, 문화라는 복잡한 관계 속에서 형성·유지"되어와 "중국인이 서양 내지 세계를 객관적으로 바라볼 수 있는 관점을 제약"(황성민: 388)해 왔다는 점이다. 이 점을 해결하기 위해 리쩌허우는 새로운 대안으로 '서체중용'을 제시하게 된다.

만일 근본적인 '체'가 사회존재·생산양식·현실생활이라고 인정한다면, 그리고 현대적 대공업과 과학 기술 역시 현대 사회 존재의 '본체'와 '실질'이라고 인정한다면, 이러한 '체' 위에서 성장한 자아의식 또는 '본체의식(또는 '심리본체)의 이론형태, 즉 이러한 '체'의 존재를 낳고 유지하고 추진하는 '학이 응당 '주'가 되고, '본'이 되고, '체'가 되어야 한다. 이것은 물론 근현대의 '서학'이며, 전통적인 '중학'은 아니다. 그러므로 이러한 의미에서 여전히 **"서학을 체로 삼고 중학을 용으로 삼는다"**고 다시 말할 수 있겠다.(리쩌허우, 2005a: 531-강조는 원문)

마르크스주의, 과학기술이론, 정치 · 경제관리이론, 문화이론, 심리이론 등 갖가지 다른 사상 · 이론 · 학설 · 학파도 포함한 서학을 체로 삼고, 중국의 각종 실제 상황과 실천활동에 어떻게 적용하고 응용하는가 하는 것을 용으로 삼는다는 것이다. 리쩌허우가 중체서용론을 검토하면서 우려한 것은, 모든 '서학'이 중국의 사회존재라는 '체', 즉 봉건적인 소생산적 경제기초와 문화심리구조 및 실용이성 등의 '중학'에 의해 잠식될 가능성이었다. 중국 근현대사의 진행과정에서 그것은 사실로 판명되었다. 태평천국운동이 서유럽에서 전래된 기독교의 교리를 주체로 삼고 중국 전통 하층 사회의 관념 · 관습을 통해 그것을 응용한 것으로 보였지만, 실제로는 여전히 '중체서용'이었다. 이때의 '중학'은 전통사회의 소생산 경제 기초 위에서 자라난 각종 봉건주의적 관념 · 사상 · 정감이었다. "이 때문에 여기서의 '서학'은 한 꺼풀 껍데기에 지나지 않았다. … 농민전쟁은 그 자체의 법칙을 가지고 있으며, 홍슈취안이 들여온 서구 기독교는 그 '중국화' 속에서 합법칙적으로 '봉건화'된 것이다."(525) 이는 사회주의 혁명과정에서 마르크스주의를 '중국화'하여 '중국적 마르크스주의' 또는 '중국적 특색을 가진 사회주의'로 바꾼 것에도 해당되는 것이다.

특정한 역사 사건을 고찰할 때, 우리는 당연히 사건의 역사적 맥락과 더불어 보편적 논리로의 승화 가능성을 검토해야 할 것이다. 중국 근현대의 역사과정에서 흔히들 양무파의 핵심 주장이라고 알려진 '중체서용'의 경우도 예외는 아니다. 그것이 명확하게 구호로 제창된 역사적 맥락은 캉유웨이 등의 유신파의 민권평등 이론을 비판하기 위해서였다. 그러나 범위를 확대해 보면, 아편전쟁 전후부터 본격화된 외래 수용 문제는 수많은 선각자들의 관심 대상이 되었고, 그들은 여러 가지 차원에서 서학을 학습하는 문제를 고민했다. 그들[10]이 관심을 가지고 고민했던 문제의식을 우리는 '중체서용적 사유방식'이라 개괄할 수 있을 것이다. 이 글에서 세밀하게 논의하지는 못했지만, 웨이위안의 '오랑캐의 장기를 배워 오랑캐를 제압하자(師夷長技以制夷)'라는 주장은 그 효시라 할 수 있다. 이후 양무운동의 주축이었던 리훙장(李鴻章)의 막료였으면서도 "개량파 사상의 직접적인 선행자였고 1830-40년대부터 1870-80년대 사상의 역사에서 중요한 교량"이라 평가되는 펑구이펀[11]을 거쳐 왕타오, 정관잉, 그리고 캉유웨이 등의 개량파 사상가들이 모두 '중체서용적 사유방식'을 운용했다.

중체서용의 실천적 의의가 '서용(西用)'에 있다는 주장에 동의한다면, 리쩌허우의 '서체중용'을 이해하기는 그리 어렵지 않다.

4_ 인류학 역사본체론

리쩌허우는 자신의 사상 발전 과정을 세 단계로 나눈다. 1950년대부터

---

10) 그들을 민두기는 '개혁파'라 지칭했고 리쩌허우는 '개량파'라 일컬었다.
11) 리쩌허우는 19세기 개량파 변법유신 사상의 선구자 격인 궁쯔전, 웨이위안, 펑구이펀의 역할을 다음과 같이 평가했다. **"궁쯔전이 비교적 먼 만청(1890-20세기초) 시기에 낭만적인 열정을 불러일으켰다면, 웨이위안은 바로 자신의 뒤를 이은 1870-80년대에 현실적이고 직접적인 주장을 남겨주었고, 펑구이펀의 특징은 중간다리 역할을 한 것에 있다"**(리쩌허우, 2010: 111-강조는 원문).

1962년까지가 1단계인데, 1962년은 「미학의 3가지 논제(美學三提議)」를 발표한 시점이다. 대학 재학 시절, 1840년부터 1949년까지의 사상사를 쓰고 싶다는 일념에 자료도 수집하고 논강도 쓰고 있던 중, 1956년에 시작된 미학 토론에 뛰어들어 당시 주광첸(朱光潛)·차이이(蔡儀)와 더불어 논쟁의 한 축을 담당했다. 2단계는 문혁 이후부터 중국을 떠나기 전까지로, 이 시기 글은 6권 분량의 『리쩌허우 십년집(李澤厚十年集, 1979-1989)』에 수록되어 있다. 그리고 1990년대부터 지금까지가 3단계이다. (리쩌허우, 2013: 41-44 참조) 리쩌허우의 사상 발전 단계를 조감해 볼 때 개혁개방 이듬해인 1979년은 리쩌허우 개인에게나 당시 사상계에게나 의미심장하다. 상하이문예출판사에서 나온 『미학논집』이 1단계 미학 관련 글을 모아 출간한 것이라면, 1979년 런민(人民)출판사에서 나온 『비판철학의 비판』과 『중국근대사상사론』은 2단계 전반기 도광양회(韜光養晦)의 성과를 드러낸 것이기 때문이다. 이들 성과는 사회주의 시기 은인자중(隱忍自重)하며 축적한 공부를 본격적으로 드러냈다는 면에서 중요할 뿐 아니라, 이후 중국 사상문화계에 지대한 영향을 미쳤다는 점에서도 주목할 필요가 있다.

리쩌허우는 자신의 "핵심 사상은 사실 기본적으로 1961년에 형성되기 시작했다"(45)고 자술한 바 있다. 연구메모랄 수 있는 『'적전론'논강('積澱論論綱')』이 바로 이 무렵 작성되었는데, 칸트에 대한 책을 쓰기 이전이었다. 이렇게 볼 때 『'적전론'논강』은, 비록 공식 출간되지 않아 그 전모를 알 수는 없지만, 리쩌허우 사상의 시원(始原)에 해당하는 것이라 추정할 수 있다. "『역사본체론』도 이 원고의 내용을 전개시킨 것일 따름"(47)이라는 언급은 우리의 추정을 확인해 주고 있다. 그리고 칸트를 연구하며 그의 비판철학을 비판하면서 "초보적으로나마 제 자신의 철학사상을 나타낸 것"이 『비판철학의 비판』인 셈이다. 칸트를 연구하면서 "인식은 어떻게 가능한가?" "인류는 어떻게 가능한가?" 등의 명제를 탐구한 것이다.(45)

문화심리구조의 형성 원리이자 역사본체론의 시원인 만큼 '적전론'에 대해 설명이 필요하다. 적전은 원래 리쩌허우가 중국 고대미학사를 설명하는 핵심 개념이다.

실제로 양사오(仰韶)와 마자야오(馬家窯)의 어떤 기하문양들은 그것이 동물 형상의 사실적 묘사로부터 점차 추상화·기호화된 것임을 비교적 또렷하게 보여주고 있다. 재현(모방)에서 표현(추상화)으로, 사실적 묘사에서 기호화로의 과정은 바로 내용에서 형식으로의 적전 과정이다. 이는 바로 '의미 있는 형식'으로서의 미(美)의 원시적 형성 과정이기도 하다. 즉 후세에 보기에는 그저 '미관'이나 '장식'일 뿐 구체적인 의미와 내용을 전혀 지니지 않은 듯한 기하문양이 사실 그 당시에는 매우 중요한 내용과 의미를 지니고 있었다. 즉 중대한 원시 무술(巫術) 의례의 토템의 의미를 가지고 있었던 것이다. '순'형식인 듯한 기하문양은 원시인들의 느낌에는 균형과 대칭의 형식적 쾌감을 훨씬 벗어나 복잡한 관념과 상상의 의미를 내포하고 있었다. 무술 의례의 토템 형상은 점차 단순화되고 추상화되어 순형식의 기하 도안(기호)이 되었지만, 그 원시 토템의 의미는 사라지지 않았을 뿐 아니라 그릇에는 동물 그림보다 기하문양이 더 많이 새겨졌기 때문에 그런 의미는 오히려 강화되었다. 추상적 형식 속에는 내용이 있었고 감관의 느낌 속에는 관념이 있었다. 앞에서 말한 것처럼 이는 바로 대상과 주체 두 측면에서의 미와 심미의 공통 특징이다. 이 공통 특징이 바로 적전이다. 내용은 형식으로 적전되고 상상과 관념은 느낌으로 적전된다. 동물 형상이 기호화되어 추상적인 기하문양으로 변하는 적전 과정은 예술사와 심미의식의 역사에 매우 관건적인 문제다.(李澤厚, 1994a: 23-24)

서양미술사의 기술에 따르면, "구석기 시대의 자연주의적 양식과 신석기 시대의 기하학적 양식"이 존재했는데, "이 두 양식의 대립이 오랫동안 미술사를 지배"(진중권, 1994: 21)했다. 미술사에 문외한인 관점에서는 자연주의적 양식에서 기하학적 양식으로의 변화가 퇴보인 듯 보이지만, "구석기인들의 '높은' 수준의 자연주의가 그들의 '낮은' 수준의 지적 능력으로 설명"(19)되고, "추상적, 개념적 사유가 신석기 시대의 추상적, 기하학적 양식을 설명해 준다."(20) 이는 '동물 형상의 사실적 묘사로부터 점차 추상화·기호화' 추세와 일치함을 알 수 있다. 리쩌허우는 바로 이 '기호화'를 단순한 형식화로 평가하지 않고 '의미 있는 형식'으로서의 미의 원시적 형성 과정으로 해석하면서 미와 심미의 공통 특징을 '적전'이라 명명하고 있는 것이다. 이처럼 미학에서 유래된 '적전' 개념을 리쩌허우는 중국인의 오랜 생활 경험의 축적인 문화심리구조의 형성 원리로 삼았을 뿐만 아니라 한 걸음 나아가 인류의 역사 과정에 적용시킴으로써 '인류학 역사본체론'이라는 핵심 개념으로 나아가게 되는 것이다.

리쩌허우가 역사본체론을 본격 제출한 것은 2002년 동명의 단행본(李澤厚, 2002; 리쩌허우, 2004)을 출간하면서부터였다. 이 책의 원제는『기묘오설보(己卯五說補)』였다. 그는 1999년(己卯年)에 출간한『기묘오설』(李澤厚, 1999; 리쩌허우, 2005)을 절필(絶筆)작으로 삼으려 했지만 할 말이 남아 있기에 보론(補論)을 썼고, 이전에도 부단히 언급했지만 전문적으로 설명한 적이 없는 '역사본체론'에 대해 더 설명할 필요가 있어서 그 표제를 바꿔, 132쪽 분량의 단행본으로 출간했다. 그리고 "경험이 선험으로 변화하고 역사가 이성을 건립하며 심리가 본체로 되는"(李澤厚, 2002: 1) 역사본체론의 구체적 윤곽을 제시한 것이다. 3장으로 구성된 이 책에서 리쩌허우는 제1장 '실용이성과 밥 먹는 철학'에서 '역사와 이성의 관계'를 다루고,

제2장 '무사(巫史) 전통과 두 가지 도덕'에서 '경험과 선험의 관계'를, 제3장 '심리본체와 낙감문화'에서 '심리와 본체의 관계'를 논술하고 있다. '역사와 이성의 관계'에 대해서는 '역사적 실용이성'이라는 앞의 논술로 대신하고, 여기에서는 '경험과 선험', '심리와 본체'의 관계에 대해 살펴보자.

'경험이 선험으로 변한다'는 명제는 "문화심리구조의 각도에서 도덕에 대해 현상적으로 기술"(리쩌허우, 2004: 75)한 것으로, '이성의 응취(凝聚)' 개념을 전제로 한다. 이에 대해 리쩌허우는 이렇게 설명한다. "도덕은 개인 내재적 강제다. 즉 식욕과 성욕에서 '사리사욕'과 같은 각종의 욕구에 이르기까지 이성이 자각적으로 압도하거나 승리해서 행위가 규범에 부합하게 되는 것이다. 감성에 대한 이성의 이러한 자각적·의식적인 주재와 지배는 도덕행위를 하는 개인의 심리적 특징을 구성한다."(76) 그리고 "'이성의 응취'가 개인의 감성에 일으킨 주재적이고 지배적인 역량의 강대함을 칸트는 절대명령(categorical imperative)이라고 했고, 중국의 송명이학에서는 '천리(天理. 朱熹)'·'양지(良知. 王陽明)'라고 했던 것"(77)이라 했다. 도덕은 종종 개인의 행복과 충돌·대항하며 개인의 행복을 초월함으로써 숭고한 지위를 획득하기도 한다. 리쩌허우는 '역사와 이성의 관계'에서 선험적 사변이성의 일의성을 부정하되, 그것이 존재한다면 생활 경험이 적전되는 과정에서 '이성의 응취' 작용을 거쳐 선험으로 변한 것이라는 입장을 취하고 있음을 알 수 있다.

리쩌허우는 이렇게 요약한다. "'역사본체론'은 두 개의 본체를 제기하는데, 앞의 본체(도구본체)는 마르크스를 계승한 것이고 뒤의 본체(심리본체)는 하이데거를 계승한 것이다. 그러나 이 두 본체는 모두 수정과 '발전'을 이루었다. 중국 전통과 결합해서 전자는 '실용이성'을 끄집어냈고 후자는 '낙감문화'를 얻어냈다. 양자는 모두 역사를 근본으로 삼고 인류 역사라는 본체에서 통일된다."(李澤厚, 2002: 91-92) 도구본체가 마르크스를 계승해 중국 전통과 결합시켜 실용이성을 만들어 냈다면, 심리본체는 하이데거를 수용해 중국 전통과 결합시켜 낙감문화를 만들어 냈다는 것이다. 그리고 도구본체와 심리본체는 역사본체에서 통일된다. 이는 리쩌허우의 사상 편력과 긴밀한 관계가 있다.

> 70년대 말 졸저『비판철학의 비판』에서 마르크스로부터 칸트로 회귀한 것은 인류 생존의 총체에서 개체와 개체의 심리로 돌아온 것이다. 그러나 전제로서의 전자를 타개해버린 것은 아니다. 다시 말해 역사로부터 심리로 돌아와 심리가 역사의 침적물이며 자유직관, 자유의지는 이성이 내화되고 응취된 기초 위에서 건립되었음을 주장했다.(리쩌허우, 2004: 151)

역사본체론의 이론체계가 마르크스주의와 칸트철학의 접합으로 체현되었다고 하는 평가는 바로 이 지점이다. 리쩌허우가 칸트로 마르크스를 보완한 것은 '총체 역사에서 개체 심리'로 회귀하기 위함이었다. 물론 그는 역사 총체를 타기(唾棄)하지 않았다. 기존의 역사에서 간과된 심리를 역사와 대등한 본체의 지위로 복원시키되 그 심리가 역사 적전의 산물임을 명확하게 밝힌 것이다.

이처럼 역사본체론은 마르크스주의와 칸트철학의 접합 그리고 서양철학과 중국 전통문화 특히 유학사상의 절합으로 체현되었다. 리쩌허우에게 역사본체론은 구체적 사회역사조건 및 자신의 심리구조의 적전과정에서 형성되었다.

왕경(王耕, 2015)은『리쩌허우 역사본체론 연구』에서, 역사본체론의 형성기초, 이론 전제, 사상논리, 그리고 역사본체론과 중국 전통문화로 나누어 고찰한 바 있다. 그에 따르면, 역사본체론의 이론 전제는 세 가지로,

인간의 삶이 첫 번째 전제고, 칸트의 비판철학이 구조적 전제고, 주체성 문제가 이론 전제다. 그리고 사상논리는 경험이 선험을 변화시키고 역사가 이성을 건립하며 심리가 본체로 되는 세 가지다. 그리고 역사본체론과 중국 전통문화의 관계를 해명하는 이론은 유학4기설이다. 왕경의 글은 최근 발표된 철학박사논문이고 나름 리쩌허우의 사상을 역사본체론에 초점을 맞춰 분석한 논문이다.

리쩌허우 사상의 핵심으로서 역사본체론은 1960년대의 온양(醞釀)을 거쳐 1970년대에 제출되었고 최종 체계는 세기 교체기에 형성되었다. 역사본체론의 핵심은 마르크스의 유물사관으로, 도구를 사용-제조하는 실천 활동이다. 이 점은 줄곧 변화가 없었다.

리쩌허우는 '적전론'의 출발점이 마르크스와 마찬가지로 도구를 생산력과 연결된 것으로 설정한다. 다만 마르크스는 생산력에서 생산관계에 관한 연구로 방향을 바꾸었고 다시 상부구조로 전환했는데, 이는 외재적 혹은 인문적 방면에서의 연구인 것이다. 그에 반해 리쩌허우는 도구의 사용과 제작으로 인해 형성된 문화심리 구조, 즉 인성 문제이자 '적전'에 대한 연구를 진행했다고 그 차이점을 밝히고 있다. 나아가 '적전'이야말로 기타 동물과 구별되는 인류 심리형식을 형성케 한다는 것이다. 마르크스가 '외재적 인문'에 중점을 두었다면 리쩌허우는 '내재적 인성'에 중점을 두었다.(李澤厚, 2014: 29) 바로 이 지점에서 리쩌허우는 칸트의 선험이성을 가져온다. 칸트에 따르면 선험이성은 "인간 특유의 지각과 인식의 형식"이다. 그러나 칸트는 선험이 경험에 앞선다고 말했을 뿐 그것이 어디서 비롯되는지는 말하지 않았다. 이 지점에서 리쩌허우의 창조성이 발휘된다. 그는 '인류는 어떻게 가능한가'라는 명제로 칸트의 '인식은 어떻게 가능한가'에 답했다. 그의 답변은 경험이 선험으로 변한다는 것이다. 개체에 대해서는 선험인식형식이지만 그것은 인류경험이 역사적으로 적전되어 형성된 것이라는 것이다. 그는 이를 '문화심리구조'라고 명명했다.(29-30 참조) 선험의 기초가 도구를 제작하고 사용하는 생산 및 생활의 실천이라면, 감성은 개체의 실천에서 유래하는 감각 경험이고, 지성은 인류의 실천에서 유래하는 심리 형식이다.(30)

리쩌허우는 역사본체론의 최종 출구로 중국 유학을 제출한다. 물론 그가 제기한 유학은 전통 유학이 아니라, 세 번의 창조적 전환을 거친 제4기 유학12)이다. 이는 서양 철학을 비판적으로 수용해 현대화와 본토화에 성공한 중국 전통문화의 핵심이라 할 수 있다. 그가 활용한 서양 철학 또한 단일한 사상이 아니라 다양한 내원을 가지고 있다. 황성민은 문화심리구조를 방법론의 총합으로 보면서 "구조주의적 문화인류학의 성과를 받아들이고, 칸트의 선험적 인식론과 피아제의 발생인식론 등을 역사적 유물론과 결부시켜 이해하고 해석한 이론도 수용했으며, 한편으로는 니덤 이후 중국 철학연구의 중요한 방법으로 도입된 유기체이론 및 현대과학이론의 하나인 체계이론 등 다양한 분야를 하나의 관점에서 종합하여 제기된 개념"(황성민, 1992: 377의 각주5)이라 평했다. 마르크스주의를 핵심으로 삼아 다양한 사상과 방법론을 망라했고, 그것을 다시 중국 전통문화와 결합시켜 제4기 유학을 거론하면서 역사본체론으로 귀결시킨 것이다. 많은 논자들이 리쩌허우가 도구 본체의 각도에서 중국인의 실용이성을 말하고 심리 본체의 각도에서 중국 전통의 낙감(樂感)문화를 제창했으며, 최종적인 심리구조의 건립을 심미적 생활 방식과 태도, 즉 '지금 여기의 삶에 대한 자유로운 향수'로 귀결시켰다는 점에 동의한다.

---

12) 그는 공맹순 철학을 1기, 경세론을 강조한 한대의 유학을 2기, 송명이학을 3기로 설정한다.

5_ 참조체계: 역사적 문화기호학

리쩌허우는 자신의 학술생애에서 학술계뿐만 아니라 학술계 외부에도 거대하게 영향을 미쳤기 때문에, 리쩌허우에 대한 관심은 단순한 학술사상에 국한되는 것이 아니라 사회역사 현상이기도 하고 문화 현상이라 칭할 수 있다. 리쩌허우 사상체계의 핵심으로서의 역사본체론은 수십 년 리쩌허우 학술 역정을 통해 형성되었다. 역사적이고 이성적인 적전 과정에서, 구체적 사회역사 조건의 변천 과정에서 리쩌허우의 사상은 여러 차례 전변한 것 같지만 수많은 변화에도 불구하고 그 종지(宗旨)를 벗어나지 않았다. 그 종지는 사회 역사와 개인 역사의 융합과 교차이고 총체 주체성과 개체 주체성의 변증법적 접합이며, '이성의 내면화'와 '미로써 참을 여는' 공통 작용의 결과이며 최종적으로 '자유로운 지관(止觀)'의 경지에 도달하는 것이다.

서양 철학사에서 수없이 논의되었지만 그 누구도 제대로 답변하지 못한 개념의 하나가 선험이었다. 리쩌허우가 선험을 '인류 경험이 역사적으로 적전되어 형성된 것'으로 보는 견해는 탁견이 아닐 수 없다. 이 지점에서 리쩌허우의 사상을 러시아 문화기호학자 유리 로트만(Yuri M. Lotman)의 다음 언급과 대조할 필요가 있다. "개인적인 차이(그리고 그 위에 덧씌워진 문화-심리적 층위라는 집단적인 차이)는 문화-기호학적 대상으로서, 인간 존재를 특징짓는 근본 자체에 속하는 것이다. 인간적 개성의 [다양한] 변이형, 문화사 전체를 통해 고무되고 발전해온 바로 그 변이형이야말로 인간의 수많은 커뮤니케이션적·문화적 행위의 근본에 놓여 있는 것이다."(로트만, 2013: 245) 로트만은 1990년 출간된 영문 저서에서 '일반적이고 역사적인 문화기호학(general and historical semiotics of culture)'을 제창한 바 있다. 이 시점에 그는 기호학 체계(semiotics systems)가 기호계(semiosphre)의 통합체로서 공시적으로 그리고 역사 기억의 모든 심층에서 지적 기능들을 수행하고 정보 창고를 보존하고 개조하며 증가시킨다고 인식했다. 그는 "생각은 우리 안에 있지만 우리는 생각 안에 있다"고 하면서도, "궁극적으로 세계의 공간적 이미지는 우리 안에 있으면서 우리 없이 존재한다."고 함으로써 공간 이미지(spatial image)의 외재성을 인정했다. 로트만의 '역사적 문화기호학'은 기호에서 문화로, 다시 역사로의 지적 편력을 집대성한 결과물이다. 그는 인간 자체를 '거대한 지적 메커니즘의 일부이자 닮은꼴(likeness)'로 설정하면서, 인간이 그 무엇을 연구하든 '인류의 단일한 지적 삶의 상이한 메커니즘들'을 발견할 것이라고 단언한다. 그의 결론은 다음과 같다. "우리는 그 속에 있지만 그것의 모든 것은 우리 안에 있다. 우리는 동시에 마트료시카(matryoshkas)이고, 무한한 대화들 속의 참여자들이며, 모든 것의 닮은꼴이고, 다른 사람들과 우리들 자신 둘 다에 대해 '타자'이다. 우리는 지적 은하계의 행성이며 그것의 우주적 총체의 이미지이다." (Lotman, 1990: 273; 로트만, 1998: 400-1 참조)

리쩌허우의 적전론 및 문화심리구조와 로트만의 고무-발전 및 문화심리 층위, 나아가 동서양 두 사상가의 '말년의 양식(late style)'이라 할 수 있는 '인류학 역사본체론'과 '역사적 문화기호학'에 대한 정밀한 비교 고찰은 별도의 과제다.

3장: '문화에 대한 문화연구'와 '문화번역의 정치학'

'문학 연구'에서 '문화연구'로의 전환(cultural studies' turn)이 일어난 지 오래 되었지만, '문화연구'에 대한 이해는 각양각색이다. 학제간(interdisciplinary) 융복합 연구를 근간으로 하는 문화연구를, '문화 텍스트 분석'으로 오해하는 것이 대표적이다. 이 글에서는 우선 '문화연구'를 '문화의 연구'와 '문화연구'로 나눠 역사적 검토를 한 후 전자가 고급문화에, 후자가 대중문화에 국한되었다는 사실을 포착해 비판하면서, '문화에 대한 문화연구'라는 통섭적인 제안을 하고자 한다. '번역연구'가 포스트식민주의 또는 포스트식민연구와 결합해 새로운 차원의 융합적 영역으로 떠오른 것은 1980년대이다. 이 주제에 대한 이론적 검토 역시 필요하다. 아울러 '포스트식민 번역연구'의 가장 중요한 항목인 '문화번역' 또는 '문화 간 번역'에 대해서도 알아보도록 하겠다. '문화번역'은 '문화연구' '포스트식민연구' '번역연구'를 매개하는 접촉 지대(contact zone)에 놓여 있다.

1_ 문화의 연구와 문화연구

'문화연구'는 'cultural studies'의 번역어다. 여기에서 'studies'는 기존 분과 학문에서는 독자적으로 해결하기 어려운 학문 영역을 학제간·융복합적으로 연구하기 위해 나온 용어이다. 이를테면 '여성연구(women's studies)' '지역연구(regional studies)' '영화연구(film studies)' '포스트식민연구(post-colonial studies)' 그리고 '번역연구(translational studies)' 등이 그것이다. 혹자는 '연구(studies)'라는 말을 탐탁지 않게 여기고는, '여성학' '지역학' '영화학' '번역학' 등의 용어를 남발한다. 이는 '～학(～logy, ～ics)'의 의미를 존중해 신흥 '～학'을 수립하겠다는 맥락에서 그 의지를 가상하게 여길 수는 있지만, 기존 분과학문 체제로는 해결하기 어려운 분야가 출현했고 이를 해결하기 위해 기존 분과학문 체제를 뛰어넘어 학제간·융복합적으로 '연구'해야 할 새로운 영역을 설정한 의도를 무색케 하는 행위다. 특히 '중국학(Sinology)'이라는 용어는 그것을 궁극적인 지향으로 사용하는 것은 가능할지 몰라도, 중국에 관한 학제간·융복합적 연구라는 차원에서는 '중국연구(Chinese studies)'라는 개념이 명실상부한 것으로 보인다.

1950년대 문화연구가 발원하기 전 영국의 '문화의 연구(study of culture)'는 주로 고급문화만을 대상으로 삼고 있었다. 존 스토리(John Storey)에 따르면, 다수의 대중문화는 항상 소수 권력층의 관심거리였다. 정치권력을 쥔 자들은 항상 권력이 없는 자들의 문화를 정치적 불안의 '징후'로 보고, 보호와 간섭을 통해 끊임없이 조정하고 규제해야 한다고 생각했다. 그런데 19세기 들어 산업화와 도시화로 인해 근본적인 변화가 발생했다. 권력을 쥔 자들이 피지배층의 문화를 조절하는 수단을 상실하게 된 것이다.(스토리, 2002: 23) 이런 국면을 만회하기 위해 매튜 아놀드(Matthew Arnold)는

『문화와 무정부상태(*Culture and Anarchy*)』에서 '대중문화'를 '무정부상태'로 규정하면서 "노동계급에게 종속과 복종의 감각을 되살려주는 것이 교육의 기능"[1]임을 강조했다. 그는 "대중문화를 제거하는" '문화' 교육을 강화하기 위해 국가의 필요성을 역설했다. 아놀드는 '엘리트주의 덫'에 걸렸고 "지배질서에 대한 매우 고루한 방어"임에도 불구하고 그의 영향은 "1950년대 말까지 거의 이 분야의 대중문화와 문화정치에 대한 사고방식을 말 그대로 지도해 왔다."(스토리: 30)

아놀드적 관점이 19세기 역사 변화에 대한 지배계급의 첫 번째 문화정치적 대응이었다면, 리비스주의(Leavisism)는 "아놀드의 문화정치학을 도입하여 1930년대의 이른바 '문화적 위기'에 적용"(31)한 결과물이었다. 리비스(F. R. Leavis)는 19세기 이후 지속된 현상을 "문화의 평준화 내지 하향화"[2]라 규정하고 있다. 리비스주의는 "문화를 지켜 온 사람은 언제나 소수였다"는 논거에 뿌리를 두고 있는데, 이들이 '권위의 붕괴'를 경험한 것이다.(31) 리비스주의의 또 다른 맹장인 Q. D. 리비스는 아놀드와 마찬가지로 전통적 권위의 붕괴가 대중 민주주의의 발흥과 동시에 일어난 것으로 보았다. 이 두 현상이 문화화된 소수와 합병하여 '무정부상태'에 적합한 토양을 만들어 주었다(32-33)는 것이다.

대량문화(mass culture)의 몇 가지 핵심적인 면들에 대한 리비스주의의 평가는 일면적이고 과도한 측면이 있지만, 상업화된 대중문화가 판치는 오늘날 음미할 부분도 있다. 이를테면, Q. D. 리비스는 '보상'과 '오락'에 중독된 대중소설 독서를 "소설에 대한 약물중독"이라 평했다. 그리고 연애

---

1) M. Arnold, *Culture and Anarchy* (London: Cambridge University Press, 1980), 8; 스토리, 2002: 27에서 재인용.
2) F. R. Leavis & Denys Thompson, *Culture and Environment* (Westport, CT: Greenwood Press, 1977), 3; 스토리: 31 재인용.

소설의 독자들에게 그런 독서는 "환상을 꿈꾸는 습관을 키워 결국 실생활에의 부적응"을 초래할 것이라 경고했다. 더 나쁜 것은 이런 탐닉이 "소수의 열망에 적합하지 않은 사회환경을 만드는 데 일조한다는 점이다. 이는 사실상 진실된 감정과 책임감 있는 사고에 걸림돌이 된다." 대중소설 외에도 리비스주의는 대중/대량문화의 대부분의 장르에 대해 비판했다. 그들에게 영화는 위험한 존재였다. "영화는 최면술적 수용상태에서 가장 값싼 감정적 호소에 빠지게 하는가 하면, 그것도 무서울 정도로 실생활에 가까운 사실적인 환상으로 호소한다는 점에서 한층 더 교활한 성격을 띤다." Q. D. 리비스에게 할리우드 영화들은 "자위행위와 다름없다." 또한 대중용 신문은 "대중들의 마음에 가장 강력하게 침투하는 비교육적 매체"로 묘사되며, 라디오는 비판적 생각 자체를 말살시키는 것[3]이다. 그리고 리비스주의는 광고를 "문화 질병의 가장 중요한 징후"로 꼽으면서 "광고의 '끈질기고도 침투성이 강한, 자위행위와도 같은 속임수' 때문"에 "가장 격렬하게 비난"했다.(33) 물론 소수 엘리트의 권위 붕괴를 한탄하고 대중민주주의의 발흥으로 인해 무정부 상태에 이르게 된 문화 환경을 비판한 것은 지적받아 마땅하다. 하지만 오늘날 자본에 휘둘리는 대중문화의 상황에 비추어 볼 때, 리비스주의가 대량문화의 부정적인 측면을 비판한 내용 가운데 취할 점이 없는 것은 아니다.

토니 베네트(Tony Bennett) 또한 리비스주의가 '대중문화연구의 지적 토양을 제공'했다고 평하면서 그 역사적 의의를 다음과 같이 설명한다. "아마도 더 중요한 리비스주의의 일반적 영향은 기존의 미학적 판단과

---

3) 이상 Q. D. Leavis, *Fiction and the Reading Public* (London: Chatto and Windus, 1978), 152; F. R. Leavis & Denys Thompson, op. cit.; F. R. Leavis, *Mass Civilization and Minority Culture* (1930)의 내용을 스토리: 33에서 재인용.

가치의 기준들을 상당히 급진적이고 때로 예기치 못한 결론으로 동요시킨 점이었다. 다시 말해서 최소한 기존의 '상류층'과 '중류 지식인'의 문화를 대중적 형식 못지않게 똑같이 비판했다는 점에서 그랬다."[4] '기존의 미학적 판단과 가치의 기준들을 상당히 급진적이고 때로 예기치 못한 결론으로 동요시킨 점'은 1950-60년대 '문화연구' 제창자들과도 공유하는 지점이고, 이들의 일관된 비판 정신도 주목할 부분이다.

아놀드와 리비스주의의 문화정치학을 비판하면서 등장한 1950년대 문화연구는 "명시적으로 진보적인 지적 기획으로 출발했다." 그것은 "20세기 중엽 대학사회를 지배하고 있던 분과학문체제 중심의 지식생산 방식에 대한 문제제기를 했다는 점"과 "지식생산의 제도화에 대해 매우 비판적 입장을 취했다는 점"에서 진보성을 가지고 있었다. 1950년대 리처드 호가트(Richard Hoggart)와 레이몬드 윌리엄스(Raymond Williams)의 제창에 이어 "1960년대 이후 '이데올로기 비판'의 성격을 강화"했으며 "1980년대까지 문화연구는 매우 호전적인 비판적 지적 기획이었다."(강내희, 2013: 4-5 발췌) "영국 문화 연구라는 특수한 환경에서 주도적이고 대표적인 인물로 활동"(임영호, 2015: 18)했던 스튜어트 홀(Stuart Hall)은 「문화연구와 그 이론적 유산」[5]이라는 글에서 '문화연구'를 다음과 같이 묘사했다.

문화연구에는 복수의 담론이 존재하며, 수많은 다양한 역사가 공존한다. 문화연구는 여러 구성체의 총체다. 여기엔 나름대로 다양한 국면과 과거의 계기도 존재한다. 문화연구는 수많은 다양한 유형의 작업을 포괄했다. 나는 바로 이

---

4) Tony Bennett, "Popular culture: themes and issues," in *Popular Culture* U203 (Milton Keynes: Open University Press, 1982), 5-6; 스토리: 38 재인용.
5) Stuart Hall, "Cultural Studies and Its Theoretical Legacies," in Lawrence Grossberg, et al., eds., *Cultural Studies* (London: Routledge, 1992).

점을 고수하고 싶다! 문화연구는 늘 불안정한 구성체로 구성되었다. … 문화연구에는 수많은 궤도가 존재했고 수많은 사람들은 다양한 경로로 문화연구를 수행했으며 지금도 그렇게 하고 있다. 문화연구는 수많은 이질적인 방법론과 이론적 입장이 모두 서로 논쟁을 벌이면서 구축되었다.(홀, 2015: 275)

그에게 '문화연구'란, 담론(discourses)이자 역사(histories)고 구성체(formations)이자 국면(conjunctures)이고 계기(moments)다. 아울러 작업(kinds of work)이자 방식(patterns)이고 궤도(trajectories)이자 이론적 입장(theoretical positions)이다. 그리고 그것들은 모두 복수(複數)다. 복수로 표기한 것은 구체성과 개별성을 강조하는 의미다. 홀에 따르면, '문화연구'는 분과학문의 영역과는 거리가 멀다. 그것은 어떤 단일한 전통이나 방법론으로 환원되지 않는 것이다. 홀은 오히려 '프로젝트'라는 개념을 선호한다. "문화 연구는 자신이 아직 알지 못하고 이름붙일 수 없는 부분에 대해 항상 열려 있는 프로젝트다. 그렇지만 서로 연계를 맺고자 하는 약간의 의지는 갖고 있으며, 자신의 선택에 어떤 이해관계도 있다."(홀: 275) 그 이해관계는 바로 '정치적/이데올로기적' 측면이다. 하지만 홀에게 그것은 '한 가지 정치'를 가리키는 것이 아니라 "이론에 대한 대화론적(dialogic) 접근"을 의미한다. 다시 말해, "한편으로는 분야를 봉쇄하고 관리하는 데 대해 거부하는 입장과, 동시에 다른 한편으로는 어떤 입장을 고수하고 옹호하려는 결심, 이 양자 간에 생겨나는 긴장"(276)을 가리킨다. 이런 정치가 가능하기 위해서는 '자의적 마감(the arbitrary closure)'이 필요하다. 자의적 마감은 "문화연구가 '제 몫을 요구'하게 된 그 계기, 위치가 중요성을 띠기 시작한 계기"(276)로 돌아가기 위해 꼭 필요한 것이다.

홀의 정의는 복잡한 듯 단순하고, 단순한 듯 복잡하다. 그는 "안토니오

그람시(Antonio Gramsci)를 본받아 항상 구체적인 역사적 '국면(conjuncture)' 분석에 초점을 맞추었고, 이러한 지적 관심사는 또한 (넓은 의미에서의) 현실 정치 문제와 관련되어 있다."(임영호, 2015: 14) 그러기에 홀의 문화연구는 이론적 차원에 머문 것이 아니라 현실 참여 방식이기도 했다. 그람시의 유기적 지식인은 홀에게도 유용했다. 다시 말해 홀은 유기적 지식인의 이론 추구이자 실천 방식으로서의 문화연구를 우리에게 제시한 셈이다.

2_ '문화에 대한 문화연구'

'문화연구'는 문자 그대로 '문화'와 '연구'로 구성되어 있다. '문화가 연구하다'라는 주술(主述)구조의 가능성을 배제하면 두 단어의 조합 방법은 두 가지다. 하나는 동빈(動賓)구조이고, 다른 하나는 수중(修中)구조다. 바꿔 말하면 전자에서 문화는 연구의 빈어/목적어가 되고 '문화를 연구하다'로 표기할 수 있으며, 후자에서 문화는 연구를 수식하는 부사어가 되고 '문화적으로 연구하다'로 표기할 수 있다. 이는 영어에서 'study of culture'와 'cultural studies'에 대응한다. 전자는 '문화의 연구'로, 후자는 '문화연구'로 번역할 수 있다. 전자에서 문화가 대상이라면 후자에서는 방식 또는 방법임을 알 수 있다. 양자의 관계에 대해 리처드 존슨 등은 "cultural studies를 study of culture의 특정한 접근"[6]이라 한 바 있다. 후자의 범위가 더 크다는 의미다.

앞에서 살펴본 것처럼, 역사적으로 '문화연구'는 1950년대 말 1960년

---

6) Richard Johnson · Deborah Chambers · Parvati Radhuram · Estella Tincknell, *The Practice of Cultural Studies* (London: SAGE Publications, 2004), 1.

대. 초 영국에서 흥기했다. '문화연구'는 당시 영국에서 주류였던 '리비스주의'—고급문화 중심의 '문화의 연구' 전통—를 비판한 동시에 "정통파주의, 교조적 특성, 결정론, 환원론, 불변의 역사 법칙, 메타서사로서의 지위 등"을 특징으로 하는 마르크스주의에 대한 "비판으로 시작해 그러한 비판을 통해 발전한다."(홀: 278) 문화연구가 고급문화 중심의 리비스주의를 비판하는 한편 속류 마르크스주의를 비판하면서 등장했다는 사실은 심오한 의미를 함축하고 있다. 리비스주의가 인류의 손이 닿은 모든 산물을 임의로 고급과 저급으로 나누고, 전자를 문화로 본 반면, 후자를 무정부상태로 간주해 개조 대상으로 삼은 것은 전형적인 계몽'질'이었다. 그러나 자본주의 사회에서 착취당하는 노동자의 해방을 추구했던 마르크스주의 또한 교조니 결정론이니 하면서 리비스주의와 이질동형(isomorphism)의 오류를 범한 것은 모두 아는 사실이다. 그러므로 문화연구가 발원부터 양자를 비판하면서 등장했다는 것은 고무적이었다. 하지만 문화연구는 그 진행과정에서 리비스주의와는 적대적이었지만 마르크스주의와는 비판적 연대의 관계를 가지고 있었기에, 그들이 주로 대중문화를 연구대상으로 삼았음도 부인하기 어렵다.

문화를 고급문화와 대중문화로 나누는 인식이 전제되어 있다면 '문화의 연구'와 '문화연구'는 상호 배척할 수밖에 없다. 실제 영국에서 발원한 '문화연구'는 '(대중)문화연구'를 지향하면서 '(고급)문화의 연구'를 비판했던 것이다. 그러나 오늘날 대중문화와 고급문화를 상호 배척적인 것으로 설정할 필요는 없다. 오히려 우리는 대중문화가 자본과 결합해 미디어를 독점하면서 고급문화를 위협할 지경에 이르렀다고 알고 있다. 그러나 이전 단계에 고급문화가 대중문화를 배척했고, 대중문화는 자신의 존재가치를 증명하기 위해 고급문화에 저항해 왔음을 인지해야 한다.

이제 이 글에서는 '문화에 대한 문화연구(cultural studies of culture)'를 제기하고자 한다. 이는 기존의 고급문화와 대중문화의 구분, '문화의 연구'와 '문화연구'의 장벽을 타파하고, 고급문화와 대중문화를 아우르는 문화 개념을 새롭게 제출하면서 그것을 '문화적으로' 연구하자는 것이다. 고급문화 중심의 리비스주의가 1단계였고, 이를 비판하고 대중문화 중심의 문화연구를 제창한 버밍햄학파가 2단계였다면, 이제는 고급문화와 대중문화를 구분하지 말고 양성문화를 발굴하고 악성문화를 지양하는 새로운 3단계로 나아갈 필요가 있다. 이는 기존의 '문화연구'의 입장에서 보면 연구의 대상을 확장하는 것이고, '문화의 연구'의 입장에서 보면 연구 방법론을 확립하는 장점이 있다.

고급문화와 대중문화의 장벽을 타파하고 모두 연구 대상으로 삼자는 발상은 '두 날개 문학사 담론'의 '아속공상(雅俗共賞)'의 문제의식을 공유한다. '두 날개 문학사 담론'이란 판보췬(范伯群)의 주장으로, "과거 지식인 담론을 주도적 시각으로 삼은 중국 현대문학사에서 장기간 누적되어 온 뿌리 깊은 굳은 사유의 틀을 타파하고 다원적인 중국 현대문학을 위해 역사를 바로 세우고 지식인문학과 대중 통속문학의 '상호보완성'을 밝혀야 한다"(판보췬, 2015: 59)라는 취지에서 비롯되었다. 지식인문학과 대중문학, 순문학과 통속문학의 상호보완성의 기제를 밝히는 작업은 쉬운 일이 아니다. 특히 대중 통속문학이 지식인 순문학에 작용하는 방향에 대해서는 거의 주목하지 않았던 것도 사실이다. 1930년대 문예대중화 운동이 '프롤레타리아계급의 문학예술의 실천운동'이라는 구호를 가지고 대중화를 시도했지만, 현실에서 대중화는 '작품과 독자의 관계'라는 본연의 과제보다는 '혁명을 위한 선전·선동의 실천론'으로 전락했던 역사적 경험을 우리는 잘 알고 있다. 이는 바로 대중을 교화대상으로 간주했을 뿐 실천의 주체로 설정하지 않았기 때문이었다.

'두 날개 문학사 담론'의 핵심 가운데 하나가 '아속공상'인데, 이는 "아와 속의 동시적 감상, 즉 한 작품에서 고아한 측면과 통속적인 측면을 동시에 감상"(임춘성, 2013: 106)하는 것을 말한다. 그러므로 '아속공상'의 경지는 '고아(高雅)'한 소설이나 '통속소설'에서는 맛보기 어렵다. 이를 위해 천핑위안(陳平原)은 '고급 통속소설'이라는 독특한 개념을 제출했다. '고급 통속소설'은 '고급소설'과 '통속소설'의 대립적 양극을 소통시키는 임무를 담당하는 소설이며, 문학성, 취미성, 통속성이 모두 '위에 비하면 모자라고 아래에 비하면 남아서' 의식적으로 '고급소설'과 '통속소설' 사이의 한자리를 차지한다. 바로 여기에 참다운 '아속공상'이 자리 잡는다고 할 수 있다. 또한 '고급 통속소설'의 보다 중요한 가치는 '고아'와 '통속' 사이에 필요한 평형을 유지하는 데 있다.(陳平原, 2004: 378-79) 문학성의 기준으로 볼 때, 모든 통속소설이 '아속공상'의 대상이 될 수는 없다. '고급 통속소설'은 바로 문학성과 통속성을 아우르면서 독자들에게 의미와 재미라는 두 마리 토끼를 가져다 줄 수 있는 소설을 가리키는 것이다. 개혁개방 이후 대륙에 불어닥친 '진융(金庸) 열풍'은 바로 '아속공상' 개념을 생성시킨 원인이 되었다. 1990년대 이후 출간된 중국 근현대문학사에는 거의 모두 '진융'에 관한 장절이 기록되어 있고, 그 주제어는 대부분 '아속공상'이었다.

'두 날개 문학사 담론'의 방점은 통속문학의 복원에 놓여 있다. 5·4신문학운동 이후 중국 근현대문학사는 지식인문학 중심으로 기술되었기 때문이다. 반면 '문화에 대한 문화연구'의 핵심은 '문화연구'의 대상을 대중문화에만 국한시킬 것이 아니라 고급문화 텍스트까지 확장하자는 것이다. '문화연구'가 고급문화 중심의 리비스주의에 반발하며 형성되었기에 자연스레 대중문화에 중점을 두었던 맥락에서 탈피해, 고급문화든 대중문화든 소재에 국한되지 말고 그것을 '문화적으로' 연구하자는 주장이다. 이는 문화연구의 원래 취지를 살리자는 것이다. 이때 '문화'는 '정치'·'경제'와 유기적 관계를 가지고 있는 '문화정치경제'라는 문제의식과 연관된 '문화'임은 말할 나위 없다.

미셸 푸코(Michel Foucault)는 일찌감치 담론 권력과 지식 권력 개념을 통해 지식과 담론이 정치 권력과 무관하지 않음을 설파했다. 최근 강내희는 '문화정치경제의 문제설정'을 제시했다. 그의 문제설정은 "비판적인 인문사회과학적 연구에서 서로 다른 경로를 통해 발전해 나온 정치경제학 비판, 비판적 문화연구, 문화경제학 비판 전통을 서로 대면시키고 통합해 보려는 나름의 시도"이다. 이는 "한편으로는 정치와 문화와 경제의 변별성을 인정하면서, 다른 한편으로 그것들 간에 형성되는 복잡한 관계망을 살펴보는 노력"(강내희, 2014: 8)을 경주하는 것이다. '문화정치경제의 문제설정'은 문화·정치·경제 삼자를 단순하게 결합시키는 수준이 아니라, '문화적 정치경제' '경제적 문화정치' '정치적 문화경제'라는 세 요소의 다양한 결합을 검토함으로써, 문화·정치·경제의 분리불가능성을 주장하고 있다. 오랜 시간 비판적 '문화연구'에 몸담아온 인문학자가 문화를 연구하는 것만으로는 '문화연구'를 제대로 하기 어렵다는 체득을 바탕으로 '문화정치경제의 문제설정'을 제시한 만큼, '문화연구'에 관심을 가진 인문학자들은 귀 기울일 필요가 있어 보인다.

최근 자신의 연구 범위를 현대 초기 혁명사상으로 확대하고 있는 왕샤오밍의 시도는 중국의 비판적 문화연구의 주목할 만한 성과라 할 수 있다. 그는 '현대 초기' 혁명사상의 특징으로, 늘 피억압자와 약자 편에 서고, 정신과 문화의 관점에서 변혁을 구상하며, 새로운 중국과 세계의 창조를 제일 동력으로 삼고, 부단하게 실패를 기점으로 삼으며, 고도로 자각적인 실천 및 전략 의식을 가지고 있음을 들었다.(왕샤오밍, 2013: 111-30) 이어서 왕샤오밍은 오늘날의 과제와 관련해 여섯 가지 항목을 제시했다. 첫째, 피압박·소수자의 관점에서 문제를 보는 태도를 어떻게 견지할 것인가? 둘째, 역사적·공간적 종심(縱深)을 갖춘 미래의식을 어떻게 발전시킬 것인가? 셋째, '사람'을 어떻게 중시하고 신임할 것인가? 넷째, 어떻게 이상과 현실을 한 몸으로 간주하게 하는 강인한 심력을 다시 진작시킬 것인가? 다섯째, '자신의 길을 갈 뿐'이라는 역사이성을 어떻게 발전시킬 것인가? 여섯째, 하나의 행동으로 동시에 여러 행동을 품고 준비하는 능력을 어떻게 배양할 것인가?(132-37)

이에 대해 심광현은 두 가지 의미를 읽어낸다. "1) 그 하나는 이런 과제들을 서구의 비판이론이 아니라 중국의 혁명사상 전통으로부터 이끌어 냈다고 하는 점이고, 2) 다른 하나는 서구의 비판이론에서 보기 힘든 실천 강령, 즉 사람을 중시하는 측면, 이상/현실의 이분법을 넘어서는 실천적 태도, 하나의 행동으로 여러 행동을 품고/준비하는 능력의 중요성을 강조하고 있다는 점이다."(심광현, 2014b: 266) 심광현은 「포이에르바흐 테제」의 요점을 "세계에 대한 올바른 해석과 변혁, 주체에 대한 올바른 해석과 변혁이라는 4가지 과제의 '일치'"(심광현, 2014a: 6-7)로 읽어낸 후 마르크스가 전자의 과제에 전념한 결과 "주체에 대한 해석과 변혁이라는 과제를 뒤로 미루고 말았다"(심광현, 2014a: 7)라고 독해하면서 '생산양식과 주체양식의 변증법'에 관심을 기울여 왔다. 이런 그이기에, 왕샤오밍이 중국의 혁명사상 전통으로부터 사람을 중시하는 실천 강령을 이끌어 낸 것을 소중한 성과로 해독(decoding)해 낸 것이다. 왕샤오밍이 현대 초기의 중국사상을 다시 읽는 것은 한편으로는 현실에서 출로를 발견하기 어렵기 때문인 동시에 그를 통해 오늘날 중국의 사상적 난제를 해결하는 새로운 경로를 찾고픈 염원이 깃들어 있음이 분명하다. 이 목표를 달성하기 위해서는 사상 문헌을 읽는 것은 첫걸음일 뿐이다. 그 시대의 구체적 사회과정 속으로 들어가 이 사상들에 의해 촉진된 각종 사회실천의 상황을 이해하고 분석해 오늘날 활용 가능한 자원으로 가져오는 것이야말로 오늘날 중국의 난제를 해결하는 데 유용할 것이다. 이러한 시간적/역사적 가져오기가 순조롭게 진행된다면 우리는 이것을 다시 공간적으로 가져와 한국의 사상자원으로, 나아가 동아시아의 사상 자원으로 삼을 수 있을 것이다.

3_ '포스트식민 번역연구'

텍스트 제작자가 '문화연구'를 학습하게 되면 문화콘텐츠 제작에 도움이 될 수 있겠지만, 텍스트를 분석하는 외국(문)학 전공자가 '문화연구'와 결합한다면, 그 분야 중 하나는 '번역연구'가 될 수 있을 것이다.

중국에서 번역의 기준을 운위할 때면 옌푸(嚴復)를 거론하곤 했다. 그는 대표 역서 『천연론』에서 유명한 '신(信)' '달(達)' '아(雅)'라는 번역의 세 가지 기준을 제시했고 그 자신도 그 기준에 맞춰 번역했다. 각각 충실성, 가독성, 우아함으로 독해할 수 있는 '신' '달' '아'는 학술서 번역의 유용한 기준일 뿐 아니라 문학작품의 번역에도 활용할 수 있다. 거기에 문학의 심미적 기준이라 할 수 있는 함축성과 상징성을 의미하는 '흥(興)' 정도를 추가할 필요는 있을 것 같다.(임춘성, 2009c: 237)

최근 '번역연구'가 활발하게 진행되면서, 단어 대 단어(word to word)를 강조하는 직역(直譯)과 의미 대 의미(sense to sense)의 의역(意譯)이라는 단순한 대립을 뛰어넘은 지 오래다.(윤성우, 2006: 37) 더글러스 로빈슨

(Douglas Robinson)은 포스트식민주의 이론을 '번역연구'와 연계시킨 역작 『번역과 제국』의 「서론」에서 단어 대 단어와 의미 대 의미 번역의 고대적 구분의 최근 성장을 다음과 같이 소개하고 있다. 줄리안 하우스(Julian House)는 '주어진 텍스트가 번역이라는 사실을 환기시키는 번역'을 '드러난(overt) 번역'이라 했고 '수용 언어로 원문 그대로를 옮겼다고 가장하는 번역'을 '숨은(covert) 번역'이라 구분했다.[7] 또한 로렌스 베누티(Lawrence Venuti)는, 프리드리히 슐라이어마허(Friedrich Schleimacher)가 '독자를 저자에게 데려가는 것'과 '저자를 독자에게 데려가는 것'이라고 부른 것을 각각 '외국화(foreignizing) 번역'과 '자국화(domesticating) 번역'이라 명명했다.[8] 이제 번역은 원문의 오류, 왜곡, 일탈 등이 없는 정확한 번역을 문제 삼는 차원이 아니라, '번역이라는 사실을 환기'시키는가 '원문 그대로라고 가장'하는가의 문제가 되었고, 저자 중심의 외국화 번역인가 독자 중심의 자국화 번역인가의 문제가 되었다.

로빈슨은 번역에 대한 언어학적이고 문학적인 접근법들에 대해서도, "언어학자와 문학비평가들이 모두 사회의 권력과 신념 체계에 관심을 보임으로써 복잡하게 성장해 왔다"고 하면서, "언어학자들은 번역 과정을 '혼잣말을 하는 프로토콜들(think-aloud protocol)'을 통해 연구함으로써 심리언어학자가 되고, 문학비평가들은 번역 과정을, 예를 들면 발터 벤야민[9]

---

7) Julian House, *A Model for Translation Quality Assessment* (Tübingen: Gunter Narr, 1977); 로빈슨, 2002: 7에서 재인용.
8) Lawrence Venuti, *The Translator's Invisibility* (London & New York: Routledge, 1995); 로빈슨: 7에서 재인용.
9) 벤야민의 「번역가의 과제」를 "번역 관련 논의에 빠질 수 없는 고전"으로 인정하는 이명호는 벤야민으로부터 포스트구조주의적 해석과 포스트식민주의적 이론으로 분화한다고 본다. "캐롤 제이콥스(Carol Jacobs), 폴 드만(Paul de Man), 자크 데리다(Jacques Derrida), 사뮤엘 웨버(Samuel Weber)로 대변되는 탈구조주의적 해석이 벤야민의 번역 개념에서 개별언어(들)을 넘어서는 언어 일반의 작용(차이 혹은 차연)과 언어적 보환성(supplementality)을 읽어낸다면, 테자스비니 니란

(1923), 마르틴 하이데거(1947) 혹은 자크 데리다(1985) 등의 복잡한 철학적 이론들을 연구함으로써 해석학자들이 된다"(로빈슨, 2002: 7-8)고 함으로써, 번역이 이미 여러 학문영역과 교섭하고 있었고, 많은 학자들이 번역의 중요성을 간파하고 있었음을 지적했다. 이들에 대한 본격적인 이론적 검토는 다른 지면을 기약하고 이 글에서는 더글러스 로빈슨의 『번역과 제국』에 기대어 '포스트식민 번역연구'의 이론 구조를 검토하고자 한다.

로빈슨은 '번역연구에 대한 오랜 이원론들'이 "1980년대 중반에서 후반, 인류학과 민족지학, 식민주의 역사에서 탄생한, 번역에 대한 새로운 중요한 접근법인 포스트식민주의 번역 이론 혹은 제국과 관련된 '번역연구'의 논의에는 부적절한 것으로 증명되고 있다"(로빈슨: 8)고 단언하고 있다. 이전 단계에 제1세계 인류학자가 제3세계 원주민 지역에 들어가 현지 조사하고 참여 관찰한 기록인 '민족지'가 '언어와 의사 소통'에 문제10) 가 있다고 판단하고 양자의 '문화간의 충돌에 관심을 가짐으로써' '포스트식민 번역연구'가 부차적인 문제처럼 발생했다는 것이다. '포스트식민 번역연구'는 바로 포스트식민주의와 번역 사이에 다리를 놓는 기획인 셈이다. "포스트식민주의는 문화와 문화간의 차이에서 시작하여 점진적으로 문화가 언어에 의해 매개된다는 것, 그리고 지속적으로 그들이 연구해야 하는 가장 중요한 통문화적 현상들 중의 하나가 번역이라는 사실을 인식한

자나(Tejaswini Niranjana), 레이 초우(Rey Chow), 호미 바바(Homi Bhabha) 등 탈식민주의 이론가들은 불균등한 권력관계가 관통하는 구체적인 역사적 맥락에서 이루어지는 문화 간 접촉, 이동, 횡단, 변형을 이론화할 자원을 그에게서 찾는다"(이명호, 2010: 233-34).
10) 여기에는 "'포스트식민'의 조건과 이를 부상하게 만든 최근 이론의 개념이 내재되어 있다. 리엔하르트와 겔너 같은 인류학자들에게서 아사다, 파비언, 시걸에 이르기까지, 이들 저작에 담겨 있는 중요한 변화들 중 하나는 인류학자의 '원주민'에 대한 이해가 이전에 생각한 것만큼 그렇게 간단한 문제가 아니라는 다소 염려스러운 인식이다. 이것은 인식이 전체론적으로 변모된 것으로, 이러한 문제들을 전체 영역의 일부로서 사회정치적이고 경제적인 권력뿐만 아니라 제국의 역사에 토대를 두고 있다고 보는 것이다"(로빈슨: 14-15).

다."(10) '포스트식민 번역연구'는 또한 '통문화적 의사소통의 인류학적 연구'에도 빚지고 있다. 이들은 번역 문제를 "'제1' 세계와 '제3' 세계, '현대'와 '원시', 식민주의자와 피식민지인들간의 사회·정치적 상호 작용과 모든 의사 소통의 주요 쟁점"(11)이라고 인식하기 때문이다. 이렇게 보면, '포스트식민 번역연구'는 단순하게 식민지와 관련된 '번역연구'로부터 주변화를 통해 타자를 통제하는 모든 현상을 그 연구 대상으로 아우르게 된다.

실제로 로빈슨은 '포스트식민 번역연구'를 세 단계로 나누고 있다. "'식민화'의 채널로서의 번역, 식민주의의 붕괴 이후에도 '잔존하는 문화간의 불평등'을 위한 피뢰침으로서의 번역, 그리고 '탈식민화(decolonialization)'의 채널로서의 번역"(15)이 그것이다. 첫 단계의 주체가 과거의 서유럽이라면, 둘째 단계는 현재의 조정 상태고, 셋째 단계는 미래에 원주민이 주체로 정립되는 것을 가리킨다. 이는 그가 포스트식민연구 영역으로 설정한 범주와 일정 부분 겹친다. 구체적으로 보면, 첫째, 독립 후 연구(post-independence studies)에서 포스트식민주의는 독립 후의 유럽 전식민지들의 역사를 살피는 한 방식이고, 유럽의 식민화 이후 연구(post-European colonization studies)에서 포스트식민주의는 유럽의 역사와 과거 4, 5세기 동안에 유럽이 정치적·문화적 영향을 끼친 영역을 살펴보는 한 가지 방식이다. 그리고 권력-관계 연구(power-relations studies)에서 포스트식민주의는 지리적·언어적 전치(displacement)와 지배와 복종으로 서로 얽혀 있는 동력에 의해 야기된 심리·사회적 변형들인 통문화적 권력을 바라보는 방식으로, 그것은 한 문화가 다른 문화에 의해 통제되는 방식을 설명하려는 것이다.(28-29 요약 인용) 특히 권력-관계 연구는 "모든 문화/사회/국가/민족들과 다른 문화/사회/국가/민족간의 권력 관계 연구"로, 여기에서 "포스트식민은 정치적이고 문화적 권력 관계에서 20세기 후반의 관점"을 일컫고, "모든 인간의 역사"를 포괄한다.(27) 앞에서 거론한 '포스트식민 번역연구'의 세 단계는 '권력-관계 연구'와 긴밀한 관계를 가지고 있다. 바꿔 말하면, '식민화'의 채널로서의 번역 단계에서 식민주의자들은 "피식민 민중들을 통제하고 '교육'하고, 전반적으로 형성하기 위해"(15) 번역을 이용했지만, '탈식민화 채널로서의 번역' 단계에서는 식민주의자들의 통제와 교육을 거부하고 원주민들이 주체적으로 번역에 임한다는 것이다.

권력-관계 연구는 번역의 불평등에 대한 연구이기도 하다. 포스트식민주의 번역 이론가인 자크몽(Richard Jacquemond)은 프랑스와 이집트의 접촉에 초점을 맞추어 헤게모니 문화와 피지배 문화 사이의 번역의 불평등에 대해 논술했다. 그에 의하면, 헤게모니 문화는 피지배 문화 속에서 번역에 의해 재현되는데, 그 번역은 그 역의 경우보다 수적으로 훨씬 많고 폭넓은 독자 대중에게 흥미로운 것으로 인식되며 그들이 헤게모니 문화에서 나왔기 때문에 선택된다고 한다. 피지배 문화도 헤게모니 문화에서 번역에 의해 재현되기 마련인데, 이 번역은 그 역의 경우보다 수적으로 훨씬 적고 어렵고 전문가의 관심에만 적합하며 헤게모니적 전형들에 순응하는 것만 선택된다.11)

번역의 불평등은 헤게모니 문화와 피지배 문화 사이에만 일어나는 것은 아니다. "한국과 중국의 문화 교류는 외형적으로 전형적인 번역의 불평등 관계를 노정하고 있다. 물론 한국과 중국의 관계를 피지배 문화와 헤게모니 문화로 규정할 수 없고 양국 문화에서 헤게모니를 행사하는 것은 영어권 문화라 할 수 있으며 한중 문화 교류는 전지구적 시야에서 볼 때

---

11) Richard Jacquemond, "Translation and Cultural Hegemony: The Case of French-Arabic Translation," in Lawrence Venuti, ed., *Rethinking Translation* (London & New York: Routledge, 1992); 로빈슨: 52-53 요약 재인용.

피지배 문화 사회의 교류로 자리매김할 수 있다. 그럼에도 불구하고 양국 문화의 두터움의 차이에서 비롯되는 흐름을 부인하기는 어렵다."(임춘성, 2009c: 240-41) 현재 한중 문화교류는 한류 현상으로 인해 한국→중국의 흐름이 주된 것처럼 보이지만, 그것은 대중문화에 국한된 일시적 현상[12] 일 뿐이다. 한류 이외의 분야, 교육과 번역 그리고 관련 서적의 출판 수량 에서 보면 중국→한국의 흐름이 압도적이다. 전형적인 불균형과 불평등 관계를 노정하고 있다. 이는 특히 문학 작품 번역에서 두드러진다. "한국의 출판계가 중국 소설 번역에 드라이브를 걸면서 중국의 웬만한 작가들의 작품이 다수 번역되고 있는 상황과는 달리, 중국에서 한국문학은 극소수의 작품만이 자발적으로 번역·출판되고 있을 뿐이다."(임춘성: 233-34) 한중 번역 현상에서 '극도로 비대칭적인 관계'는 아니지만 '불균형과 불평등의 관계'가 노정되고 있는 원인은 무엇일까? 가장 중요한 것은 문화의 두터움 과 규모의 차이에서 비롯된 것이라 할 수 있다. 구체적인 분석은 별도의 지면을 기약하고 여기에서는 다음의 언급으로 대신하도록 하자. '만리장성 으로 대변되는 그 넓은 공간은 아무리 다녀도 모두 가볼 수 없고, 25사로 표현되는 3천 년의 역사는 그 속에 빠지면 헤쳐 나오기 어려운 망망대해와 같으며, 아무리 먹어도 다 맛볼 수 없다는 음식으로 대표되는 문화적 두터 움(cultural thickness)과 규모.'

차크라바르티와 같은 경우, 유럽과 비유럽의 불평등을 극복하기 위해 다음과 같은 해결책을 제시한다. "'유럽', 근대 제국주의와 (제3세계의) 민

---

12) 한류가 유행하기 이전에 중국인들은 일류(日流)와 칸토 팝(Canto-pop)을 즐겼고 지금은 중국 대중문화에서 자신들의 기호물을 찾았다고 보아야 한다. 자랑스러운 중국인 장이머우(張藝謀)가 있고 '화인지광(華人之光)' 리안(李安)이 있는데 굳이 한국의 대중문화에 열광할 필요가 없어 진 것이다. 베이징 올림픽을 훌륭하게 마무리한 시점에 더 이상 부러운 시선을 '바깥(外)'으로 향할 필요가 없어졌다. '가운데'(中)만으로 충분하게 되었다. 중국식 블록버스터[大片]가 국제적으로 공인받고 있는 시점에 <대장금>에 열광했던 스스로에 대해 혐오감을 느낄 수도 있을 것이다.

족주의가 그들의 협력적인 모험과 폭력에 의해 보편화시킨 그 '유럽'을 지방화하는(provincializing) 기획이다." 이 기획의 일부로서 차크라바르티는 학자들에게 "근대성의 역사 속에 그것이 수반하는 양가성, 모순, 힘의 사용, 비극과 아이러니들을 써넣을 것을 요청한다." 유럽(보다 넓게는 서구혹은 제1세계)의 역사 '내부'에 "근대성의 승리에서 그 수사적 전략의 설득적 힘만큼이나 도움이 된 억압과 폭력"을 구현하는 것이다.[13] 이에 대해로빈슨은 다음과 같은 설명을 덧붙이고 있다. "서구를 지방화하는 것은중심과 지방간의 위계 질서를 무너뜨리는 것이다. 이 위계 질서는 식민주의하에서, 그리고 식민주의 이후에 문화와 원시, 질서와 혼돈, 통일성과다양성 사이의 위계 질서의 전형으로 모든 곳의 다양성과 이질성을 보기위한 것이다."(로빈슨: 36-37) 유럽을 지방화한다는 것은 그동안 유럽과비유럽을 중심-주변 또는 보편-특수의 구조로 보는 권력-관계를 해체하고, 유럽을 '그것들 가운데 하나(one of them)'로 간주해 비유럽과 대등한것으로 설정하는 것이다. 15세기 말 자본주의가 이슬람의 포위망을 뚫고육로와 해로로 뛰쳐나와 비유럽 지역을 침략하고 수탈하면서 백인의 자본주의 문명의 우월성을 강조함으로써 헤게모니(hegemony)를 형성했고, 비유럽인들을 '타자들'로 호명(interpellation)함으로써 유럽의 헤게모니를 관철시킨 역사를 우리 모두 잘 알고 있다. 식민 헤게모니와 호명은 독립 이후에도 잔존한다.

니란자나는 피식민 인도인의 호명이 번역을 통해 가능했다고 생각한다. "인도 텍스트의 유럽식 번역은 '교육받은' 인도인들을 서양의 독자들에게 제공하기 위해 마련된 것으로, 전체가 오리엔탈리즘의 이미지로 가득차

---

13) Dipesh Chakrabarty, "Postcoloniality and the Artifice of History: Who Speaks for 'indian' Pasts?," *Representations* 37 (winter 1992), 20, 21; 로빈슨: 36 재인용.

있다."[14] 그러므로 로빈슨은 "그녀에게 포스트식민주의 기획은 피식민 경험이 있는 민족들이 지속적으로 탈식민화하도록 재호명하기 위해 원주민 텍스트들과 그 주체들을 재번역해야 할 필요성"(41-42)이라고 설명한다. '원주민을 재호명하기 위한 재번역'은 어떤 전략이 필요할까 그것은 다름 아닌 '문화번역'이다.

4_ 문화번역의 정치학

최근 '번역연구' 분야에서는 언어를 중심으로 하는 일반 번역과 달리 '문화번역(cultural translation)'이 주목을 받고 있다. 김현미는 "문화연구에서 '번역'과 '횡단'에 대한 관심이 고양되고 있는 것은 이론적으로는 탈식민주의 비평과 비판 인류학이 고무한 부분도 있지만, 우리 삶의 현실적인 조건들이 빠르게 변화하고 있다는 사실과도 관련이 있다."(김현미, 2005: 41)라고, '문화번역'이 각광받는 이유를 두 가지로 요약했다. 1960년대 버밍햄학파 학자들로 하여금 당시 영국을 풍미하던 리비스주의에서 벗어나 노동자 대중문화에 관심을 가지도록 강박했던 것과 마찬가지로, '지금 여기(now and here)'의 현실적 조건은 우리들로 하여금 급변하고 있는 21세기 현실을 직시하도록 강요하고 있다. 문학/문화연구에 관심을 기울이는 학인들은 굳이 정치에 관심이 없고 관심을 두지 않으려 한다. 그러나 '문화연구'와 '번역연구' 자체가 이미 이데올로기와 긴밀한 관계를 가지고 있는 것이어서, '문화번역'을 둘러싼 정치학에 관심을 가지지 않을 수 없다.

---

14) Tejaswini Niranjana, *Siting Translation: History, Post-Structuralism, and the Colonial Context* (Berkeley & Los Angeles: University of California Press, 1992), 31; 로빈슨: 41 재인용.

우리는 이 지점에서 문화횡단적(transcultural) 교류라는 문제의식으로 중국영화를 대상으로 민족지 이론을 '문화번역' 이론으로 보완하려는 레이 초우(Rey Chow. 周蕾)에 주목할 필요가 있다. 그녀가 보기에 지금까지의 민족지는 불평등한 '문화번역'이었다. 서유럽 관찰자가 비서유럽 관찰대상을 주관적으로 재현(초우, 2004: 266)했기 때문이다. "보는 것은 권력의 한 형식이며 보여지는 것은 권력 없음의 한 형식이라고 하는"(초우: 32) 그런 시각성(visuality)을 매개로, 그녀가 제기하는 대안은 그동안 '보여지는 (to-be-looked-at)' 대상이었던 토착민이 보는 주체로 새로 탄생하는 것이다. 그녀가 "궁극적으로 논하려는 것은, 영화는 일종의 포스트모던적인 자기-서술(self-writing) 혹은 자기 민족지(auto-ethnography)이면서 또한 포스트콜로니얼 시대의 문화간 번역의 한 형태이기도 하다는 것이다."(11-12) 물론 이는 "우리 것이 좋은 것이여!" 식의 방어적 토착주의와는 다르다. 레이 초우의 '문화 간 번역(translation between cultures)'은 서양과 동양 사이의 불균형적이고 위계적인 권력관계와, '오리지널'과 '번역' 사이의 불균형적이고 위계적인 권력관계를 역전(286)시키는 것에 초점을 맞추고 있으므로, 동아시아 권역 내 '문화 간 번역'에 대한 구체적인 언급은 없다. 그러나 그녀가 '문화 간 번역'을 "전통에서 근대로, 문학에서 시각성으로, 엘리트학자문화에서 대중문화로, 토착적인 것에서 외국의 것으로, 외국의 것에서 토착적인 것으로 등등의 변화를 비롯해서 광범위한 행위 전체를 포함하는 것"(286)으로 설정한 것으로 미루어 보아, 그것으로 동아시아 권역 내 광범한 횡단과 소통을 포괄하는 데 어려움은 없을 것으로 보인다.

사실 "문화횡단 개념은 매리 루이스 프랫의 저서『제국의 눈―여행기와 문화횡단』을 경유해서 영어권 문화이론 내로 들어왔다."(크라니어스커스, 2001: 318) 프랫(Mary Louise Pratt)에 따르면, 문화횡단(transculturation)

은 "변경의 종속된 집단이 지배적인 문화나 식민지 본국의 문화에 의해 자신들에게 전해진 것들로부터 무언가를 창안하거나 선택하는 방식"(프랫, 2015: 32-33)을 가리킨다. 이는 프랫이 "쿠바의 사회학자인 페르난도 오르티스(Fernando Ortiz)가 아프리카계-쿠바인의 문화에 대한 선구적인 연구를 수행하면서 1940년대에 만든 표현"(프랫: 33)을 가져와 접촉지대의 문화현상을 설명한 것이다. 접촉지대(contact zone)란, "지배와 복종, 식민주의와 노예제도 등과 같이 극도로 비대칭적인 관계 속에서, 또는 이러한 것들이 오늘날 전 세계를 가로질러 계속해서 유지되고 있는 것과 같이 극도로 비대칭적인 관계가 초래한 결과 속에서 이종 문화들이 만나고 부딪히고 서로 맞붙어 싸우는 사회적 공간이다."(32) 서유럽 제국들의 침략으로 식민지가 된 비서유럽 지역의 거주민들은 서유럽 제국주의에 의해 "상상되고(imagined), 발명되고(invented), 구성되고(consisted), 조직되었(organized)던 것"(임춘성, 2010a: 282)이다. 프랫의 주된 문제의식은 "어떻게 비유럽 지역을 여행한 유럽인들이 남긴 여행 책자들이 '본국의(at home)' 유럽인들을 위한 제국의 질서를 만들었고, 또 제국의 질서 속에 본국의 유럽인들을 위한 자리를 제공할 수 있었는지 살펴보는 것"(프랫: 23)이었지만, 그녀가 강조하는 '극도로 비대칭적인 관계'의 '이종 문화들'이 만나는 '사회적 공간은 훨씬 광범위할 수 있다. 특히 '접촉지대의 언어들', 예를 들어 피진, 크레올 등의 이중언어들은 '문화번역'의 중요한 지점들이다. 여기에서 주목하고 있는 한중 간 '문화번역'도, '극도로 비대칭적인 관계'라는 부분을 잠시 괄호 치면, '이종 문화들이 만나는 사회적 공간'의 문화현상으로 간주할 수 있다.

초국적 문화 횡단과 소통의 시대에 '문화번역/문화 간 번역'은 필수적인 과제라 할 수 있다. 이 지점에서 1980년대 후반 한국을 휩쓸었던 '영웅문 현상'을 예로 들어 고찰해 보자. 1986년부터 1989년에 이르는 3년간 '영웅문' 시리즈 등 모든 작품이 번역되었고 학술 연구도 적잖이 진행되었다. 21세기 들어 판권계약을 통해 '사조(射雕)삼부곡'이 새롭게 번역되기도 했다. 하지만 '영웅문 현상'은 한국의 고유한, 진융 원작 이해와는 거리가 있는 문화현상이다. 독자들이 유독 '영웅문'에 집착하고 관련 담론들도 '영웅문'을 중국을 대표하는 무협소설로 간주하고 그것을 독파하면 중국 무협소설을 정복한 것으로 착각하곤 한다. '진융의 사조삼부곡'을 번역한 『소설 영웅문』은 완역이 아니라 양적으로 70% 수준의 번역이었고 그 문체라든가 문화적 측면까지 평가하면 50% 이하의 조악한 번역물이다. '영웅문'의 번안·출판은 한국적 맥락에서 이전 단계의 무협지라는 통념을 깨뜨린 사건이었지만, 원작의 의미와 재미를 상당히 훼손시켰다.(임춘성, 2008: 23) '영웅문' 시리즈는 진융(金庸) 텍스트의 두터움(thickness)을 충분히 번역하지 못하고 그 표층인 무협 층위만을 번역한 점에서 '문화번역'의 부정적인 사례가 되고 말았다. 출판사가 주도했을 표층 번역은 당시 독서시장 요구에는 부응했을지 몰라도, 그로 인해 우리는 중국에 대한 심화 학습의 기회를 놓치고 말았다. 그리고 21세기의 새로운 완역은 독자들에게 외면당했다. 대중문화에 각인된 문화를 번역하는 일은 단순하지 않다. 진융 사례에서 알 수 있다시피 상업적 번역은 표층에 머물기 때문이다. 그리고 일단 오역되면 바로잡기가 쉽지 않다. '영웅문 키드'들이 완역된 '사조삼부곡'에 그리 관심을 기울이지 않은 것이 그 증좌다. '문화번역'은 심층 번역이라 할 수 있다. 그것은 대중문화 텍스트에 각인된 타국 문화를 자국 문화 맥락으로 가져오는 일이다. 가져오기 전 반드시 타국 문화 맥락에 들어가는 것이 필수적이다. 동아시아 권역에서의 문화 횡단과 소통은 쌍방향과 더불어 다방향의 들고나는 행위가 반복되고 그 반복의 차이가 축적됨으로써 가능할 것이다.

동아시아 권역 내 대중문화의 횡단과 소통이라는 관점에서 볼 때, 동아시아는 우선 자본주의 대중문화의 원산지인 미국을 '하나의 지방'으로 설정하면서 각각 '자기 민족지(auto-ethnography)'를 기록할 필요가 있다. 엄밀하게 말하면 미국 대중문화도 대부분 아프리카 흑인문화에 그 기원을 갖고 있는 것 또한 사실 아닌가? 이제 동아시아는 '오리지널'로서의 '빌보드 차트'에 연연해하지 말고 동아시아 자체를 그리고 자국을 문제화해야 한다. 그 후 동아시아 내부에서 각자의 특수성에 관심을 가지면서 상대방 문화 속으로 끊임없이 들어갔다 나오는 과정을 되풀이해야 한다. 쑨거(孫歌)는 근현대 일본사상사를 고찰하면서 다케우치 요시미(竹內好)를 따라 일본의 근대로 들어갈 수 있었으며, 그로부터 루쉰에 들어갈 수 있는 새로운 시각이 계발되어 다시 중국의 근대로 들어갈 수 있었다.(쑨꺼, 2003: 51) 또한 한국과 지적 연대를 장기간 지속한 소수의 타이완인을 자처하는 천광싱(陳光興)은 "경계 넘기와 교류는 자신이 처한 곳을 잘 보고 제대로 해석하기 위한 것이다"(천광싱, 2012: 277)는 진리를 깨닫고 "서울을 이해하는 만큼 타이완을 더 잘 알게 된다는 사실"(천광싱: 280)에 스스로 놀라워한다. 쑨거가 일본에 깊숙이 들어갔다 나오면서 루쉰을 바라보는 새로운 시야를 획득하고 천광싱이 서울을 이해하는 만큼 타이완을 더 잘 알게 되었듯이, 우리도 중국, 일본, 그리고 타이완에 들어가 심층 관찰한 안목으로 한국을 새롭게 해석할 수 있는 학인이 필요하다. '문화번역'은 바로 이들 학인의 출현을 고대하고 있다.

4장: 포스트사회주의 중국의 문화연구와 왕샤오밍의 비껴서기

　상호 맥락은 다르지만, 중국은 한국과 비슷한 시점인 1990년대부터 문화연구에 관심을 가지기 시작했다. 포스트사회주의 중국의 문화연구는 1990년대 중엽 다이진화(戴錦華)와 리퉈(李陀) 등에 의해 산발적으로 수용·소개되었고 1990년대 말에 본격적인 연구가 진행되기 시작했다. 중국의 문화연구는 홍콩과 타이완에 비해 10년 이상 늦었지만, 2004년부터 베이징과 상하이 지역의 대학을 중심으로 관련 강좌가 개설되고 관련 서적이 번역되면서 '문화연구 붐'이 형성되었다.[1] 베이징의 비판적 문화연구는 다이진화와 리퉈가, 상하이 문화연구는 왕샤오밍이 대표한다고 볼 수 있다. 중국에 수용된 문화연구는 미국식 문화연구와 비판적 문화연구 두 가

---

[1] 王曉明, 「文化硏究的三道難題: 以上海大學文化硏究系爲例」, 『上海大學學報(社會科學版)』, 2010年第1期; 王曉明, 2012b: 264 재인용. 이 글은 2009년 9월에 수정 보완해 2010년 발표했는데, 왕샤오밍이 상하이대학으로 옮기면서 실천한 문화연구 관련 사항을 잘 개괄해 놓았다. 한국에도 김명희의 번역으로 『중국현대문학』에 소개되었다.

지 흐름이 있는데, 전자가 중국의 미래를 미국적 모델로 설정하고 미국식 문화연구를 중국 사회 분석의 잣대로 삼은 반면, 후자는 중국 현실을 비판적으로 바라보면서 버밍햄학파의 '비판적 사회연구'를 계승해 중국 현실을 비판적으로 분석하고자 했다. 그러면 중국의 비판적 문화연구를 베이징과 상하이 두 지역으로 나눠 살펴보자.

1_ 베이징의 비판적 문화연구

리퉈는 1999년 '대중문화비평총서'를 주편함으로써 '비판적 문화연구'의 길을 열었다. 그는 총서 서문에서, 대중문화의 흥기를 '20세기의 대사건'이라 명명하고 있다. 그것은 두 번의 세계대전, 사회주의와 자본주의의 대치, 구식민주의 체계의 와해와 신식민주의의 형성, 우주공간 개척, 인터넷시대의 도래 등에 못지않은 커다란 사건이라는 것이다.(李陀, 1999: 1) 그럼에도 불구하고 중국에서는 지식인의 엘리트화와 지식의 경전화로 인해 대중문화를 경시하는 풍조가 만연되어 있음을 지적했다. 그는 아울러 서양이론 학습의 중요성을 강조한다. 대중문화를 연구하는 문화연구는 서양에서 발원했고 상당한 축적이 있기 때문에 그것을 배우고 모방하는 것은 불가피하지만, 진지한 분석과 비판을 거쳐 '중국 상황에 맞는 문화연구 이론과 방법을 건립'(8)할 것을 촉구하고 있다.

리퉈가 주편한 '대중문화비평총서'는 문화연구와 관련해 중국 최초의 시리즈로 보이는데, 모두 10권으로 구성되어 있다. 진융(金庸)의 무협소설 연구(宋偉杰, 1999), '숨겨진 글쓰기'와 '문화영웅 글쓰기'라는 키워드로 1990년대와 세기말의 문화연구(戴錦華, 1999; 戴錦華主編, 2000), 1990년대 새로운 계층의 등장을 통해 새로운 이데올로기 분석(王曉明主編, 2000), 상하이에서 부활한 노스텔지어 풍조에 편승한 상하이 올드 바에 대한 현지조사를 통해 소비와 상상을 분석(包亞明外, 2001), 전자 매체를 통한 글쓰기 방식의 변화(南帆, 2001), 현대 생활방식으로서의 레저(胡大平, 2002), 중국의 청년문화(陳映芳, 2002), 중국 당대 문학 생산기제의 시장화 전환이라는 주제의식으로 문학장 연구(邵燕君, 2003), 최근 중국 일상생활의 소비주의 분석(陳昕, 2003) 등 그 연구 주제들이 이전과는 확연히 다른 면모를 드러내고 있다. 리퉈의 대중문화 연구 창도(唱導)와 '대중문화비평총서' 주편은 중국의 비판적 문화연구의 초석을 다진 작업이라 할 수 있기에 이들 연구 성과와 후속 작업을 추적해 연구를 진행할 필요가 있다. 이는 별도의 과제다.

베이징대학 중문학부에 재직하면서 1995년 비교문학과 비교문화연구소에 '문화연구 워크숍'을 조직해 '문화연구'를 수행해 온 다이진화가 자주 쓰는 표현 중의 하나는 '탈주하다 그물에 걸림'이다. 시시포스를 연상시키는 이 말은 '곤경으로부터 탈출했지만 더 큰 그물에 걸린 격'인 중국의 사회·문화적 콘텍스트를 비유하고 있다. 1980년대의 '큰 그물'이, 문혁으로부터 탈출했지만 그 '문화심리구조'를 벗어나지 못한 국가권력이었다면, 1990년대의 '큰 그물'은 지구적 자본에 포섭된 시장이었다. 포스트사회주의 중국은 포스트식민 문화의 현장이기도 한데, '안개 속 풍경'과 '거울의 성'은 그 상징이다. 그녀의 대표작 『무중풍경』(戴錦華, 2006; 다이진화, 2007)은 3부 17장으로 구성되어 있는데, 각 장은 독립된 글이면서 상호 연계를 가지고 있다. 이 책을 읽노라면 마치 '줌업(zoom-up)'하는 듯한 카메라의 렌즈가 느껴진다. 1978년 이후 중국의 사회문화적 배경이 '안개 속 풍경'처럼 그려지다가, 중국영화라는 파노라마에서 5세대로 좁혀지고 다시 장이머우(張藝謀)와 천카이거(陳凱歌)에 초점을 맞추다가 마지막에는 화면 가득 장이머우로 채워지는 느낌이 그것이다.

다이진화의 표현대로 장이머우는 '중국영화계의 복장(福將)'(다이진화, 2007: 289)임에 틀림없다. 이는 수많은 국제영화제 수상 경력에서 비롯된 말이지만, 그는 포스트사회주의 중국의 영화계, 나아가 문화계의 핵심에 자리잡고 있다. 5세대 초기의 자유로운 실험, 국내외적으로 적절한 시점에 국제영화제 수상, 주선율과 시장화의 이중 압박에서 해외 자본의 투자 유치, 그리고 최근의 중국식 블록버스터[大片], 베이징 올림픽 개막식 총감독 등의 도정은 그를 단순한 영화감독으로 자리매김하기 어렵게 만든다. 다이진화의 장이머우론의 핵심은 이렇다. 장이머우는 '탈식민 문화의 잔혹한 현실'을 누구보다 잘 인지하고 세계무대로 나가기 위해서는 '동방적 경관'이 필요함을 인식하여 '이중적 정체성' 전략을 활용해 성공을 거두었다. 그는 교묘하게 이중적 정체성과 이중의 독해 사이에서 동방과 서방, 중국과 세계를 봉합했던 것이다. 그러나 다이진화가 보기에 장이머우의 성공은 세계로 향하는 창이라기보다는 시야를 가리는 거울이다. 그 거울에 비친 모습은, 대국으로 굴기하는 중국이 아니라 서양이라는 타자에 의해 구성된 동방의 거울 이미지였고, 서방 남성 관객의 욕망의 시선에 영합한 동방의 여인이었던 것이다. 그것은 결코 중국의 본토문화일 수 없는, 상상되고 발명된 중국의 이미지다.(다이진화: 291) 이에 대해 제인 잉 자(Jane Ying Zha)는 다음과 같이 평했다. "나의 미국인 친구들은 모두 장이머우의 영화를 좋아하는데, 중국인 친구들은 장이머우의 영화를 싫어한다. … 왜 그럴까? 장이머우의 영화에서 무엇이 중국인을 화나게 하는 걸까? 이 모든 것은 다음의 한마디로 요약할 수 있다. 동양적인 이국취미를 서양관객에게 파는 것."[2]이다. 여기서 주목할 것은 '서유럽 오리엔탈리즘'과 유럽 이외

지역의 '셀프 오리엔탈리즘(self-orientalism)'과의 공모 관계다.(이와부치, 2004: 22) 장이머우는 누구보다도 '전략으로서의 셀프 오리엔탈리즘' 운용에 뛰어났다. 그것은 정치적 검열이 존재하고 자율적 시장이 형성되지 않은 제3세계에서 재능과 야망을 가진 감독이 선택하게 마련인 생존 전략이라 할 수 있다. 다이진화가 비판한 '내재적 유배(internal exile)'는 '셀프 오리엔탈리즘'의 다른 표현이지만, 중국 정부와 관객은 장이머우의 선택에 환호했던 것으로 보인다.

천카이거는 중국영화의 또 다른 거울이다. 그가 초기 작품에서 보여주었던 대범함과 명석함(다이진화: 317)은 <아이들의 왕(孩子王)>이 1987년 칸영화제에서 고배를 든 후 사라졌고, 천신만고 끝에 1993년 <패왕별희(霸王別姬)>로 칸영화제(황금종려상)를 석권했지만, 그것은 추락으로 얻은 구원이자 굴복과 맞바꾼 면류관(330)이었다. 천카이거가 고심해서 재현한 중국 본토문화는 포스트식민 문화라는 콘텍스트 안에 내면화(internalization)한 서양문화의 시점(視點)과 절묘하게 결합함으로써 소실되어 버렸다. <황토지>에서 함께 출발한 장이머우와 천카이거가, 이후 각자의 경로를 거쳐 지구화의 지표인 '블록버스터'로 귀결된 것은 결코 이상한 일이 아니다. 이들은 역사와 문화의 '큰 그물'에서 벗어나지 못한 것이다. 그들은 "성실하거나 그다지 성실하지 않은 역사의 아들"(325)이었고 "정복된 정복자의 이야기"(413)를 남겨주었다.

여성해방은 사회주의 중국의 커다란 성과의 하나로 일컬어지지만, 다이진화는 당다이(當代) 중국 영화 속의 여성을 다루는 부분(다이진화, 2009)에서, 1949년부터 1979년까지 여성해방 담론의 핵심을 무성화(無性

---

2) Jane Ying Zha, "Excerpts from 'Lore Segal, Red Lantern, and Exoticism'," *Public Culture* 5, no. 2 (Winter 1993), 329; 초우, 2004: 265에서 재인용.

化)로 파악한다. 중국 혁명은 여성이라는 특수성에 기초하여 양성평등을 이뤄낸 것이 아니라 여성성을 버림으로써, 다시 말해 여성을 남성화함으로써 남성과 동등하게 사회적·담론적 권력을 향유케 했다는 것이다. 이 시기 중국에는 여성은 없고 남성만 존재했던 셈이다. 이는 또 다른 방식의 억압이었다.

한편 다이진화는 '문화영웅'이라는 키워드를 통해 1990년대 중국의 문화 현상을 고찰했다.(戴錦華, 2000b) 저우싱츠(周星馳)의 영화에 대한 대중들의 열광에서 출발한 '우리터우/모레이타오(無厘頭)' 현상은 1990년대 새로운 중국 문화의 구성에 있어서 하나의 징후적인 사건이었다. 대중문화의 발전과 인터넷 문화의 유행으로 형성된 '우리터우/모레이타오' 문화는 기존의 권위와 가치를 부정하면서 일반 대중들을 새로운 문화 주체로 등장시켰다. 이 과정에서 문화담론 권력을 소유하고 있던 지식계는 심각한 분열과 갈등을 띠게 되었다. 1990년대 초기 '인문정신 토론'으로 대표되는 일련의 논쟁들은 지식인의 역할과 정체성을 새롭게 고민하는 과정이었는데, 이때 민간, 체제, 미디어는 매우 중요한 요소로 기능했다. '민간'은 관방이나 체제에 대립적인 개념으로서 기존의 체제 지식인과는 다른 새로운 사회집단을 형성했다. 이러한 체제 바깥의 공간인 민간의 형성과 문화산업의 급속한 발전은 소위 중국의 새로운 '문화영웅'들을 생산했다. 사실상 대중매체와 문화산업의 합작 혹은 공모를 통해 형성된 '문화영웅' 서사는 과거의 혁명 영웅 서사를 대체하면서 문화 시장에서 대중적 우상의 형태로 소비되었다. 다이진화는 이 글에서 1990년대 중국의 '문화영웅' 서사를 단순히 중국의 특정성으로 인해 형성된 단편적인 현상으로 이해하기보다는 지구화 시대를 맞이하고 있는 중국의 새로운 문화 구성에서 발생한 하나의 징후적인 현상으로 사고할 것을 제안하고 있다. 이 외에도 다이진화의 연구 성과는 국내에 4권이 번역[3])되었을 정도로 풍성하다. 그녀의 문화연구는 영화연구와 여성연구에 집중되어 있다. 이를 통해 중국의 비판적 문화연구는 보다 풍부한 내용을 가지게 되었다.

2_ 상하이의 비판적/개입적 문화연구

2001년 11월 창설된 '중국당대문화연구센터'(이하 '센터')는 1년여의 준비기간을 거쳐 2003년부터 1단계 연구 활동을 시작했고, 2008년부터 2단계 프로젝트를 시작해 진행 중이다. 1단계 연구주제는 '1990년대 상하이지역 문화 분석'이었다. 이는 여덟 개의 세부주제로 구성되어 있는데, '미디어(TV)', '부동산시장과 광고', '거리의 시각 이미지', '사회주의 노동자 신촌', '공장과 노동자의 문화사', '문학 사이트', '도시 속의 새로운 공간', '유행하는 옷 스타일' 등이었다. 2008년에 시작한 10년 예정의 연구 프로젝트의 주제는 '당대 문화의 생산 기제 분석'이고, 이는 '새로운 지배 문화의 생산 기제 분석'과 '중국 사회주의 문화의 문제점 분석'이라는 세부주제로 구성되어 있다.(王曉明, 2012b: 266) 1단계를 '비판적 분석'의 단계라 한다면, 2단계는 '촉진적 개입'의 단계라 할 수 있는데, 이는 새로운 이론 건설에서 흔히 거론되는 '파괴'와 '구성'에 해당하는 것으로 볼 수 있다. 그러나 왕샤오밍은 이를 단계론적으로 보지 않고 변증법적 방법론으로 이해하고 있다. 나아가 그는 "이런 방법론의 내포를 빌어 우리가 '실천'의 각도에서

---

3) 『무중풍경―중국영화문화 1978-1998』(2007) 외에, 『숨겨진 서사―1990년대 중국대중문화 읽기』(2006); 『성별중국―중국 영화와 젠더 수사학』(2009); 『거울 속에 있는 듯―다이진화가 말하는 중국 문화연구의 현주소. 여성. 영화. 문학』(2009).

문화연구의 지속적인 경계 넘기를 추동함으로써, 이 학과와 저 학과의 경계를 뛰어넘는 데 그치지 않고 강단 학술과 사회 문화 내지 사회 운동의 경계를 뛰어넘기를 희망"(269)하고 있다. 센터의 연구는 중국사회의 문화 상황에 일어난 중대한 변화에 대한 비판적 분석을 일차적 목표로 삼고, '문화'에 대한 정의를 상대적으로 넓게 잡아 주택, 인터넷, 대중매체, 거리, 공장문화 등으로 확대했다는 특색을 가지고 있다. 아울러 이 과제들을 수행하기 위해 개혁개방 상하이에 초점을 맞추었기 때문에 도시연구적인 성향이 뚜렷이 드러나면서도 농촌과 농민공4) 그리고 사회주의에 대한 고민을 아우르고 있는 것도 특징적이다.

'센터'는 중국 문화연구의 최초의 진지5)라 할 수 있고 그 활동은 교학과 연구 그리고 교류의 세 방면으로 요약할 수 있다. 2002-2003년 상하이 대학 사회학부와 중문학부에서 문화연구를 '연구방향'으로 설정해 박사과정 학생을 뽑기 시작한 센터는 2004년 대학원 협동과정으로 중국 대륙 최초의 문화연구 교학기구인 '문화연구 과정(program in cultural studies)'을 개설했고, 2012년에는 독립적인 단위로 석박사 대학원생을 모집할 수 있게 되었다. '문화연구학과'는 학부과정 없이 대학원 석·박사과정으로만

---

4) 농민공은 '民工'의 번역어다. 최근에는 이들을 '신노동자(新工人)' 또는 '신세대 노동자'로 명명한다. 원톄쥔은 "급진적인 제도 변화로 인해 생겨난 신세대 농민공의 생존 상황"에 대해 다음과 같이 설명한다. "그들 가운데 대략 93퍼센트가 중학교 졸업 이상의 학력을 가지고 있으며, 인터넷에 접속하는 젊은이 가운데 약 54퍼센트가 그들이다. 그들은 '주변화'되는 처지를 받아들이려 하지 않는다. 그들은 가공무역에 필요한 '생산라인+숙식 집중' 형태를 고도로 조직화한 기업들이 밀집해 있는 개발구라는 인큐베이터에서, 세계 노동운동사를 통틀어 규모가 가장 크고 계급의식이 가장 뚜렷하며 투쟁을 가장 잘 하는 신(新)노동계급으로 성장했다. 광둥성(廣東省) 난하이(南海)의 신세대 노동자들이 '자각하고 조직하여' 벌인 '광둥 혼다자동차 대파업'의 승리는 중국 3억 노동자들이 자각한 계급으로서 역사의 무대에 등장했음을 알리는 이정표였다"(원톄쥔, 2016: 23).
5) 그 외에 화둥사범대학의 '중국현당대사상문화연구소(中國現當代思想文化研究所)', 상하이사범대학의 '도시문화연구센터(城G104市文化研究中心)' 등과 『시계』(視界) 등의 간행물을 들 수 있다.

운영되고 있는 독립적인 체제다. 원래 학제간 교학을 지향해 협동과정으로 운영하던 대학원 과정을 독립단위로 전환한 것은 시행착오 과정인 동시에 전술적 선택으로 보인다. 다시 말해, 기존 분과학문 체제를 비판하며 그것을 뛰어넘고자 하다가 기존 분과학문 체제에 안착하는 것이 논리적인 모순이라는 비판을 감수하면서 학과 인가의 길을 선택한 것은 원활한 연구와 교학을 위해 체제 내로 진입한 것이다. 그 결과 전임 교원 증원과 입학생 증가라는 가시적 성과를 얻었다. 물론 우리는 체제를 활용하려다 도리어 체제에 먹혀버린 사례를 수도 없이 보아왔다. 다행히 왕샤오밍은 이 점을 잘 이해하고 있기에 최소한 그가 주도하는 시기에 그런 불상사는 일어나지 않을 것으로 기대할 뿐이다.

왕샤오밍은 센터와 문화연구학부의 제도화로 인해 연구자와 학생들이 결국 기존의 사회 재생산에 필요한 인간이 되어버리는 것을 특히 경계한다. 이를 위해 그는 학생들의 다섯 가지 능력을 공들여 배양하려 한다. 첫째, 역사적 깊이가 있는 글로벌한 안목. 세계의 현 상태를 알아야 할 뿐 아니라 그것의 역사적 원인도 알아야 하고 서양을 알고 있어야 할 뿐 아니라 비서양권의 상황도 알고 있어야 한다. 둘째, 이론적 사유 능력. 이는 그저 사변적이라거나 외국어, 학술적 표현 등만을 가리키는 것이 아니라 남과 소통하는 능력도 가리킨다. 예를 들어, 공장에 갔을 때 노동자들과 어떻게 대화할 것인가, 왕샤오밍이 보기에 이는 국제학술회의에서 유창한 영어로 발표를 하는 것과 똑같이 중요한 능력이다. 셋째, 당대 중국 문화와 사회 현실을 이해하고 분석하는 능력. 넷째, 현실적 조건에서 실제로 문화 변혁을 촉진시키는 능력. 이와 관련해서는 세 군데의 훈련 '장소'가 있다고 보여진다. 하나는 '시민강좌'로, 이것은 정기적으로 시내에서 주로 사무직 노동자 중심의 시민들이 관심을 가지고 있는 문제, 예를 들면 도시화 문제

등에 관한 '시민토론회'를 여는 것이다. 다른 하나는 육체노동자들이 모여 사는 교외지역에서 여는 정기 토론회로, '노동자 야학'과 비슷한 것이다. 마지막은 15년 이상 축적된 역사를 갖고 있는 센터 홈페이지에 사회현상과 사건에 대한 '단평'을 발표하는 것이다. 이는 센터 홈페이지에서 가장 눈에 띄는 부분이다. 시민강좌와 노동자 야학 그리고 센터 홈페이지에서의 학생들의 실천은 모두 문화연구학과 박사 커리큘럼에 포함되어 교학의 일부를 이루고 있다. 다섯째, 사회변혁에 대한 믿음. 즉 이 사회가 좋아질 수 있다고 믿는 것이다. 오늘날 사회 재생산의 핵심 중 하나는 바로 현실은 너무 강력하고 개인은 보잘 것 없기에 우리는 현실을 변화시킬 수가 없고 단지 현실에 적응할 수 있을 뿐이라는 인식을 끊임없이 만들어 내는 데 있다. 사회 현실에 대한 이런 비관적인 이해는 사회 재생산이 특히 퍼뜨리고자 하는 것이다. 그것은 당신이 무슨 일을 하는 사람이건 상관없이 모두 마음 깊은 곳에서 그렇게 세계를 대하고 그렇게 인생을 대하게 만들려한다. 이 다섯 가지 능력은 물론 갖추기 어려운 능력들이라 여러 해에 걸쳐 지속적인 노력이 필요할 것이지만, 왕샤오밍은 문화연구 교학을 통해 이런 노력을 위한 안정적인 기초를 닦는 일, 다시 말해 정신적인 출발점을 만드는 일을 할 수 있을 것으로 기대하고 있다.(왕샤오밍·임춘성, 2012: 106-7 발췌 요약)

교학 외에 센터의 주요 활동은 연구와 교류에 집중되어 있다. 내가 처음 센터를 방문했을 때 연구원은 주임을 포함해 3인이었고, 이 구성은 일정 기간 지속되다가 최근에야 센터/문화연구학부의 전임 교직원이 7인으로 증원되었다. 센터 운영의 기본 기제는, 연구 주제를 개별적/집단적으로 진행하면서 일정 기간 경과 후 국내외 학자들과 만나는 장, 즉 학술토론회를 마련하고 그 결과를 간행물이나 단행본으로 출간하는 것이다. 즉 '연구-학술토론회-출간'이 삼위일체를 이루고 있는 것이다. 그간 무크지 형식의 간행물『열풍학술』[6]과 20여 권의 시리즈가 출간되었다. '열풍도서 시리즈'는 간행물『열풍학술』외에 다섯 부분으로 이루어져 있다. 첫째는 '워크숍'[7]으로, 주로 개인의 연구서를 출판하고 있고, 둘째는 '사상논단[8]'으로, 주로 강연집이나 논문집이 주종을 이룬다. 셋째는 '강의록과 교과서'[9]로, 주로 수업에 필요한 것들이며, 넷째는 '번역총서',[10] 다섯째는 '당대 관찰'[11]에 해당하는 비(非)학술적인 소책자인데, 이 마지막 부분이 일반 독자들과 활발한 교류를 기대하는 부분이다.

마지막으로 센터는 국내외 교류를 활발하게 전개하고 있다. 특히 국제 교류는 개방적이면서도 명성에 좌우되지 않고 실사구시적으로 동지적 연대를 추구하고 있다. 그 가운데 한국과의 교류는 성공회대 동아시아연구소를 파트너로 삼아 진행되어 왔다. 이후 2012년에는 계간『문화/과학』과『열풍학술』의 교류가 시작되었는데 주목할 필요가 있어 보인다. 상호 상대방의 문화연구 성과를 소개하는 것을 시작으로 초청과 답방이 이어졌고, 2012년 7월에는『문화/과학』편집위원 초청 학술토론회가 개최되었다. 그

---

6) 왕샤오밍・차이샹(王曉明・蔡翔) 主編. 제1집 2008.3; 제2집 2009.3; 제3집 2009.10; 제4집 2010.8; 제5집 2011.8; 제6집 2012.6; 제7집 2013.12; 제8집 2014.5; 제9집 2015.10.

7)『매체의 환상―당대 생활과 매체문화 분석』(雷啓立, 2008);『정체성 건설과 물질생활』(袁進, 丁雲亮・王有富, 2008);『신성한 글쓰기 제국』(七格・任曉雯, 2010);『대중매체와 상하이 정체성』(呂新雨等, 2012);『형식의 독주―상하이 '제2차 교과과정 개혁'을 사례로 삼은 교과과정 개혁 연구』(羅小茗, 2012);『정혼(精魂)의 단련: 신중국 희곡 개조 고찰론』(張煉紅, 2013).

8)『당대 동아시아 도시: 새로운 문화와 이데올로기』(王曉明・陳淸僑編, 2008);『향토 중국과 문화연구』(薛毅編, 2008);『루쉰과 다케우치 요시미』(孫曉忠編, 2009);『방법과 사례: 문화연구 강연집』(孫曉忠編, 2009);『거대한 변화 시대의 사상과 문화―문화연구 대화록』(孫曉忠編, 2011);『포스트미국 시대의 생활―사회사상 포럼』(孫曉忠編, 2012);『'국민' 만들기: 1950-1970년대의 일상생활과 문예 실천』(羅小茗編, 2011);『서울부터 멜버른까지』(王曉明・朱善傑編, 2012).

9)『중문세계의 문화연구』(王曉明編, 2012);『중국현대사상문선 I・II』(王曉明・周展安編, 2013);『거대한 영혼의 전율』(毛尖, 2013);『종말 배표: 일상생활 속의 문화 분석』(羅小茗, 2015).

10)『지구적 좌익의 흥기』(彭學農, 2013).

11)『'성'장의 번뇌』(當代文化硏究網編, 2010).

동안 중화권에서 한국에 관심을 가져온 학자로는 타이완 교통대학의 천광싱(陳光興)과 중국사회과학원의 쑨거(孫歌)가 있는데, 이들은 주로 '아시아 사상 논단' 및 '아시아 진보 간행물 회의' 등을 통해 '창비' 그룹과 교류해왔다. 천광싱(『제국의 눈』, 2003)과 쑨거(『아시아라는 사유공간』, 2003)의 저서가 창비에서 출간되었고, 백영서[12]와 백낙청[13]의 저서가 타이완에서 출간된 것은 그 가시적 성과라 할 수 있다. 천광싱과 쑨거를 통해 대부분의 중국 지식인들은 '창비' 그룹을 한국의 진보적 지식인으로 인식해 왔다. 이런 상황에서 2012년 5월 강내희의 특강(강내희, 2012)은, '창비' 그룹이 신자유주의 좌파에 속해 있다고 평가한 점에서, 최소한 왕샤오밍 그룹에게 충격을 준 셈이었다. 2013년에는 『문화/과학』과 한국문화연구학회의 초청으로 한국에서 학술대회[14]가 개최되었고, 2015년에는 상하이대학의 초청으로 상하이에서 학술대회[15]가 개최되었다.

3_ 왕샤오밍의 문화연구와 비껴서기

1) 문학청년에서 유기적 지식인으로

중국의 원로 학자 가운데에는 77학번이 유난히 많다. 이들은 학령으로 치면 1958년 9월 이후부터 1959년 8월까지 출생한 이들에 해당된다. 그러

---

12) 『사상으로 본 동아시아: 한반도시각의 역사와 실천』(白永瑞, 2009).
13) 『백낙청—분단체제·민족문학』(白永瑞·陳光興編, 2010).
14) 『정보자본주의와 정보문화의 현재와 미래』(자료집), 『문화/과학』 편집위원회, 2013.6.28; 『제1회 동아시아 혁명사상 포럼』(자료집), 한국문화연구학회, 2013.6.29. '정보자본주의' 관련 글 6편은 『문화/과학』 75호에 특집으로 게재되었고, '동아시아 혁명사상' 관련 글 4편은 『문화연구』 제2권 2호에 게재되었다.
15) 『동아시아 지역의 청년문화: 현상과 미래(東亞地區的靑年文化: 現狀與末來)』(國際硏討會資料集), 2015.10.29-10.31.

나 1966년부터 1976년까지의 문혁 기간 동안 대학입시제도가 흐트러져 진학하지 못하고 상산하향(上山下鄕)했거나 아니면 여기저기 소요·유랑하던 이들이 1977년 회복된 대학입학시험, 즉 '고등고시(高等考試, 약칭 가오카오)'에 응시한 것이다. 다시 말해, 66학번부터 77학번까지에 해당하는 인재들이 1977년의 '가오카오'에 몰렸던 것이다.16) 왕샤오밍도 고등학교 졸업 후 노동자 생활을 하다가 1977년 가오카오를 보고 화둥사범대학에 입학했다.

왕샤오밍은 본적이 저장성(浙江省) 이우(義烏)지만, 50세가 되어서야 처음으로 가보았다고 할 정도로 상하이에서 나고 자란 상하이토박이다. 그는 1955년 6월, 작가인 아버지와 러시아문학 번역가인 어머니 사이에서 태어났다. 초등학교 4학년이던 1966년 6월 문혁이 일어나면서 아버지가 문예계의 반동파 명단에 들자 한동안 고초를 겪었으며, 17살에 고등학교를 졸업한 후 상하이의 한 공장에서 근무했다. 문혁이 끝나자 대학입시를 치루고 1978년에 화둥사범대학 중문학부에 입학했으며, 1979년 대학원에 진학해 중국현대문학을 전공한 후, 1982년에 석사학위를 받고 모교에 남아 강의를 시작했다. 현재는 상하이대학에 재직하면서 화둥사범대학 특임교수를 겸하고 있다. 화둥사범대학에서는 여전히 중국현대문학을 담당하고 있지만, 상하이대학에서는 문화연구학과를 개설해 대학원생을 배양하고 있으며 중국당대문화연구센터를 운영하며 중국의 문화연구를 주도하고 있다.

중국 근현대사의 재난이었던 문혁을 비켜갈 수는 없었지만, 왕샤오밍은 동세대 다른 이들에 비해 행운이 따랐던 편으로 보인다. 문학적 분위기

---

16) 이에 대해 2009년 출품된 장하이양(江海洋) 감독의 <대학입시 1977(高考 1977)>을 참고

가 충만한 가정에서 태어나 어려서부터 문학적 감수성과 교양을 키울 수 있었고, 고등학교 졸업 후 노동자 생활도 그리 길지 않았던 데다가, 상하이에서 생활하고 있었기에 문혁 후 처음 실시된 가오카오에 바로 응시할 수 있었다. 더욱 운이 좋았던 것은 1학년을 마친 후 대학원 석사과정으로 월반했고 석사학위 취득 후 바로 모교에 자리 잡은 것이다. 물론 이런 혜택은 왕샤오밍만 누린 것은 아니었다. 이를테면 푸단대학의 천쓰허 등도 비슷한 경로[17]를 통해 석사과정 졸업 후 모교의 교수가 되고 중진학자가 되고 원로학자[18]가 되었다. 이들은 본인의 우수한 자질에 힘입은 바 크겠지만, 아무리 뛰어난 자질을 가지고 있어도 포스트닥터 과정까지 수료해야만 간신히 자리를 구할 수 있는 요즘과 비교해 보면, 적어도 학문 생애에서만큼은 때를 잘 타고 났다 할 수 있다.

왕샤오밍은 어려서 심하게 말을 더듬을 정도로 내성적이었다고 한다. 자신의 내면에 침잠하는 문학 소년의 특징으로 짐작되는 대목이다. 그러나 그가 성장한 시대는 그를 그냥 문학과 내면에 침잠하도록 놔두지 않았고 그 또한 그런 시대적 분위기의 영향을 받았다. 그러므로 그의 학문적 관심은 시작부터 줄곧 문학과 사회의 관계에 경도되어 있었다. 그의 첫 논문[19]은 루쉰의 성격 특징을 사회와 연계시켜 분석한 것이었고, 석사논문을 확대해 출간한 첫 저서[20] 또한 1930년대를 대표하는 소설가 마오둔(茅盾)과

---

17) 개혁개방 이후 대륙 학술계에 대해 타이완의 뤼정후이는 다음과 같이 개괄했다. "문혁의 영향 때문에 대륙에는 10년간 연구 인재를 배양하지 못했다. 그로 인해 1978년 후 모집한 몇 년간의 연구생들은 졸업 후 바로 대륙 학술계의 중견이 되었고 그 후 자연스레 각 학과의 리더가 되었다"(呂正惠, 2013: 5).
18) 원로라는 개념이 모호하지만, 최근 푸단대학출판사에서 펴낸 '30년집' 시리즈는 하나의 기준이 될 수 있다. 즉 학계에 첫 논문을 쓴 후 30년이 넘은 학자들을 대상으로 매년 1편씩 뽑아 단행본 시리즈를 만들었다.
19) 王曉明, 「시대의 중압 아래—루쉰 성격의 몇 가지 특징(在時代的重壓下—魯迅性格的幾個特點)」, 『華東師範大學學報』, 1981.

함께 '사회해부파'로 분류된 사팅(沙汀)과 아이우(艾蕪)가 표상한 '어둡고 몰락한 세계'를 연구한 것이었다. 왕샤오밍 스스로도 인간은 역사의 산물이기에 자신이 겪은 인생 경험이 자신을 대신해 자신의 학술 글쓰기의 기본 방향을 설정했다고 인정하고 있다.(王曉明, 2012b: 279) 그의 내성적인 '기질'과는 달리, 그의 삶의 경력이 그의 공부 방향을 '학문과 사회/역사의 관계'로 설정했던 것이다.

그는 자신의 학문 방향을 루쉰의 말을 빌어 '비껴서기(橫站)'라 했다. 그의 말을 들어보자.

> 이렇게 어지러운 시대에 처해 당신은 때로 다음과 같이 느낄 것이다. 보기에 매우 복잡한 많은 논설들이 사실은 모두 어떤 것을 은폐하거나 회피하는 것이라고. 그러므로 우리는 얼버무리거나 터무니없고 전면적인 것 같지만 저의가 의심스러운 논설의 진흙탕에 빠져 사회가 더욱 기울어져 움직이지 못하는 것을 눈으로 보는 것보다, 거리낌 없이 그 진흙탕에서 나와 단도직입적으로 생각하는 대로 말하는 것이 더 좋을 것이다. 비록 거칠고 단순하지만 짙은 안개를 헤치고 급소를 찌르는 것이다. 그러나 때로 당신은 또 강렬하게 느낄 것이다. 더욱 복잡해지는 이 문화적·사회적 상황에 직면해, 특히 1980년대 대부분의 시간처럼, 한 가지를 붙잡고 전력을 투입하는 것, 심지어 '심층적인 일면'을 붙잡고 스스로 즐거워하는 것은 너무 부족한 것이라고 그러므로 우리는 더욱 복잡하게 생각해야 하고 가능한 서로 다른 방향을 함께 고려해야 한다. 왜냐하면 오늘날 많은 민감한 지식인들은 사실상 이미 루쉰이 말한 '비껴서기'의 위치에 놓여 있기 때문이다. 게다가 이 '비껴서기'의 의미는 결코 '적군과 아군'의 확인에 국한되지 않는다.[21)]

---

20) 王曉明, 『사팅과 아이우의 소설 세계(沙汀艾蕪的小說世界)』, 上海文藝出版社, 1987.

진흙탕의 현실을 인지하고, 그런 사실을 은폐하거나 회피하기보다는, 단도직입적으로 급소를 찔러 출로를 헤쳐 나가는 것은 전사의 행동양식이다. 그러나 진흙탕의 현실은 그가 생각하는 것처럼 단순하지 않다. '자랑스럽게 나아가 부서지는 것'은 장렬할지는 몰라도 진흙탕 현실을 해결하는데 그다지 도움이 되지 못한다. 특히 20세기 후반을 지배했던 진영 테제가 무너지고 어제의 적이 오늘의 친구로, 그리고 어제의 친구가 오늘의 적으로 변하기도 하는 지구화 시대의 날로 복잡해지는 문화적·사회적 상황에 직면해, 단순히 진흙탕에서 빠져나오는 것으로는 충분치 않다. 복잡한 현실에 단순하게 대응하는 것은 해결책이 아닌 것이다. 이제는 경계가 모호해진 진흙탕뿐만 아니라 그 바깥도 함께 살펴야 한다. 그러기 위해서는 모든 것을 살필 수 있는 '비껴서기' 자세가 필요하다. '비껴서기'는 '나그네 정신' '절망에 반항' '역사적 중간물' 등과 더불어 루쉰 정신의 핵심이라 할 수 있다. 왕샤오밍은 위의 글에서 루쉰의 '비껴서기'를 전유하면서 거기에 에드워드 사이드(Edward Said)의 동시다발적 투쟁과 관련된 지식인론을 접합시켰다. 사이드는 1993년 행한 BBC 방송의 리스 강좌(Reith lecture)의 강연 내용을 단행본으로 묶으면서 그 서문에서 '지식인의 과업'을 "인간의 사고와 의사전달을 극도로 제한하는 진부한 고정 관념들과 환원적 범주들을 분쇄하는 것"(사이드, 1996: 16)이라 정의했다. 아울러 지식인들이 "각자 자신의 언어, 전통, 그리고 역사적 상황을 지닌 동일 국가의 구성원들"이고 '학문기관, 교회, 전문직업인 조직' 등의 '제도들'에 어느 정도 '종속'되고 어느 정도 '적대적'이라고 진단했다. 특히 "우리 시대에는 세속적 권력이 상당한 정도로 지식인 계층을 흡수고용(co-op)하고 있다"(사이드: 24)고

---

21) 王曉明, 「序言」, 『無法直面的人生─魯迅傳』(修訂版), 上海: 上海文藝出版社, 2001; 王曉明, 2013: 183-84 재인용.

평가한 것은 루쉰과 왕샤오밍의 비껴서기가 그런 상황에 유효한 것임을 증명하고 있다. 루쉰의 '비껴서기'를 전유한 때로부터 12년이 지난 시점에 '비껴서기'는 더욱 절실하다. 지구화 시대에 단면적인 사고방식으로는 아무 것도 해결할 수 없기 때문이다. 그러므로 그는 자신의 최근 10년의 사유와 글을 '비껴서기'라는 말로 개괄하고 있는 것이다.

2) 문화연구로의 전환과 이데올로기 분석

왕샤오밍이 국내외에 본격적으로 이름을 알리기 시작한 것은 1988년 '문학사 새로 쓰기'와 1993-1995년의 '인문정신논쟁'을 통해서였다. 왕샤오밍은 천쓰허와 함께 1987년부터 '문학사 새로 쓰기' 토론을 주도했는데, 이 토론의 목적은 문학사의 기존 결론에 대한 회의적 기풍을 창도하고 나아가 문학 영역의 학술 연구를 추동하는 것이었다. 이들은 1988년『상하이문론(上海文論)』에 '문학사 새로 쓰기' 특별란을 만들어, 기존 교과서의 가치체계와 심미 기준과는 다른 다원화된 문학사 집필을 주장함으로써 학계의 커다란 호응을 얻었다. 왕샤오밍은 1993년 다시『상하이문학』에「광야의 폐허— 문학과 인문정신의 위기」라는 대담을 발표했다. 당시 재직중이던 화둥사대 대학원생들과의 토론을 지상 중계한 이 글은 이후 2년 넘게 지속된 '인문정신논쟁'의 도화선이 되었다. 왕샤오밍은 "문학의 위기가 이미 매우 명확해졌다. 순수 문학잡지는 분분히 전향하고 새로운 작품의 질은 보편적으로 하강하고 감상 능력을 가진 독자는 나날이 감소하고 작가와 비평가 가운데 스스로 자신의 선택이 잘못되었음을 발견하고는 '자본의 바다에 뛰어드는' 자가 점점 많아지고 있다"(王曉明, 1993: 63)라고 하며, 당시 유행하던 왕쉐(王朔)의 건달문학과 장이머우(張藝謨) 영화의 상업화 경향을 비판했다. 아울러 당대 중국 인문정신의 위기의 징후로 "공공문화

소양의 보편적인 하강"과 "수대에 걸친 사람들의 인문정신 소질의 지속적인 악화"(64)를 지적했다.

이처럼 엄숙문학을 지향했던 왕샤오밍은 2000년을 전후해 관심이 문학에서 문화로 확장되었고, 상하이 지역의 '문화연구'를 주도해 나가고 있다. 그는 2001년 이후 상하이대학의 중국당대문화연구센터의 주임을 맡으면서 연구범위와 방법의 전환을 분명하게 선언했다. 문학에서 문화연구로의 전환으로 요약할 수 있는 이 선회는, 급변하는 사회 현실 속에서 새로이 등장한 지배적인 문화생산 기제를 파악하기 위해서는, 사회적 영향력이 나날이 약해지고 있는 좁은 의미의 문학만을 연구하는 것보다는 넓은 의미의 문화연구로 나아가는 것이 훨씬 더 유용하고 현실 파악에 더 유리하다고 판단했기 때문이다. 그는 서양 이론을 참고하면서도 중국의 혁명전통 등을 통해 중국 실정에 맞는 문화연구 이론의 정립을 모색하고 있다. 그뿐 아니라 비판적 지식인의 양성을 위해 강단에서도 실천적 노력을 멈추지 않고 있으며, 당대문화연구센터 홈페이지를 통해 비판적 글쓰기 및 대중과의 소통을 시도하는 등, 문화연구 이론을 바탕으로 현실에의 개입을 시도하고 있다.

최근 10년 남짓 문화연구를 자신의 연구와 교학의 중심에 놓고 있는 왕샤오밍은 중국 대륙의 문화연구의 임무 또는 목적을 중국혁명의 정신적 전통에 입각해, 광의의 문화 측면에서 중국의 현실에 개입하여 중국 사회가 좋은 방향으로 변화하게끔 노력하는 것으로 설정하고 있다. 이를 위해 그는 인간, 즉 지금의 중국인, 특히 지금의 중국 젊은이들을 주목해야 한다고 본다. 루쉰의 '아이들을 구하라!'라는 외침과 포개지는 부분이다. 급변하고 있는 중국에서 생활하고 있는 젊은이들은 각양각색이지만, 서로 다른 지역과 다른 상황 아래 있는 젊은이들에게 공통적인 것을 찾을 필요가 있는데, 이것이 바로 중국대륙의 문화연구가 중점적으로 그 해법을 찾아야 하는 문제 중 하나라고 본다. 이를 위해 왕샤오밍은 몇 가지 과제를 제시한다.

첫째, 오늘날 중국 사회의 이해. 이는 문화연구의 시각에서 오늘날 중국의 지배적 문화가 어떤 것인가를 이해해야 함을 의미한다. 왜냐하면 오늘날 중국 젊은이들의 생각과 상황을 결정하는 일에 이 지배적 문화가 아주 결정적인 역할을 하고 있기 때문이다. 둘째, 현실분석을 통해 현실을 바꾸는 데 개입하려면 자원이나 도구가 있어야 하는데, 지금의 중국에서 주요한 자원이나 도구는 서양 이론이 아니다. 더 중요한 것은 '중국 혁명'의 역사적 전통이다. '중국 혁명'의 전통이 무엇인지에 대해 여러 가지 주장이 있는데, 왕샤오밍이 보기에 그것은 중국공산당보다는 훨씬 큰 역사적 운동이며, 중국공산당은 그것의 산물 중 하나였고 또한, 적어도 지금은, 1940년대의 국민당과 마찬가지로 그 전통의 배반자로 보고 있다. 그는 기본적으로 근현대 '중국 혁명'의 전통이 해결하려고 했던 기본 문제가 오늘날 중국 대륙의 문화연구가 다루고자 하는 문제라고 보는 것이다. 이 혁명전통의 인도가 있으므로 중국의 문화연구 학자들은 자신도 역사의 일부분으로 여기고 역사에 대해 책임이 있다고 생각하며 마땅히 역사에 개입해야 한다고 생각하고 있다. 그러기에 그는 역사의 바깥에 서 있는 미국의 문화연구를 거절하고, 윌리엄스 등이 참여한 영국 문화연구의 장점을 지향한다. 그것은 바로 현실에의 '개입'에 있으며, 그들의 근본적인 의도는 사회현실에 개입하려는 것이다. 이를 통해 그가 추구하는 근본적인 목적은 새로운 문화실천을 전개하려는 것이다.(왕샤오밍 · 임춘성, 2012: 104-5 발췌 요약)

왕샤오밍이 문화연구의 핵심을 '지배이데올로기 생산기제 파악'으로 이해하고 있는 것은 타당하다. "이데올로기라 말하면 무언가 남는 것 같고 또 문화라고 말하면 무언가 모자라는 것 같다."라는 스튜어트 홀의 언급에 대해 존 스토리는 "여기에서 홀이 지적하는 개념 공백은 물론 정치"(스토리, 2002: 3)라고 했다. 왕샤오밍의 「새로운 '이데올로기 지형'과 문화연구」[22] 는 중국이 직면한 새로운 시대를 진단한 글로, 리퉈(李陀)의 '당다이(當代) 대중문화비평총서' 서문과 함께 중국 대륙 문화연구의 선언문이라 할 수 있다. 개혁개방으로 사회주의가 희석되었음에도 공산당이 지도하는 사회주의 사회가 지속되고 있는 모순적 상황에서 왕샤오밍은 정치경제학의 근본인 계급계층 분석에서 시작한다. 사회주의 시기의 노동자, 국가 간부, 군인, 지식인 등의 계층은 포스트사회주의 시기의 신흥부자, 화이트칼라, 실업 노동자(대기발령자와 면직자 포함), 농민공의 새로운 계층과 함께 새로운 시대의 복잡함을 구성하고 있다. 이들 새로운 계층은 중국 사회의 새로운 분배제도를 대변하고 새로운 문화적 욕구를 만들어 내고 있다. 특히 1%도 되지 않는 신흥부자 계층에게는 1990년대 중국의 흑막이 집중되어 있다. 포스트사회주의 시기에 개방은 어느 정도 이루어졌지만 그것과 짝을 이루고 있는 개혁은 그다지 성과를 내지 못하고 있다는 것이 왕샤오밍의 진단이다. 이런 상황에서 문화연구는 중국 문제를 고찰함에 있어 새로운 이데올로기 지형을 제대로 파악하고 사회 현실을 시의적절하고 설득력 있게 분석할 수 있는 방법론이다. 특히 이전과 확연히 달라진 1990년대

---

22) 이 글은 국내에 세 차례 번역 소개되었다. 『고뇌하는 중국』(왕차오화 외, 장영석·안치영 옮김, 도서출판 길, 2006)에 「'대시대'가 임박한 중국—문화연구 선언」으로, 『역사—아시아 만들기와 그 방식』(사카모토 히로코 외 엮음, 박진우 옮김, 한울, 2007)에는 「위대한 시대에 직면하는 중국—시장경제화 속에서의 새로운 이데올로기」라는 제목으로 번역되었다. 전자는 영문을, 후자는 일본어를 저본으로 삼았다. 그리고 중국어를 저본으로 삼아, 『21세기 중국의 문화지도—포스트사회주의 중국의 문화연구』(임춘성·왕샤오밍 엮음, 2009)에 「새로운 '이데올로기 지형'과 문화연구」(박자영 옮김)라는 제목으로 번역되어 실려 있다.

이후의 새로운 계층과 새로운 이데올로기를 설득력 있게 분석하면서, 비판적 문화연구는 지구화의 추세 속에서 중국 문제를 확실하게 파악하고 광범한 사회 배경에서 특정한 문화현상을 규명할 것을 요구하고 있다.

「새로운 '이데올로기 지형'과 문화연구」와 더불어 전환의 선언적 글이라 할 수 있는 「반쪽 얼굴의 신화」에서 '신화'는 우리가 새로운 이데올로기를 지각할 수 있게 해주는 '감각적 현실'이다. 이는 롤랑 바르트의 '신화론'에서 차용한 것이다. 그에 따르면, 언어적 체계인 랑그에서 시니피앙과 시니피에의 결합으로 구성된 기호는, 이차적인 기호학적 체계인 신화에서 새로운 시니피앙이 된다. "신화의 시니피앙은 이중적인 방식으로 제시된다. 즉 신화의 시니피앙은 의미(sens)인 동시에 형태(forme)이다. 다시 말해서, 신화의 시니피앙은 한편으로는 충만한 것이지만 또 다른 한편으로는 텅 빈 것이다. 시니피앙이 의미로서 작용할 경우, 그것은 이미 하나의 해석을 상징한다. 그리고 나는 이러한 시니피앙을 시각적으로 이해한다. 의미로서의 시니피앙은 감각에 의해 포착할 수 있는 현실인 것이다."(바르트, 1995: 29) 개혁개방 이후 20년이 경과한 시점에 갑자기 출현한 신부유층은 '성공인사'라는 신화의 시니피앙으로 작용하면서 중국인들의 내면적 욕구를 불러일으킨다. 신부유층이 자신을 '탈명명화'하면서 만들어낸 성공인사의 이미지는 물질적 풍요와 모던한 일상생활의 기준을 제시함으로써 중산층의 선망의 대상이 되었다. 롤랑 바르트는 이렇게 말한다. "부르주아 계급은 사실들에는 만족하지만 가치들과는 타협하지 않기 때문에 자발적으로 자신의 계급을 **탈명명화**(ex-nomination)한다. 이제 부르주아 계급은 **명명되기를 원치않는 사회적 계급**으로 정의된다."(바르트: 63-강조는 원문) 아울러 '부르주아의 탈명명화'의 최종 효과에 대해 다음과 같이 말했다. "부르주아가 자유롭게 자신을 탈명명화할 수 있다면, 그때는 오직 하나의 동일한 인간 본성만이 남겨질 때이다. 부르주아의 탈명명화는 여기에서 완전한 것이다."(65) 롤랑 바르트가 거론하는 부르주아 계급은 개혁개방 중국의 신부유층과 흡사한데, 이들의 공통점은 '익명성' 뒤에 숨어 자신을 자연화하면서 모든 사람들을 자발적으로 따라오게 만들고 있다는 점이다. 그 결과 수많은 중산층과 노동자들이 신부유층의 호화 아파트와 고급 승용차 그리고 성대한 결혼식 안에서 '자기 자신을 발견'하게 될 때 '탈명명화'는 완전한 효과를 거두게 된다.

　왕샤오밍은 '성공인사'의 이미지가 반쪽임을 적시하고 나머지 반쪽은 부패한 권력에 영합해 성공과 부를 추구하는 신부유층의 얼굴임을 우리에게 알려준다. 그의 관심은 바로 지배이데올로기가 '성공인사' 이미지를 만들어 중국인들이 그것을 자발적으로 따라가게 하는 기제, 즉 '지배이데올로기의 작동 기제'를 폭로하는 데 놓여있다. 이른바 '탈신화화(demystification)' 작업이다. 그러므로 2008년부터 10년 예정으로 시작한 상하이대학 문화연구학과 2단계 프로젝트의 주제가 '당대 문화의 생산기제 분석'인 것은 조금도 이상하지 않다. 좀 더 직설적으로 말하면 '당대 지배이데올로기의 생산기제 분석'이다. '새로운 지배문화의 생산기제 분석'과 '중국 사회주의 문화의 문제점 분석'이라는 세부주제는 포스트사회주의 시기의 지배문화/이데올로기를 사회주의 시기와 연계시키려는 의도를 가지고 있고, 앞에서 살펴본 바와 같이 1949년 이전의 좌익사상자료 발굴로 이어졌고, 현재는 그에 대한 창조적 계승을 위한 작업을 진행 중이다. 2003년부터 시작한 1단계 연구주제는 '1990년대 상하이지역 문화 분석'이었다. 1단계를 '비판적 분석'의 단계라 한다면, 2단계는 '촉진적 개입'의 단계라 할 수 있는데, 이는 새로운 이론을 건설할 때 이전 것을 '파괴'하면서 새로운 것을 '구성'하는 방법과 맞물린다. 왕샤오밍은 이를 단계론적으로 보지 않고 변증법적 방법론으로 이해하고 있다. 나아가 그는 "이런 방법론의 내포를 빌어 우리가 '실천'의 각도에서 문화연구의 지속적인 경계 넘기를 추동함으로써, 이 학과와 저 학과의 경계를 뛰어넘는 데 그치지 않고 강단 학술과 사회 문화 내지 사회 운동의 경계를 뛰어넘기를 희망"(王曉明, 2012b: 269)하고 있다.

문화연구로 전환한 후 왕샤오밍은 당대 사회 관찰에 힘을 쏟는다. 앞에서 살펴본 새로운 이데올로기의 출현과 반쪽 얼굴의 신화도 그런 관찰의 결과라 할 수 있다. 그의 관찰은 제3자의 무심한 관찰이 아니라, 민족지학자(ethnographist)의 '참여관찰(participant observation)'에 가깝다. 그는 자신이 오래 거주해 온 상하이 도시문화와 도시화 과정에 주목하고 국가와 시장이 요구하는 문화경쟁력의 허실을 고찰하며 원촨(汶川) 대지진을 통해 국가정체성을 살핀다. 이제 그에게 문학 연구도 이전과 달리 작가와 문학 판도의 새로운 징후를 읽어내는 작업이다.

3) 도시 공간과 도시화에 대한 비판적 성찰

왕샤오밍은 「오늘날 상하이의 새로운 삼위일체: 부동산 시장을 예로」라는 표제의 영문 발표문에서 자신의 오랜 경험과 섬세한 관찰을 바탕으로, 상하이 부동산 시장의 분석을 통해, '부동산-광고-이데올로기'의 새로운 삼위일체(trinity) 모델을 지적하고 있다. 그것은 새로운 도시 공간, 광고를 통한 새로운 이미지 인지 훈련 그리고 새로운 사회권력/분배 구조로 구성되어 있다. 그에 의하면, 1949년 인민해방군의 상하이 점령 후 1950년 「토지법」이 반포되면서 완전히 궤멸되었던 상하이 주택/부동산 시장은, 1980년대 중반 부족한 주택을 공급하고 정부가 개발자금을 마련하기 위해 토지를 상품화함으로써 재건되었다. 현재 주택/부동산 사업은 중국 경제의 기간산업의 하나가 되었고, 2009년에는 중국 경제의 침체를 벗어나게 하는 기관차가 되었다. 왕샤오밍은 주택/부동산 시장의 팽창과 동보(同步)적으로 전개되는 상하이 도시공간의 새로운 구획에 날카롭게 주목한다. 그는 우선 1980년대 말 이전의 여섯 가지 공간—공공정치 공간, 공업생산 공간, 상업 공간, 거주 공간, 교통 및 기타 사회서비스 공간, 공원 등의 공공사교 공간—의 구성이 개혁개방 이후 크게 변화한 사실을 지적한다. 그 변화는 공공정치 공간과 공업생산 공간이 거의 사라지고, 공공사교 공간은 대폭 줄어든 반면, 상업 공간과 주택 공간 그리고 정치공무 공간이 크게 확대된 것으로 요약할 수 있다. 특히 공공정치 공간의 축소와 정치공무 공간의 확대는 '광장정치'에서 '행정정치'로의 변화를 말해주고 있고, 표준화된 상업 공간의 확대는 자본주의 소비/시장 요소의 확대를 대변하고 있다. 왕샤오밍이 주목하는 공간의 재구성은 바로 '주택 중심의 새로운 조합 공간이다. 그것은 주택, 상업, 교통간선도로, 대학, 은행 등을 포괄하는 것으로 이는 상하이 도시 공간 변화의 가장 주요한 길잡이 새가 되었다고 한다.[23]

장기지속(longue durée)의 관점에서 중국 근현대사를 바라볼 때, 개혁개방 30년은 사회주의 30년 이전 시기의 부활(revival)로 볼 수도 있다. 여기에서 왕샤오밍이 주요하게 다루고 있는 주택과 부동산은 사회주의 이전 시기에 상품으로 거래되었다가 사회주의 시기에는 '자원(資源)'으로 규정되었지만 포스트사회주의 중국에서 상품자본으로 새롭게 부활하고 있음을 알 수 있다. 왕샤오밍이 분석한 상하이 주택/부동산 시장은 일본 및 한국과 흡사하다. 일본, 한국, 중국은 약간의 시간차[24]와 특수성을 가진

---

23) Wang, 「New Trinity in Today's Shanghai: Real Estate Market as A Example」, 『인천세계도시 인문학대회 자료집』, 2009.10.19-21, 인천; 여기에서는 왕샤오밍, 2010b를 참고.
24) 이를테면 올림픽 개최를 기준으로 볼 때, 1964년 도쿄 올림픽, 1988년 서울 올림픽, 2008년 베이징 올림픽, 약 20년의 시간차를 보이고 있음을 알 수 있다. 20년의 시간차를 절대화시킬

채 각국의 특색을 가진 자본주의를 발전시켜 왔지만, 나름의 위기에 봉착해 있는 것이다. 따라서 상하이의 '주택 중심의 새로운 조합 공간' 문제를 해결하기 위해서는 '동아시아적 시야(East Asian perspective)'에서 일본과 한국의 주택/부동산 정책과 현상에 대한 역사적 고찰을 토대로 삼을 필요가 있다. 주택/부동산 문제는 또한 개인의 욕망과 공공선(公共善) 문제이다. 미국을 정점으로 하는 신자유주의가 선전하는 '미국식 생활방식(American life style)'의 표준을 내면화(internalization)해서 자신의 삶을 수정해가는 수많은 개인들은 바로 '주택 상품화'의 물적 토대라 할 수 있다. 그리고 국가 권력을 배경으로 '밑천 들지 않는 장사(無本生利)'를 통해 '토지를 자본화'하고 있는 중국 정부는 공공선과 거리가 있다. 그러므로 주택/부동산 시장은 "개인에게는 가혹하고 정부와 개발업자(또는 투기꾼)에게는 큰 이익을 가져다주는 시장으로 성장"했고 그것은 주식시장 못지않은 투기의 현장이 되었던 것이다.25) 이런 상황에서 주택 광고는 개인의 욕망을 호명하는 주요한 기제가 된다. 왕샤오밍은 주택개발상들이 주택광고의 문구와 주택을 등호화함으로써, 마치 주택을 구입하면 광고문구가 현실화될 것처럼 광고한다고 분석했다. 이는 롤랑 바르트의 '신화화(神話化)'를 연상시킨다. 주택이라는 일차 의미작용은 광고를 통해 새로운 계층의 부와 문화, 교양을 의미하는 이차 의미작용으로 바뀌어 수많은 중산계층을 포섭한다. '주택을 중심으로 형성된 건축 공간, 집을 인생의 중심에 두는 심리구조, 주택과 거주를 핵심으로 하는 일상생활 방식'은 새로운 주류이데올로기가 상하이 도시공간을 재구성하는 삼위일체인 것이다. 왕샤오밍은 이러한 주류이데

필요는 없지만, 무화할 수도 없다.
25) 이 지점에서 쑨원(孫文)이 제기했던 토지 공개념의 적실성에 주목할 필요가 있다. '지가확정(地價確定)'과 '토지 공개념'을 골간으로 하는 쑨원의 평균지권(平均地權) 개념은 사회주의와 자본주의 토지제도를 뛰어넘는 의미를 가지고 있다.

올로기가 오래 지속되지 못할 것으로 전망하고 있다. 많은 사람들의 생활 현실과 생활경험과 일상생활에서 갖는 느낌이 주류이데올로기가 이미 드러내고 있는 진퇴양난의 지경과 고질병을 폭로하고 깨닫게 될 것이라는 것이다. 왕샤오밍의 전망이 장밋빛 꿈에 머물지 않기 위해서는 자본주의와 사회주의를 뛰어넘을 수 있는 제3의 출로를 마련해야 할 것이다.(임춘성, 2010c: 74-76 수정 요약)

왕샤오밍은 중국의 도시화에 대해서도 비판적이다. 먼저 중국 도시화에 대한 추이즈위안(崔之元)의 개괄을 살펴보자. "선전(深圳)과 상하이가 1980년대와 1990년대의 중국을 상징한다면 충칭은 21세기 최초 10년 중국의 발전 추세를 드러내고 있다."(崔之元, 2011) 이는 개혁개방 이후 중국 도시화를 단계적으로 분류한 것인데, 지금 중국 대륙에서 도시화는 선전, 상하이, 충칭의 세 모델이 혼합되어 진행되고 있는 것으로 보는 것이 타당하다. 그 가운데 상하이 모델의 영향력이 가장 크다 할 수 있다. 이에 대해 왕샤오밍은 다음과 같이 진단한다. "상하이 지역의 도시화는 정말 최근 30년의 총체적 '경제발전'의 전형적인 표본이다. 그것은 지금까지 발전의 기본 형태를 명확하게 표현했다. GDP가 이끌고 협의의 경제 효율, 즉 자본 증식을 창조하는 것을 주요 동력으로 삼는 활력이다. 그것은 또한 이 발전의 두 가지 기본 특징인 협의의 사회재화의 거대한 증가와 각종 사회 조건의 장기적인 악화 그리고 양자의 상호작용을 분명하게 표현했다. … 전체 중국 대륙의 도시화의 절대부분은 모두 상하이와 비슷하므로 그것은 '푸둥(浦東)모델'이라는 말로 개괄할 수 있다."(王曉明, 2013: 288) 그러나 상하이 모델에 대한 그의 평가는 그리 높지 않다. 그리고 2012년 4월 충칭에서 새로운 가능성을 모색하는 워크숍[26]을 진행했지만, 지금까지 충칭모델은 상하이모델의 변형에서 크게 벗어나지 못하고 있는 것으로 보인다.

4) 최근 중국문학에 대한 징후적 독해

개혁개방 이후 중국 문학계에서는 '리얼리즘 독존'의 1970년대 이전에 대한 반발로 허구적 특성과 주관적 역할이 중시되었다. 왕샤오밍도 이런 시대적 흐름과 맞물려 '중국 지식인의 사상 문제'와 심미적 각도에서 파악한 '좋은 문학이란 무엇인가'라는 기준을 가지고 근현대 문학과 사상에 관심을 가졌는데, 어느 순간부터 1980년대의 문학 연구 분위기를 마뜩찮게 여기고 문학작품을 '사회분석의 자료로 삼을 만한 것'으로 설정하기 시작했다. 특히 문화연구를 시작하면서 문학작품을 분석할 때 '오늘날의 사회는 어떤 사회인가?'라는 관점을 추가하고 있다. 왕샤오밍의 말을 들어 보자.

> 1980년대에 중국의 비평계는 소설을 사회 분석의 자료로 삼는 일을 보편적으로 반대했습니다. 즉 소설적 묘사와 현실생활 사이에 등호를 긋는 것, 예를 들어 『관장현형기(官場現形記)』에서 청말의 관료사회를 묘사한 것을 두고, 청말의 관료사회는 정말 그러했다고 여기는 것에 반대했습니다. 1980년대에는 많은 사람들이 그렇게 등호를 긋는 것은 소설의 허구적 특성을 간과한 것이며 작가가 현실생활을 그릴 때의 주관의 역할을 간과한 것이라고 여겼습니다. 그러나 1990년대에 이르러, 저는 다시 소설과 현실을 연결시키기 시작했습니다. 이때, 소설의 허구성과 작가의 주관의 역할을 어떻게 처리하는가가 핵심적인 문제가 되었습니다. 소설이 현실분석의 자료가 될 수 없는 것이 아니라, 소설 속에서 어떤 것을 현실 분석의 자료로 선택하는가, 혹은 소설을 구성하는 가장 중요한 요소가 무엇이며 따라서 우선 분석할 만한 자료가 무엇이라고 생각하는가가

---

26) 『'문화 시야에서 바라본 도시화—충칭 사례' 워크숍 핸드북("文化視野中的都市化—以重慶爲例' 工作坊: 會議手冊)』, 重慶大學人文社會科學高等研究院, 2012.4.19-24.

관건이라고 생각했습니다. 당시의 생각으로는 '작가가 왜 이렇게 썼을까'가 '그가 무엇을 썼는가'(즉 작품의 내용)보다 더 중요하고, 더 사회분석의 자료로 삼을 만한 것으로 여겨졌습니다. 제가 고찰하고자 했던 것은 어떠한 사회변화로 인해 왕안이 같은 작가가 '이러한' 소설을 쓰게 되었는가였습니다. 따라서 그 글을 쓸 때, 작가의 창작방법, 인물설정, 서사어조 등의 문제에서부터 손을 대기 시작했는데, 이런 문제들은 그 전에는 보통 '예술기법' 문제로 간주되어 작가의 취미, 풍격 등으로 귀납되던 것이었습니다. 그러나 저는 다소 거칠게 이를 사회의 변화에서 기인하는 것으로 해석했습니다. 사회가 변했기 때문에, 새로운 현실이 나타났기 때문에 작가가 이렇게 소설을 쓰게 되었다고 말입니다. (왕샤오밍 · 임춘성, 2012: 101)

시계추의 진자 운동처럼 단순 반복하는 것이 아니라, 리얼리즘 독존론을 부정하고 허구화 특성에 관심을 기울이는 단계를 넘어 새롭게 소설과 사회 현실의 연계성에 관심을 기울인 왕샤오밍에게 중요하게 다가온 것은 단순한 재현의 리얼리즘이 아니었다. 한 작가의 서사에 변화가 있다면 그것은 사회가 변화했고 그에 따라 현실이 변화한 것에 기인한 것이고, 문학 연구에서 중요한 것은 변화한 현실의 재현이 아니라, 왜 이렇게 썼을까 하는 것이다. "사회가 변했기 때문에, 새로운 현실이 나타났기 때문에 작가가 이렇게 소설을 쓰게 되었다."라는 평가는 누구에게나 해당되는 것은 아니다. 새로운 사회와 새로운 현실에 관심을 가지고 그것을 세밀하게 관찰하는 작가라야만 가능하다. 이는 엥겔스가 발자크 작품을 논하며 거론했던 '리얼리즘의 승리'에 맥이 닿는다.

왕안이(王安憶)의 『푸핑(富萍)』[27]을 분석한 「'화이하이루'에서 '메이자차오'까지—왕안이 소설 창작의 전변」은 그의 문학연구 전변의 분수령이 되는 글이라 할 수 있다. 왕샤오밍이 보기에 왕안이의『푸핑』은 이전 작품과 현격하게 달랐다. 왕안이의 이러한 변화를 왕샤오밍은 '예술기법' 문제로 간주해 작가의 취미, 풍격 등으로 귀납시키지 않고, 어떤 사회변화로 인해 왕안이 같은 작가가 '이러한' 소설을 쓰게 되었는가에 초점을 맞췄다. 왕안이 글쓰기의 변화가 사회의 변화에서 기인하는 것으로 해석한 것이다. 다시 말해 사회가 변했기 때문에, 새로운 현실이 나타났기 때문에 작가가 이렇게 소설을 쓰게 되었다는 것이다.『푸핑』은 양저우(揚州) 시골 처녀가 상하이로 이주해 생계를 도모하는 이야기로 20장으로 구성되어 있는데, 주인공 푸핑은 건강하고 부지런하지만 우둔하지 않다. 그녀는 처음에는 번화가 화이하이루(淮海路)에 살다가 쑤저우(蘇州)강에서 사공을 하고 있는 외삼촌 집으로 옮겼다. 지금까지 왕안이 소설에서 이 두 곳은 자주 등장하는 곳으로, 작가는 이들 거리의 생활에 늘 친밀함을 갖고 있었다. 그런데 소설이 끝나갈 무렵 17장에서 왕안이와 그 독자들에게 익숙하지 않은 공간이 등장하는데 그곳이 바로 메이자차오(梅家橋)이다. 이곳은 쓰레기장 위에 지어진 낡고 허름한 판잣집이다. 왕안이의 소설 세계에서는 거의 처음 출현하는 곳이다. 더 중요한 것은 작가의 서술 태도의 변화로, 그녀는 푸핑을 통해 이곳 사람들을 "매우 다정"하다고 묘사하고 있다. 그들은 비록 고물을 줍고 막일을 하여, "사람들에게 지저분하고 자질구레하다는 인

---

27)『푸핑』에서 이야기하는 것은 '문학' 전, 1964년과 1965년의 이야기이다. 당시 상하이 사회조직은 매우 엄밀했는데 작가는 특별하게 흥미를 느끼는 주제인 이민에 착상해 상하이인이 어떻게 이 도시에 모이게 되었는지를 묘사했다. 소설 속의 푸핑은 어려서 부모를 잃고 친척집에서 자라다가 '할머니'의 손자와 혼약하게 되어 상하이에 온다. 푸핑은 겉으로는 어눌해 보이지만 속으로는 총명하고, 유순해 보이지만 매우 굳세어서, 매사 모두 자신의 주장을 가지고 있고 온몸에 청춘의 숨결을 내뿜으며 선명한 향토 기운을 띠고 있다. 상하이에서 그녀의 생활은 단순하고 심지어 폐쇄적이지만 그녀의 생활은 이 도시의 번잡하고 잡다함에 물들지 않고 자신의 개성을 잘 보존한다. http://baike.baidu.com/view/1915468.htm#3 (검색: 2012.11.19.) 이 글에서는 王安憶(2000)을 텍스트로 참고했다.

상을 주"지만, 성실하게 일을 해서 옷과 먹을 것을 얻는다. 돈 한 푼도
땀과 바꾸지 않은 것이 없다. 따라서 이렇게 난잡하고 자질구레한 생활
아래 성실·건강·자존자족(自尊自足)의 열정이 숨겨져 있다. 그러므로 왕
샤오밍은 논문의 마지막 부분에서 다음과 같이 말한다.

> 친구들과 당대 생활을 주재하는 세력에 대해 이야기할 때, 그들이 주재세력의
> 무한한 법력을 열거하는 것을 들을 때마다, 그리고 '너는 그걸 막을 수 없어'라고
> 단언할 때마다, 나는 늘 마음속으로 고집스런 목소리를 내곤 했다. '꼭 그렇지는
> 않을 거야!' 지금 이 목소리는 더욱 고집스러워졌다. 그런데 나의 그 고집스러움은
> 왕안이의 최근 소설에서 다시 한 차례 자신의 근거를 발견했다.(王曉明, 2002: 19)

모두들 난징루(南京路)와 화이하이루를 지향할 때, 어떤 사람은 그곳에
서 나와 그보다 하층인 쑤저우강 인근으로 가고 다시 빈민굴이라 할 수
있는 메이자차오로 이주한다. 그런데 그곳에는 물질적으로 풍요롭거나
화려하지 않지만, 자신의 노동에 의지해 자급자족하고 그런 생활에 자존
심을 가지고 사는 사람들이 있는 것이다. 이제 왕샤오밍에게 '지금 여기'의
콘텍스트에서 이탈한 순수한 텍스트 분석은 그다지 바람직한 것이 아닌
셈이다.

「'화이하이루'에서 '메이자차오'까지」와 「L현 견문」은 의식적이진 않
지만 '민족지(ethnography)'적인 방법과 무관하지 않다. 앞의 글에서 왕샤
오밍은 『푸핑』을 당대 사회를 이해하는 자료로 삼고 있으며, 뒤의 글에서
는 L현에 머문 일주일 동안 그 지역을 관찰한 것을 기록했는데, 전자는
『푸핑』을 민족지 기록으로 본 것이고 후자는 스스로 민족지 글쓰기를 실
천한 것이라 할 수 있다. 이런 필자의 관찰에 대해 왕샤오밍은 '민족지에

대한 자각은 없었지만 그런 판단이 가능하다'(왕샤오밍·임춘성, 2012: 100)는 답변을 했다.

왕샤오밍은 미시적 작품 평론과 더불어 중국 문단에 대한 거시적인 국면 분석을 동시에 진행하고 있다. 그는 「육분천하: 오늘날의 중국문학」에서 최근 15년간의 중국문학을 조감하면서 크게 인쇄문학(紙面文學)과 인터넷문학(網絡文學)으로 나누고, 다시 인쇄문학을 엄숙문학, 신자본주의문학, 제3의 방향으로, 인터넷문학을 성다(盛大)문학을 대표로 하는 웹사이트문학, 블로거문학, 휴대폰문학 등으로 나눠, 이른바 '육분천하'라 유비한 바 있다.(王曉明, 2011) 그의 새로운 문학에 대한 '인식적 지도그리기(cognitive mapping)'에 따르면, 이른바 문단의 전권을 쥐다시피 했던 '중국작가협회'를 대표로 하는 엄숙문학이 이제는 문학계의 육분의 일밖에 되지 않음에도 불구하고 여전히 천하를 호령하려 하는데, 이는 문제가 아닐 수 없다. 이러한 문학지도 배후에는 당연하게도 정치, 경제, 사회, 문화의 심층적인 변화가 존재하고 있다. 그러므로 작가와 문학평론가/연구자는 새로운 문학 국면을 냉철하게 직시하고 새로운 시야를 획득하고 사고방식을 전환해 새로운 분석 도구를 발전시켜야 한다. 그러지 않으면 과거 2천년 동안 '대아지당(大雅之堂)'에서 기득권을 누리던 문학은 '주변'으로 밀려나는 신세를 면치 못할 것이라는 것이 왕샤오밍의 경고다. 인터넷문학의 활성화는 중국적 특성이라 할 수 있는데, 재미있는 것은 최초의 인터넷문학 웹사이트인 '룽수사(榕樹下)'[28]도 상하이에서 시작되었고, 현재 최대의 인터넷문학 웹사이트인 '성다문학주식회사(盛大文學股份有限公司)'도 본사를 상하이에 두고 있다는 점이다.

---

28) 초기 인터넷문학의 대표적 웹사이트 1997년 가을 재미화교 주웨이렌(朱威廉)이 개인 차원에서 시작해 1999년 정식으로 회사를 꾸려 웹사이트를 운영(七格·任曉雯, 2010: 3-4).

5) 혁명전통과 문화연구의 접합

중국의 혁명전통을 문화연구와 결합시키는 시도는 왕샤오밍 문화연구의 독특한 특색이다. 신민주주의혁명의 결실로 세워진 중화인민공화국의 전기 30년은 폐쇄적인 시공간이었다. 이에 대한 반작용으로 1980년대는 서양 이론을 끌어와 중국의 험난한 사회 변천을 해석하려 했지만, 1980년대 말 1990년대 초 그에 대한 새로운 성찰이 이뤄진다. 왕샤오밍은 '외래의 비판적 수용'이라는 차원에서 문화연구를 방법론으로 삼아 중국의 새로운 사회 현실을 해석하고 중국적 특색을 가진 문화연구를 수립하고자 한다. 혁명전통을 창조적으로 계승하려는 것이다. 이 작업은 우선 1949년 이전의 좌익 사상 자료의 발굴로부터 시작하고 있다. 대학원 강의를 통해 관련 자료를 꼼꼼하게 검토한 후 그 결과물을 『중국현대사상문선』(王曉明·周展安編, 2013)으로 출간했다.

『중국현대사상문선』은 '삼천년간 없었던 변국(變局)' '시세(時勢)' '구세(救世)' '심력(心力)' '중국' '체용(體用)' '정체(政體)' '신민(新民)' '개체' '대동(大同)' '혁명' (1)(2) '사회주의' '혁명철학' '농국(農國)' '사회과학'과 '사회성질' '문화 본위' '국제주의'와 '세계혁명' '영혼의 깊이' '신중국' 등 20장으로 나누어 120편의 문장을 1,062쪽의 편폭에 수록하고, 편마다 해제(題記)를 달았다. 수록된 글의 필자만 해도 궁쯔전(龔自珍)·웨이위안(魏源)·왕타오(王韜)부터 시작해 캉유웨이(康有爲)·탄쓰퉁(譚嗣同)·량치차오(梁啓超)를 거쳐, 쑨중산(孫中山)과 장타이옌(章太炎), 류스페이(柳師培)·리다자오(李大釗)·옌푸(嚴復)·차이어(蔡鍔)·옌시산(閻錫山)·천두슈(陳獨秀)·루쉰·홍슈취안(洪秀全)·왕궈웨이(王國維)·취추바이(瞿秋白)·랴오중카이(廖仲愷)·장제스(蔣介石)·다이지타오(戴季陶)·마오쩌둥(毛澤東)·펑유란(馮友蘭)·슝스리(熊十力)·량수밍(梁漱溟)·페이샤오퉁(費孝通) 등이 망라되어 있다.

왕샤오밍은 총론 격인 「서(序)」29)에서 기존의 '삼분법(近代-現代-當代)'을 타파하고 '현대'30)라는 용어로 1880년대부터 최근까지를 아우르고 있다. '20세기 중국문학' 등에 의해 이미 균열이 생긴 '삼분법'을 뛰어넘어 '현대'라는 개념을 제시한 것은 아마도 국제교류의 영향일 것이다. 아직 명확하게 제시되지 않은 기준과 근거를 밝히는 것은 차후 그의 과제다. 왕샤오밍은 '현대'를 1880-1890년대에서 1940-50년대에 이르는 약 60년간의 시기, 1940-50년대에서 1980년대까지 약 40년간, 그리고 1990년대에서 오늘까지 약 20여년의 세 단계로 나누고 있다. 바꿔 말하면 사회주의 30년에 1980년대의 과도기 10년을 더한 40년을 2단계로 삼고 그 이전 60년을 1단계로, 그 이후 20년을 3단계로 설정한 것이다. 그리고 1단계를 특별히 '현대 초기[早期]'라고 지칭하면서 초기 사상에 대한 세밀한 검토를 통해 '중국이 어디로 갈 것인가'에 대한 계시를 찾고자 한다.

왕샤오밍의 이후 작업은 단순화시키면 20편의 논문을 쓰는 것으로 추정할 수 있다. 20개의 핵심어 가운데 '개체/개인'과 '제국'에 관한 글31)을 이미 완료했으니 이후 작업을 기대해볼 만하다.

6) '비껴서기'의 이론적 지주(支柱)

타이베이에서 출간된 왕샤오밍 선집의 서문 말미에서 뤼정후이(呂正

---

29) 이 글은 2013년 6월 29일 개최된 한국 문화연구학회 국제학술대회에서 발표했고, 『상하이학파 문화연구: 비판과 개입』에 「문화연구 관점에서 바라본 중국 현대 초기 사상과 혁명」이라는 표제로 수록되었다.

30) '현대'는 왕샤오밍이 독특하게 사용하고 있는 용어로, 이전 단계의 삼분법(近代-現代-當代) 시기를 모두 포괄하면서도 그것과 꼭 일치하지는 않는다. 그 기점을 1880년대로 잡은 것은 캉유웨이 등이 주도한 변법자강운동을 중시한 것으로 보인다.

31) 王曉明(2013)에 실린 다음 글들을 참고하라. 「'대동'을 향해—중국 현대 초기의 '개체/개인론(通向'大同—中國現代早期的'個體/個人'論)」; 「현대 초기 중국 사상 중 '제국' 의식(現代早期中國思想中'帝國'意識)」.

惠)는 '비껴서기'를 잘 하려면 적어도 두세 개의 지주(支柱)를 가져야 한다(呂正惠, 2013: 14)고 지적했다. 맞는 말이다. 내가 보기에 현재 왕샤오밍은 최소한 세 가지 지주를 가지고 있는 것으로 보인다.

첫 번째는 바로 '상하이학파' 또는 상하이 문화연구 그룹이라는 진지(陣地) 차원의 지주다. 이들은 주로 화둥사범대학 중문학부 출신이 중심을 이루는 2세대 그룹—뤄강(羅崗), 니원젠(倪文尖), 마오젠(毛尖), 뤼신위(呂新雨), 레이치리(雷啓立. 이상 화둥사대), 쉐이(薛毅. 상하이사대), 니웨이(倪偉. 푸단대), 장롄훙(張煉紅. 상하이 사회과학원), 둥리민(董麗敏), 궈춘린(郭春林), 쑨샤오중(孫曉忠. 이상 상하이대) 등—과 이들의 제자 그룹이랄 수 있는 3세대 그룹—뤄샤오밍(羅小茗), 주산제(朱善杰), 가오밍(高明), 저우잔안(周展安), 주위(朱雨. 이상 상하이대), 주캉(朱康. 화둥사대), 차오환장(喬煥江. 하얼빈사대), 장숴궈(張碩果), 주제(朱杰. 이상 하이난대), 장융펑(張永峰. 취저우대) 등—으로 구성되어 있다. 물론 3세대 그룹 가운데에도 왕샤오밍의 제자가 있다. 그리고 현재 대학원 재학생들은 4세대 그룹이라 할 수 있다.

두 번째는 중국 좌익사상이라는 자료 차원의 지주다. 1880년대 말부터 중화인민공화국 건국 이전까지의 약 60년간은, 아편전쟁을 통해 겪은 서양의 충격에서 어느 정도 벗어난 후 새로운 길을 모색하던 시기였다. 이 시기는 효력을 상실하여 무용지물이 되다시피 한 전통 사상을 대체할 새로운 사상체계의 수립을 모색하던 시기였다. 리쩌허우는 이 가운데 사회주의 유토피아 진보사상에 초점을 맞춘다. 그것은 우선 서학을 참조했고 그것을 중국에 맞게 개량했다. 봉건으로의 회귀를 경계하면서 중국의 사회적 조건과 시대적 임무에 맞는 서학의 사상자원을 찾는 일, 이것이 진다이(近代) 사회주의 유토피아 사상32)이 나아간 길이었다. 왕샤오밍의 '현대 초기'는

1880년대 말부터 1949년 건국 이전까지의 60년을 가리키는데, 이는 '진다이 80년' 가운데 변법유신 이전의 50년을 과도기로 설정하고 그 나머지 30년과, 이전의 '셴다이(現代)' 30년을 더한 것으로 볼 수 있다. 왕샤오밍의 좌익사상 자료는 바로 리쩌허우가 사회주의 유토피아 사상이라 명명한 맥락과 맞물린다.

세 번째는 문화연구라는 이론적 지주다. 왕샤오밍을 중심으로 한 상하이 문화연구 그룹은 미국식 문화연구를 거부하면서 영국의 버밍햄학파의 비판적/실천적 문화연구를 지향하고 있다. 이들의 표현을 따르면 비판적 분석과 촉진적 개입의 접합이다. 아울러 '중토성(中土性)' 즉 중국적 특성을 지향하고 있다. 중국의 혁명전통을 창조적으로 계승해, 비판적으로 수용한 문화연구와 접합시키겠다는 것이다. 그가 말하는 '중토성'은 '중화성', '중국성'과는 다르다. "'중토성'은 주로 '지구'와 '중국'을 일체로 보고, '지구' 속의 '중국' 영향과 '중국' 내의 '지구'적 요소를 동시에 체험하고 살필 수 있는 시야와 이해력을 가리킨다."(王曉明, 2012b: 277의 주34 참조) 이런 맥락에서 보면 이는 글로벌(global)과 로컬(local)의 합성어인 글로컬(glocal)에 가깝다. 그리고 연구와 교학을 결합시키고 있는 점에서 미래지향적이다. 왕샤오밍과 상하이 문화연구 그룹이 설정하고 있는 문화는 광범하고 다양하다. 상하이지역 문화부터 당대의 새로운 지배이데올로기와 사회주의 문화를 아우르고 있다. 특히 당대의 새로운 지배문화의 생산기제 및 그 작동방식을 밝히는 작업은 이들의 주요 주제라 할 수 있다.

---

32) 마르크스주의가 광범하게 전파되기 이전에 진다이 중국에는 세 차례에 걸쳐 반제·반봉건 사조가 출현했고 그에 부응하여 세 가지 공상적 사회주의(utopian socialism) 사상이 출현하여 그 시대를 풍미했다. 바로 태평천국의 농업 사회주의 공상, 캉유웨이의 부르주아 자유파의 개량주의 대동 공상, 쑨중산의 프티부르주아와 부르주아 혁명파의 민생주의 공상이 그것이다(리쩌허우, 2010: 235).

학계에 입문한 지 30년이 넘은 '원로교수'가 된 왕샤오밍은 여전히 반짝이는 눈과 웃는 얼굴로 새로운 것을 모색하고 있다. 중국현대문학에서 시작해 당대 사상으로 그리고 서양의 이론을 섭렵하던 그가 오랜 모색 끝에 문화연구를 자신의 무기로 삼은 것으로 보인다. 그런 그이기에, 모교인 화둥사대 중문학부 현당대문학 교연실의 리더 자리를 박차고 나와 상하이대로 옮겨 문화연구학과 협동과정과 중국당대문화연구센터를 개설했고, 직함에 연연해하지 않던 그가 자신의 연구 정체성을 천명하기 위해 명함에 '문화연구계 주임'이란 글자를 박고 다녔다. 그는 문화연구를 자신의 연구와 교학의 중심에 놓고 중국 대륙의 문화연구의 임무 또는 목적을, 중국혁명의 정신적 전통에 입각해 광의의 문화 측면에서 중국의 현실에 개입하여 중국 사회가 좋은 방향으로 변화하게끔 노력하는 것으로 설정하고 있다. 그에게 문화연구는 '비껴서기'의 이론적 지주인 셈이다. 에드워드 사이드는 "예술이 자신의 권리를 포기하지 않고 현실에 저항할 때" '말년의 양식(late style)'이 생겨난다고 했다.(사이드, 2008: 31) 정년을 앞둔 그에게 어떤 형태의 '말년의 양식'이 출현할지, 그의 다음 행보가 궁금해진다.

제 2 부

소수민족 정체성과 문화정치

5장: 문화중국의 타자, 중국 소수민족의 정체성

1_ 국족/네이션과 민족/에스닉

'동아시아 근현대'라는 시공간에서 '民族'만큼 복잡하게 사용된 용어도 흔치 않을 것이다. 그것은 수용과 토착화의 과정을 거쳐 다양하게 사용되고 있다. 최초의 수용단계에서 영어의 '네이션(nation)'을 일본이 '민조꾸(minzoku)'로 번역했고, 그 한자어(民族)를 중국과 한국이 습용했다.[1] 다만 한중일 삼국이 한자를 공유하면서도 독음을 달리 하는 동자이음(同字異音) 현상으로 인해 중국에서는 '민쭈(minzu)'로 한국에서는 '민족(minjok)'이라는 발음으로 표기되었다. 즉 네이션은 한중일 삼국에서 공히 '民族'으로 표기되었지만 각기 달리 발음되었던 것이다. 그런데 토착화 과정[2]에서는

---

[1] 民族이라는 단어는 1895년 전후 일본어의 새로운 단어인 'minzoku'의 중국어 대응으로서 창조되었고 빠르게 효력 있는 단어가 되었다. 그것은 통상 소수민족이 아니라 주요민족(즉 한족)을 가리키는 것이었다(張英進, 2008: 181).

[2] 1837년 9월에 간행된 『東西洋考每月統記傳』에 '以色列民族'이란 용어가 사용되었다고 한다(方維

서로 다른 발음만큼이나 의미도 변용과정을 거치게 되었다. 특히 중국어의 '민쭈'는 러시아어의 나로드(narod. 인민, 국민)에 가깝다. 그것이 강조하는 것은 '대중화('popular', 러시아어 'narodni')'와 '민쭈싱(民族性. 'nationality', 러시아어 'narodnost')'이다. '민쭈싱(民族性)'과 '쭈이(族裔)'는 중국어 명사 '민쭈(民族)' 속에 깊숙이 뿌리박고 서로 뒤섞였다.[3] 바꿔 말하면, 자국화 (domestication)의 과정을 거치면서 원의(source meaning)와는 어느 정도 거리가 있는 의미—people, ethnic 등—로도 사용되었던 것이다. 그러나 네이션이 국가와 긴밀한 관계(nation-state)에 있음을 인식하고는 도착어(target language)를 조정하기 시작했다. 최근 일본에서는 가다가나 음역으로 표기하고 있고, 중국어권에서는 '궈쭈'(國族. 林文淇 · 沈曉茵 · 李振亞, 2000; 戴錦華, 2008)라는 표기에 대한 공감대가 확산되고 있는 것으로 보인다. 그리고 한국에서는 '국민'(국민문학, 국민국가 등)으로 바꾸어 사용하고 있다. 물론 '소통의 정치학'을 내세워 '民族'을 고수하는 경우도 적지 않다. 이 글에서는 최소한 '차이의 국면으로서의 동아시아(East Asia as a dimension of difference)'(임춘성, 2010: 295) 역내의 소통을 염두에 두면서 네이션(nation)에 해당하는 용어로 '궈쭈(國族)'에 동의하면서 그 한글 발음인 '국족'을 선택했다.[4] 물론 이 선택은 소통을 위한 것일 뿐, 다른 기표를 억압하지 않는다.

規, 「論近代思想史的民族, 'Nation'與中國」, 『二十一世紀』 제70기, 2002.4). 이는 중국에서 '民族'의 최초의 용례이다. 그 뒤 1895년 이후 '國民', '民族' 등의 용어가 중국어사전에 게재되기 시작하며, 1902-3년 무렵 '中華'와 '民族'이 결합하여 '中華民族'이란 용어도 함께 사용되기에 이른다. 1913년 스탈린의 민족 개념('역사상 인간들이 형성한 공동언어, 공동지역, 공동경제생활 및 공동문화상에 나타나는 공동심리요소를 지닌 안정된 공체') 이후 1920년대에 이르러 '少數民族' 개념이 도입되었다(최형식, 2007: 111-12 참조).

3) Pamela Kyle Crossley, "Thinking About Ethnicity in Early Modern China," *Late Imperial China* 11.1 (June 1990): 19-20; Zhang, 2002: 156 재인용.

4) 이처럼 '서유럽의 모던'을 수용 · 학습해서 자기화하는 '동아시아 근현대'의 과정은 단순치 않았다. 이에 대해서는 임춘성, 2009a를 참고할 것.

국족/네이션과 관련된 용어로 영어의 '에스닉/민족'이 있다. '에스닉 (ethnic)'의 어원은 'ethnos'로, 포용적 의미와 변별적 의미를 가지고 있다.[5] 한국에서는 종족으로 번역하기도 하고, 중국어로는 '쭈췬'(族群. Honig, 2004) 또는 '쭈이'(族裔. 張英進, 2008)로 번역하기도 한다. 이 글에서는 '에 스닉(ethnic)'의 역어로 '민족'을 사용한다. 물론 그동안 민족이라는 기표가 미끄러져온 과정을 염두에 둔다면 혼란을 피하기 위해 '종족'으로 표기할 수도 있지만, 이 글의 핵심어인 '소수민족(少數民族)'에서의 '민족'이 바로 '에스닉(ethnic)'에 해당한다는 사실에 초점을 두어 '민족'을 '에스닉'에 해당 하는 개념으로 설정했다.

민족(ethnic group) 또는 민족성(ethnicity)은 인류학의 주요 연구대상이 지만, 그것은 인종(race) 및 국족(nation)과 중복되는 부분이 존재한다. 그러 므로 김광억은 "종족(ethnic)[6]은 단순히 부족(tribe)의 대체어가 아니라 인 종(race)과 민족(nation)의 중간에 위치하여 인종과 민족(nation)의 개념을 동시에 가지고 있으므로 맥락에 따라 다양하게 쓰인다"(김광억, 2005: 22) 는 점을 지적했다. 아울러 "종족성(ethnic)이란 지배와 저항의 맥락에서, 그리고 국가 건설의 과정에서 시도되는 정치적 목적에 의한 민족만들기 (making nation)의 산물이라고 할 수 있다"(김광억: 26)고 하여 민족성

---

5) "이 용어('ethnic' 혹은 'ethno'-인용자)는 원래 서구인들이 자민족 이외의 이방인 혹은 이방민 족을 일컬을 때 사용한 것으로 자민족에 비해 열등하고 저열한 위치에 있는 타민족을 지칭하는 용어이다. 다시 말해서 서구 문명의 수준에 도달하지 못한 이방의 원시적 집단을 통칭하여 '종족 집단(ethnic group)' 혹은 '종족성(ethnicity)'(이)나 '종족 정체성(ethnic identity)' 등의 용어로 나타 냈던 것이다. 따라서 'ethnic' 혹은 'ethno'라는 단어 자체가 자민족중심적인(ethnocentric) 편견을 반영하고 있다고 해도 과언이 아니다"(홍석준, 2008: 3).
6) 인용문을 읽으면 알겠지만, 김광억은 ethnic을 종족으로, nation을 민족으로 번역함으로써 이 글과 다른 번역어를 선택하고 있다. 이 글은 외래어 번역과 표기에서 나름의 정합성을 가지고 있다면 그것을 인정한다는 입장을 취한다. 다만 이 글을 읽는 독자에게 혼동을 주는 것을 피하기 위해 인용문의 경우 괄호 속에 영문을 병기했다.

(ethnicity)이 발명되고 구성되었음을 밝히고 있다. 이를, 원초주의(primordialism)[7] 및 도구주의(instrumentalism)[8]와 대비시켜, 구성주의[9]라 한다. 김광억은 많은 편폭을 할애해 '민족성(ethnicity)'을 고찰하고 있는데, 그가 보기에 국족성(nationality)이나 민족성(ethnicity)의 특징은 "정치적 결속이나 지배 혹은 경제적 기회와 자원의 확보나 점유를 위하여 만들어 내는 전략적 자원으로서의 문화적 특성이다. 이는 전혀 없거나 무관한 요소들을 발명하고 선택하여 만든다는 의미가 아니라 아주 오랜 기간을 통하여 유기체적 존재로서의 개인을 초월하여 선험적으로 주어진 문화적·생물학적 요소들을 재발견하거나 그 강조할 요소를 전략적으로 재구성하는 것이다."(29-30) 그리고 민족성(ethnicity)은 '친족관계(kinship)', '고유의 터전(commensality)', '종교적인 제의(religious cults)'라는 세 핵심적인 요소가 결합하여 이루어진다고 본다. "그것은 각각 혈통(blood)에 대한 신화와 믿음, 생계경제의 유형과 방식(substance), 그들이 상징으로 내세우는 대표적

---

7) "원초주의란 원래부터 사람들의 의식의 심층에는 독특한 성향과 선험적으로 축적이 된 문화요소가 있어서 그것이 종족성 혹은 민족성을 결정짓는다는 주장이다. 실스(Shils, 1957)에 이어 기어츠(Geertz, 1963)는 혈통, 인종, 언어, 생활 터전, 종교, 관습 등 선험적으로 주어진, 즉 원초적인 문화적 속성에 의하여 종족성이 이미 내재한다고 강조한다. 그래서 사람들은 이러한 원초적인 속성의 재발견이나 강조를 통하여 종족성을 재생한다는 것이다(김광억: 26-27). 홍석준(2008)은 '근원주의'라 했다.
8) "도구주의적 시각을 가진 학자들은 종족의 범주가 원래부터 고유하거나 고정적인 것이 아니라 사람들이 특별한 환경이나 조건 속에서 만드는 역동적 과정에 있다는 점을 강조한다. 즉 특정의 상황에서 정치적 혹은 경제적인 이유로 자신과 상대방의 정체성을 규정함으로써 소기의 목적을 달성하려는 수단으로서 종족성을 발명하고 생산한다는 것이다. 그러므로 종족성이란 상황에 따른 적응과 경쟁의 맥락에서 만들어지는 것으로 볼 수 있다."(김광억: 27) 대표적인 논자로 바스(F. Barth, 1969), 코헨(Cohen, 1969), 브라스(Brass, 1991) 등이 있다.
9) 이는 원초주의와 도구주의의 결합을 시도하는 것으로, "원초주의의 문화적 강제성의 강조에 대한 선택의 중요성에 착안하는 것이 도구주의라면, 원초주의는 도구주의가 지나친 선택과 자율에만 치중함으로써 개인을 넘어선 심층의 문화적 요소와 전통의 힘을 과소평가하는 것에 대한 경고이다. 구성주의적 접근시각(constructionism)은 이러한 각각의 단점을 보완하는 절충적인 입장이라고 할 수 있다"(김광억: 31). '상황주의'라고도 한다.

인 신(deity)에 의하여 스스로 표현되고 타인에 의하여 인식된다. 이차적으로는 복장, 음식, 가옥구조와 주거양식, 언어, 역사, 신체적 특성이 있다. 여기에 의례절기, 풍속, 특정의 금기, 특수한 의료시술과 행동들이 타집단과의 차이와 구별을 위하여 참조되는 지표들이다."(39) 이 요소들은 우리가 중국 소수민족을 연구하거나 한족과 소수민족의 관계를 고찰할 때 유념해야 할 항목들인 셈이다. 김광억의 고찰은 민족성(ethnicity)이나 문화, 전통 등의 개념을 근(현)대성(modernity)이라는 역사적 상황에서 창조되고 발명된 사회적 구성물로 보는 홍석준(2008: 18)의 견해와 맥락을 같이 한다.

2_ 정체성 이론과 문화정치

20세기 후반을 떠들썩하게 했던 '정체성 담론'의 핵심 요지는 '단일한 정체성은 존재하지 않는다'라는 역설을 우리에게 환기시켜 준 것이다. 하지만 정체성은 여전히 현실에서 억압과 차별화 기제로 작동하고 있다. 어떻게 해야 그것을 극복해서 차이 속의 통일성을 구현할 수 있을까? 다음에서 몇몇 이론가들의 주장을 점검해 보자.

'정체성의 정치학(politics of identity)'을 이론화한 학자 가운데 네오 마르크스주의의 입장에서 문화연구를 수행한 스튜어트 홀(Stuart Hall)에 주목할 필요가 있다. 홀은 '정체성의 정치학'을 '차이의 정치학', '자기 반영성의 정치학', '맥락[상황]에 따라 달라지지만 끊임없이 작동 가능한 정치학' 그리고 '절합(articulation)의 정치학'10)으로 구성했다. 홀의 정체성 이론은,

10) 홀 연구자인 제임스 프록터에 따르면, '차이의 정치학'은 '하나' 안에 있는 '많은 것[多]'을 인식하는 것, … 명쾌한 이항 대립을 거부하는 것과 관련이 있다. 차이들은 결코 (그룹이나

전통적인 정체성 정치로부터 '차이에 입각한 정치학으로의 변화'를 드러내고 "차이 안의 '통일성들'"을 지향한다.[11] 홀은 이렇게 말한다. "모든 정체성은 어떤 문화, 언어, 역사 안에 자리잡고 위치지어진다. … 그것은 국면적 특수성을 요구한다. 그러나 그 정체성이 반드시 다른 정체성들을 향해 무장을 갖추고 맞서고 있지는 않다. 그것은 고정적이고 영원한 불변의 대립 관계를 형성하지 않는다. 즉 전적으로 배제만으로 규정되는 것이 아니다."[12]

정체성 이론에서 커다란 전제는 정체성이 타자와의 관계 속에서 구성된다는 것이다. 칼훈(Craig Calhoun)은 자아와 타자, 우리와 그들을 구별하는 일정한 방식인 이름, 언어, 문화 없이는 어느 누구도 알 수가 없으며, 자아인식(Self-knowledge)은 타인에 의해 특정한 방식으로 알려지게 될 (자아에 대한) 주장과 완전히 분리되지 않는다[13]고 했다. 이를테면, 동아시아(인)의 정체성이 있다면 그것은 서양 또는 서유럽이라는 타자의 명명 또는 소환에 의해 구성되기 시작했고 그 영향을 받아 동아시아의 자아인식이 형성되었다고 보아야 한다. 카스텔(Manuel Castells)은 사회행위자의 정체성을 문화적 속성에 기반을 둔 의미의 구성과정으로 이해하면서, 어떤 개인이나 집합적 행위자에게는 '복수의 정체성'이 있을 수 있다고 전제한다. 그는 "모든 정체성은 구성된다는 점에 쉽게 동의할 수 있다. 그런데 진정한

'(개인의) 정체성에서 외재적인 것이 아니라 내재적인 것이다. 자기 반영성은 발화 입장의 특수성을 부각시키는 것을 뜻한다. 맥락 의존성은 다른 사건이나 맥락에 기댄다는 관념, 혹은 우리가 취하는 정치적 입장이 고정불변의 것이 아니라는 인식, 따라서 우리 자신을 시간에 따라 그리고 상이한 환경에 따라 재위치시켜야 한다는 인식이다. 예컨대 어떤 상황에서는 여성해방 운동이 진보적이지만, 또 다른 조건 속에서는 퇴영적 운동이 되기도 한다(프록터, 2006: 221). 절합의 정체성은 개별적인 것들을 연결시키거나 함께 묶어 새로운 연합을 형성하는 것으로, 홀의 정체성 이론은 데리다의 해체, 그람시의 헤게모니, 라클라우와 무페의 작업을 아우르고 있다(224).
11) Stuart Hall, "Minimal selves," ICA Document 6: Identity, 1987, 45; 프록터: 224에서 재인용.
12) Ibid., 45-46; 프록터: 224에서 재인용.
13) Craig Calhoun, ed., *Social Theory and the Politics of Identity* (Oxford: Blackwell, 1994), 9-10; 카스텔, 2008: 23에서 재인용.

문제는 어떻게, 무엇으로부터, 누구에 의해, 무슨 목적으로 정체성이 구성되는가이다"(카스텔, 2008: 24)라는 문제를 제기한다.

정체성은 역동적이고 혼성적이며 생성되고 변화하는 개념이다. 카스텔은 집합적 정체성의 구성 주체와 그 목적은 "그 정체성의 상징적 내용을 결정하며, 이를 자신과 일체화시키는 자와 그렇지 않은 자로 구분한다"고 하면서 정체성의 사회적 구성은 언제나 "권력관계의 맥락 안에서 발생한다"(카스텔: 25)고 했다. 그는 정체성 구성의 세 가지 형태와 근원을 '정당화의 정체성(legitimizing identity)', '저항적 정체성(resistance identity)', '기획적 정체성(project identity)'으로 구분하고 있다. 이에 대해 구체적으로 살펴보자.

정당화의 정체성은 시민사회를 만들고 그 구조적 지배의 원천을 합리화시키는 정체성을 재생산한다. 그람시(Antonio Gramsci)의 개념에서 시민사회는 일련의 권력장치들, 가령 교회, 노동조합, 정당, 협동조합, 시민단체 등과 같은 일련의 기제로 구성된다. 이 권력장치들은 한편으로 국가의 동력학을 하부까지 미치게 하고 다른 한편으로는 사람들 사이에 깊이 뿌리내리고 있다. 시민사회의 이중적 특성은 직접적이고 폭력적인 공격 없이도 국가권력을 거머쥐는 것을 가능하게 하여 시민사회를 정치 변화의 독보적 영역으로 만들고 있다. 그람시와 토크빌(Alexis de Tocqueville)이 민주주의와 시민정신(civility)을 봤던 그곳에서 푸코, 세네트, 호르크하이머, 마르쿠제는 과잉 강요되고 미분화되며 표준화하는 정체성의 내부화된 지배와 그것의 정당화를 간파했다.(26)

저항을 위한 정체성은 **코뮌**(commune) 또는 **공동체**(community)를 형성하는 것을 지향한다.[14] 이 정체성은 우리 사회에서 가장 중요한 정체성 구성의 유형일지도 모른다. 이것은 더 이상 견디기 힘든 억압에 항거하는 집합적 저항의 형태를 구성한다. 인종(ethnic)을 기초로 한 내셔널리즘, 종교적 근본주의, 영역적 공동체, 민족주의적 자긍심 등에서 출발한 저항으로, 카스텔이 **배척당한 자아에 의한 배척한 자의 배척**(the exclusion of the excluders by the excluded)이라고 부르는 것이다.(27)

기획적 정체성은 주체들을 생산한다. 투렌느는 이에 대해 다음과 같이 말한다. "나는 주체란 개인이 되려 하고, 개인의 역사를 창조하려 하며, 개인적 삶의 모든 영역에 의미를 부여하려는 욕망이라고 명명한다. … 개인이 주체로 전환되는 것은 필연적으로 두 가지 긍정이 결합하여 발생하는데, 하나는 공동체에 대비되는 개인의 긍정이고 다른 하나는 시장에 대비되는 개인의 긍정이다."[15] 주체는 집합적인 사회행위자이며, 이를 통해 개인들은 자신의 경험을 통해 전체적인 의미에 도달한다. 이 경우에 정체성의 구성은 다른 삶의 기획이며, 때로는 억압받는 정체성에 근거할 수도 있다. 그러나 이러한 정체성의 기획은 이를테면 여성의 정체성 실현을 통해 여성, 남성, 아동을 해방시키는 탈(脫)가부장주의 사회를 지향하듯 한 사회 변화로 확대될 수도 있다.(28)

단순화를 경계하면서 동아시아 정체성을 예로 들어 카스텔의 문제제기에 답변을 시도해 보면, 그것은 일차적으로 서양(서유럽)에 의해 무력으로 경제적 이익을 위해 구성되었다. 그리고 이차적으로는 동아시아가 그것을 내면화했다. 동아시아(인) 정체성은 '정당화의 정체성', '저항적 정체성', '기획적 정체성'의 세 가지 유형이 서로 긴밀하고도 유효하게 작동되는 긴 역사적 노력 위에서 형성될 수 있을 것이다. 여기에는 동아시아의 지정학

---

14) Amitai Etzioni, *The Spirit of Community: Rights, Responsibility, and the Communication Agenda* (New York: Crown, 1993); 카스텔: 27에서 재인용.
15) Alain Touraine, "La formation du sujet," in François Dubet and Michel Wieviorka, eds., *Penser le sujet* (Paris: Fayard, 1995), 29-30; 카스텔: 28에서 재인용.

적 상황과 역사적 기억으로 인해 정체성이 구성되는 과정에 작동하게 마련인 '정체성의 정치학(politics of identity)'도 결코 만만치 않은 문제다. 그러므로 짜레츠키(Eli Zaretsky)는 정체성의 정치학이 "역사 속에 위치해 있어야 한다"[16]고 말하고 있다. 지향으로서 존재하는 동아시아 정체성 또는 그 가능성은 서유럽의 오리엔탈리즘과 동아시아의 셀프 오리엔탈리즘, 자국 중심의 내셔널리즘 등에 의해 만들어진 수많은 장벽으로 인해 갈 길이 요원해 보인다. 따라서 새로운 동아시아 정체성은 기존의 것에 대해 저항적 성격을 가지게 될 것이다. 저항으로 시작한 정체성이 기획을 야기할 수 있고, 역사의 경로를 따라 사회제도에서 지배적이게 되고 그 지배를 정당화하는 것이 될 수도 있을 것이다. 그러므로 우리는 동아시아 정체성을 서유럽에 의해 구성된 것을 수용하는 차원이 아니라 재창안(reinvention)의 차원에서 새롭게 조직해야 할 것이다. 그것은 무엇보다 기존의 서유럽적 상상과 구성에 저항하면서 동아시아 자신의 정체성을 형성하게 될 것이다.

이상의 논의를 중국 소수민족의 정체성과 연계시켜 보자. 중국 소수민족의 정체성은 한족과의 관계 속에서 구성된다. 현재 94%에 달하는 한족(漢族, Han ethnic)과 그것이 중심이 되어 구성된 중화국족(中華國族, Chinese nation) 그리고 그 정치형태인 중국이라는 국가(China)는 소수민족을 명명하고 소환해서 구성하는 대타자(Other)인 셈이다. 사실 55개 소수민족은 바로 '한족-중화국족-중국'에 의해 역사적으로 '식별'되었음은 모두 아는 사실이다. 앞당겨 가설적으로 요약해 보면, 소수민족의 정체성은 한족 정체성과는 대립하지만 중화국족 정체성에는 포함된다. 다시 말해 소수민족 자신의 정체성과 중화국족 정체성이라는 복수의 정체성을 가진다. 그러나 중화국

---

16) Eli Zaretsky, "Identity theory, identity politics: psychoanalysis, Marxism, post-structuralism," in Calhoun, ed., op. cit., 198; 카스텔: 29에서 재인용.

족 정체성은 한족 정체성을 중심으로 구성되었기 때문에 중화국족 정체성 내에서 소수민족은 주변에 위치할 수밖에 없다. 입장을 바꿔 '국민 통합'이라는 관점에서 보면 소수민족 정체성은 궁극적으로 통합 대상이다. 여기에서 정치적 국족(political nation)과 문화적 국족(cultural nation)[17]의 분기가생기게 된다. 김광억에 따르면, 전자는 동등한 시민의 자격과 의무와 권리에 바탕하여 자원하여 모인 사람들로 이루어진 공동체를 의미하는데 여기에서 국가/국민(nation)은 모든 민족(ethnic)의 권리와 세력과 문화에 대하여 중립적인 입장을 표방하면서 이들을 하나로 아우르는 거대한 전체를만드는 것이 이상이다. 반면 후자는 동일한 언어, 생활양식, 역사, 고향 또는 원거지를 가진 사람들로 이루어진 것을 말하며 친족 신화의 힘을 고양하는 역할을 한다. 그러므로 양자는 모순적이다. 국민-국가(nation-state)의 디자인에 관한 이러한 애매함과 비일관성이 민족과 국가(ethnic-state)의 관계를 효과적으로 관리하는 것을 저해한다.(김광억: 54-55)

정치학의 궁극적 지향은 그렇지 않겠지만, 현실 정치는 문화적 국족을억압하고 정치적 국족을 지향한다. 이로 인해 한족과 소수민족 간의 갈등이 끊이지 않고 있다. 현대 사회에서 민족 간의 갈등은 "식민과 탈식민의역사적 과정의 맥락, 국가주의와 민족주의의 관계, 복합사회(plural society)의 맥락, 그리고 탈경계적 세계화(globalization)의 맥락에서 각각 이해되어야 한다."(48) 그러므로 김광억에게 민족성(ethnicity) 연구는 단순하게 문화적 다양성을 설명하는 편안한 지적 여행이 아니다. "그것은 문화의 진실에 관한 심각한 토론의 공간이다. 새로운 차원에서 새로운 모습으로 전개되는 종족(ethnic)갈등의 현실 앞에서 인류학자는 소수자의 실존적 몸짓으

---

17) 이는 원래 마이네케(F. Meinecke, 1970)와 콘(H. Kohn, 1967)이 제기한 개념이다.

로서의 종족성(ethnicity) 추구의 절실함과, 지배세력의 욕망에 의한 종족발명의 허구성과 정치적 음모를 규명해야 한다. 그는 '타자화'가 이루어지는 현장에서 지배세력의 권력과 정당성과 도덕의 독점을 고발하며, 그러한 미망으로부터 스스로를 해방하기를 기원하는 것이다."(84)

중국 소수민족의 정체성을 고찰하기 위해 우리는 정치적 국족을 억제하고 문화적 국족을 지향하며 주변화와 타자화의 기제를 해체할 수 있는 '문화중국'의 비전을 만들어 낼 수 있어야 하는데 이는 '문화정치학'에 대한 고찰을 필요로 한다.

문화정치학을 표제로 삼은 책들은 여러 권 눈에 띄지만(이무용, 2005; 이진경, 2007; 홍성민, 2009 등) 그 개념에 대해 명확하게 논의한 내용은 찾아보기 어렵다. 그 이유는 문화정치학이 매우 명확한 개념이거나 그 반대이기 때문일 것이다. 아이언 앤거스(Ian H. Angus)와 수트 잴리(Sut Jhally)는 『최근 미국의 문화정치학』[18] 서문에서 문화정치학을 "사람들이 자신들의 일상생활에 대해 의미를 발견하고 창출해가는 모든 영역을 정치화와 투쟁에 종속시키는 복합적인 과정"이라 정의한다. 그러면서 그 주요한 논제를 "제도적이고 이데올로기적인 형식 속에서 행사되는 권력의 문제와 '문화실천cultural practice'이 이러한 컨텍스트와 관계하는 방식"(앤거스, 1999: 370)이라고 설정하고 있다.

이진경은 문화정치학과 관련해서 "포스트모더니즘이나 포스트모던이라는 말로 표상되는 '문화적 사회구성체'의 여러 측면들"(이진경: 6)을 검토하는데, 이 '문화적 사회구성체'는 복제-시뮬레이션(보드리야르), 문화로서의 소비(베블렌, 보드리야르), 저자의 죽음(롤랑 바르트) 등을 특징으

---

[18] Ian H. Angus & Sut Jhally, eds., *Cultural Politics of Contemporary America* (New York, London: Routledge, 1989).

로 하고 있다. 이진경은 이 '문화적 사회구성체'에 대한 극히 상이한 태도와 각이한 입장들을 다음의 네 가지로 요약했다. 보드리야르(Jean Baudrillard)의 저지와 내파, 라클라우와 무페(Ernesto Laclau & Chantal Mouffe)의 등가와 접합, 들뢰즈와 가타리(Gilles Deleuze & Félix Guattari)의 횡단과 유목, 네그리(Antonio Negri)의 아우토노미아가 그것이다. 이에 대한 자세한 설명은 생략하지만, 기본적으로 포스트모던 문화적 사회구성체에 대한 분석과 대응방안이 주를 이루고 있음을 알 수 있다.

정치경제학이 정치와 경제의 긴밀함을 나타냈다면, 문화정치학은 문화와 정치의 불가분(不可分)함을 표지하는 것이다. 그 용어의 원의, 즉 문화와 정치가 결합된 의미를 염두에 두고 정의해 보면, 문화를 정치화시키려는 모든 시도에 맞서 정치를 문화화시키는 것이라 할 수 있다. 바꿔 말하면, 문화를 정치적으로 해석하는 것이 아니라 정치를 문화적으로 해석해 보자는 것이다. 물론 여기에서의 정치는 상생(相生)을 지향하는 이상(理想)이 아닌 현실 정치를 가리킨다. 상생을 지향하는 정치라면 굳이 정치경제니 문화정치니 할 필요가 없기 때문이다.

3_ 중국 소수민족의 정체성

중국 소수민족의 정체성은 '민족 식별'이라는 국가의 승인 과정을 통해 형성되었다. 공봉진에 의하면, 중국 정부는 1950년대 이후 스탈린의 민족 특징 네 가지(동일한 언어, 지역, 경제생활, 문화 소양)를 기준으로 삼아 소수민족을 '식별'했고, 소수민족은 그로 인해 민족의 명칭과 정체성을 갖게 되었다. 그리하여 기존의 확인된 민족 9개에, 1954년 29개를 추가했고,

1964년에 15개, 1965년과 1979년에 각각 1개를 식별하여 모두 55개의 소수민족이 공인되었다.(공봉진, 2004: 190) 최근 '민족 식별'에 대해 많은 문제점이 제기되고 있다. 식별 당시 한족의 기원과 특징이 분명치 않은 상태에서 한족 여부를 판별했고, 스탈린의 민족 특징을 기준으로 삼으면서 모든 민족에게 동일하게 적용시키지 않았으며, 민족의원(民族依願)과 명종주인(名從主人)의 원칙을 철저하게 지키지 않았고, 민족 기원을 간과했으며, 민족간의 비교연구가 부족했다.(공봉진, 2010: 96-97)

흔히들 중국은 소수민족 우대 정책을 실시한다고 한다. 그 대표적인 예로 자치지역에서 민족어를 허용하고 일가구 일자녀만 허용하는 '계획생육(計劃生育)' 제도에서 소수민족에게 두 자녀를 용인하는 것을 들고 있다. 그러나 이와 같은 우대정책은 표층일 뿐이고 그 심층에는 통합정책이 기조를 이루고 있다. 이강원은 1949년 신중국 성립 이후 소수민족지구에서 진행된 행정구역과 지명의 개편에 대한 중국측 연구의 탈정치화 경향을 비판하면서 이를 정치지리학적 시각에서 검토했다. 그에 의하면, 신중국 성립 이후 변경 소수민족지구에서 실시된 행정구역과 지명의 개편과정은 '인민'과 '지역'에 대한 확인 과정이면서 동시에 분류와 통제의 과정, 정체성의 해체와 재구성의 과정이라고 해석할 수 있다.(이강원, 2008: 640) 그는 문혁시기 내몽고자치구와 어룬춘자치기의 사례를 중국 지도부에게 변강 혹은 (소수)민족자치지방은 '지역(地域)' 내지 '공간(空間)'으로서 중요한 것이지, '민족(民族)'이 중요한 것은 아니라면서 이 과정이 사회적 범주(social category)와 공간적 범주(spatial category)의 재편을 통하여 권력의 통합을 도모한 과정이었음을 밝혔다.(이강원, 2002: 16) 이처럼 소수민족을 우대한다는 평가를 받는 중국이지만 궁극적으로는 소수민족자치구역을 국토의 지역으로, 소수민족을 인민으로 재편시키려 하고 있음을 알 수 있다.

박병광은 민족동화와 융화의 각도에서 중국 소수민족정책을 고찰했다. 그는 중국의 민족정책을 민족평등의 원칙, 민족구역자치의 원칙, 분리불가(分離不可)의 원칙, 통일전선의 원칙[19]으로 요약했다. 그는 정책 변화과정을 온건적 민족융화정책 시기(1949-1957), 급진적 동화정책 시기(1958-1976) 그리고 민족융화로 복귀한 개혁개방 시기로 나누고, 단계별 정책목표로, 초기의 '영토적 통합', 2단계의 '정치적·사상적 통합', 개혁개방시기의 '경제적 통합'으로 설득력 있게 분석했다.(박병광, 2000: 442-43)[20] 여기에 문화연구자의 비판적 입장에서 추정해 보면, 현재의 정책 목표는 '문화적 통합'이라 할 수 있다. 베이징 올림픽을 통해 그 정점을 드러낸 문화적 통합정책은, 그동안의 경제적 발전에 기초해 국내외의 국민을 문화적으로 통합시키려는 것이라 할 수 있다. 이는 통합 대상을 소수민족에 그치지 않고 해외의 화교와 화인(華人)까지 아우르면서 점점 강화될 것이다.

통합의 궁극은 '중화 국족'이다. 조경란은 국민화 이데올로기와 중화국족 담론의 변천과정에 초점을 맞추어 "구체적으로는 중화민족 개념을 '국민화' 이데올로기로 보고 100년 동안의 '국민화' 기획에 구체적으로 민

---

19) 毛里和子, 『周緣からの中國: 民族問題と國家』, 東京: 東京大學出版會, 1998, 47-50; 吳仕民主編, 『中國民族政策讀本』, 北京: 中央民族大學出版社, 2008, 2-4; 박병광, 2000: 428에서 재인용.
20) 다른 글에서 박병광은 한족지구와 소수민족지구간 경제편차에 초점을 맞추어 민족 변수를 도입해 지역격차 문제를 분석했다. 그에 의하면, 소수민족지구의 낙후와 빈곤문제를 해결하는 것은 향후 소수민족사회에서 나타날 수 있는 체제이완 조짐에 대처하는 가장 직접적인 봉합책일 뿐 아니라 중국 개혁정책의 성패를 좌우할 가장 구체적인 관건이라 할 수 있다(박병광, 2002: 203). 그럼에도, 중국정부는 내륙의 소수민족지구에서 산출되는 원자재를 싼 가격에 수매하여 제조업 중심의 동부연해지역으로 재배치했으며 한족이 집중 거주하는 동부지역은 부가가치가 높은 소비재상품을 생산하여 높은 수익을 올릴 수 있었다. Dreyer는 이러한 경제관계를 "내부식민지(internal colony)"라 했다. June Teufel Dreyer, "Ethnic Minorities in Mainland China Under Teng Hsiao-ping," in Bih-jaw Lin and James T. Myers, eds., *Forces for Changes in Contemporary China* (Taiwan: Institute of International Relations, 1992), 257; 박병광, 2002: 217 각주34에서 재인용.

족, 중화민족, 중화민족다원일체구조론을 통해 ('보편적' 타자인) 소수민족을 어떻게 통제하고 관리하려 했는가"(조경란, 2006: 68)를 비판적으로 검토했다. 그의 기본 관점은, 일반적으로 민족창출이 상당부분 허구적이며 기실 국내적 헤게모니 문제와 맞닿아 있다는 에티엔느 발리바르(Etienne Balibar)21)의 지적은 귀담아들어야 할 지적이며 중국도 여기서 비켜갈 수 없다(조경란: 73)는 것이다.22) 그러므로 19세기 말 '국족담론'이 생성될 당시 중국 내부의 타지이며 또 다른 의미의 '식민지'라고도 할 수 있는 소수민족에게 '근대'는 한족에게 동화 또는 식민지가 되어가는 과정이었다고도 할 수 있다. 근대중국은 조공국과 소수민족의 희생 위에서 발전한 측면이 있다는 것이다.(74) 쑨원(孫文)의 5족공화론도 소수민족과의 통합을 위해 나온 평등 구상이었지만, 신해혁명 후 정치지도자들의 입장에서 보면 그들에게 남겨진 과제는 전 국족의 통합이었다고 할 수 있다. 따라서 신해혁명 이후 국민당의 수뇌부는 중화제국의 틀을 국민국가의 틀로 수렴해 가야 하는 것에 상응하여 중화제국이라는 의식형태를 '국민화'에 어떻게 동원할 것인가가 가장 큰 관심거리였다.(75-76)

중화인민공화국의 국민화 담론의 이론적 근거가 된 페이샤오퉁(費孝

---

21) 국민화: "경제의 재생산 자체에, 특히 개인의 교육에 혹은 가정구성이나 공중위생기구 등에 사적 생활의 모든 공간에 개입하는 국가가 출현하고 모든 계급의 개인들은 국민국가의 시민의 지위에 즉 '동국인(nationals)'이라는 속성을 가지게 되는 것을 의미"한다(Etienne Balibar, "The Nation Form: History and Ideology," in Etienne Balibar and Immanuel Wallestein, *Race, Nation, Class* [London · New York: Verso, 1991], 92; 조경란: 68에서 재인용). 조경란은 이어서 '명실상부한 국민화' 성립의 지표로, 국가기구의 출현과 그것의 시스템적이고 추상적인 개입이라는 대전제와, 그것을 받아들이는 주체의 존재 나아가 이들이 국가의 개입에 대해 능동적으로 공동체 의식을 갖는 단계에 이르는 것을 들었다(같은 책, 같은 곳).

22) "중국 근대 시기 민족이라는 단어가 대외적 위기의식에서 구축된 것으로 중국 국민의 정체성을 형성하는 중요한 계기로 작용하지만, 다른 한편에서 보면, 민족을 개념화하는 과정에서 이민족 왕조인 청정부에 대한 해석을 둘러싸고 장빙린 같은 혁명파와 변법파 등 다른 정치계파와의 사이에 헤게모니 문제가 복잡하게 얽혀있다는 점에도 주의할 필요가 있다"(조경란: 73).

通)의 「중화 국족의 다원일체 틀(中華民族的多元一體格局)」(1988)은 다음과 같은 내용으로 구성되어 있다. 첫째, 다원과 일체의 상관관계. "중화 국족이라는 용어는 현재 중국 강역 안에서 국족 공동체 의식을 갖춘 11억 인민을 지칭하기 위한 것이다. 그것은 50여 개 민족단위를 포괄하는 것으로서 '다원'이며, 중화 국족은 '일체'이다. 그것들은 비록 모두 '민족'이라고 지칭되지만 층위는 서로 다르다." 둘째, 국가와 국족의 상관관계. "내가 국가의 강역으로써 중화 국족의 범위를 삼는 것은 대단히 합당한 것은 아니다. 왜냐하면 국가와 국족은 두 개의 서로 다르면서도 또 연관이 있는 개념이기 때문이다. 내가 이처럼 구분한 것은 편의상, 그리고 현실적인 정치논쟁에 말려드는 것을 피하기 위해서이다. 동시에 넓은 시각에서 본다면 이두 가지 범위는 기본상 또는 대체적으로 일치하는 것이라 할 수 있다." 마지막으로 중화 국족의 역사적 형성 근거와의 관련. "중화 국족은 하나의 자각적인 국족 실체로서 근 백년 이래 중국과 서양의 강렬한 대항 속에서 나타난 것이나, 자연발생적인 근원을 갖는 국족 실체로 된 것은 수 천 년의 역사과정 속에서 형성된 것이다."(費孝通主編, 2003) 최형식은, "다민족국가 개념에서 출발한 '중화민족'론은 국민국가로서의 '중국국민' 개념과 동일시되며 중국의 현대화를 이룩하기 위한 전제조건으로서의 민족 통합의 핵심 개념으로 자리 잡게 된다. 따라서 필연적으로 중화민족을 내세운 민족주의가 강조될 수밖에 없으며, '중화민족'과 '중국 국민'이 동일시된 데 대한 논리적 결과로서 '애국주의'가 민족통합의 논리로서 등장하게 되는 것은 당연한 귀결이라 할 수 있다."(최형식, 2007: 126)라고 결론짓는다. 재미있는 것은 국족주의의 함의에 대한 쉬쉰(徐迅)의 요약이다. 그는 저우젠신의 논의(周建新, 2000)에 기대어 대중국의 개념을 '정치중국-경제중국-문화중국'으로 나누어 설명하고 있다. 그에 의하면, 중국 내의 소수민족 문제는 그 범위가 중국 강역에 한정된 '정치중국'의 범주에 속하며, '경제중국'은 중국·홍콩·마카오·대만에 해외 장기 거주 화교(華僑)가 포함되는 '협의의 중화민족'을, 마지막으로 '문화중국'은 협의의 중화 국족에 중국의 국적을 포기한 해외 화인(華人)까지도 포괄하는 '광의의 중화 국족'을 의미한다.[23] 쉬쉰은 나아가 다음과 같이 주장하고 있다. "국족주의는 일종의 문화전략일 뿐 아니라 의식적으로 인도되는 일종의 정치 의식형태로서 국족주의의 중점은 애국주의를 도출해내는 것이며 이를 이용하여 사람들의 국가와 국족에 대한 이익의 관점을 강화한다."[24]

소수민족 문제는 '정치중국'에서 비롯되었지만, 21세기의 시점에서 바라볼 때 그것은 의당 '문화중국'의 통합 의도에 연계시켜 비판해야만 합리적인 해결책을 찾을 수 있다는 것이 이 글의 기본 관점이다.

4_ 소수민족영화와 문화국족주의

중국의 소수민족영화는 소수민족 문제를 고찰하기에 좋은 텍스트다. 그러나 중국 내의 소수민족영화 연구는 대부분 한족중심주의 입장에 서 있다. 미국에서 활동하고 있는 중국계 영화학자 장잉진(Zhang, 2002; 張英進, 2008)의 견해는 소수민족영화를 최근의 문화연구의 핵심 주제와 연결해 논술했다는 점에서 주목할 만하다. 그는 중국에서 번역 출간된 저서의 5장에서 '소수민족영화'와 '소수자 담론'을 다루고 있다. 그가 소수민족영화를 고찰하는 데 중요한 키워드는 '국족주의(nationalism)'와 '민족(ethnic)'

---

23) 徐迅, 『民族主義』, 北京: 中國社會科學出版社, 2005, 281; 최형식, 2007: 127-28에서 재인용.
24) 같은 책, 282; 최형식: 131에서 재인용.

이다. 그에 의하면 민족은 인종(race)과 다르다. 그리고 1930년대 좌익영화에서 명확한 해석을 가지게 된 국족주의는 국족의 이데올로기라는 의미로 사용되었다. 국민당의 국방영화 등이 보여주었듯, 국족이 생사존망의 위난에 직면해 내부의 통일적 역량을 필요(張英進: 183-85 요약)로 할 때 유효한 개념이었다.

이런 맥락에서 소수민족영화는 '객체화와 동화'의 대상으로서 소수민족을 재현하고 있다. "소수민족영화의 국족문화 다양화에 대한 찬양은 사실 표면적이다. '단결'과 '국족 화합'에 대한 이 영화들의 표현은 대부분 한족 관중에게 스펙터클을 전시하고 이 스펙터클들은 이념적 또는 시각적으로 의심할 바 없이 확정적인 한족 중심의 시점 위에 구축되어 있다는 사실을 의식해야 한다."(張英進: 190) 그러므로 소수민족영화는 자신의 시각을 확립하지 못한 채 국가(주의) 담론에 복무하게 되고 주체로 편입되지 못한 채 관음의 대상으로 남겨진다. "소수민족과 주요 민족의 관계는 여성과 남성의 관계와 닮았고, '제3세계'와 '제1세계'의 관계, 그리고 주체화된 정체성과 객체화된 정체성의 관계와 닮았다"[25]라는 평가까지 나오게 된다. 최근 <대국굴기>, <부흥의 길>, <영웅>, <한무대제> 등의 영상물에서 쉽게 찾아볼 수 있는 것이 바로 '중화국족 대가정(大家庭)' 또는 '문화적 중화주의'로 칭할 수 있는 문화국족주의다.

존 허친슨(John Hutchinson)은 문화적 국족주의와 정치적 국족주의를 변별한다. 그에 따르면, 후자는 국족주의에 관한 지구적 이성주의 관념을 대표하는데 최종적으로 문화 차이를 초월한 공통의 인문주의를 기대한다. 반면 전자는 그 독특한 문명 속에 놓여 있는 한 국족의 본질을 찾으려

---

25) 杜磊, 『在中國表現民族性』, 271; 張英進, 2008: 195에서 재인용.

하는데, 그것은 또한 독특한 역사, 문화와 지리 윤곽의 산물이기도 하다. 문화국족주의 지지자 가운데에는 역사학자, '신화를 만드는' 학술인사 그리고 예술가가 있다. 그들은 자기 국족의 창조력의 각 측면을 핍진하게 새롭게 회복시켜 그것을 자신의 국족 성원의 면전에 드러낸다.26) 이런 맥락에서 볼 때, 중국 영화인들은 문화국족주의자 겸 예술가였다. 그들은, 특히 포스트 마오쩌둥 시기에, 일부 중국문화의 신화와 상징을 회복하고 드러내는 데 적극 참여했다. 포스트 마오쩌둥 시기가 문화국족주의의 (재)출현에 이상적인 조건을 제공했기 때문이다.(張英進: 229) 장잉진은 한 걸음 더 나아가, 중국 신영화(新電影. new Chinese cinema)27) 전체를 당다이(當代) 중국 역사에서 문화국족주의를 향해 발전한 추세(228-29)로 파악한다. 중국 신영화는 당다이 중국 문화국족주의 재구성에 참여해 중화 국족의 문화 상징과 신화 그리고 전통 특유의 과도적인 미련(迷戀)을 뚜렷하게 표현했다. 황토 고원과 황허, 전통 희극, 민간 음악 또는 예술, 지방의 혼인 풍습과 각종 장례식 등이 그 주요 레퍼토리다. 중국 신영화는 포스트 마오쩌둥 시기의 국족 정체성(national identity)에 대한 공중(公衆)의 흥취를 새롭게 점화하는 데 도움을 주었다. 나아가 이런 탐색은 국제적 공인에도 기여했다. "'심오한' 듯한 국족문화에 대한 영화인들의 부지런한 탐색으로 인해 중국 신영화는 1980년대 중엽 이래 국제적 명망을 확보했다. 중국 신영화 성공 원인의 하나는 그 '문화 전람주의'에 있다. 그것은 해외 자본에 기대어 상당히 노련한 영화 기교로 통상적으로 중국 국족문화라 일컬어지는 것들(그것들은 서양에서 신비화·동방화되곤 했다)을 새롭게 포장했

---

26) John Hutchinson and Anthony D. Smith, eds., *Nationalism* (New York: Oxford University Press, 1994), 122-23; 張英進: 229에서 재인용.
27) 이는 장잉진이 개혁개방 이후의 대륙의 영화를 가리키는 용어다.

다. 그런 연후에 그것들을 국제 영화시장에 출하(出荷)했다."(231)

중국 신영화가 전시한 중국 국족문화의 대부분은 소수민족 문화에 기원하고 있다. 천카이거의 <황토지>에 나오는 마을 주민들은 한족으로 보이지 않으며 장이머우의 <붉은 수수밭>의 술 담그는 풍속도 여느 한족과는 다른 모습을 보이고 있다. 다시 말해 중국 신영화의 대표주자인 5세대 감독의 영화에서 다루고 있는 중국 국족문화는 백인 남성들의 입맛에 맞추려고 이국적(異國的)이고 비전적(秘傳的)인 소재를 찾다보니 자연스레 소수민족 문화에 접근하게 되었다고 볼 수 있다.

5_ 소수민족과 중국 국족

문화국족주의의 심층에는 한족중심주의에 기초한 국가주의가 자리하고 있다. 양적 범주로 볼 때 중국의 소수민족은 중국 국족의 하위 범주이고, 중국 국족은 보편적 인간의 특수 범주다. 즉 '소수민족-중국 국족-보편적 인간'으로 요약할 수 있다. 그러나 중국에서 소수민족은 중국 국족의 일부로 식별되어 통합의 대상으로 취급되고 있다. "오늘날 중국의 정치적 선전판에서 한족은 경찰, 군인, 과학자, 광부, 공장 근로자, 기업가, 관리, 지도자의 모습으로 그려짐으로써 국가와 민족에 대한 책임을 지는 문명과 과학을 가진 존재로서의 이미지를 확립한다. 반면에 주변의 소수민족들은 오랜 과거로부터 변함없는 고유한 민족의상을 입고 춤과 노래로써 한족(漢族)의 영도 하에 국가적 통합과 번영과 안전이 이룩되는 것을 찬양하면서 아이들처럼 즐겁게 (즉 천진난만하게) 놀이와 생업의 구분 없이 사는 사람으로 그려진다."(김광억, 2005: 39) 그럼에도 불구하고 소수민족의 의상과 음식과 가무는 언어와 함께 민족 정체성(ethnic identity)을 구성하는 중요한 요소이다.

티베트 문제로 인해 지난 베이징 올림픽 직전 성화 봉송 저지 시위가 일어났다. 당시 그 해당 국가에 있던 중국 유학생들은 저지 시위를 반대하는 시위를 벌였는데, 그 현장에는 최소한 세 개 이상의 국족주의(nationalism)가 각축했다. 올림픽에 집중되어 있는 전 세계의 이목을 끌기 위한 티베트의 민족주의(Tibetan ethnicism or ethnic nationalism), 그것을 최대한 무화시키려는 중국의 중화주의(Sino-centrism)와 해외 유학생들의 애국주의(patriotism), 그리고 시위가 실제 벌어졌던 국가의 배외주의(chauvinism)가 그것이다. 이는 중국 소수민족 문제의 위상을 역설적으로 보여주고 있다. 우리가 대표적으로 알고 있는 '티베트 사태' 외에도 수많은 폭동이 있었다. "1995년 2월 네이멍구 자치구에서 수백명의 몽골인으로 조직된 '네이멍구 민주동맹'의 간부 수명이 정부전복죄, 국가분열죄, 반혁명선동죄 등으로 공안당국에 체포되었으며, 1996년 4월 중순부터 5월 20일까지 신장 자치구 내의 15개 장소에서 45회에 걸쳐 총 6만 5,000명이 카자흐스탄의 '동투르키스탄 민족혁명전선'과 연대하여 독립국가의 수립을 목적으로 폭동을 일으켰다고 한다. 또한 1997년 2월 5일부터 6일 동안 신장 자치구의 이닝(伊寧)시에서는 신중국 건국이래 최대 규모의 폭동이 발생한 것으로 전해지고 있다."(박병광, 2002: 204의 각주1) 2008년에 발생한 위구르 유혈 사태는 최소한 150여 명이 죽고 800명 이상이 크게 다쳤다고 한다. 위구르 측은 최소 500-600명이 사망했다고 주장한다. 이 유혈사태는 소수민족에 대한 피해의식에 사로잡힌 한족(漢族)의 유언비어와 테러에서 비롯되었다고 한다. 우리에게는 티베트 독립운동이 널리 알려져 있지만, 중국 정부에게는 위구르 문제가 더 위협적이다. 그 배후에 범투르크 민족주의(Pan-Turkism)가 자리하고 있기 때문이다.

6장: 장뤼(張律) 영화를 통해본 중국 소수민족 정체성과 문화정치

1_ 조선족 중국 감독의 세계시민적 정체성

한국영화계의 주목을 받고 있는 장뤼(張律)[1]는 특이한 감독이다. 조선족 또는 재중동포라는 출신도 그렇고 중국 국적을 가지고 있으면서 중국영화계보다는 한국영화계와 더 깊은 관련을 맺고 있다는 점에서도 그렇다. 국제영화제에 초청되어 수상[2]하는 등 국제적 지명도에 반해 그는 유독

---

1) 張律를, 많은 한국영화인들이 호명하고 있는 '장률'로 표기하지 않고 '장뤼'로 표기하는 것은 그가 조선족 중국인이라는 필자의 판단을 반영한 것이다. 이 판단은 영화의 엔딩 크레디트가 끝난 후 인물표가 나올 때의 '영문 표기' Zhang Lu에 근거한다. 이를테면 王家衛는 Wong Kar-wai(웡카와이)로, 楊德昌은 Edward Yang(에드워드 양)으로 표기하고 있는 것처럼, 張律는 Zhang Lu로 표기하고 있다. Lu에서 u는 'ü'다. 단, '장뤼'라는 표기는 '장률'이라는 표기를 억압하지 않는다.

2) 단편 <11세>: 베니스 영화제 단편 경쟁부문 초청. <당시>: 로카르노, 밴쿠버, 런던, 홍콩, 그리고 전주국제영화제에서 상영. 제9회 부산국제영화제 뉴커런츠상, 칸영화제 감독주간 초청. <망종>: 칸영화제 비평가주간 ACID상, 페사로 영화제 대상, 제10회 부산국제영화제 뉴커런츠상. <경계>: 베를린 영화제 경쟁부문 초청, 제2회 아시안필름어워드 감독상. <이리>: 2008년 로마국제영화제 경쟁부문 초청. <두만강>: 파리국제영화제 심사위원상, 제15회 부산국제영화

중국영화계에서는 존재감이 미미하다.

중국 5세대와 6세대 영화의 문화횡단적 함의를 역사적으로 고찰하면서 장뤼 영화가 세계영화시장에서 맥락화되는 방식에 주목하는 주진숙·홍소인은 "張律감독의 영화들은 西歐의 유수영화제들이 주도하는 세계영화시장에서 현대 중국의 자화상을 보여주는, 즉 자본주의 체제로 변모해가는 중국에서 소외되고, 억압받는 소수자의 삶을 보여주는 영화들로 평가받는다"고 하면서, "중국 사회 내부에서 중국 내 소수민족의 삶에 대해 영화적으로 발언하는 張律의 영화가 국가 개념에 포섭되지 않는, 혹은 그것을 해체하는 소수민족의 영화로 자리매김 됨과 동시에, 중국 사회의 갈등을 비판적으로 접근하고, 사회적 타자를 조명한다는 점에서 현대중국영화로 이해"(주진숙·홍소인, 2009: 598, 599)되고 있음을 지적하고 있다. 이들에 따르면 세계영화계에서 장뤼는 중국 소수민족을 찍는 감독이고 그의 영화는 중국영화로 분류되고 있는 것이다.

그러나 한국에서는, 모두가 그런 것은 아니지만, 장뤼 영화를 '한국영화'로 취급하고 있다. 이는 첫 장편 <당시>부터 한국의 제작비 지원을 받은 사실과 재중 동포 출신이기 때문일 것이다. 이를테면 '작가가 선정한 오늘의 영화' 시리즈에서도 <충칭(重慶)>, <경계> 등을 서슴없이 국내영화에 집어넣고 있다.(유지나 외, 2008; 전찬일 외, 2009) 김소영은 『한국영화 최고의 10경』에서 <망종>과 <경계>를 꼽으면서, 한국의 '내셔널' 시네마의 경계에 대한 문제제기와 더불어 다문화 사회로 진입한 한국의 정치적 문화적 상황을 연계시키고 있다.(김소영, 2010: 23) 정성일은 한국영화 평론집인 『필사의 탐독』에서 조심스럽게 <이리>를 다루고 있는

제 아시아영화진흥기구상, 제60회 베를린영화제 수정곰상 등(<장률감독특별전>, 한국영상자료원 시네마테크, 2011.3.1-3.10) 팸플릿과 주진숙·홍소인, 2009: 597-98을 참조했음.

반면, 보다 직접적인 장뤼와의 인터뷰는 다른 평론집에 게재하였다. 지구화 시대에 국경의 의미가 이전에 비해 모호해지고 있고 특히 영화제작에서 국적은 영화 분류의 주요한 기준이 되지 못하고 있다. 그럼에도 불구하고, 대부분의 한국 영화인들의 기대와는 달리, 장뤼는 자신의 영화를 중국영화로 간주하고 있는 것으로 보인다. 다만 <이리>는 예외다. 2008년 10월 '로마영화제'에 참석한 장뤼는 "<이리>가 자신의 국적, 정체성보다는 한국 스태프들과, 한국 땅에서, 한국어를 기반으로 하여 찍혔기 때문에 한국영화라고 생각"한다고 말했다.(우혜경, 2010: 10) 장뤼의 언급은 <이리> 이외의 작품은 한국영화가 아니라는 의미를 담고 있고 한국영화가 아니라면 중국영화의 범주에 귀속시킬 수밖에 없다. 이는 이 글에서 장뤼의 영화를 중국 소수민족영화로 보는 주요한 근거가 된다. 장뤼 영화는 소수민족 입장에서 소수민족을 찍는 중국영화인 것이다.

2011년 3월 1일부터 10일까지 '한국영상자료원 시네마테크'에서 개최된 '張律 감독특별전' 기간에 진행된 대담과 『씨네 21』에 게재된 인터뷰 기사를 보면, 우리는 그의 한국어가 상당한 수준에 있음을 알 수 있다. 통역 없이 한국어로 진행된 대담과 인터뷰에서 그는 시종 언어의 제한을 받지 않는다. 그러나 그에게 국적어는 중국어이고 시나리오 작업에서도 중국어로 먼저 쓰고 한국어로 번역하는 과정을 거치는 것으로 보아 제1언어는 중국어라 할 수 있다. 흔히 정체성을 변별하는 중요한 기준으로 언어를 드는데, 이렇게 보면 장뤼는 중국 국적의 조선족(Korean Chinese)임에 틀림없다.

<두만강> 제작에 직접 참여함으로써 장뤼 감독의 스태프이자 그의 다큐멘터리 <張律, 장률>을 찍는 감독이라는 이중적 위치를 점하고 있는 우혜경은 주목을 요한다. 그녀는 다큐멘터리 제작일지라 할 수 있는 기록

도 논문 형식으로 남겼다. 그녀는 장뤼 감독의 제작 과정을 따라가며 "어떤 특수한 기억을 가진, 그래서 영화감독으로서 부모의 고향인 남한에서 활동하고 있지만 어쩔 수 없이 고립된 위치에 서 있는 장률의 모습에 초점"(우혜경: 3)을 맞추어 새로운 의미를 가진 다큐멘터리를 제작하고자 했다. 그녀는 장뤼에 접근하기 위해 몇 가지 이론적 우회로를 설정한다. 첫 번째가 자크 데리다(Jacques Derrida)의 '환대(hospitality)'이고 두 번째가 하미드 나피시(Hamid Naficy)의 '악센티드(accented) 감독'이며 세 번째가 에드워드 사이드(Edward Said)의 '프로이트와 비유럽인'이다. 하나를 더 꼽자면 재일 동포이자 디아스포라 지식인인 서경식의 '반(半)-난민' 개념이다. '환대'가 장뤼 영화의 주제와 관련된 것이라면 악센티드 감독은 장률의 출신과 연관된 것이고 사이드의 경로는 장뤼의 영화 태도에 연계된 것이다. 이들은 장뤼와 그의 영화를 이해하는 데 필요한 우회로인 만큼 아래에서 좀 더 구체적으로 살펴보자.

우혜경은 다큐멘터리 <張律, 장률>의 영문 제목을 'Of hospitality'로 표기할 만큼 장뤼와 장뤼 영화의 키워드를 '환대'로 설정했다. 데리다의 『환대에 대하여』는 '이방인에 대한 환대'를 다루고 있다. "'강제 이주자들', 망명자들, 강제 수용소에 수용된 자들, 추방된 자들, 고향 상실자들, 유목민들은 공통적으로 두 가지 한(soupirs)을, 두 가지 향수를 가지고 있다. 그것은 '죽음'과 '언어'이다."(데리다, 2004: 110) '죽음'과 관련해서 "그들은 묻혀 있는 죽은 친지들이 최후의 거처(묘소)를 가지고 있는 장소로 최소한 순례 차원에서나마 돌아오기를 원한다."(데리다: 110-11) 이는 죽어서도 고향에 묻히고 싶은 형태로 표현된다. 이 글에서 더 관심을 가지는 것은 '언어'의 문제다. 이들은 "언어가 이른바 모국어가 최후의 고향이라고, 최후의 보루라고 흔히 인정한다." 그러나 데리다는 이어서 언어는 "소속의 첫 조건이자 마지막 조건인가 하면, 소유 박탈의 경험, 환원 불가능한 자기 고유성의 소유 박탈의 경험이기도 하다. 이른바 '모국의' 언어는 이미 '타자의 언어'인 것이다."(111)라는 통찰을 제시하고 있다. 결국 이방인은 모국어와 국적어 사이에서 어디에서도 환대받지 못하는 자가 되는 것이다. 장뤼 영화는 대부분 이중 언어 배경을 가지고 있는데, 텍스트 내에서 양자는 소통되지 않고 있다.

하미드 나피시는 디아스포라의 경험을 직·간접적으로 겪고 있는 영화감독들을 '악센티드 감독'이라 명명하고 이들이 생산하는 영화들을 '악센티드 시네마'로 분류했다. 그에 따르면 이와 같은 악센티드 감독들은 영화산업의 주류 밖에서, 스튜디오 시스템의 외부에서 활동을 하고 있기 때문에 소위 말하는 주류의 감독들과는 다른 텐션들과 이질성들을 가지고 있다. 그리고 이렇게 생산된 텐션들이나 이질성들은 익숙한 내러티브에 종속되지 못하고 특정의 '악센티드 스타일'을 양산하게 된다고 언급했다.(Naficy, 2001: 10; 우혜경: 14-15 참조) 그는 세부적으로 악센티드 감독들을 추방된 감독(exilic filmmakers), 디아스포라적인 감독(diasporic filmmakers), 포스트콜로니얼적인 민족성과 정체성을 가진 감독(postcolonial ethnic and identity filmmakers)으로 구분했다.(Naficy: 10; 우혜경: 15에서 재인용) 우혜경은 장뤼를 포스트콜로니얼적인 '악센티드 감독'으로 설정하고 있다.

이어서 우혜경은 사이드의 논의와 서경식의 논의에 기대어 장뤼의 정체성을 추궁한다. 먼저 서경식은 스스로를 '반(半)-난민'으로 정의하고 있다. 서경식은 자신이 진정으로 '온전한 난민'인가 하는 질문을 던진다. 자신이 재일조선인인 상태에서 일본 사회에서 난민과 마찬가지로 무권리 상태를 강요받아온 것은 사실이지만 르완다, 아프가니스탄, 점령지 팔레스타인 등 기아와 전화에 직면해 있는 난민들 앞에서 아무런 의식주 및 의료

문제가 없고, 끊임없이 생존권을 위협당하는 상태에 놓여 있지도 않다는 점, 그리고 재일조선인으로서 '조선적'을 가진 것이 아니라 '한국 국적'을 가지고 있어서 온전한 난민들처럼 무국적 상태에 놓이지 않았다는 점을 들어 자신을 '반(半)-난민'으로 규정한 것이다.(서경식, 2006: 222-23) 이 지점에서 우혜경은 서경식이 재일조선인으로서의 정체성을 외부의 시선 혹은 객관적인 이주의 사실만으로 규정하는 것이 아니라 그 스스로 자신의 정체성을 규정짓고 있다는 점에 초점을 맞추고, 장뤼를 그에 대입해 본다. 서경식과 달리 장뤼가 중국 국적을 가지고 있다는 점을 신중하게 고려하면 서, 우혜경은 장뤼의 정체성을 단순하게 정의하지 않고 디아스포라 양상과 베이징 이주 지식인의 두 가지 측면에서 바라보고 있다. 이는 장뤼가 항상 머뭇거리고 회피했던 국족(nation) 정체성에 대한 관찰이라 할 수 있다. 장뤼는 최근 인터뷰에서 이렇게 말한다.

> 우리 같은 사람, 이쪽인가 저쪽인가 할 때 미묘하고 사람 대할 때마다 차이가 있어요. 정체성을 고정해버리면 불안감은 좀 적겠지요. 하지만 사실은 저처럼 사는 사람은 고정할 수가 없으니까 그래서 마지막에 흘러가는 두만강에 뿌리라고 하는 것도 그런 이유 같아요. 정체성이라는 거, 이산했든지 실향했든지 이런 게 계속 있으면 영원히 답이 없는 것 같아요. 시라도 좋고 소설도 좋고 영화도 좋고, 한 장면, 한 장면에서 상대방에게 느낄 수 있게 해서 유일하게 정체성을 말한다, 찾는다 하는 것밖에 없을 것 같아요. 고정되는 순간에 왜곡되는 거라.(정 성일 · 허문영, 2011: 79)

여기서 장뤼는 고정되지 않는 정체성을 이야기하고 있고 우혜경은 그것 을 두 측면으로 나눠 분석한 것이며 한 걸음 나아가 이런 장뤼의 정체성이

'그만의 영화 세계'를 구축하고 있다고 본다. '디아스포라 조선족'과 '중국 지식인' 사이에서 '유동하는 정체성(liquid identity)'이 그것이다. 그런데 장뤼의 정체성을 운위하기 위해서는 여기에 '세계시민적 정체성'을 추가해야 한다.

사이드는 21세기 초 런던 프로이트 박물관에서 행한 '프로이트와 비유럽인(Freud and the Non-European)'이란 강연에서 프로이트가 말년에 쓴 『모세와 일신교』(1939)를 분석하면서 프로이트의 정체성을 문제 삼았다. 그에 따르면, "이 책에는 자신의 연구에서 객관적 결과물을 찾으려 하는 과학자 프로이트가 있고, 다른 한편으로 유대민족의 정초자의 역사와 정체성을 통해 자기 자신과 자신의 고대신앙과의 관계를 탐구하는 유대지식인 프로이트가 있는데, 이 두 프로이트는 결코 깔끔하게 들어맞지 않'(사이드, 2005: 42-43)는다는 것이다. 우혜경은 사이드의 논의 또한 장뤼와 접목시키면서 "이전까지 장뤼의 영화들을 둘러싼 논의들은 … 후자(유대지식인 프로이트-인용자)만을 강조했다면 본 다큐멘터리 속에서 드러난 장뤼의 모습은 상대적으로 전자(과학자 프로이트-인용자)의 양상이 더 두드러지게 드러나고 있음을 알 수 있다."(우혜경: 16)고 결론짓는다. 그런데 사이드의 논의는 좀 더 심화시킬 필요가 있다. 왜냐하면 사이드는 강연의 마지막 부분에서 '프로이트의 미해결된 정체성 감각'으로부터 얻을 것이 많은데, 그것은 "가장 강고한 집단적 정체성조차도 거기에는 그것이 하나의, 오직 단 하나의 정체성으로 완전히 병합되는 것을 방해하는 내재적인 한계가 존재한다는 통찰에 대한 프로이트의 심오한 예증"과 연계되어 있기 때문이다. "유대인 정체성의 정초자 그 자신이 비유럽적인 이집트인이었다는 사실"은 많은 것을 시사해 준다. 당겨 말하면, 프로이트가 '필연적인 심리적 경험'이라고 말한 '세계시민적인 것의 정수'야말로 "유대인과 팔레스타인인의 땅에서 이스라엘과 팔레스타인이 서로의 역사와 그 기저에 깔린 현실의 적대자들이 아니라 함께 그 일부를 이루는 한 이민족국가(bi-national state)의 그리 불확실하지 않은 기초가 될 수 있을"(사이드: 82, 83, 84) 것으로 전망하는 것이 사이드의 결론이다.

이런 논의를 종합해 볼 때, 장뤼는 '디아스포라 조선족'과 '지식인 중국인' 사이에서 유동하고 있을 뿐만 아니라 때로는 양자를 아우르면서 뛰어넘는 '세계시민적 정수'의 층위를 아우르고 있다고 볼 수 있다. 그리고 이는 그가 자주 언급하는 '존엄(dignity)'으로 표현된다. 구체적인 텍스트를 통해 이상의 논의를 살펴보도록 하자.

2_ 상투성 배제의 영화 미학

장뤼 영화의 특이함은 그의 독특한 미학적 태도와 연관되어 있다. 자신은 미학을 추구하지 않는다 하지만 영화를 찍는 데 미학이 없을 수 없다. 그의 기본적인 미학은 '왜곡의 위험을 경계하면서 감정을 따라가 진실한 모습을 찍는 것'이다. 장뤼는 이렇게 표현한다.

> 영화는 어차피 감정을 따라가도 그 감정에 거리를 두고, 냉정하게 거리를 두면 크게 왜곡되지 않아요. 그런데 감정만 따라가면 왜곡될 위험이 제일 커요. 그래서 내 감정을 따라가다가 그래도 내가 바보가 돼버리면 안되잖아요. 그걸 지키는가, 못 지키는가 하는 게 중요해요.(정성일 · 허문영: 80-81)

'감정을 따라가되 냉정하게 거리두기'가 말처럼 쉽지는 않다. 감독의 감정선은 카메라의 시선 및 인물의 동선만큼이나 중요하다. 특히 장뤼는 이 감정선을 가장 중시한다. 그의 영화의 모든 출발점은 바로 이 감정선에서 출발한다고 해도 과언이 아니다. 정성일에 따르면 그의 시나리오는 간결하다.[3] 나머지는 촬영 당일 대본을 주거나 현장에서 지시한다. 아니면 기본 콘셉트만 알려주고 연기자에게 맡기기도 한다. 그에게 중요한 것은 감정을 왜곡하지 않는 진실함이다. 그러기에 그는 세트를 쓰지 않고 자신의 감정선을 따라 인물의 진실성을 표현하기에 적합한 장소를 찾아다닌다.

> 내 진실한 감정을 찾는데 내 마음에 맞는 공간을 찾았을 때를 보면, 아 이게 진짜 생활이다, 하는 공간이어야 돼요. 이게 지금 우리 사는 모습이다, 하는 걸 본능적으로 찾아요 … 내 마음에 드는 공간이 썰렁하더라도 거기 인물이 진실하면 거기서 찍어요.(84)

할리우드 영화문법에 익숙한 관객들에게 장뤼의 영화는 쉽지 않다. 현실을 뛰어넘어 가상의 대리만족을 추구하는 관객들에게 장뤼의 영화는 현실의 삶을 뛰어넘지 못하게 만들기 때문이다. 이런 감독의 미학을 연기자가 이해하기는 더욱 어렵다. 그러기에 그는 출연자들에게 '과장을 경계하는 통제된 연기'를 요구한다.

> 내 스타일은 세월이 지난다 해도 이것이 진실과 관계가 되는가, 되지 않는가하는 거지요. 그래서 나는 배우들에게도 연기를 하지 마라, 하지 마라 하고, 거기에 아직도 집착해요 세월이 지나서 연기들이 탄로날 적에 그 영화의 이야기들이 많이 손상돼요.(90)

---

3) 이를테면 <이리>의 첫 시작에서부터 진서가 쓰러지는 장면인 일곱 번째 신까지의 시나리오는 1쪽 남짓에 불과하다(정성일, 2011: 508-9 참조).

시간의 고험(考驗)을 견디지 못하는 탄로날 연기가 이야기에 손상을 준다는 것이다. 장뤼의 연기에 대한 태도는 히치콕(Alfred Hitchcock)을 연상시킨다. "배우는 가장 단순하게 행동해야 하고 때로 극히 중성적이어야 하며 카메라가 나머지를 알아서 해야 한다는 그(히치콕-인용자)의 엄격함은 여기에서 연유한다. 이 나머지가 바로 본질 혹은 정신적 관계항이다." (들뢰즈, 2002: 364) 배우의 인위적 연기보다 카메라를 통해 진짜 관계항 안으로 들어가게 한다. 이런 맥락에서 장뤼는 세트에서 찍지 않고 감정에 맞는 공간을 찾아다닌다. 사실 장뤼의 배우에 대한 요구는 새로운 것이 아니다. 들뢰즈는 이탈리아 네오리얼리즘이 연계했던 '비-전문직 배우'와 함께 '전문적인 비-배우'라는 개념을 제시한다. "행동하기보다는 바라보고 또 바라볼 수 있게 할 줄 아는 배우들, 대화에 응하거나 따르기보다는 때로 침묵 속에 머물 수 있고, 또 때로는 끝없이 의미 없는 대화를 시도할 수 있는 배우들, 즉 '매개체로서의 배우'라 부를 수 있는 배우들"(44)이 그것이다.

진실한 감정을 따라가되 냉정하게 거리두기, 과장을 경계하는 통제된 연기, 그리고 마음에 드는 공간 찾기 등은 장뤼 영화미학을 구성하는 주요 요소다. 이것은 장뤼의 영화미학은 상투성(cliché)을 극도로 경계하고 있다는 것을 드러낸다. 상투성은 들뢰즈 철학의 출발점이다. 들뢰즈에게 상투성은 총체성이나 연쇄성이 부재하는 이 세계 내의 집합을 이루는 것들이다.(374) 박성수는 상투성을 키워드로 삼아 들뢰즈의 『시네마』의 기획 의도를 다음과 같이 독해했다. 새로운 변화를 포착할 수 있는 새로운 사상과 이론이 출현하지 않은 세계는 도처에서 상투성이 지배하게 된다. 우리의 내적 세계도 예외는 아니다. 이는 대안적인 이념이나 새로운 사유가 부재하는 전면적인 이데올로기적 상황으로, 들뢰즈의 표현을 빌면 '질식할 것 같은 상황'이다. 상투성을 벗어나려는 모든 노력이 또 하나의 상투적인 이야기 또는 내러티브가 되어버리는 상태가 바로 들뢰즈가 묘사하는 고전적 사유와 영화의 패러다임이라는 것이다. 그러므로 상투성을 벗어나기 위해 새로운 이미지, 새로운 기호 또는 이미지의 새로운 배치를 찾으려는 것이 들뢰즈의『시네마』의 기획이 된다.(박성수, 2004: 92-94 요약) 장뤼가 들뢰즈의 영화철학을 공부했다는 증거는 없지만 상투성을 경계하고 있다는 점에서 들뢰즈와 연계되어 있다고 볼 수 있다. 이를 통해 장뤼가 추구하는 것은 '인간의 존엄'이다.

3_ 환대와 감사의 변증법적 절합

인간의 존엄을 추구하는 장뤼는 '환대와 감사의 변증법적 절합'을 시도하고 있다. 우선 <두만강>을 보자. 2011년 서울에서 개봉된 이 영화는 '도식성' 또는 '관념성' 논쟁을 불러일으켰다. 장뤼의 영화에서 "찰나적 사실들이 일으키는 놀라운 환상의 경험들은 허다하다"고 보는 정한석은 우호적인 평가를 바탕으로 '탈북자의 순희 겁탈'과 '창호의 투신'의 진행방식에 문제를 제기하면서 "필연이고자 했으나 끼어든 당위의 개입"으로 인해 '도식적 기호화가 작동'한 것으로 평가한다.(정한석, 2011) 이에 반해 남다은은 '창호의 투신'을 이해하기 위해서는 '창호가 옆으로 누워있는 첫 장면'과 '두부방 장면'을 우회해야 한다면서, "두 지점에서 창호는 스스로를 죽은 사람처럼 다루거나, 혹은 그는 죽은 사람처럼 다뤄지고 있다"(남다은, 2011)고 평한다. 이어서 창호가 '죽음의 위협에 당면한 탈북 소년들'과 '공동의 운명을 지닌 존재처럼 보인다'며 창호와 정진의 관계를 되짚어간다.

사실 장뤼는 인터뷰에서 창호의 투신이 과도하고 추상적이라는 허문영의 지적에 "창호와 정진이의 과정은 그 계단을 다 넘은 거예요"라고 답한다. 여기서 '그 계단'이란 '목숨을 건 약속'이라는 의미다. 정진이 강을 건너온 다는 건 목숨을 거는 거고, 그쪽 친구가 목숨을 걸고 약속을 지켰으니까 창호도 목숨을 거는 것밖에 없다는 것이다. 밖에서 볼 때는 목숨을 안 걸어 도 된다 생각하지만, 그 상황에서 두 사람의 관계에서 그것은 아주 진실하 다는 것이 장뤼의 생각인 것이다.(정성일·허문영: 88-89)

여기서 잠깐 <두만강>을 수잔 비에르(Susanne Bier)의 <인어베러월 드(In a Better World)>와 비교할 필요가 있다. 이 영화도 두 소년, 크리스 티안과 엘리아스의 우정을 다루고 있다. 특히 마지막 장면에서 엘리아스가 죽은 줄 알고 자살하려는 크리스티안은, 자신과 약속을 지키기 위해 두만 강을 건너왔다가 중국 공안에게 잡혀가는 정진에게 자신의 마음을 보여주 려 투신하는 창호의 모습과 중첩된다. <인어베러월드>는 시간을 지연시 키다가 관객들의 기대를 저버리지 않고, 그러기에 또 다른 클리셰가 되어, 적절한 시점에 엘리아스의 아빠가 크리스티안을 구하지만, <두만강>에 서 창호는 어른들이 만류할 틈을 주지 않고 도움닫기를 위해 잠시 물러났 다가 투신하고 만다. 이렇게 상투성을 극복하려는 노력은 화면에서 허망해 보이지만, 그 여운은 길게 남는다.

'북쪽과 옌볜 사람들의 갈등'에 초점을 맞췄다는 이 영화가 자칫 '탈북 소년'과 '동포애 가득한 조선족 소년'의 우정으로 전락하지 않고 '세계시민 적 정수'로 승화할 수 있었던 것은 바로 '환대와 감사의 변증법적 절합' 때문이라 할 수 있다. 처음 만난 정진이 먹을 것을 요구할 때 창호는 그에 부응하고 이후 계속 먹을 것을 제공하는 역할을 한다. 이때 창호에게는 동정이 없고 정진에게는 비굴함이 없다. 그렇다고 정진이 창호에게 감사하는 마음이 없는 것은 아니다. 다만 물적으로 감사를 표시할 수 없었을 뿐이다. 그러므로 정진이 창호에게 감사를 표시할 수 있는 것은 몸(축구)이다. 그러기에 축구 약속을 지키기 위해 목숨을 걸고 강을 건너온 것이다. 그 과정에 미사일 모형 선물은 특이하다. 남다은은 우표를 대신한 미사일을 감독이 관객에게 던지는 의미장치로 독해한다. "편지의 오고 감이 아니라 한번 발사되면 돌아오지 못하고 어디선가 폭발해야만 하는 운명." 이렇게 표시된 정진의 감사는 누나 사건으로 인해 증오를 가졌던 창호를 환대하고 창호는 그에 대한 감사를 생각한다. 이처럼 '환대-감사/환대-감사'의 고리는 정진의 체포와 창호의 투신으로 끝났지만 그들의 존엄은 사라지지 않는다.

물론 환대에 대해 감사로만 표시하는 것은 아니다. 탈북 청년은 순희 할아버지가 재워주고 순희가 밥도 주고 술도 준 환대를 겁탈로 갚기도 한다. 힘들게 탈출해 나왔는데 갑자기 텔레비전에서 김정일 찬양 방송을 보고 기시감(déjà-vu)으로 인해 공황상태에 빠질 수 있음을 이해하지 못할 바 아니지만 그것이 꼭 겁탈로 이어져야 하는지는 여전히 의문이다(물론 그 장면을 텔레비전 화면으로 처리한 것은 감독의 남다른 예의 표시다).

'환대와 감사의 변증법적 절합'을 통한 존엄은 <경계>에서도 볼 수 있다. 탈북 모자 순희와 창호가 도착한 몽골 초원에서 항가이는 오랜 유목민의 전통에 따라 이들을 환대한다. 이에 대한 감사로 순희 모자는 항가이의 일—나무 심기, 물 긷기, 말똥 줍기 등—을 돕는다. '유사 가족'을 연상케 하는 생활에서 일어난 한 사건은 장뤼의 존엄 표현 방식을 극명하게 보여준다. 다름 아닌 순희가 양을 찌르는 사건이다. 항가이의 환대에 대한 감사와 항가이의 무례에 대한 응징을 나눠 대응한 순희의 태도는 인간 존엄의 극치라 할 수 있다. 장점으로 허물을 덮지 않고 그 거꾸로도 아닌 절제. 결국 순희의 절제된 태도를 통해 깨달음을 얻은 항가이는 모자의 가는 길을 축복해주는 것(또는 그렇게 창호가 생각하는 것)으로 감사를 표시한다.

그런데 초기작 <망종>에서는 '환대'가 거짓일 수도 있음을 보여준다. 순희는 '환대'에 감사를 표시하지만 배신당하고 만다. 여기에 아들 창호까지 사고로 죽자 그녀는 복수를 감행한다. 이 글에서 보고자 하는 '환대와 감사의 변증법'은 볼 수 없지만, 그 궁극인 '존엄'은 다른 방식으로 표현되고 있다. 이를테면 두 번의 성애 장면에서 순희의 벗은 몸을 보여주지 않는 것이 그것이다. 처음 환대에 대한 반응으로 조선족 김씨와의 섹스 장면에서 남성의 몸은 보여줄지언정 순희를 노출시키지 않는다. 공안원 왕씨의 성폭행에서도 순희의 시선으로 왕씨의 벗은 몸을 보여준다. 이에 대해 감독은 이렇게 말한다. "근데 거기서는 내 마음이 그렇게 못하겠더군요. 그렇게 어렵게 살아온 여자를 벗기기까지 하면, 내가 나쁜 놈이 된다는 생각, 하여튼 그러면 안 된다는 생각이 들었어요."(정성일 · 정우열, 2011: 337)[4] 장뤼에게 인간의 존엄은 궁극이라 할 수 있다.

4_ 횡단의 문화정치학

장뤼의 영화는 경계 또는 경계에 서 있는 사람들을 다루고 있다. 사막지대와 초원지대의 경계를 가리키는 몽골어 '히야쯔가르(Hyazgar)'를 부제

---

4) 이에 반해 경찰과 같은 "권력이 있는 사람들은 그렇게 피해를 줘도 괜찮다고 생각합니다. 그게 괘씸하고 아파서 그렇게 보여 줬어요"(같은 곳)라고 하여 힘없는 사람을 괴롭히는 공권력을 대표하는 공안원을 벗기는 데는 주저하지 않고 있다. 이는 <重慶>에서 또 다른 공안원을 전라로 거리를 걷게 한 것과 비슷하다.

로 삼고 있는 <경계>가 대표적이다. 이 영화에서 사람들의 관계는 경계로 표현된다. 유목민이면서 정주하고 있는 몽골인 항가이와 정주민이지만 탈주하여 떠돌아다니고 있는 조선인 순희 모자는 유목과 정주의 경계를 넘나들면서 사막과 초원의 경계에서 조우한다. 항가이와 순희 모자는 몽골어와 조선어의 경계를 넘나들지는 못하지만 나무 심기, 마유 끓이기, 말똥 줍기 등의 노동을 통해 교류한다. 순희 모자 또한 항가이와 함께 머물고 싶어 하는 창호와 떠날 것을 고집하는 순희는 머묾과 떠남의 경계에서 머뭇거린다. 들뢰즈에 따르면, "영화화되어야 할 것은 어떤 의미에서는 시네아스트(cinéaste. 영화인-인용자)가 뛰어넘어야 하는, 그리고 또 어떤 의미에서는 실제 인물이 뛰어넘어야 하는 이들 사이의 경계이다."(들뢰즈, 2005: 301) 영화인과 실제 인물이 뛰어넘어야 하는 양자 간의 경계, 잠재적인 것과 실재적인 것 사이에 존재하면서 융합되어야 하는 경계를 이름이다. 이는 들뢰즈 영화철학의 핵심인 '시간-이미지' 가운데 세 번째 이미지를 설명하기 위한 것으로, 그것은 "하나의 생성 속에서 이전과 이후의 시간을 분리하는 대신 이들을 결합하는 **시간의 계열**에 관한 것이다. 그의 역설은 순간 그 자체에 지속하는 간격을 도입했다는 점이다."(303-강조는 원문) 들뢰즈의 설명은 <경계>의 마지막 장면에 부합한다.

김소영은 이 부분을 영화학적으로 읽어낸다. "쁠랑 세깡스(하나의 숏으로 이루어진 씬)이기 때문에 이러한 환상의 기습적 틈입은 놀라움을 불러일으킨다. 갑자기 난간에서 펄럭이는 푸른색 술들은 이들을 환영하는 것처럼 혹은 불길한 전조처럼 보이기도 한다."(김소영, 2010: 17-18) 창호의 시선으로 보이는 카메라의 패닝 전의 적갈색 다리에 푸른색 술들이 바람에 날리고 있는 쁠랑 세깡스(plan-sequence. 시퀀스 쇼트: 단일한 쇼트로 촬영된 한 장면)는 바쟁(André Bazin)이 "카메라가 연속적인 테이크 속에서 움직이는 트래킹 쇼트를 묘사하기 위해 만든 용어"(보그, 2006: 70)다.

경계를 넘어온 순희-창호 모자는 또 다시 경계를 넘고자 한다. 몽골에서 국경을 넘으면 어디가 될지 그들의 목적지가 어딘지는 분명치 않다. 항가이와 함께 머물고 싶어 하는 창호를 재촉해 다시 여정에 오르는 순희의 모습은 루쉰의 '나그네'를 연상케 한다. 그리고 창호의 시선에 모자의 앞길에 몽골인들의 환대를 의미하는 푸른색 술들이 나부끼고 있다. 창호가 두 번 보여주었던 제자리 돌기와 융합되는 것처럼 느껴지는 순간순간 패닝하는 카메라의 시선을 우리가 따라간다면 이는 창호의 바람일 것이고 항가이의 마음일 것이다. "영화를 이루는 것, 그것은 영화보다 사람에 흥미를 갖는 것이며, '미장센의 문제'보다 '사람의 문제'에 흥미를 갖는 것으로서, 그것은 카메라가 사람들 편으로 넘어가지 않는다면 사람들은 카메라 쪽으로 넘어올 수 없기 때문"(들뢰즈, 2005: 301)이라는 들뢰즈의 논단은 장뤼의 영화에 정확하게 부합한다.

장뤼의 영화는 대부분 이중 언어 배경을 가지고 있다. <당시>를 제외하면, <망종>에서는 중국어와 옌벤어, <경계>에서는 몽골어와 북한어, 그리고 <충칭>에서는 중국어와 한국어, 푸퉁화(普通話)와 쓰촨(四川) 방언, <이리>에서는 한국어와 중국어, <두만강>에서는 옌벤어와 북한어 그리고 중국어가 사용되고 있다. 그 가운데 <경계>에서는 상호 소통되지 않고 <충칭>에서는 쓰촨 방언이 푸퉁화를 억압하고 있다. 데리다가 언급했듯이, 이방인에게 중요한 것은 죽어서 돌아갈 곳과 모국어이다. 죽어서 모국에 돌아가지 못하더라도 모국어를 '최후의 고향' 또는 '최후의 보루'로 간주한다는 것이다. <망종>에서 아들에게 조선어를 가르치는 순희, <충칭>에서 쓰촨 방언을 쓰지 않는 딸이 싫다고 가출하는 아버지 등은 바로 모국어 또는 지방어를 자신의 마지막 보루라고 생각하는 사람들이다. 그러나 그들의 소망은 자기 세대에 그칠 뿐이다. 자식 세대는 현지어와 푸퉁화에 익숙할 뿐 모국어와 방언에 소홀하다.

횡단과 유목은 질 들뢰즈와 펠릭스 가타리의 핵심 개념이다. 이진경에 따르면, 그들은 푸코와 유사하게 근대 사회에서 작동하고 있는 미시적 권력의 작용점을 다양한 영역에서 찾아낸다. 권력은 생산적인 힘(능력)과 의지(욕망)를 특정한 형태로 코드화하거나, 특정한 영역으로 영토화한다. 그러나 욕망은 영토화에 선행하고 거기서 벗어난다(탈주). 욕망은 새로운 연구 주제를 찾아내고 기존의 분과를 가로지르면서(횡단) 새로운 연구 영역을 창출해낸다. 이런 과정을 탈코드화하고 탈영토화하는 운동이라고 부른다. 이것은 또 다시 권력에 의해 재코드화되고 재영토화된다. 하지만 또다시 탈코드화하고 탈영토화하는 운동이 시작된다. 그것은 새로운 것이 끊임없이 만들어지는 반복이란 점에서 차이의 반복이다. 이처럼 탈코드화하고 탈영토화하는 운동을, 특정한 코드와 영토에 '정착시키고 고정시키려는 권력의 지대(地帶)를 횡단하면서 끊임없이 이동하며 새로운 영토를 생성해낸다는 점에서 '유목(nomad)'이라고 부른다.(이진경 편저, 2007: 52-53 요약)

장뤼는 베이징 주변에서 조선족 순희와 한족 기녀들의 유대관계를 통해 민족(ethnic)을 횡단하고 몽골의 히야쯔가르에서 몽골어와 조선어, 몽골인과 북한인을 횡단한다. 순희-창호 모자와 항가이는 민족과 언어가 달라도 소통이 가능하고 환대하고 감사한다. 두만강의 양안은 국경으로 나뉘어 있지만 그곳은 하나의 생활권이라 할 수 있다. 예전에는 옌볜에서 북한으로 식량을 구하러 갔고 지금은 거꾸로 되었을 뿐이다. 창호와 정진은 자신이 줄 수 있는 것을 상대방에게 베풀고 환대한다. 이렇게 그는 영화를 통해 끊임없이 탈영토화의 유목을 지속하고 있다. 이산(離散)된 공공 영역들(diasporic public spheres. 아파두라이, 2004: 12)을 꿈꾸면서.

7장: 소수자 문학의 관점에서 고찰한 중국 내 '동남아 중어문학' 연구

이 글은 '동남아 중어문학'에 관한 '중국 내 연구 성과[1]'를 리뷰하는 동시에 그 쟁점을 추출해 분석한 후 '동남아 중어문학'의 출로를 전망해 보는 글이다. 동남아 지역의 중어문학은 그동안 화문(華文)문학, 화인(華人)문학, 화인화문(華人華文)문학 등 다양한 기표로 표기되었다. 화문문학은 언어(language)에, 화인문학은 민족(ethnic)에 초점을 맞춘 것으로, 전자는 중어로 쓴 작품을 아우르고, 후자는 중국인이 쓴 작품을 가리킨다. 화인화문문학은 언어와 민족 두 가지를 동시에 또는 통합적으로 적용한 것이다. 이는 언어 또는 민족 어느 하나만을 기준으로 적용할 때 생기는 문제점을 해결하기 위해 양자의 교집합, 즉 '화인의 화문'을 기준으로 삼았다는 점에 의미가 있지만, 여전히 외형적 기준에 그치고 있다. 중요한 것은 중어로

---

1) 이 글에서 '중국 내 연구 성과'란 중화인민공화국에서 발표된 연구 성과를 지칭한다. 여기에서는 필자의 국적과 거주 지역을 특별하게 문제 삼지 않았다.

창작하는 동남아 중국인 작가들의 토착화(indigenization) 과정을 어떻게 볼 것인가 하는 문제. 이 글에서는 이들 미끄러지는 기표들(floating signifiants)을 '동남아 중어문학'이라는 기표로 잠시 고정시키고, 창작주체의 토착화 과정에 초점을 맞추어 단계별로 화교(華僑. overseas Chinese)-화인(華人. ethnic Chinese)-화예(華裔. Chinese ethnic)로 설정한 후, '소수자 문학(minority literature)'의 관점에서 중국 내 '동남아 중어문학' 연구 성과를 분석하고 쟁점을 평가하고자 한다. '소수자 문학'이란 들뢰즈(Gilles Deleuze)와 가타리(Félix Guattari)가 카프카(Franz Kafka)를 연구하면서 제창한 개념으로, 프라하의 유대인들이 독일어로 창작하는 현상을 분석하면서, '언어의 소수적인 사용'을 지칭한 개념이었다. 인구 면에서 세계 최대의 다수자인 중국인이 거주국으로 이주한 후에 소수자로 바뀐 현실을 어떻게 수용하는가 하는 문제와 연결시켜 볼 때, '소수자 문학' 개념은 특히 '화예문학 단계'에서 중어를 어떻게 사용하는지를 고찰할 때 유용한 개념으로 보인다.

1_ 중국문학, 중어(漢語/華文)문학, 중국인(漢人/華人)문학

최근 중국근현대문학사는 새롭게 구성되고 있다. 관행이었던 5·4기점이 부정된 지 오래고 범위도 지속적으로 확장되고 있다. 기점 면에서 '20세기중국문학사'(黃子平·陳平原·錢理群, 1985) 담론에서 1898년을 기점으로 제시했고 '두 날개 문학사'(范伯群, 2007; 판보췬, 2015) 담론에서는 그것을 1892년으로 앞당겼으며 심지어 어떤 논자는 1851년 태평천국 시기(王德威, 2003)로 앞당기기도 한다. '두 날개 문학사' 담론에서 고대문학과 근현대문학의 환승역으로 설정한 한방칭(韓邦慶)의『해상화열전(海上花

列傳)』을 기준으로 본다면 5·4에 비해 약 30년 가까이 거슬러 올라가는 것이다. 문학사 범위도 지속적으로 팽창하고 있다. 삼분법 시기의 셴다이(現代)문학사는 좌익문학사였지만, '20세기중국문학사' 담론에서 우파문학을 복권시켰고 '두 날개 문학사' 담론에서 통속문학을 복원시켰다. 여기까지는 이른바 '국가' 범위라 할 수 있다. 21세기 들어 중국근현대문학사는 자기 변신을 통해 초국적으로 팽창하고 있다. '중국문학'으로부터 '중어문학'으로 그리고 '중국인문학'으로 자기 변신하고 팽창하면서 재구성 단계에 들어섰다. 이들 담론은 중국근현대문학사를 고정된 실체로 보기보다는 유동적인 개념으로 이해함으로써 포스트주의(postism)와 궤를 같이 하고 있다. 중요한 것은 어느 기점과 어떤 범위가 타당한가라는 질문보다, 그 기준이 무엇이고 기점과 범위에 대한 논의를 통해 중국근현대문학사를 바라보는 시야(perspective)를 어떻게 확보할 수 있는가라는 문제설정일 것이다.[2]

이들 중국근현대문학사 담론 가운데 이 글의 주제와 관련해 주목할 부분은 그 범주를 언어(language) 중심으로 설정하느냐 아니면 민족(ethnic) 중심으로 설정하느냐 하는 문제이다. 이를테면 중국어, 특히 푸퉁화(普通話. Mandarin) 작품을 기준으로 삼으면 중국 내의 방언과 소수민족 작품을 배제하면서 해외 화교/화인의 중국어 작품뿐만 아니라 외국인이 쓴 중국어 작품도 포함하게 된다. 일부 논자는 중국, 동남아, 유럽-아메리카 및 호주의 화인사회를 세계 중어문학의 삼대 중심(周宁, 2008: 67)으로 꼽기도 한다. 반면 민족 중심으로 가게 되면, 중국(nation-state) 내의 중국인뿐만 아니라 해외의 화교/화인의 중국어 작품에다가, 그들이 외국어로 쓴 작품도 포함하게 된다.

---

2) 이 부분은 임춘성, 2010b: 408-9의 내용을 토대로 이 글의 맥락에 맞춰 수정 보완했다.

물론 모든 논자들이 팽창적인 것은 아니다. 예를 들어 천궈언(陳國恩)은 동남아를 포함한 해외 중어문학을 중국 근현대문학사에 포함시키는 것을 반대한다. 포함 행위는 표면적으로 볼 때 중국 근현대문학사의 용량을 확충하는 것이지만 실제로는 문학의 국족 정체성과 국별 주체의 확정이라는 문제에 관련된다는 논리다. 동남아 중어문학은 그 국별 주체의 정체성 문제에 특히 민감하므로 천궈언은 해외 중어문학을 대륙 학자들이 연구할 수는 있지만 중국근현대문학이라는 학과로 포함할 수는 없다고 주장했다. (陳國恩, 2010: 112) 그러나 천궈언의 주장은 소수의견에 속하고, 대부분의 담론에서 '언어(漢語/華文)'를 기준으로 삼는 '중어문학'과 '사람(漢人/華人)'을 기준으로 내세우는 '중국인 문학'은 가능한 넓은 범위를 지향한다는 점에서 최근 중국의 팽창주의와 궤를 같이 한다. 중국의 팽창주의는 페이샤오퉁(費孝通)의 「중화 국족의 다원일체 틀(1988)」(費孝通主編, 2003: 3-43)에 근거한 중화인민공화국의 국민화 담론과 궤를 같이 하고 있다. 이는 또한 최근 들어 강조되고 있는 중국몽과 연계되어 있고, '글로벌 차이나' 또는 탈아입'구'(脫亞入'球')3)의 흐름과도 일맥상통한다.

　　이런 문제의식을 동남아의 중어/중국인 문학에 대입시키면, 중국어로 쓴 작품은 중어(華文)문학이 되고 화교/화인들이 쓴 작품은 화교/화인 문학이 된다. 이 글에서는 중어 작품에 초점을 맞추고 그 가운데서도 본지인이나 기타 외국인이 쓴 것이 아닌, 동남아 중국인들이 쓴 중어문학에 초점을 맞춰 그것을 '동남아 중어문학'으로 명명하고, 동남아 중어문학의 창작주체들의 토착화 과정에 초점을 맞춰 그들이 세대별로 변화했다는 점에 주목해서, 그것을 화교-화인-화예로 나누어 고찰하고자 한다.4) 이 글은 중국

---

3) 이는 일본의 탈아입구(脫亞入歐)적 경향에 대해, 개혁개방 이후 중국의 탈아시아화의 흐름을 지칭하기 위해 필자가 만든 용어다.

근현대문학 연구자의 입장에서 동남아 중어문학에 대한 중국 내 연구 성과를 점검하는 과정을 통해 몇 가지 쟁점을 추출해 분석함으로써 동남아 중어문학의 향후 전망을 검토해 보고자 하는 의도에서 기획된 글이다.

2_ 동남아 중어문학: 화교(華僑)문학–화인(華人)문학–화예(華裔)문학

동남아 중어문학은 흔히 "중국인이 해외로 이주한 후 형성된 이민문학"(胡月霞, 2005: 55)으로 해석되었고, 좀 더 유연하게는 "중화 전통문화를 유전자로 삼고 본토문화의 전통과 외래문화의 영향을 받은 문학"(楊振昆, 1995: 89)으로 이해되었다. 이에 따르면 동남아 중어문학은 '중화 전통문화를 토대로 본토문화와 외래문화가 혼성된 중국인의 이민문학'인 셈이다. 이런 각도에서 바라보면 동남아 중어문학은 전체 중국문학의 지류인 셈이다. 그러나 최근의 연구는 이런 흐름과 일정한 거리가 있다. 중국문학의 지류로 보는 것이 아니라, 중화문화와 동남아의 독특함이 혼종된(hybrid) 산물로 바라본다.

말레이시아 중국인 학자 후웨시(胡月霞)는 '이민 심리'와 '본토 심리'를 키워드로 삼아 동남아 중어문학을 검토하면서 "다양한 문화체계와 문학전통이 복잡하게 얽힌 교차 영향이 동남아 중어문학의 특수한 경관을 형성했고, 이런 경관은 주인과 손님이 교차하고 중첩된 심리를 조성했다"고 평한 바 있다.(胡月霞: 60) 그녀는 동남아 중어문학의 특수한 경관을 인정했지만, 대륙의 유학 경험 때문인지 그녀가 말하는 본토 색채는 동남아 중어문학의 독특한 의상(衣裳)을 강조하는 동시에 중화문화의 영향을 경시할 수 없음도 아울러 언급하고

---

4) 김혜준(2011)은 화인화문문학이라는 개념을 제시했는데, 이는 세계 디아스포라 문학의 한 부분인 화인문학의 하위 개념에 해당한다. 이는 필자의 문제의식 및 접근방식과 다르다.

있다. 문제는 중화문화와 동남아의 독특함이 어떻게 본토 색채를 구성했고, 본토 문화심리는 이민 문화심리와 어떻게 교차되고 중첩되었는가이다.

오랜 기간 동남아 중어문학 연구를 수행해온 왕례야오(王列耀)는 츠레이밍(池雷鳴)과 함께 쓴 「차이와 접근」에서 동남아 중국인 사회에 다원적인 변화가 일어남에 따라 동남아 중어문학 작가의 창작 심리도 변했다고 진단했다. 특히 거주국에서 태어나고 성장한 작가—왕은 이를 화예(華裔) 작가라고 부른다—들이 등장해, 신예 화예작가와 원로 화인작가가 함께 활동하는 새로운 국면이 형성되었다. 이 두 부류의 작가들은 다르면서도 같고 같은 가운데 다름이 있다. 이들은 거주국 소수민족 문학으로 생존 발전을 추구한다는 공통점을 가지고 있다.(王列耀·池雷鳴, 2008: 6) 왕례야오가 보기에 동남아 중국인은 자신의 중국인 혈통과 전통에 대한 동일시라는 공통점을 가지고 있지만 그 동일시의 수준이 모두 같지는 않다. 이들을 중국인 혈통과 전통에 대한 동일시 정도에 따라 화교, 화인, 화예로 나눌 수 있다. 이는 시간의 흐름과도 궤를 같이 하고 있다. 그동안 화교와 화인은 구별했지만, 화인 가운데 본토에서 태어나고 성장해 자발적으로 거주국 정체성을 선택하는 사람들을 화예로 변별한 것은 왕례야오의 공헌이라 할 수 있다. 이 글에서도 화예 개념을 적극 수용하고자 한다.

왕례야오의 논의를 좀 더 따라가 보자. 그는 동남아 중어문학을, 화교문학에서 화인문학으로, 그리고 화인문학에서 화인 민족/화예(Chinese ethnic) 문학으로 전변했다고 본다. 전자는 1950-60년대에 작가의 국가 정체성이 중국 공민에서 거주국 국민으로 바뀐 것에 기인하는데, 이에 따라 화교문학은 '중국문학의 해외 지류'라는 옷을 벗어 던지고 거주국 문학에 귀속되는 화인문학이 되었다. 후자는 1980-90년대 전후 작가의 정체성 의식이 의례(儀禮)적 입적(入籍)으로부터 실질적 입적으로 바뀐 것에 기인한다.[5)]

바꿔 말하면, 입적 의식을 치른 지 약 30년의 시간이 경과하면서 그 후에 출생한 새로운 세대의 화예들이 출생·성장해 문단의 신인으로 등장했고, 이는 거주국에서 화인 민족이라는 소수민족문학이 된 것이다.(王列耀·池雷鳴: 6-7) 왕례야오가 주목하는 것은 바로 이들이 중심이 된 '동남아 중어문학의 토착화 과정'이라 할 수 있다. 즉 중국적 특색이 농후한 화교문학에서, 거주국의 국적을 취득함에 따라 몸은 거주국 국민이지만 마음은 여전히 중국에 매여 있는 화인문학의 단계, 그리고 거주국에서 태어나고 자란 자신의 현실을 인정하고 소재국의 국족 정체성의 토대 위에서 중국적 특수성(ethnic identity)을 추구하는 화예문학의 단계로 접어든 것이다. 이 토착화 과정은 당연하게도 모순으로 충만한 자기조정의 과정이라 할 수 있다. 인구 면에서 세계 최대의 다수자인 중국인이 거주국으로 이주한 후에 소수자로 바뀐 현실을, 화교문학 단계에서는 인정하지 않았고, 화인문학 단계에서는 현실을 받아들이긴 했지만 그리 탐탁지 않게 여겼다면, 화예문학 단계에서는 그것을 수용한 후 중어문학의 특색을 어떻게 구현할까라는 점에 초점을 맞춘 것으로 이해할 수 있다. 화예작가 가운데 일부는 이족(異族)서사에 관심을 기울이기도 한다. 이족서사란 소수 화예작가가 민족(ethnic) 잡거의 상황에서 복잡하고 미묘한 잡거 경험에 대한 느낌과 상상 그리고 표현의 방식을 가리킨다.(王列耀, 2007: 166) 이는 문학을 통해 자신과 다른 각종 민족 및 담론과 교류하려는 적극적인 노력이라 할 수 있다. 화예작가의 이족서사는 이들이 소수자이면서도 거주국에서 주변인에 머물지 않을 가능성을 보여준다 할 수 있다.

화교문학 단계에서 화인문학 단계로, 그리고 다시 화예문학 단계로 진행된 토착화 과정은 자기조정 과정이었다. 이 과정은 한 국가 내의 다수자와

---

5) 이를 '피동적 본토화'에서 '자각적 본토화'로 전변했다 표현할 수 있다. '자각적 본토화'라는 개념은 莫海斌(2006)에서 맥락을 달리하여 가져왔다.

소수자의 관계라는 측면에서, 중국 내 소수민족의 정체성을 바라보는 관점과 일맥상통하는 지점이 있다. 그것은 바로 한족 정체성의 입장이다. 중국 내에서 소수자를 억압하는 '한족(Han ethnic)-중화 국족(Chinese nation)-중국(China state)'의 '삼위일체 정체성'[6]은, 동남아 각 거주국에서 역으로 소수자가 되었음에도 불구하고, 화교 단계에서는 견지되었고 화인 단계에서는 거주국 정체성과 혼합된 상황에서 주도적 위치에 놓여 있었다면, 화예 단계에서는 부차적 지위로 전환되었다고 말할 수 있다. 그렇다면 입장을 바꿔 생각해 볼 필요가 있다. 중국 내 소수민족처럼 동남아의 화인 민족도 동남아 각국의 궁극적인 통합 대상이 될까? 이는 대답하기 어려운 문제다. 양자 모두 자국 내에서 정치적인 통합 대상이겠지만 문화적으로는 간단치 않다. 특히 현지 국가에 대한 동일시(identification)의 수준이 다른 상황, 즉 화교-화인-화예의 단계적 특수성을 염두에 두어야 한다. "현실 정치는 문화적 국족을 억압하고 정치적 국족을 지향"하므로, "중국 소수민족의 정체성을 고찰하기 위해 우리는 정치적 국족을 억제하고 문화적 국족을 지향하며 주변화와 타자화의 기제를 해체할 수 있는 '문화중국'의 비전을 만들어낼 수 있어야 하"[7]듯이, 화예의 존재를 억압하지 않는 '문화 동남아'—실제로는 '문화 말레이시아', '문화 베트남', '문화 타일랜드' 등—의 비전을 만들어 낼 수 있어야 할 것이다.

3_ 동남아 중국인과 홍콩인: 탈중국과 포스트식민

왕례야오가 중국 대륙 또는 '한족-중화국족-중국' 정체성과의 연관 속에

---

6) 이 책 5장 참조
7) 이상 이 책 5장 참조

서 동남아 중어문학을 고찰했다면, 왕룬화(王潤華)와 황진수(黃錦樹) 등은 그것을 포스트식민주의 관점에서 바라보면서 탈중국의 문제의식을 제기했다.

오랜 시간 싱가포르에서 생활한 왕룬화는 "본토의 지식 자본을 중시하고 자신의 특수한 문화담론(주변 담론)으로 해석해야지, 중원문화에서 형성된 해석 모델에 복종해서는 안 된다."[8]고 하면서 본토성(locality)과 주변성(marginality)을 강조했다. 이는 타이완 유학 경험이 있는 말레이시아 중어작가 황진수, 장진중(張錦忠), 린젠궈(林建國) 등과 더불어 포스트식민주의 관점을 대변한다. 이들은 포스트식민 담론이 '마화(馬華)문학'/말레이시아 중어문학의 발전에 일정 정도 성찰 작용을 일으켰다고 본다. 황진수는 "말레이시아 중국인의 복잡한 정체성/마화문학의 복잡성은 일찌감치 포스트식민의 의제가 되었다. 포스트식민 담론은 참고할 만한 이론 자원 및 대량의 사례를 제공했다. 마화문학은 이미 형성되어 개발을 기다리는 성찰의 장이다"[9]라고 하면서 창끝을 중국중심주의에 겨누었다. 이들에게 중국성(chinese-ness)은 몸에 달라붙어 떼어낼 수 없는 본토화(localization)를 방해하는 그런 것이다. 그러므로 이들이 의식적으로 중국성에 가려진 본토성을 드러내기 위해 탈중국의 길로 나아가는 것은 이상하지 않다. 그리하여 이유론(離乳論. 林建國)을 주장하고 '신흥 중어문학'(張錦忠)을 주장했다. 여기에서 신흥 중어문학은, 말레이시아문학이라는 복잡계(complex system)에 속한다. 신흥 중어문학은 '말레이시아 화인문학' 또는 '화예(華裔)말레이시아문학'을 가리키고 '화마(華馬)문학'으로 약칭하기도 한다. 전통적인 마화(馬華)문학의 문자적인 전복인 셈이다. 왕룬화 등의 탈중국성 논의는 홍콩

---

8) 王潤華, 『華文後殖民文學―中國·東南亞的個案研究』, 上海: 上海學林出版社, 2001, 第1頁; 朱文斌, 2004: 55에서 재인용.
9) 黃錦樹, 「反思"南洋論述": 華馬文學·複系統與人類學視域」, 『中外文學』, 2000, 第37頁; 朱文斌: 56에서 재인용.

에 관한 포스트식민 담론과 유사한 측면이 있다.

홍콩과 비교하기 전에 한 가지 짚고 넘어갈 것은 왕룬화 등의 논의를 서양 포스트식민 관점의 영향을 받았다고 보는 주원빈(朱文斌)의 비판이다. 그는 왕룬화의 포스트식민적 견해가 중국 문학 경전을 동남아 중어문학의 식민자로 간주함으로써 편파적이고 협애한 포스트식민적 시각을 드러냈다고 평가한다. 즉 황진수 등이 중국을 식민자로 규정하는 것은 서양의 포스트식민 세례를 받은 것인데, 주원빈이 보기에 그것은 포스트식민 담론을 편파적으로 적용한 것이다. 나아가 중요한 것은 왕룬화와 황진수 등의 주장을 인정한다 하더라도 동남아 중어문학에 내재되어 있는 서양의 식민성도 함께 언급해야 한다는 점이다.(朱文斌, 2007: 43) 주원빈은 같은 맥락에서, 루쉰을 동남아 중어문학의 식민자라고 평한 왕룬화의 논점을 비판하기도 했다.(朱文斌, 2008) 왕룬화와 황진수 등에 대한 주원빈의 비판은, 어느 정도 이데올로기적 성격을 가지고 있지만, 우리는 이 논점을 '주변의 주변' 또는 '이중적 주변성'이라는 문제의식과 연계시킬 수 있다. 바꿔 말해, 말레이시아 중어문학은 한편으로는 서양문학의 주변인 말레이시아에 속하는 동시에, 다른 한편으로는 중화제국의 변두리에 속하는 것이다. 그러므로 말레이시아 중어문학은 이중적 주변성을 가지게 된다고 할 수 있다. 이 이중적 주변성은 1997년 회귀(return)를 전후한 홍콩을 바라보는 키워드 가운데 하나이기도 하다.

홍콩의 포스트식민 문화에 대한 서술은 여러 논자에게서 보인다. 1997년 이전 잉글랜드의 식민지 홍콩은 경제적으로 식민종주국을 따라갔고 일정 시점이 지나면서 잉글랜드를 초월했다. 추유와이(Chu Yiu-wai, 朱耀偉)는 홍콩의 탈식민 담론이 주변성(marginality), 혼성성(hybridity), 틈새성(in-between-ness), 제3공간(third space) 등의 중점을 가지고 있다고 분석했다.(張美君 · 朱耀偉編, 2002: 4) 예쓰(也斯)는 홍콩 사회가 "몇 가지 다른 식민주의가 중첩"(也斯, 1995: 19)되었다고 한다. 명확하게 지적되지는 않았지만 그것들은 잉글랜드-일본-잉글랜드-중국의 홍콩 지배와 연결된 것일 터이다. '식민지 홍콩 출신의 외국인'(초우, 2004: 86)임을 자처하는 레이 초우(Rey Chow)는 "홍콩의 현대사는 처음부터 중국적 정체성의 추구가 불가능한 역사로 쓰였다"(周蕾, 1995: 109)라고 단언하고 있다. 그러므로 홍콩은 홍콩 스스로의 정체성을 찾아야 한다는 것이다. 1997년 7월 1일부로 '홍콩은 조국으로 회귀'했지만, 레이 초우는 그 회귀 방식과 조국의 성격을 문제로 삼는다. 즉 홍콩은 자발적이 아니라 강제적으로 회귀당했고, 그 조국은 이미 제국주의를 내면화하여 시짱(西藏; Tibet)에서 스스로 제국주의 정책을 펴고 있고 타이완에 대해 제국주의적 침략을 감행하려는 조국이며 톈안먼 광장에서 자국 인민을 학살한 조국이기도 하다. 이 점에 중동·인도와 다른 홍콩의 포스트식민 문화 해석의 어려움이 있다는 것이다. 홍콩의 주변성(marginality) 논의의 핵심은, 피식민자로서의 홍콩이 1997년 이후에도 독립할 리 없기 때문에 홍콩은 정치적 측면에서만이 아니라 문화·경제 방면에서도 '주변의 주변'(李歐梵, 2002)을 벗어나기 어렵다는 것이다. 레이 초우는 제3의 공간을 제안하지만 그것이 현실에서 얼마만큼의 힘을 가질 수 있을지는 미지수다.

홍콩이 과거에 잉글랜드의 주변이었고 반환 이후 중국 대륙의 주변으로 편입됨으로써 이중적 주변성을 가지고 있듯이, 동남아의 화예 또한 중화문화권의 주변에 위치하는 동시에 거주국에서도 주변적 지위를 가질 수밖에 없다. 그러나 홍콩의 주변성은 재국민화(re-nationalization)의 과정을 거치고 있지만, 동남아 중어문학은 여전히 주변에 놓여 있다. 문제는 이 공간적 주변을 어떻게 주변성으로 승화시키느냐이다. 왜냐하면 "인류 문명의 중심은 항상 변방으로 이동"(신영복, 2015: 21)했기 때문이다.

4_ 화예(華裔)의 문화정체성

디아스포라는 해외 이주와 짝패(coupling) 개념이다. 그것은 고향을 떠나 타향으로 이주하지만 타향에 살면서도 고향을 잊지 못하고 그때의 관습(이라 여겨지는 것)을 되풀이하면서 행하는 노스텔지어 행위라 할 수 있다. 흔히 유태인에게서 비롯되었다고 하지만 그것은 서양에 국한된 관찰이고, 아시아에서도 중국의 화교(華僑), 인디아의 인교(印僑)의 지구적 이주가 오래 전부터 존재했고, 최근에는 한교(韓僑)도 세계 각지를 누비며 산종(散種, dissemination)되고 있다.[10) 왕경우(王賡武, WANG Gungwu)는 1911년 이후 동남아 화인사회에서 형성되었던 '중국 국족적 정체성(Chinese nationalist identity)'이 1950년 이후 '현지국민적 정체성(local national identity)'으로 발전되었다고 진단한다.(조홍국, 2000: 16) 그럼에도 동남아 화교-화인-화예의 '중국인다움(Chineseness)'은 여전히 문제적이다. 왜냐하면 애초에 해외로 이주한 화교 단계의 '연해 중국인'들은 고향을 버리고 떠난 것이 아니라 언젠가는 금의환향할 것으로 생각했기에, 화인 단계에서 '현지 국적'을 취득하더라도 정착보다는 '체류'에 가까운 의식을 가지고 있었던 것이다. 이처럼 돌아가지 않을 것을 인지하면서도 금의환향을 상상하는 이중성을 가지고 있던 화인 단계에서 화예 단계로의 전환은 주목을 요한다. 화예 단계에서는 '체류' 현실을 직시하고 '금의환향 상상'을 접고 현지 국적 취득에 그치지 않고 자발적으로 현지인으로 동화되고자 하기 때문이다.

이 지점에서 우리는 문화정체성에 주목해야 한다. 왕경우는 다른 글에서 다중적 정체성을 주장하면서, 역사 발전에 따라 동남아 화인의 정체성을,

---

10) 이 책 11장 참조

1950년 이전의 중국에 대한 '국족적 정체성'과 '역사적 정체성', 1950년대 이래의 '국가(거주국) 정체성(national identity)'과 '향토 정체성(communal identity)', '문화 정체성(cultural identity)', 1970년대의 '민족 정체성(ethnic identity)'과 '계급 정체성(class identity)'으로 분류한 바 있다.[11] 왕경우는 역사적 고찰을 진행했지만, 이전 단계의 정체성이 다음 단계에서 해소된 것으로 볼 수는 없다. 큰 윤곽을 보자면, 이 지점에서 주목할 이슈는 민족 정체성과 국족 정체성의 길항(拮抗) 가운데 형성된 문화 정체성의 문제라 할 수 있다.

류리쥐안(劉立娟)은 「동남아 중어문학의 문화정체성과 글쓰기」라는 짤막한 글에서, 동남아 중어문학 서사 가운데 표상된 문화정체성을 손님 정체성, 주변 정체성, 주인 정체성으로 나누어 설명했다.(劉立娟, 2010: 11) 그녀에 따르면, '손님 정체성'이란 초기 이민과 노년 화인들이 '차이나타운'과 같은 반폐쇄적인 중국 사회에 살면서 중국 본토보다 더 중국적인 습속을 유지함으로써, 거주국에서는 영원히 손님일 수밖에 없는 상황을 가리킨다. '주변 정체성'은 이중적인 주변 정체성을 가리키는데, 류리쥐안은 싱가포르의 상징인 '물고기 꼬리의 사자(魚尾獅)'를 그 예로 들었다. 사자도 아니고 물고기도 아닌 '어미사'는 서양에도 속하지 않고 중화문화와도 격절된, 그 무엇도 아닌 변종으로, 두 문화의 주변으로 배제된 상황을 가리킨다. '주인 정체성'은 이주한 지 수 세대가 된 화인의 후예들이 중심이 되는데, 장기적인 변이와 융합을 통해 이들에게는 자신들이 성장한 거주국의 문화 원소가 충만하다. 류리쥐안의 분류는 왕경우의 분류에 비해 간명하다. 긍정적으로 재정리하면, 손님에서 주인으로 가는 과정에 이중적 주변 정체성이 작용한 것으로 보인다. 즉 떠나온 곳에 대해서도 주변이고 현지에서도

---

11) 王賡武, 『中國與海外華人』, 香港: 香港商務印書館, 1994, 第235頁; 劉立娟, 2010: 10에서 재인용.

주변인일 수밖에 없는 현실 인식을 토대로 현지의 주인으로 이동한 것이다. 동남아 각국의 중국인정책이 여전히 호의적이지 않겠지만, 화교와 화인의 후예인 화예들은 거주국의 국민을 선택한 것으로 보인다. 거주국의 국민을 선택했음에도 불구하고 화예들이 거주국의 원주민과 같아질 수는 없다. 화예들 또한 그런 수준의 동화를 원할 리 없다. 이 지점에서 화예들에게 전략이 필요하다. 중국의 민족 정체성과 거주국의 국족 정체성 사이에서 화이부동(和而不同)과 동중유이(同中有異)(王列耀, 2003: 183)는 유효한 전략으로 보인다. '조화를 추구하되 뇌화부동하지 않는다'는 후자는 주로 거주국의 문화에 대해 취하는 전략이고, '같으면서도 다름을 보존한다'는 전자는 중화문화에 대해 가지는 전략이라 할 수 있다.

5_ 동남아 중어문학의 쟁점과 전망

중국인의 해외 이주는 오래 전에 시작되었다. 그들은 자연재해, 몽고족의 침입, 명조와 청조의 해금령 등의 국내 상황으로 인해 동남아의 여러 곳에 이주했고, 대개는 중국과 현지의 교역 중개에 종사했다. 명 영락제(永樂帝) 때 진행된 정화(鄭和)의 대항해(1405-1433)는 중국인 해외 이주에 커다란 영향을 주었다. 동남아로 이주한 중국인은 대부분 중국 정부의 지원을 받지 못한 채 불법으로 이주했음에도 불구하고 장기간 중국적 정체성을 유지하고 있었고 이들은 오랫동안 화교라고 불렸다. 그러나 2차 대전이 끝난 후 동남아 각국이 독립하고 각국의 국족주의가 강화되면서 화교들의 입장도 복잡해지기 시작했다. 이는 주로 국적 문제로 표현되었는데, 이전까지는 동남아에 거주하는 중국인이었지만, 이제는 거주국에 입적하느냐 마느냐라는 결단이 필요하게 되었다. 화교에서 화인으로 전변하는 토착화 과정은 상당히 오랜 시간이 걸린 셈이다. 화인에서 화예는 2단계 토착화 과정이랄 수 있다.

이 글은 중국근현대문학 연구자의 입장에서 중국 내 동남아 중어문학 연구에 대한 리뷰를 진행했다. 동남아 중국인의 정체성은 중국 내 소수민족과 홍콩 중국인이라는 참조체계를 통해 볼 때 보다 명확하게 인식할 수 있다. 이상의 논의를 통해 몇 가지 쟁점을 추려보면 다음과 같다.

우선 정명(正名)이 필요하다. 최근 중국 대륙의 담론에서는 '한어문학'이라는 용례가 눈에 띈다. 그런데 동남아 등을 지칭할 때는 '화문문학'이라는 용례를 많이 쓴다. 일반화하자면 중국학자들은 대륙의 중국인과 중어를 漢人과 漢語로, 해외의 중국인과 중어를 華人과 華文으로 지칭하는 것으로 보이고, 이런 용어를 해외 중국인들도 사용하고 있고, 한국을 포함한 외국 학자들도 무비판적으로 수용하고 있는 것으로 보인다. 이 글에서는 한국에서의 일반적 용법을 존중해 漢人/華人을 중국인으로, 漢語/華文을 중어로 잠정한다. 이를 따르자면 동남아의 전체 중국인을 지칭할 때는 '동남아 중국인'으로 명명하고 그들이 중어로 쓴 작품은 '동남아 중어문학'이라 명명하고자 한다. 아울러 동남아 중국인[12]은 단계별로 화교-화인-화예로 전변했다고 설정한다. 이는 토착화에 대한 역사적인 고찰인 동시에 이주의 단계별 변화 양상이기도 하다.

둘째, 동남아 중어문학의 토착화 과정. 앞에서 검토한 바와 같이, 동남아 중어문학은 화교문학에서 화인문학으로, 그리고 화인문학에서 화예문학으로 전변했다. 이는 동남아 중어문학의 토착화 과정이라 할 수 있다. 전자가 '중국문학의 해외 지류'였던 화교문학이 거주국 문학에 귀속된 화

---

12) 이는 현재 한국의 동남아학계에서 일반적으로 사용하는 넓은 의미의 '동남아 화인'에 해당한다. 그러나 '화인'이란 개념으로는 이 글에서 주목하고 있는 '화교-화인-화예'의 단계별 변화를 포괄하기 어렵다.

인문학으로 된 피동적 토착화 과정이라면, 후자는 피동적 토착화에서 자각적 토착화로 바뀐 것이다. 화교문학 단계에서 중국적 특색이 농후했다면, 화인문학 단계에서는 거주국 국적을 취득함에 따라 몸은 거주국 국민이지만 마음은 여전히 중국에 매여 있었고, 화예문학의 단계로 접어들면 거주국에서 태어나고 자란 자신의 현실을 인정하고 거주국의 국족 정체성의 토대 위에서 중국적 특수성[ethnic identity]을 추구하고 있는 것이다. 이 토착화 과정은 당연하게도 모순으로 가득찬 자기조정 과정이라 할 수 있다. 인구 면에서 세계 최대의 다수자인 중국인이 거주국으로 이주한 후에 소수자로 바뀐 현실을, 화교문학 단계에서는 인정하지 않았고, 화인문학 단계에서는 현실을 받아들이긴 했지만 그리 탐탁하게 여기지 않았다면, 화예문학 단계에서는 그것을 수용한 후 중어문학의 특색을 어떻게 구현할까라는 점에 초점을 맞춘 것으로 이해할 수 있다.

셋째, 탈중국과 포스트식민. 왕룬화 등 일부 화인학자들은 포스트식민 담론에 기대어 본토성과 주변성을 강조하면서 중국 중심의 문화심리구조에서 벗어날 것을 주장한다. 그러나 탈중국의 과정이 말처럼 쉽지는 않은 일이다. 이를 '이중적 주변성'의 관점에서 바라보는 것이 필요하다. 홍콩이 과거에 잉글랜드의 주변이었고 반환 이후 중국 대륙의 주변으로 편입됨으로써 이중적 주변성을 가지고 있듯이, 동남아의 화예 또한 중화문화권의 주변에 위치하는 동시에 거주국에서도 주변적 지위를 가질 수밖에 없다. 그리고 거주국이 서양에 대해 가지는 주변성을 더하면 삼중의 주변성이다. 이러한 '이중/삼중의 주변성'은 화예작가들에게 '소수적인' 지위를 부여하는데, 이는 그들에게 새로운 가능성을 열어주는 계기로 작용할 수 있다.

넷째, 동남아 중국인의 문화정체성. 동남아 중국인은 중국의 주변인 동시에 각 거주국에서도 주변에 속해 있다. 중국 내에서 소수자를 억압하는 '한족-중화국족-중국'의 삼위일체 정체성은, 동남아 각 거주국에서 역으로 소수자가 되었음에도 불구하고, 화교 단계에서는 견지되었고 화인 단계에서는 거주국 정체성과 혼합된 상황에서 주도적 위치에 놓여 있었다면, 화예 단계에서는 부차적 지위로 전환되었다고 말할 수 있다. 화예 단계의 동남아 중국인은 거주국의 국족 정체성을 강화했지만 그렇다고 중국의 민족 정체성을 무화시킬 수는 없다. 그들의 문화정체성은 여전히 국족과 민족 사이에서 길항(拮抗)하며 혼종되고 있다.

동남아 중어문학의 화예문학 단계의 발전 전망과 관련해서, 들뢰즈와 가타리가 카프카를 평하며 언급했던 '소수자 문학'을 관련지어 생각해 볼 필요가 있다. '소수자 문학'이란 무엇인가? 그것은 '욕망과 권력의 내재적 변환을 다루는 문학으로, 소수자가 썼다고 무조건 '소수자 문학'이 되는 것은 아니다. 그것은 "내용과 표현 모두 다수적인(지배적인) 문학에 반하는 정치적 문학"(이진경, 2001: 7)이다. 유대인 카프카는 프라하에서 독일어로 작품 활동을 함으로써 '소수자 문학'을 정립했는데, 그것은 '언어의 탈영토화'[13] '개인적인 것과 정치적인 직접성의 연결'[14] '언표행위의 집합적 배치'[15]라는 특징을 가진다. "거대한(혹은 기성의) 문학이라고 불리는 것 안에서 만들어지는 모든 문학의 혁명적 조건을 뜻하는"(들뢰즈·가타리, 2001: 46) '소수적'이라는 개념은 모든 소수자의 문학세계를 운위할 때 결락시킬 수 없는 관건어로 보인다. "소수적

---

13) "거기서는 언어가 어떤 식으로든 높은 계수(係數)의 탈영토화에 의해 변용된다. … 프라하의 독일어는 낯선 소수적 용법에 적당한 탈영토화된 언어인 것이다"(들뢰즈·가타리, 2001: 44).
14) "거기서는 모든 것이 정치적이라는 것이다. … 소수적인 문학은 … 그것의 협소한 공간으로 인해 각각의 개인적 문제는 직접 정치적인 것으로 연결된다. 따라서 개인적인 문제는 그만큼 필연적이고 불가결한 것이 되며 현미경적으로 확대된다"(들뢰즈·가타리: 44-45).
15) "모든 것이 집합적인 가치[의미]를 지닌다는 것이다. 이는 사실 소수적인 문학에서 재능이란 그다지 풍부하지 않으며, **집합적 언표행위**(énonciation)와 분리될 수 있는 이런저런 '거장'에 속하는 어떤 개인적 언표행위 같은 그런 조건이 주어지지 않기 때문이다"(들뢰즈·가타리: 46-강조는 원문).

이지 않은 위대한 문학이나 혁명적 문학은 없다. … 자기 자신의 언어를 소수적인 방식으로 사용할 수 있는 가능성 … 자기 자신의 언어 안에서 이방인처럼 되는 것"(들뢰즈·가타리: 67)은 카프카에게만 해당되는 것은 아니다. 이는 니체적 '문화 의사(cultural physician)'와도 연결된다. 들뢰즈 전문가 로널드 보그에 따르면, "들뢰즈는 작가란 문화를 진단하고 치유하는 니체적 의사 역할을 한다고 말한다. 이는 질병과 건강에 대한 문화의 기호를 읽어내는 징후 발견자인 동시에 삶의 새로운 가능성을 증진시키는 치료사를 일컫는다."(보그, 2006: 12)라고 한다. 들뢰즈가 관심을 가졌던 작가들, 사드, 마조흐, 캐럴, 아르토, 프루스트, 카프카 등이 여기에 속한다.

동남아에서 중어로 작업하는 화예작가의 작품을 '소수자 문학'으로 바로 등치시키는 것은 섣부른 일이다. 독일어로 작업하는 유대인의 작품이라고 해서 무조건 소수자 문학이 되는 것도 아니듯, 화예작가의 작품들은 중국어로 작업하는 만주족 또는 회족16)의 작품과도 다르기 때문이다. 그러나 동남아 각국에서 중어는 '낯선 소수적 용법에 적당한 탈영토화된 언어'이고, 각국의 국적을 가진 채로 국적어가 아닌 중어로 작품을 창작하는 화예작가에게 개인적인 문제는 직접 정치적인 것으로 연결되기 마련이다. 그들은 중어를 '소수적인 방식으로 사용'함으로써 '소수자 문학'에 다가갈 가능성을 가지고 있다. 그럴 경우 들뢰즈가 말한 니체적 '문화 의사(cultural physician)'의 가능성을 가진 작가의 출현을 기대할 수 있다. 앞에서 예로 든 '신흥 중어문학' 또는 '화마(華馬)문학'이라는 문제의식은 그 가능성에 근접해 있다. 이런 가능성이 어떻게 '집단적 언표행위로 배치'될지는 이후 구체적인 작가와 작품을 통해 검토해야 할 과제다.

---

16) 중국어로 작품 활동을 한 만주족의 대표적인 작가로 라오서(老舍)가 있고, 회족의 대표적인 작가로 장청즈(張承志)가 있는데, 라오서가 중국인으로 살았다면 장청즈는 회족 정체성이 강하다.

제 3 부

도시화와 문화정체성

8장: 포스트사회주의 중국의 도시화와 도시영화의 정체성

1_ 이행기의 감정구조

개혁개방 이후 사회주의 정치체제를 고수하면서 자본주의를 적극 수용해 신자유주의적 개혁을 시행하고 있는 중국을 '이행(transition)'의 관점에서 바라보는 것은 중요하다. '이행이 현 중국 담론의 핵심 개념'임을 강조하는 견해는 이행의 목적론, 즉 포스트사회주의에 대한 접근이 서양식 시장 자본주의로의 가정된 이행을 전제하는 것을 경계한다. 현재 중국과 중국인들은 무엇인가로 이행 중이다. 학생들과 지식인들은 민주로의 이행을 희망하고, 언론인들은 언론의 자유와 더 큰 민주로의 이행을 원하며, 많은 중국인들에게 이행은 더 많은 재화와 더 나은 수준의 삶으로의 이동을 의미한다는 것이다. 이른바 '이행의 수사학(rhetorics of transition)'이 지배하고 있는 것이다.(Latham, 2002: 230) 이는 중국이 이행중이라는 사실만 지시할 뿐이지만, 이행의 목적론을 경계한다는 점에서 비자본주의적 출로를 모색하고 있음을 알 수 있다.

사회주의 중국의 자본주의 수용 이후 중국의 출로를 모색하는 시도와 더불어, 일부 논자들은 현재 중국의 지배이데올로기의 생산기제와 작동방식 그리고 감정구조 파악에 초점을 맞춘다. 포스트사회주의를 시대구분적이고 분석적이며 미학적 범주로 평가하면서 그 개념을 통해 중국 내 도시 세대의 출현과 새로운 시장경제 및 대중문화 부상의 연계를 밝히는 한편 초국적 영화 실천의 충격을 개술(Zhang, 2007: 33-34)하려는 것도 그 일환이다. 일찍이 포스트사회주의를 중국과 연계시킨 폴 피코비츠(Paul Pickowicz)는 프레드릭 제임슨(Fredric Jameson)의 포스트모더니즘 논의에서 힌트를 얻어 근현대 중국에서의 평행체계(parallel system)를 구성한 바 있다. 그는 근현대 중국에서 모더니즘과 포스트모더니즘의 틀이 유효하지 않다는 이유로 "포스트모더니즘의 이데올로기적 카운터파트"로 "포스트사회주의"를 선호한다.(Pickowicz, 1994: 80) 사회주의의 새로운 단계로 포스트사회주의라는 독자적인 사회구성체를 제안한 피코비츠는 중국에서의 포스트사회주의를 일종의 '감정구조(structure of feeling)'로 인식했다. 모두 알다시피 이 용어는 레이몬드 윌리엄스(Raymond Williams)가 제기한 개념이다. 문화연구에 큰 영향을 미친 윌리엄스는 산업혁명, 민주혁명과 함께 문화혁명을 수행할 것을 주장했다. 그가 말하는 문화는 기존의 보편적 가치와 문서화된 기록들이라는 기존의 문화 외에 사회적 층위의 대중의 일상생활을 가리키는 것임은 새삼 강조할 필요가 없을 것이다. 그리고 이것들이 상호 작용하면서 영향을 주고받는 장구한 과정임을 강조했다.(Williams, 1961: x-xii) 특히 그가 강조한 '감정구조'는 집단적 무의식과 표면화된 이데올로기의 중간에 형성된 특정한 집단과 계급 사회가 공유하는 가치들을 지칭하는 개념으로, 한 세대의 문화는 그 시기를 살아가는 구성원들의 집

단적인 경험과 가치 및 정서들의 총합체인 특수한 '감정구조'에 근거한다
는 것이다.(48-49)[1] '기나긴 혁명(the long revolution)'은 바로 이 대중들의
'감정구조'를 장기적이고 지속적으로 개혁하는 것이라 할 수 있다.

감정구조라는 키워드로 포스트사회주의와 영화를 연계시키고 있는 장
잉진(張英進)은 "마오 시대에는 억압된 채로 잔존했지만 포스트마오 시대
에 소외와 환멸이라는 두 개의 주제 초점을 가지고 자신의 목소리를 표
현"(Zhang: 51)했다고 평하면서 "감정구조로서의 포스트사회주의가 영화
작품의 광범한 스펙트럼으로 표현될 수 있음"(51)에 주목한다. 그는 포스
트사회주의를 포스트마오 시대를 지배한 단일한 개념으로 보기보다는, 포
스트마오 시대의 다양한 문화경관으로 파악한다. 그에게 포스트사회주의
는 '포스트신시기' 또는 '포스트톈안먼'을 가리키고, 우리가 "이 시기의 영
화제작에서 문화 생산, 미적 추구, 정치적 통제, 이데올로기적 자리매김,
제도적 개혁의 서로 다른 배치에 주의를 기울여야 한다"(52-53)고 판단하
고 있다. 그러므로 그가 6세대의 도시영화를 '포스트톈안먼' 시기 중국을
이해하는 텍스트로 설정하는 것은 당연한 일이다.

개혁개방 이후 중국영화는 중국 사회와 밀접한 연관을 맺고 있다. 최근
의 급속한 도시화 진척과 그에 따라 형성 중인 새로운 도시 정체성은 도시
영화의 훌륭한 소재이자 감독들의 정체성과도 긴밀한 관계를 가지고 있다.
도시화(urbanization), 도시화 과정에서 성장한 도시세대(urban generation),
도시세대가 찍고 연기하고 감상하고 소비하는 도시영화(urban cinema), 도

---

1) 윌리엄스의 '감정구조'는 리쩌허우의 '문화심리구조'와 유사한 측면이 있다. 리쩌허우의 학술
체계에서 핵심적인 개념인 '문화심리구조'는 유가학설을 대표로 하는 전통문명과 더불어 일반적
인 현실생활과 관습, 풍속 속에 깊숙하게 침투하여 구체적인 시대나 사회를 초월해 영향을 주고
있다. 중국인의 '문화심리구조'는 혈연의 기초에 기원을 두고 있고 실용이성이라는 특징을 가지
고 있다. 이 책의 2장 참조

시영화는 다시 도시세대에게 영감을 주고 도시화에 성찰을 촉구한다. 이 부분에서는 '포스트사회주의 중국의 도시화와 도시영화의 절합'이라는 맥락에서 '도시영화 담론'을 고찰하고자 한다. 도시세대가 매개하는 '도시화와 도시영화의 절합'은 자족적인 텍스트 분석을 뛰어넘어 상호텍스트적인 관계를 추구한다. 이 주제는 독립영화, 도시 리얼리즘, 신(新)다큐멘터리 등과 연관되어 있으면서 그것들을 중국 사회와 문화 전체에 일어나는 광범하고 복잡한 개혁 과정과 연관시키려 한다. 도시화를 지구화 과정과 중국의 근현대화 과정이 첨예하게 만나는 지점으로 설정하고 그것을 기록·재현하고 있는 도시영화 텍스트와 도시화의 현장을 대조함으로써, 포스트사회주의 중국의 도시화와 그것을 바라보는 중국인의 의식과 감정구조를 고찰하고자 한다. 이를 위해 1990년 이후 중국 도시영화의 지형학을 고찰한 후 도시 리얼리즘과 다큐멘터리 방법에 초점을 맞춰 중국 독립영화의 정체성을 고찰할 것이다.

2_ 포스트사회주의 중국의 도시화

포스트사회주의 중국의 특색을 꼽으라면 열 손가락으로도 부족할 것이다. 개혁개방부터 시작해 대중문화의 흥기, 눈부신 경제성장으로 GDP 세계 2위에 도달한 동시에 GNP는 여전히 개발도상국 수준에 머물고 있는 경제 상황, 베이징 올림픽, 상하이 엑스포, 문화 중국, 문화국족주의 등등. 그 가운데 이 글에서는 '도시화'와 '도시영화'를 키워드로 삼아 논의를 진행하고자 한다.

도시라는 현상이 모든 시대와 공간을 통틀어 가졌던 공통의 맥락 가운데 '생태학적이고도 기능적인 맥락(리더, 2006: 5)을 찾고 있는 존 리더(John Reader)에 따르면, '도시는 문명의 특성을 드러내는 인공물'로 '인류가 거둔 모든 성취와 인류가 겪은 모든 실패가 도시라는 물리 사회적 구조에 새겨져 있다'(리더: 22)고 보면서, 20세기 초 4분의 1이던 도시 거주자가 21세기 초에는 절반가량으로 늘었고 2030년에는 세계 인구의 3분의 2가 도시에 살게 될 것이라 전망한다.(23) 흔히 도시와 농촌을 대립시키고 후자는 낙원이고 전자는 지옥으로 대비시키는 것과는 달리, 존 리더는 "석기시대가 끝난 것은 돌이 다 떨어져서가 아니라 누군가 청동을 다루는 법을 알아냈기 때문"(478)이라는 멋진 비유를 하면서, 도시가 수많은 문제를 가지고 있지만 인간은 궁극적으로 그 속에서 해결책을 찾을 것임을 낙관하고 있다.

개혁개방으로 급속한 경제성장을 이루고 있는 중국의 경우 도시화의 정도는 유례를 찾기 어려울 정도로 빠르게 진행되고 있다. 중국 '국가통계국'의 자료에 따르면, 1952년부터 1978년의 26년간 중국의 도시화 수준은 12.46%에서 17.92%로 연평균 0.21% 상승했는데, 이는 동 시기 세계 평균 수준에 훨씬 못 미쳤다. 그러나 개혁개방 후 도시화는 빠른 속도로 지속되어 도시화율은 1978년의 17.92%에서 1992년의 27.63%로 연평균 0.7%의 비율로 상승해 개혁개방 전의 3배를 기록했다.[2] 그리고 1992년부터 2003년까지 중국 도시화율은 27.63%에서 40.53%로 상승해 연평균 1.17% 향상했다. 도시 현대화 건설, 작은 성진(城鎮)의 발전과 경제개발구 및 공업단지 조성을 표지로 삼아 도시화는 전면적으로 빠르게 추진되어 도시의 종합 수용능력과 농촌인구 흡수 능력도 전대미문의 수준으로 상승했다.(王廉等,

---

2) 國家統計局, 『中國統計年鑑(1992)』, 北京: 中國統計出版社, 1992, 第77頁; 王廉等, 2011: 9에서 재인용.

2011: 12) 중국 연구를 어렵게 만드는 규모의 문제는 중국 도시 연구에서
도 어김없이 적용된다. 이 글에서는 중국의 수많은 도시를 고찰하는 하나
의 경로로 '삼대 도시권' 개념에 주목한다. '대도시권' 개념은 한 국가와
지구의 사회경제의 발전 수준을 측량하는 중요한 표지가 되었다.(王廉等:
13)[3] 현재 중국에서 '대도시권'[4]이라 할 만한 지역으로는 징진탕(京津唐)
대도시권[5] 창장(長江) 삼각주 대도시권[6] 주장(珠江) 삼각주 대도시권[7]이
있다. 이 가운데 징진탕 대도시권의 중심인 베이징은 오랜 수도인지라
최근 도시화를 대변하기 어렵지만, 창장 대도시권의 상하이와 주장 대도
시권의 선전은 개혁개방 이후 도시화를 대변하고 있다 할 수 있다. 상하이
와 선전(深圳)이 연해지역이라면 21세기 들어 주목을 받았던 충칭의 도시
화는 내륙이라는 지리적 위치와 함께 그 사회주의적 성격으로 인해 주목
을 요한다.

　　이와 관련해 추이즈위안(崔之元)은 중국의 도시화를 다음과 같이 개괄

---

3) 대도시권 형성의 기본 조건과 기준은 다음과 같다. (1) 구역 내 비교적 밀집한 도시가 있다.
(2) 상당히 많은 대도시가 각자의 도시구를 형성하고 핵심 도시와 도시구 외곽지구가 밀접한
사회 경제적 연계가 있다. (3) 연계가 편리한 교통 회랑이 핵심 도시를 연결시켜 각 도시구
사이에 간격이 없이 밀접하게 연계된다. (4) 인구 2,500만 이상의 상당히 큰 규모 (5) 국가의
핵심 지역에 속해 국제 교통 허브의 작용을 갖춘다.
4) 중국의 대도시지역권을 동북, 수도권, 산둥, 창장, 주장, 중부, 서부 등 7개로 나누기도 한다.
이는 경제권의 개념에 가깝다(박상수 외, 2011 참조).
5) 베이징, 톈진의 '쌍핵'을 주축으로 삼고, 탕산(唐山), 바오딩(保定)을 두 날개로 삼아 2개의
직할시, 3개의 지급시(地級市), 5개의 현급시(縣級市)를 포함하며 면적은 7만 평방킬로미터에 가깝
다(王廉等: 12).
6) 상하이를 중심으로 삼고, 장쑤(江蘇)성의 난징, 전장(鎭江), 양저우(揚州), 타이저우(泰州), 난퉁(南
通), 쑤저우(蘇州), 우시(無錫), 창저우(常州)와 저장(浙江)성의 항저우(杭州), 자싱(嘉興), 후저우(湖州),
닝보(寧波), 사오싱(紹興), 저우산(舟山) 등 15개 지급 이상의 도시로 구성되어 있다. 좀 더 구체적으
로는, 2개의 초대도시(상하이와 난징), 1개의 특대도시(항저우), 4개의 대도시(우시, 쑤저우, 창저
우, 닝보), 14개의 중등도시와 33개의 소도시이다(王廉等: 12).
7) 광저우(廣州)시구 및 그 관할의 화두(花都), 충화(從化), 쩡청(增城), 판위(番禺) 등의 4시가 있고,
선전(深圳), 주하이(珠海)시, 둥관(東莞), 중산(中山), 포산(佛山) 등이 있고, 21세기 이후에는 홍콩과
마카오가 포함된다(王廉等: 13-14).

한 바 있다. "선전과 상하이가 1980년대와 1990년대의 중국을 상징한다면 충칭은 21세기 최초 10년 중국의 발전 추세를 드러내고 있다."(崔之元, 2011) 이는 개혁개방 이후 중국 도시화를 단계적으로 분류한 것인데, 지금 중국 대륙에서 도시화는 선전, 상하이, 충칭의 세 모델이 혼합되어 진행되고 있는 것으로 보는 것이 타당하다. 그 가운데 상하이 모델의 영향력이 가장 크다 할 수 있다. 왕샤오밍은 다음과 같이 진단한다. "상하이 지역의 도시화는 정말 최근 30년의 총체적 '경제발전'의 전형적인 표본이다. 그것은 지금까지 발전의 기본 형태를 명확하게 표현했다. GDP가 이끌고 협의의 경제 효율, 즉 자본 증식을 창조하는 것을 주요 동력으로 삼는 활력이다. 그것은 또한 이 발전의 두 가지 기본 특징인 협의의 사회재화의 거대한 증가와 각종 사회 조건의 장기적인 악화 그리고 양자의 상호작용을 분명하게 표현했다. … 전체 중국 대륙의 도시화의 절대부분은 모두 상하이와 비슷하므로 그것은 '푸둥(浦東)모델'이라는 말로 개괄할 수 있다."(王曉明, 2012a) 그러나 상하이모델에 대한 그의 평가는 그리 높지 않다. 그리고 2012년 4월 충칭에서 새로운 가능성을 모색하는 워크숍[8]을 진행했지만, 지금까지 충칭모델은 상하이모델의 변형에서 벗어나지 못하고 있는 것으로 보인다. 그럼에도 불구하고 최근 중국 도시화의 현주소를 보기 위해서는 도시화의 소용돌이에 놓여있는 충칭에 대해 고찰할 필요가 있다.

충칭모델에 이론적 근거를 제시했던 추이즈위안은 한 회의의 발언에서 '충칭모델'의 의의를 "국유자본 증식과 민간 재부 축적의 동반 전진(國資增值與藏富於民攜手竝進)"(崔之元, 2010: 244)[9]으로 요약한 바 있다. 그는 동

---

8) 『"文化視野中的都市化—以重慶爲例"工作坊: 會議手冊』, 重慶大學人文社會科學高等研究院, 2012.4.19-24.
9) 이 글은 2009년 9월 27-29일 상하이에서 열린 '재난, 금융 및 현대화' 학술토론회에서 발표된 글의 요약이다.

반 전진의 기제를 "사회자본에 대한 국유자본의 영향력과 추동력을 통해 국유자산의 증식을 실현하고 나아가 경영 수익을 상납해 정부가 감세를 통해 민영 경제 발전을 촉진하는 것이 관건"(崔之元: 244)이라고 개괄했다. 그러나 충칭모델은 조타수 보시라이(薄熙來)의 실각으로 더 이상 실험을 지속할 수 없게 되었다.

이 글의 맥락에서 보면, 충칭모델 또는 충칭 실험의 의미는 도시화의 사회주의적 방식이 가능한가라는 것이었고, 현재로서 그 대답은 부정적이다. 그러나 대규모 공공임대주택 단지의 조성, 도시 관리 파견 및 대졸 관리의 농촌 파견 등 도시와 농촌의 교류, 농로 포장 그리고 구호에 그치지 않은 다섯 가지 충칭 건설[10] 등은 교훈으로 삼기에 충분하다.

3_ 중국 도시영화의 지형도

포스트사회주의 중국의 도시화를 가장 잘 볼 수 있는 지점이 도시영화다. 가장 근현대적인 장르라 일컬어지는 영화는 제작비와 관객이라는 요소로 인해 태생적으로 도시와 친연성을 가지고 있었다. 사실 "1949년 이전까지 중국영화와 원주가 거의 비슷한 동심원이었던 상하이영화"(임춘성, 2010d: 9)가 발전할 수 있었던 것은 신흥 도시 발전과 긴밀한 관계를 가지고 있었기 때문이었다. 모두 알다시피 중국영화는 개혁개방과 함께 시작된 5세대와 함께 부흥했고 이들의 공헌은 중국영화를 부활시켜 세계에 알린 것에 그치지 않고 개혁개방 이후 중국 사회의 문화를 견인한 측면에도

---

10) 2008년 7월 충칭은 정책의 중점을 '다섯 가지 충칭'—宜居重慶(주거), 暢通重慶(교통), 森林重慶(환경), 平安重慶(치안), 健康重慶(의료)—으로 개괄한 바 있다(王紹光, 2011: 7-11 참조).

존재한다. 지금은 중국식 블록버스터에 몰두하고 있지만 5세대의 명성을 국내외에 날리게 했던 작품들은 대부분 농촌을 배경으로 삼고 있었다. 이에 반해 이른바 "도시 환경, 현대적 감수성, 자아도취적 경향, 기획적 이야기, 다큐멘터리 효과, 우연한 상황, 개인주의적 지각, 불안정한 분위기"(Zhang, 2007: 53) 등의 특징을 가지는 '6세대' 감독들은 '도시 리얼리즘'에 관심을 가지고 있다.

중국 도시영화 연구 역사는 그리 오래지 않다. 그것은 북미에서 올드 상하이영화에 대한 관심에서 비롯되었고 6세대 영화에 대한 연구로 이어졌다. 주목할 선행연구는 다이진화의 『무중풍경』이다. 그녀는 도시의 표상 아래의 고요한 소란이라는 주제로 도시 황당극 <흑포사건>, 왕숴(王朔) 현상과 왕숴 영화들을 분석하고 현대 우언의 공간이라는 관점에서 <얼모>를 분석했고, <베이징 녀석들(北京雜種)>, <유랑 베이징>, <주말 연인> 등 6세대의 도시영화를 '안개 속 풍경'이라는 관점에서 논했다. (戴錦華, 2000; 다이진화, 2007) 아울러 최근 중국에서 출간된 중국영화와 도시문화(陳曉雲, 2008) 및 중국영화에 표상된 도시 상상(路春艷, 2010)을 논술한 성과와 국내에서 출간된 상하이영화 관련 저작(임춘성 · 곽수경 엮고 씀, 2010; 임대근 · 곽수경 엮고 씀, 2010)도 중요한 도시영화 연구 성과이다.

주목할 만한 성과로 『영상 중국(Screening China)』이 있는데 저자는 6장에서 1980-90년대 홍콩과 상하이를 재현한 영화를 중심으로 '초국적 상상 속의 글로컬(glocal) 도시'를 다루고 있다. 로컬 문화와 초(超)로컬 문화를 대비시키면서 홍콩에서 소실되고 새롭게 재현되고 있는 것이 무엇인지, 새로운 정체성이 어떻게 형성되고 있는지를 구체적인 영화 텍스트를 통해 추적했고, 노스탤지어 영화를 통해 상하이로 넘어가 장아이링(張愛玲) 작품의 영화화가 초로컬적 로맨스를 만들어낸 동시에 상하이 재현 영화에 나타난 동시성

과 다양성의 혼란을 지적했다.(Zhang, 2002; 張英進, 2008)

또 하나의 괄목할 성과로 『도시세대』(Zhen Zhang, 2007)가 있는데, 1990년대 초 이래 급격하게 재구성되어온 중국 대륙의 영화문화 경관을 다루고 있다. 국영 스튜디오들이 1990년대 중반 상명하달식의 제도 개혁에 의해 악화된 재정적, 이데올로기적 압박이라는 심각한 현실에 직면한 반면, 스튜디오의 안과 밖에서 대안영화 또는 '소수영화(minor cinema)'가 등장했다. '소수영화'는 장전(Zhen Zhang) 등이 '도시세대'라고 부르는 영화제작자들과 그들의 지지자, 신봉자 그리고 팬들로 대표된다. 엮은이 장전에 의하면, '도시세대'라는 용어는 2001년 봄 한 프로그램[11]에서 상영된 영화 프로그램을 위해 신조되었다. 그 프로그램은 젊은 영화제작자들에 의해 도시화의 경험에 초점을 맞춘 일련의 작품들을 전시했다. 이들은 5세대 감독들의 국제적 명성과 억압된 1989년 민주화운동이라는 이중 그늘 아래에서 출현했다. 이 용어는 또한 국가 또는 상업적 주류(국내와 초국적)에 의한 '탈영토화'와, 그것을 소외시키거나 주변화 시키는 똑같은 힘에 의한 부단한 '재영토화' 사이의 역동적 긴장에 사로잡힌 영화 실천을 지칭하고 있다.(Zhen Zhang: 1) 도시영화의 의미는 포스트톈안먼 시기 중국의 사회구조와 도시 정체성들의 해체 및 재구축에 대한 독자적 선취에 기인한다. 새로운 도시영화의 역사성은 21세기 입구에서 전례 없는 광범한 스케일의 중국의 도시화와 전 지구화 과정에 정확하게 닻을 내렸다. 대변동에 의해 야기된 사회경제적 불평등, 심리학적 호기심 그리고 도덕적 혼란과 함께 일어난 중국의 이 변화의 강렬함은 아마도 20세기 초 메트로폴리스

---

11) 2001년 봄 '공연예술을 위한 뉴욕 링컨 센터'의 월터 리드 극장(the Walter Reade Theater at New York's Lincoln Center for the Performing Arts)에서 상영된 영화 프로그램. 그 프로그램은 젊은 영화제작자들에 의해 도시화의 경험에 초점을 맞춘 일련의 작품들을 전시했다.

상하이의 부상과 같은 대무역항의 최초의 근현대화 물결과만 비견할 수 있다. 사실 20세기에 중국 도시는 도시 발전이라는 용어에 그다지 부합되지 않았다. 1990년대에 이르러서야 포스트마오 프로그램들이 도시에 가시적 충격을 주기 시작했고 비로소 활기 넘치는 소비자문화와 대량문화가 뿌리내리기 시작했다.(2-3)

'21세기 전환점의 중국영화와 사회'라는 거창한 부제를 달고 있는『도시세대』는 '1990년대 도시화 경험과 새로운 도시 정체성 형성의 구체적인 영화적 절합'과 '1990년대 중국의 도시세대 개념화와 그에 따른 사회 변혁'을 다루고 있다. 12명의 필자들은 신다큐멘터리 운동 등 예술운동 자체에 머물지 않고 그 독특한 공헌을 찾아내서 중국 사회와 문화 전체에 일어나는 광범하고 복잡한 개혁 과정에 그것을 결합시키려 한다. 이를 위해 새로운 도시영화의 사회문화적 생태학의 윤곽을 포착하고 자신의 상상 영토에서 구체적 토포스(topos)로 움직이는 연구를 진행하고 있다. 이 기획에서 이들은 최근 중국문화 탐구의 새로운 장을 열고 포스트사회주의 및 초국적 문화 생산에 관한 현재의 토론과 관계 맺기를 겨냥한다. 나아가 1990년대 중국에서 출현했고 새로운 세기에 끊임없이 확장하고 분기하는 영화와 문화 분야에서, 광범한 기원들을 추적하고 장편영화들의 복잡한 구조의 윤곽을 잡고자 한다. 중국이 WTO에 가입하고 최근 영화·문화 정책이 변화하면서 중국영화가 급속하게 변화하고 다양화됨에 따라 영화제작자, 관객 그리고 비평가들은 새로운 세기를 위한 거대한 영향을 염두에 두고 역사적 과정을 증언할 책임을 똑같이 지고 있는데, 이 책의 필자들은 바로 그 책임을 자각하고 있는 것이다.

이 글은 장전 등의 논의에 동의하면서도 그들이 제시한 '도시세대' 개념보다는 '도시영화'를 선호한다. '도시세대'가 참신한 개념이기는 하지만 세대 개념으로 1990년대 이후 도시영화를 모두 포괄하기는 어렵기 때문이다. 최근 중국의 도시영화는 21세기 광범한 스케일의 중국의 도시화 및 지구화 과정과 맞물려 있다. 사실 20세기 대부분의 시간 동안 중국 도시는 일반적 의미에서 도시화라는 면모에 부합되지 않았다. 중국에서의 도시화는 전쟁과 혁명, 자연재해와 이데올로기 등에 의해 방해받았다. 개혁개방에 힘입어 1990년대에 이르러서야 포스트사회주의 프로그램들이 도시에 가시적 충격을 주기 시작했다. 특히 1990년대 이후 도시에는 활기 넘치는 소비자문화와 대량문화가 뿌리내리기 시작함으로써 본격적인 '도시화'가 진행되고 있는 것이다. 이처럼 급속하게 진행되고 있는 '도시화'의 현장에서 그것을 재현하고 있는 '도시영화'는 최근 중국을 이해하는 적절한 지점이라 할 수 있다.

그러면 포스트사회주의 시기, 특히 1990년대 이후를 지칭하는 포스트 톈안먼 시기 도시영화의 지형학을 살펴보자. 장잉진은 1990년대 중국영화 제작의 주요한 범주를 주선율영화, 예술영화, 오락영화(또는 상업영화)로 구분하고, 이들이 각각 정치, 예술, 자본의 요소에 의해 움직이고 있음을 지적했다. 이 세 가지에다 장잉진은 '주변성(marginality)'이라는 요소에 의해 움직이는 '지하영화(또는 독립영화)'를 더해 다음과 같은 중국 도시영화의 정치경제 지형도를 완성했다.

첫째, 상상을 특징으로 하고 창조성에 의해 생성된 예술(ART)은 미학과 특권을 추구하며 교육받은 소규모의 국내외 관객을 목표로 삼는 예술영화(art film)를 제작하기 위해 민간과 해외로부터 충분한 재정 지원을 이끌어낸다. 둘째, 권력을 특징으로 하고 검열에 의해 지속되는 정치(POLITICS)는 프로파간다와 지배를 추구하며 거대한 재정 손실을 감수하면서 주선율영화(leitmotif film)를 만들기 위한 국가 지원금을 끌어들이고 전국적으로

[중국 도시영화의 정치경제 지형도]

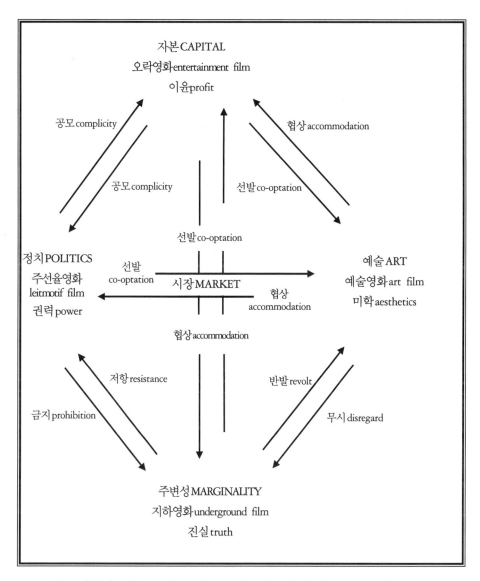

ZHANG Yingjin @2007

자본 CAPITAL
오락영화 entertainment film
이윤 profit

공모 complicity

협상 accommodation

공모 complicity

선발 co-optation

선발 co-optation

정치 POLITICS
주선율영화
leitmotif film
권력 power

선발
co-optation

시장 MARKET

협상
accommodation

예술 ART
예술영화 art film
미학 aesthetics

협상 accommodation

저항 resistance

반발 revolt

금지 prohibition

무시 disregard

주변성 MARGINALITY
지하영화 underground film
진실 truth

군중을 동원한다. 셋째, 돈을 특징으로 하고 시장에 의해 동기가 부여된 자본(CAPITAL)은 이윤과 지배를 추구하며, 대중을 과녁으로 삼는 오락영화(entertainment film)를 제작하기 위해 민간 그리고 때로는 국가로부터 상당한 재정지원을 이끌어 낸다. 넷째, '진실'을 특징으로 하고 반대에 의해 고무되는 주변성(MARGINALITY)은 사실과 특권을 추구하며 세계 또는 때때로 비정상적 통로를 통해 유포되는 지하영화(underground film)를 제작하기 위해 민간과 해외로부터 낮은 예산의 재정지원을 이끌어낸다. (Zhang, 2007: 71) 중요한 것은 1990년대 중반 이후 예술, 정치, 자본, 주변성의 네 가지 요소들이 국내외의 '시장'을 중심으로 협상과 타협을 진행하면서 예술영화, 주선율영화, 오락영화, 지하영화를 제작하고 있다는 점이다.

그러면 각 요소 사이의 관계를 살펴보자. 먼저 정치와 예술은 새로운 선발과 순응의 관계를 가진다. 정치는 예술과의 전략적 관계를, 전면적 지배에서 당의를 입힌 새로운 선발로 조정했고, 예술은 때때로 공식 이데올로기와 완전히 공모하는 정도로 정치에 기꺼이 순응하고자 한다.(71-72) 후자의 예로 <나의 1919년(我的1919)>(1999), <국가(國歌)>(1999) 등이 있다. 자본과 예술도 비슷한 관계에 놓여 있다. 자본 또한 예술에 대한 전략적 자리매김을, 지배에서 새로운 선발로 바꿨다. 몇몇 경우 특권과 이익 분배의 유혹은 예술이 자본에 순응하게 만들기도 하고, 의존적이지는 않더라도 자본과 공모하도록 만든다.(72) 후자의 예로 <베이징 자전거(十七歲的單車)>(2001), <영웅(英雄)>(2002) 등이 있다. 예술과 주변성의 연관은 가장 불안정하다. 예술은 진리에 대한 주변성의 주장을 무시하는 경향이 있고 주변성도 포스트사회주의 리얼리티의 공격적인 화면들을 드러냄으로써 예술에 저항하는 척한다.(72) 네 요소 가운데 가장 놀랄 만한 것은 공모를 특징으로 하는 정치와 자본의 연관이다. 이들은 공모적 동반자 단계에 진입했는데, 쯔진청(紫禁城)이라는 사유기업이 정치적 옳음과 최대의 시장 효과를 달성하려 한 것이 대표적인 예다.(72) <홍색연인(紅色

戀人)>(1998)과 <불견불산(不見不散)>(1999)은 그 산물이다. 정치와 주변성의 연관은 예외적으로 반대와 저항이 가능한 유일한 현장이다. 정치에 의한 금지와 예술에 의한 묵살의 결과로 주변성의 충격과 리얼리티 화면은 해외 국제영화제에서 폭넓게 인정받았다.(72) 이렇게 네 가지 요소 및 각각의 양자 관계를 점검한 장잉진은 "새로운 선발과 공모가 포스트사회주의 영화제작의 지배적인 방식에 필수불가결"(73)하다고 진단하고 있다. 즉 자본과 정치권력이 영화제작자들에게 문호를 개방해 주는 반면 영화제작자들은 자본과 정치권력의 요구에 일정 정도 부응하는 것이 불가피하다는 것이다.

사실 장잉진의 논의는 덩광후이(鄧光輝)의 분석에 일정 부분 기대고 있다. 덩광후이는 1990년대 중국영화의 의미생산을 논하는 글에서 1990년대 영화 지형을 '공명으로 통하는 길(通向共名之路)'로 묘사하고 있다. 1990년대 영화를 신주류영화, 예술영화, 상업영화, 신생대(newborn generation)영화로 나누고, 예술영화와 신생대영화의 관계를 제외한, 신주류영화와 신생대영화, 신주류영화와 상업영화, 신주류영화와 예술영화의 관계를 검토한 덩광후이는 '공명'을 '형태의 상업화'와 '기본 의미의 보편화'라는 두 가지 층위로 해석한다.(鄧光輝, 2001: 39) '공명'은 천쓰허(陳思和)가 1999년 제출한 개념으로, "역사의 각 시기마다 그 시대의 주제를 포괄하는 개념"(천쓰허, 2008: 25)을 가리키는데, "이러한 통일된 거대한 시대적 주제들은 그 시대정신의 향방을 무게 있게 담아내긴 했으나 동시에 지식인들이 다양한 문제의식으로 사고하는 데 제약이 되기도"(천쓰허: 26)[12] 한 '문화 상태'

---

12) '공명'과 짝을 이루는 개념으로 '무명(無名)'이 있다. "사회에 다양한 가치와 공생공존의 분위기가 형성"되면서 "문화적 사조나 관념은 시대 주체의 일부만을 반영할 뿐 통일된 공명 상태를 만들기는 더욱 어려워졌는데, 이러한 문화 상태를 '무명'이라는 용어로 정리하였다"(천쓰허, 2008: 26).

를 개괄한 용어다. 덩광후이의 '기본 의미'는 다양한 문화 차이가 두드러지는 가운데에서도 그 기초가 되는 인성을 가리킨다. 그는 중국영화가 상업화로 매진함에도 불구하고 인간의 보편 인성을 추구하는 방향으로 나아갈 것으로 진단/희망하고 있음을 알 수 있다. 그러나 덩광후이가 진단하고 있는 보편 인성 추구는 신자유주의 시장화라는 공명으로 치환될 가능성이 농후하다는 면에서 희망사항으로 그치기 쉽다.

다시 장잉진의 도시영화 지형도로 돌아가면, 여기에서 주목할 부분은 예술영화와 지하영화의 분리다. 전자가 미학을 추구하는 반면 후자는 진실을 추구한다는 구분 또한 독특하다. 여기에서 진실은 이데올로기의 대립물이다. 진실의 입장에서 보자면, 정치와 차별성을 추구함에도 불구하고, 미학 또한 이데올로기의 일종이다. 모든 인민의 행복을 추구한다는 사회주의 신중국을 통과했고 개혁개방의 신시기를 겪고 있는 중국인에게 무엇보다 필요한 것은 예술 또는 정치 이데올로기가 아닌 '현실의 진실(truth of real)'인 것이다. 그러므로 예술영화가 독립영화의 다른 이름이었던 이전의 관행을 묵인하지 않고 양자를 분리시키고 있는 장잉진의 시도는 설득력 있다. 장잉진이 보기에 미학을 추구하는 예술영화는 나름 특권을 가지고 있는 반면, 진실을 추구하는 독립영화는 예술영화와는 다른 영역의 특권을 추구하며 리얼리즘과 다큐멘터리 성격의 독립영화를 제작하는 것이다.

이 글에서 주목하는 것은 진실과 주변성의 특징을 가지는 지하영화 또는 독립영화다. 물론 예술영화, 주선율영화, 오락영화에도 도시영화의 특성이 나타나지만, 독립영화야말로 1990년대 이후 제작된 도시영화의 특색을 가장 온전하게 구현하고 있기 때문이다. 이는 주로 도시 리얼리즘과 다큐멘터리 기법 그리고 '비-전문직 배우' 활용 등으로 표현되고 있다. 이에 대해서는 다음에서 구체적으로 살펴보도록 하자.

4_ 중국 독립영화의 정체성

1990년대 이후 중국 도시영화 지형도에서 주목할 부분은 독립영화라 할 수 있다. 이는 초기 6세대 감독의 중요한 표지로, 장위안(張元)의 <엄마(媽媽)>(1990)[13]를 효시로 한다. 실험적 영화제작자들(장위안, 장밍, 러우예, 자장커, 왕취안안, 그리고 우원광 및 장웨와 같은 다큐멘터리 감독)과 약간 상업적인 감독들(예를 들어 장양과 스룬주)이 이 범주에 속한다. 독립영화 제작자들은 미학적 관점뿐만 아니라 사회적·직업적 정체성의 측면에서 국가에 의해 훈련되고 고용된 앞선 세대와 달랐다.(Zhang, 2007: 9-10) 독립영화 제작자들에게 1993년 7명의 영화제작자들에 대한 금지[14]는 하나의 전환점이 되었다. 이 조치는 일련의 '심화' 개혁 또는 더욱 철저한 시장화와 동시에 진행되었다. 사회주의 영화 시스템은 이른바 자본주의화 과정을 향한 복잡한 탈바꿈을 시작하면서 한편으로는 지하영화에 제한을 가하고 다른 한편으로는 상업적이고 무해한 장르에게 '새해 경축

---

13) 이 작품은 최초로 국영 스튜디오 밖에서 제작해 국제영화제에 출품하는 길을 개척했다. 이를 통해 영화제작비를 모금할 수 있었지만, 중국 내에서는 상영불가 처분을 받았다. 이후 왕샤오솨이, 허젠쥔, 자장커 등 젊은 감독들이 이 길에 합류했다(McGrath, 2007: 83 참조).
14) 장위안을 비롯한 7인의 감독은 1993년 도쿄영화제와 1994년 로테르담 영화제에 당국의 공식 승인을 받지 않은 채 작품을 제출했다가 당국에 의해 징계를 받았다. 이로 인해 이들은 국영 스튜디오 등의 시설을 사용할 수 없었고 많은 젊은 영화제작자들이 뮤직비디오나 TV 제작물에 종사하게 되었다. 이는 초기 무협소설이 중화민족의 '상무(尙武)' 정신의 회복 및 발양(發揚)이라는 시대적 과제와 연결되어 있었지만, 5·4 신문학운동에 의해 통속소설로 비판받고 구파로 매도되면서 스스로 독자 대중을 찾아가는 과정과 비슷하다. 무협소설의 독특한 자리매김에 대해서는 임춘성, 2004: 171-73 참조

코미디(賀歲片)'와 같은 특혜를 주었다. 아울러 상영 분야를 자극하고 관객을 극장으로 끌어오기 위해 국내외 제작영화에 적용되는 분장제(分掌制)가 시행되었다.(Zhang: 11) 어려운 여건에서도 젊은 독립 영화제작자들은 스튜디오와 시장 경제의 변화에 의해 만들어진 틈새 공간을 탐험하면서 1994년부터 1996년까지의 가장 어려운 시절에 도전적인 영화들을 발표하였다. 장위안의 <광장>과 <동궁서궁>, 왕샤오쇠이의 <한랭>과 <짐꾼과 아가씨>, 관후의 <헝클어진 머리카락>, 러우예의 <주말의 연인>, 허젠쥔의 <우편배달부>, 닝잉의 <민경 이야기>, 장밍의 <우산의 비구름> 등이 그것이다. 이 영화들은 엄격한 검열 또는 이익에 쫓긴 배급자와 상영자의 무관심으로 인해 중국 관객들에게 접근이 금지되었음에도 불구하고, 대부분은 다양한 국제영화제에서 비평적 찬사와 상을 받았다.(11-12)

여기에서 주목할 것은 새로운 종류의 유연한 '독립(영화)'가 정책 변화와 기관 제한의 새로운 물결이라는 맥락 속에서 출현하기 시작했다는 점이다. 이들은 1990년대 중반의 정책 개혁 와중에서 대중적이고 상업적인 전환을 시도했다. 장원(姜文)의 <햇빛 찬란한 날들>, 장양(張揚)의 <사랑의 매운탕>, 스룬주(施潤玖)의 <아름다운 신세계> 등이 그것이다. 또한 1996년 미국인 피터 로에르(Peter Loehr. Luo Yi)에 의해 설립된 이마르 영화사(Imar Film Co. Ltd)는 베이징에 기반을 두고 외국인 투자와 제작자를 포함하며 시안(西安) 스튜디오와 공동 제작도 하면서 새로운 바람을 일으켰다. 이마르 현상은 분명 '주류'도 아니고 정치적 현상에 대한 대립도 아닌 대안영화를 유지하기 위한 시장화와 멀티미디어적 접근이라는 모험을 시험하고 있다.(14) 1998년 베이징 스튜디오와 상하이 스튜디오는 '젊은 감독 희망 프로젝트'(靑年導演希望工程)를 출범시켜 베테랑 6세대 감독

들과 새로운 신인들을 지원하기도 했다.(14-15)

그러면 도시 리얼리즘과 다큐멘터리 방법에 초점을 맞춰 독립영화의 정체성을 살펴보자.

1) 도시 리얼리즘

도시 리얼리즘(urban realism)은 슈테판 크라머(Stefan Kramer)가 6세대 감독을 일컫는 개념이다. 크라머는 이들의 작품이 중국 사회와 타협하지 않으며 개인주의 성향이 강하고 비판적 시각과 단순한 리얼리즘을 보여주고 있다고 평한다. "제6세대 독립영화 감독들이 스크린에 투영시킨 1990년대의 일그러진 도시사회는 아마도 중국영화예술에 있어 새 시대의 개막을 알리는 중심 테마가 될 것이다. 아방가르드 영화감독들은 톈안먼 사건을 비롯하여, 자신들이 성장했던 전통과 무자비한 현대화 사이의 분열된 사회를 테마화할 것이 자명하기 때문이다. 사회의 모습과 그것을 담은 영화의 영상미학은 제5세대의 영상미학이 그랬듯이 일반대중이 보던 것과는 전혀 다를 것이며, 특히 당과 정부가 선전하는 세계상을 이용하는 일도 없을 것이다."(크라머, 2000: 286) 이들은 과거사에 집착하지 않고 1990년대 이후 탈이데올로기화되고 상업화된 중국의 도시를 자신의 고유한 체험에서 우러난 관점으로 관찰한다. 이들은 중국의 현대도시가 안고 있는 정치적·사회적 모순이나 인간 상호간의 모순들을 찾아내 강도 높게 비판한다. 한편으로 급격한 산업화와 다른 한편으로 사회 구석구석에 스며들어 있는 과거의 규범과 전통, 이데올로기 사이에서 균열된 사회 모습을 보여준다. 경제의 기적에 가려진 현실과 집권층이 선전하는 개혁영화들과는 완전히 상반된 사회상을 고발한다. '소시민'의 관점에서 모든 미학적 수식이나 영화적 도식을 배제하고, 거대도시에서 살아가고 있는 보통사람들이 일상에서 느끼는 환멸감을 표현하는 것이다. 이들의 도시 리얼리즘 스타일은 다큐멘터리 기법 및 아마추어 연기자의 캐스팅과 함께 효과적으로 세팅된 가식 없는 영상들을 담고 있어 1940년대 '네오레알리스모(Neorealismo)'와 음울한 '필름 누아르(Film noir)'를 연상시킨다.

도시 리얼리즘의 심층에는 자장커(賈樟柯)가 자리하고 있다. 제이슨 맥그레이쓰(Jason McGrath)는 중국의 독립영화 운동의 맥락과 지구적 예술 영화 시장이라는 맥락에서, 자장커 작품의 리얼리즘 연원을 다음과 같은 두 가지로 보았다. 1990년대 초반 중국의 다큐멘터리와 창작영화 제작에서 보였던 '포스트사회주의 리얼리즘(postsocialist realism)'과 국제 예술영화의 전통, 특히 1990년대 후반 세계의 유수 영화제와 예술 영화계의 두드러진 특징이었던 '미학화된 롱테이크 리얼리즘(aestheticized long-take realism)'이 그것이다. 전자는 감독의 초창기 프로젝트와 단편작품에 가장 분명하게 드러나는 반면, 후자는 서사적 작품인 <플랫폼>에서 찾아볼 수 있다.(McGrath, 2007: 82) 1990년대 초반 중국의 다큐멘터리 영화와 창작영화 제작에서 광범하게 운용되었던 포스트사회주의 비판적 리얼리즘은 사회주의 리얼리즘 미학의 후계자이자 반대자라는 의미를 가지고 있는 동시에 포스트사회주의 상태에 놓여 있는 리얼리즘이라는 이중적 의미를 가지고 있다. 사회주의 리얼리즘이 공산주의 유토피아를 향해가는 계급투쟁과 굽힐 수 없는 역사적 진보로 구성된 이데올로기적 진리 묘사를 중시하는 반면, 1990년대 독립영화의 포스트사회주의 리얼리즘은 날것을 그대로 드러내 보이고 현실의 진면목을 그대로 보여주고자 한다.(McGrath: 83-84) 포스트사회주의 리얼리즘이 다소 거친 반면, 양식화되고 미학화된 '롱테이크 리얼리즘'은 그 연원을 이탈리아 네오레알리스모에서 시작하는 영화미학 전통에 두고 있는데, 이는 가까이 보자면 '1990년대 후반 세계의 유수

영화제와 예술영화계의 두드러진 특징'(82)이다.

그러나 사회주의 리얼리즘의 중국 버전인 혁명적 리얼리즘 또는 혁명적 리얼리즘과 혁명적 로맨티시즘의 양결합은 애초의 의도와는 달리 현실을 왜곡하고 도식화의 함정에 빠졌다. 애초에 창작방법을 지향했던 사회주의 리얼리즘이 현실에서 사회주의 사실주의 양식에 머물렀음은 이미 다 아는 사실이다. 그러므로 개혁개방 이후 이데올로기적 프로파간다에서 벗어나 리얼리티를 회복하는 것은 급선무가 되었고, 그것은 '원시적 생활 상태로의 회귀(a return to original life condition)'를 지향하게 된 것이다. 맥그레이쓰에 따르면 1990년대 이후 중국영화의 리얼리즘 충동은 세 가지 형태로 나타났다. 베이징 주변의 예술인 집단의 다큐멘터리 영화운동, 장위안의 초기 작품으로 대변되는 저예산 독립영화 그리고 1990년대 초반 제5세대 감독들의 새로운 리얼리즘 전환(84) 등이 그것이다. 이들의 공통점은 대중 속으로 들어가 주변인과 소수자의 고군분투 그리고 일반인의 고통을 있는 그대로 포착함으로써 이데올로기의 가면을 벗기려 한 점이다.(85) 개혁개방 이후 진행된 급격한 도시화를 배경으로 삼은 도시영화는 도시 리얼리즘을 통해 중국 문화 및 사회에 개입하는 동시에 동시대 세계 예술영화의 미학 수준에 어필하는 문화 상품을 지향하고 있다.

2) 다큐멘터리 기법

리얼리즘과 긴밀한 관계를 가지고 있는 것이 1989년 이후 다큐멘터리다. 혁신적이고 사회적으로 주목받는 이 신(新)다큐멘터리 운동은 체제의 안과 밖에서 거의 동시에 출현했다.

뤼신위(呂新雨)는 1990년대 중국에서 진행된 신다큐멘터리 운동을 관찰하면서 그 발전의 이론틀을 그리고 있다. 그녀의 관찰과 인터뷰에 따르면, 중국 다큐는 1995년에 처음 제작되었지만, 다큐멘터리 운동이 1980년대의 정신과 혈연관계에 있다고 판단한다. 그리고 그 발전방향은 우원광(吳文光)의 <유랑 베이징(流浪北京)>에서 기초를 다졌다.[15] 1990년대 다큐멘터리의 효시인 <피안(彼岸)>의 감독 장웨(蔣樾)는 다큐멘터리 제작과정 자체가 "자아해부이자 자아비판"이고 "정화과정"(呂新雨, 2003: 3)이라고 표현했다. 바꿔 말하면, "다큐멘터리의 본능이 그렇게 만든 것이다. 즉 다큐멘터리는 감독이 엘리트들의 자기폐쇄적인 작은 굴레를 자각적으로 벗어나 더 광활한 현실 인생을 직면하게 만든 것이다. 이것이 바로 중국 신다큐멘터리 운동 정신의 소재이다."(呂新雨: 3) 그녀가 보기에 중국의 신다큐멘터리 운동은 중국 사회변혁 및 사회 담론 공간의 개편과 심층 연계를 가지고 있다. 특히 "새로운 이상주의가 신앙되고 실천된 시대, 새로운 유토피아 시대"였던 1980년대는 신다큐멘터리 운동에 큰 영향을 주었다.(1) 1989년 톈안먼 사건은 "유토피아를 추구하다가 그 폐허에서 침착하게 중국 현실 문제를 사색"(5)하게 된 계기라 할 수 있다. 그러므로 이 사건은 다큐멘터리 운동을 직접적으로 촉발했고 초기 작품들은 모두 선명한 낙인이 찍혀 있다. 톈안먼 사건을 직접 겪은 <피안>의 감독 장웨는 이를 유토피아 운동으로 독해한 바 있고 <피안>은 바로 '피안'을 추구하다 맞은 파산을 그린 것이라 할 수 있다. 이들은 그 폐허에서 다시 현실로 돌아왔다. "그 동기는 중국의 현실 문제와 사람 문제를 파헤치고 현실에 관심을 가지고 사람, 특히 사회 기층(底層)과 주변에 있는 사람에 관심을 가지게 되었

---

15) <유랑 베이징>의 영향은 다음과 같다. 주변인과 사회의 이방인들을 영상작품의 주인공으로 삼아 그들의 생활을 주류에 항거하는 생활방식으로 삼아 볼거리를 제공했다. 감독은 친구의 신분으로 촬영 대상과 서로 아끼는 관계를 형성했고, 형식면에서도 롱테이크와 핸드 헬드(hand held), 패러랭귀지(paralanguage) 등의 다큐멘터리 기법을 채용했다(呂新雨, 2003: 5).

다."(5) 이들은 주로 '문화 난민[文化盲流]'으로, 1980년대 전국 각지에서 베이징에 모여들었고 1990년대 들어 작품을 만들었다. 이들의 움직임을 하나의 운동이라 명명한 모임이 있었으니, 그것은 1992년 장위안(張元) 집에 10명 가까이 모여 다큐멘터리의 독립성 문제를 토론했는데, 그들은 운영의 독립과 사상의 독립에 대해 토론하고 상호 연대를 희망했다고 한다.(13) 이들은 '독립'을 견지하기 위해 '진실'과 '개인화'가 필요하다고 인식했다. 뤼신위는 중국 다큐멘터리 운동의 특이한 점으로 체제의 안과 밖에서 동시에 시작한 점을 들고 있다. 앞에서 언급한 것이 체제 밖이라면, TV다큐멘터리는 체제 내의 산물이다. 이들은 기존의 대형시리즈 주제편(專題片)16)을 비판하면서 "다큐멘터리 촬영, 인터뷰, 현장 녹음, 롱테이크 등 일련의 새로운 방법을 확립해 다큐멘터리 스타일의 체제 내 확립의 길을 닦았다."(16) 이들의 노력에 힘입어 다큐멘터리는 '프로그램화'의 성과를 거두었다. 상하이TV방송국의 '다큐멘터리 편집실' 프로그램과 '동방시공' 등이 대표적이다. 그러나 다큐멘터리의 프로그램화는 한편으로는 시청률이라는 지렛대에 좌우되기 쉽고 다른 한편으로는 1995년부터 본격화된 영화 산업화의 영향으로 곤경에 직면하게 되었다. 뤼신위는 이에 대해 다음과 같은 세 가지 대책을 제시하고 있다. 첫째 다큐멘터리와 관중이 만날 수 있는 가장 직접적이고 작용을 발휘할 수 있는 경로인 다큐멘터리 프로그램화의 틀을 견지하고, 둘째 독립 제작에 더 광활한 생존 공간을 제공하기 위해 민간 자본과 민간 시각의 통합을 통해 체제 내부에 갇혀있는 다큐멘터리의 운영 모델을 타파하고 여러 가지 방법을 종합하자. 그래

---

16) 주제편은 한 주제에 대해 논술하는 장르로, 대개 어떤 사물이나 과학 현상을 설명한다. 이는 뉴스와 TV예술 사이에 놓여있는 형태로, 뉴스의 진실성과 예술의 심미성을 겸비한다. http://baike.baidu.com/view/278179.htm (검색: 2013.2.9.)

야만 활력과 신선함을 유지할 수 있다. 셋째, 공감대에 기초해 다큐멘터리 가치평가 기준을 수립하고 그 영향을 받는 프로그램 시장을 세워야 한다 (22)가 그것이다.

'진짜 같아지기' 위한 민감한 욕망을 내재하고 있는 다큐멘터리는 '즉흥 촬영(spontaneous shooting)' 또는 '현장 리얼리즘'을 특징으로 하며 주류 다큐멘터리와 달리 설교 포맷을 결락시켰다. 다큐멘터리 트렌드는 평범한 사람들과 그들의 일상생활의 관심에 대해 토로하면서 텔레비전의 급속한 확장과 심각한 상업화에 편승해, 1990년대 텔레비전에 생겨난 공공 공간의 형성에 일조했다.

그러나 독립영화로 시작했다 하더라도 중장기적으로는 국영 스튜디오 제도나 세계 예술영화 시장에 연결된 국제제작사와 협력이 필요하게 된다. 이 지점에서 극단적인 양분법은 지양되어야 할 것이다. 최근 도시세대 영화인들은 타협할 것은 타협하고 견지할 것은 견지하는 유연한 자세를 취하고 있다. 문제는 유연한 융통성이 어느 순간에 권력과 자본 그리고 그것들이 어우러지는 시장의 기제에 통합될 개연성이 크다는 점이다. 5세대의 대표격인 장이머우가 어느 순간부터 전략적으로 체제와 타협했는지 아니면 원래 체제비판과는 거리를 두었는지에 대한 논란은 그리 의미 없는 것처럼, 독립영화 제작자들이 도시 리얼리즘과 다큐멘터리 기법을 견지하면서도 제작비를 마련하기 위해 그리고 관객을 만나기 위해 권력 및 자본 그리고 시장과 타협하는 것은 불가피할 것이다. 특히 상업화와 소비주의가 주도하는 21세기 중국에서 권력과 자본을 도외시하고 순수 예술만을 추구하거나 주류이데올로기와 대중을 무시하며 주변에서 영화를 제작하기란 불가능하다. 한두 번은 가능할지 몰라도 지속성을 유지하기는 쉽지 않은 노릇이다.

5_ 도시영화 - 도시 주체 - 도시화

1990년대 중반 이후 중국 도시영화는 예술, 정치, 자본, 주변성의 네 가지 요소들이 국내외의 '시장'을 중심으로 협상과 타협을 진행하면서 예술영화, 주선율영화, 오락영화, 지하영화(독립영화)의 지형도를 형성하고 있다. 그 가운데 이 글에서 초점을 맞춘 독립영화는 진실과 주변성을 특징으로 하는데, 진실은 독립영화 제작자들로 하여금 도시 리얼리즘과 다큐멘터리 기법에 주목하게 만들었다. 주변성은 사실과 특권을 추구하며 독립영화를 제작하기 위해 민간과 해외로부터 낮은 예산의 재정지원을 이끌어내는 데 노력을 기울였다. 독립영화에 우호적이지 않았던 자본과 정치권력이 1990년대 후반부터 선별적으로 지원하는 것은 눈여겨 볼 지점이다. 대중문화를 사회 피지배계층의 저항력과 지배계층의 통합력 사이의 투쟁의 장으로 설정하고 대중문화의 텍스트와 실천행위가 "'타협적 평형(compromise equilibrium)' 속에서 작동"17)한다고 보는 그람시의 논지는 이 지점을 해석하는 데 유용한 논거가 될 것이다. 톈안먼 사건 이후 새로운 도시영화, 특히 독립영화 제작자들은 선배 세대와는 달리 권력 기구와 상업 조류 그리고 국제 예술영화 시장과 '양가적이고 공생적인 관계'(Zhang, 2007: 34)를 가지고 있다. 이들은 더 이상 국가 제도 및 자본과 일방적으로 각을 세우거나 무력하게 그 속으로 들어가지 않는 유연함을 가지고 있다. 이들은 도시 리얼리즘과 다큐멘터리 기법 그리고 디지털 비디오, '비-전문직 배우' 및 '전문적인 비-배우'18)의 활용 등을 통해 유토피아를 추구했던 톈

---

17) Antonio Gramsci, *Selections from Prison Notebooks*, Quintin Hoare & Geoffrey Nowell-Smith, eds. (London: Lawrence & Wishart, 1971), 161; 스토리, 2002: 13에서 재인용.
18) 들뢰즈는 이탈리아 네오리얼리즘이 연계했던 '비-전문직 배우'와 함께 '전문적인 비-배우'라는 개념을 제시한다. "행동하기보다는 바라보고 또 바라볼 수 있게 할 줄 아는 배우들, 대화에

안먼 사건의 폐허 위에서 새로운 현실과 기층 인민들을 카메라에 담고자 한다.

이들의 영화에 출현하는 주체들 또한 유동적이다. 새로운 도시영화에 거주하는 주체들은 개혁 시기의 주변에 있는, 서민적이지만 문제를 지닌 사람들이 대부분이다. 목적 없는 보헤미안들, 좀도둑, 노래방의 호스티스, 기녀, 그리고 집배원과 경찰, 택시 기사, 알코올 중독자, 동성애자, 장애인, 이주 노동자 등등이 그들이다. 재미있는 것은 이들이 '비-전문직 배우' 역할을 하면서 동시대의 사회 공간을 공유하고 있다는 점이다.(Zen Zhang, 2007: 3) 인류 대다수가 거주하게 된 도시는 그 도시화 과정에서 폭력적인 면모를 드러낸다. 유동하는 도시 주체, 특히 농민공은 쉽게 그 폭력적 수탈에 노출되어 도시의 새로운 빈민층을 형성한다. 개혁개방 이후 급속도로 진척되고 있는 도시화 과정에서 유동하는 도시 주체들은 새로운 계급 분할과 사회 불평등 그리고 갈등을 만들어 내고 있다. 이들 유동하는 주체가 부딪치고 살아가는 공간은 도시화가 첨예하게 진행되고 있는 장소이자 도시영화가 '있는 그대로' 드러내고자 하는 곳이다. '철거하고 이주시킨다'는 의미의 '탁천(拆遷)'은 최근 중국 도시화의 중요한 지표다. 왕샤오밍이 상하이 도시공간을 고찰하면서 사라져가는 것과 새로운 공간을 대비시켰던 것처럼 최근 중국 도시는 해체되고 새로 건설되는 중이다. 도시영화 제작자들은 바로 이 변화 현장의 증인을 자처하고 그것을 기록하고 있다.

응하거나 따르기보다는 때로 침묵 속에 머물 수 있고, 또 때로는 끝없이 의미 없는 대화를 시도할 수 있는 배우들, 즉 '매개체로서의 배우'라 부를 수 있는 배우들"이 그것이다(들뢰즈, 2005: 44).

9장: 포스트냉전 도시 타이베이의 문화정체성

1_ 에드워드 양의 타이베이 초상화

> "내 목표는 분명하다. 그것은 바로 영화로 타이베이시의 초상화를 그리는 것이다. 나는 최근 타이베이에 변화가 발생한 방식과 이들 변화가 타이베이 시민에게 어떻게 영향을 주었는지를 탐구하려 한다."*

2007년 6월 28일 타계한 에드워드 양(Edward Yang. 楊德昌)의 영화는 타이베이(臺北. Taipei)에 집중되어 있다. 1947년 중국 상하이에서 태어나 두 살 때 가족을 따라 타이완으로 건너왔고 유학기간을 포함 미국에서 11년간 머물다가 1981년 타이완으로 돌아와 이듬해 '타이완 뉴웨이브(新浪潮)'를 주도하면서 홍콩, 도쿄, 로스앤젤레스를 오가며 유목민처럼 살다

---

* 楊德昌語; 朱衛國, 2003: 29에서 재인용.

가 미국에서 죽음을 맞이했지만, 그의 삶에서 가장 중요했던 영화에서만큼
은 타이베이를 벗어나지 않았다.

대부분의 논자들도 뉴웨이브를 함께 주도했던 허우샤오셴(侯孝賢)이 농
촌을 배경으로 찍은 영화가 많은 것에 반해, 에드워드 양의 영화는 도시를
배경으로 삼아 도시인의 삶을 비판했다는 사실에 동의하고 있다. 두 사람은
함께 뉴웨이브를 선도했으면서도 여러 면에서 대조적이다. <위험한 사람들
(恐怖份子. *Terrorizers*)>[1]을 집중 논의한 잉슝(應雄)은 허우샤오셴이 중국적
이라면 에드워드 양은 서유럽적이고, 허우샤오셴이 전통과 농촌을 서정적
으로 그려냈다면 에드워드 양은 현대화와 도시를 이성적으로 해부했으며,
카메라 기법에서 롱 테이크 미학을 추구하는 허우샤오셴의 휴머니즘에 비
해 에드워드 양은 자각적 몽타주 사유를 추구하는 전위적 감독이라고 평가
하고 있다(應雄, 1990: 42). 국제적으로는 허우샤오셴의 지명도가 높지만 타
이완 뉴웨이브를 추동한 선구자는 에드워드 양임을 잊지 말아야 한다. 두
사람의 스타일은 서로 다르지만 '거리두기'라는 공통점은 존재한다.

대륙의 몇몇 논자들은 에드워드 양의 작품을 '유자(儒者)의 곤혹(困惑)'
이라는 관점에서 접근한다(喩群芳, 2003; 楊曉林, 2007). 비슷한 맥락에서
에드워드 양의 영화를 '진지한 영화(誠意電影, sincerity movies)'로 간주하고
그 미학적 특징(거대한 틀, 지성적인 카메라언어, 독립제작, 비판적 리얼리
즘, 정교한 예술기교)을 고찰한 쑨웨이촨(孫慰川, 2004)은 에드워드 양의

---

1) 영화 제목 또한 논의의 여지가 많다. <추쥐의 재판(秋菊打官司. *Story of Qiuju*)>이 <귀주
이야기>로 소통되는 과정을 학생들에게 설명할 때마다 느끼는 궁색함과 반복으로 인한 식상함
은 역으로 정명(正名)의 필요성의 근거라 할 수 있다. 그럼에도 '악법도 법'의 정신에 기초해
내용의 오해를 무릅쓰면서 '소통을 위해 이미 통용되고 있는 제목을 사용해야 한다'는 견해에,
이 글은 동의하지 않는다. 이 글의 분석대상인 작품도 국내에서는 일반적으로 '공포분자 또는
'테러리스트'로 표기되는데, 이 글에서는 '위험한 사람들'로 바꾼다. 제목의 번역에 대해서는
2절 첫 부분 참조

핵심 모제(母題)를 다음의 세 가지로 본다. 첫째, 현대 도시에 내장된 진정한 위기는 도대체 어디에 있는가? 둘째, 현대 사회의 윤리 도덕 체계는 건전한가 아니면 취약하고 위태로운가? 셋째, 도시 속의 인간관계는 정상적인가 병태적인가? 이는 자본주의 또는 후기 자본주의 세계체계(world system) 내의 대도시가 직면한 보편적인 문제라 할 수 있다. 중요한 것은 에드워드 양의 영화에 재현된 타이베이와 타이베이인의 문제다.

'유자의 곤혹'이라는 문제설정은 <독립시대>의 영문제목('*A Confucian Confusion*')을 징후적으로 독해한 것이다. 에드워드 양은 이 영화를 시작하면서 『논어 · 자로(子路)』 1장을 인용한다. "선생께서 위에 가시매 염유가 모셨다. 선생이 말씀하시길 풍족하도다! 염유가 말하길, 풍족한 연후에 또 무엇을 더하오리까? 선생께서 답하길, 그들을 부유하게 하라.(子適衛, 冉有僕. 子曰: 庶矣哉! 冉有曰: 旣庶矣, 又何加焉? 曰: 富之.)" 원문에서는 다음과 같은 두 번째 문답이 이어진다. "염유가 말하길, 부유한 연후에 또 무엇을 더하오리까? 선생께서 말하길, 그들을 가르쳐라.(曰: 旣富矣, 又何加焉? 曰: 敎之.)" 그러나 에드워드 양은 이 구절을 생략한 채 "2천여 년 후 타이베이는 짧은 20년간 세계에서 가장 돈이 많은 도시로 변했다(兩千多年後, 臺北在短短20年間, 變成世界上最有錢的都市)"라는 자막을 내보낸다. 이는 수사학적으로 두 가지 가능성을 염두에 둘 수 있다. 하나는 감독이나 관객이 모두 두 번째 구절을 알고 있기 때문에 생략한 것이고 이는 2천 년 전 공자의 가르침이 여전히 유효하다고 보는 것이다. 쑨웨이촨(2004)은 이런 전제 하에 에드워드 양 영화의 미학적 특징의 하나로 '유가적 교화' ─비판적 리얼리즘을 꼽았던 것이다. 다른 하나는 공자의 "가르쳐라(敎之)"라는 말에 대해 '지금도 유효한가?'라는 의문을 제기하는 것으로 볼 수 있다. 물론 긍정도 부정도 아닌 '노코멘트(No comment)!'로 읽을 수도 있다. 그러나 이 중간적 입장도 이미 '공자님 말씀'에 적극 동의하는 것이 아니라는 점에서 회의에 가깝다.

에드워드 양의 문제제기는 <독립시대>에서 나왔지만, 그에 대한 답변은 <독립시대>뿐 아니라 다른 영화에서도 찾아볼 수 있다. 영화 속 인물들을 통해 자신의 말을 대신 토로하는 방식이 그 하나다. <독립시대>의 청년작가는 이렇게 말한다; "(어떤 사람들은) 자신에 대해서조차 이해하려 하지 않는다." <마작>의 홍위(紅魚)는 "세계에는 자신이 원하는 것이 도대체 무엇인지를 아는 사람이 없다. 매 사람이 누군가가 자신에게 어떻게 해야 할지를 가르쳐주기를 기다리고 그 후에야 그는 그 말에 따라 행한다"고 하고, <하나 그리고 둘>의 주인공 엔제이(NJ)는 혼수상태의 장모에게 "나 자신이 한 말이 진심인지를 잘 모르겠어요"라고 독백하며, 그 아들 양양(洋洋)은 "나는 다른 사람들이 모르는 일을 그들에게 알려주고 다른 사람들이 보지 못하는 것을 그들에게 보여줄래요"라면서 다른 사람의 뒤통수 사진을 열심히 찍는다. 작가가 작중인물을 통해 자신이 하고 싶은 메시지를 전달하는 고전적인 방식을 고려한다면, 이들 작중인물의 언술은 그 표층과 심층, 담론과 실천의 층위를 총체적으로 고찰할 필요가 있다.

홍위는 수단방법을 가리지 않고 치부해온 아버지의 가르침, '사람은 사기꾼과 바보로 나뉜다'라는 말을 법보로 삼아 바보의 길이 아닌 사기꾼의 길로 나간다. 그에게는 룬룬(綸綸)이 마지막에 선택한 또 다른 길이 보이지 않는다. 엔제이는 회사와 가정에서 어느 것이 옳은지 혼란에 빠진다. 엔제이가 대표로 있는 회사는 기술혁신의 기로에서 정품과 짝퉁의 사이에서 혼란을 겪는다. 모두들 정품 기술을 원하지만 문제는 가격이다. 이런저런 투자선도 물색해보지만 이사들은 결국 짝퉁 쪽으로 기운다. 엔제이는 이 과정에서 정품 회사와 협상에 나서지만, 동료들의 행위를 적극적으로 제지하지 못한다. 그러면 안 된다고 생각하지만, 회사 경영을 위해서는 어쩔 수 없다는 사실을 묵인하고 있는 셈이다. 그는 또한 부인과 첫사랑 애인 사이에서 갈등하기도 한다.

제3세계 대도시 타이베이를 대상으로 삼았기에 에드워드 양의 영화는 냉혹하다는 평(于麗娜, 2002)을 듣는다. 그는 '도시를 해부'(馬軍驤, 1990[2]); 海天, 1998)하고, 비판(施立峻, 2003)하고, 반성(韋菁, 1992; 楊曉林, 2007)한다. 그 방식은 이성(蔣俊, 2003)과 정관(靜觀)(孫慰川, 2001) 그리고 논문식 서사(應雄, 1990)다. 그리고 죽음(살인, 피살, 자살 등)을 빈번하게 모티프로 활용하고 있다. 이 글을 쓰기 위해 다시 본 그의 영화 가운데 <하나 그리고 둘>을 제외하곤 모두 음울한 아우라를 가지고 있다. 해피엔딩으로 끝나는 <마작>의 엔딩 씬에서 룬룬이 마트를 만나 포옹하는 장면의 배경도 블루 톤이다. 그러므로 마지막 영화가 된 <하나 그리고 둘>에 어린이의 시선[3]을 도입한 것은 에드워드 양의 '새로운 희망 찾기'로 읽을 수 있다. 그래서 인지 이 영화를 보노라면 이전 영화의 주조였던 냉혹함과는 달리 따뜻함을 느낄 수 있다. 특히 엔제이의 가족들이 혼수상태인 장모/어머니/외할머니에게 이야기하는 모습은 한편으로는 평소 소통의 부재를 확인시켜 주지만, 또 다른 한편으로는 장모/어머니/외할머니의 쾌유를 빌면서 나누는 대화가 자신들의 내면을 돌아보게 만든다. 결국 '타자를 위한 행동이 자아에게 도움을 준다'는 사실을 보여준다는 점에서 따뜻하다.

그러나 에드워드 양은 낙관주의자는 아닌 듯싶다. 다른 사람들이 보지 못하는 것을 보여주고자 하는 양양의 뒤통수 사진 찍기는 교화와 거리가

---

2) 마쥔샹은 <타이베이 스토리>에서 아룽(阿隆)의 죽음을 '신(新)타이베이'를 위한 제물로 해석 했고, <위험한 사람들>의 인물들이 각 계층(사진사-감독, 혼혈소녀-서벌턴, 작가-지식인, 의 사-중산층, 경찰-사회 규범 등)을 대표함으로써 사회의 횡단면을 구성한다고 분석했다(馬軍驤 1990: 23).
3) 인터넷 서평가 로쟈(2006)는 "포르노에는 어린이가 등장하지 않는다"라고 했다. 역으로 말하 면 어린이의 등장은 건강함을 반증한다.

멀다. 그것은 그들이 보지 못하는 것을 보여줄 뿐이다. 그 다음에는? 그것은 결국 자신의 뒤통수를 본 사람의 몫이다. 이 글은 에드워드 양의 여러 텍스트 가운데 교화와 계몽이 더 이상 유효하지 않음을 보여주고 있는 <위험한 사람들>을 분석 대상으로 삼고자 한다. 에드워드 양이 그린 타이베이의 초상화 가운데 '위험한 사람들'에 초점을 맞추어 분석한 후, 마르크스주의 이론가이자 포스트모더니즘 연구자인 동시에 제3세계문화 비평가인 프레드릭 제임슨이 이 영화를 대상으로 삼아 분석한 타이베이의 새로운 인식적 매핑의 윤곽을 파악하고자 한다.[4]

2_ 타이베이의 '위험한 사람들'

먼저 원제 <恐怖份子. *Terrorizers*>의 의미를 저작(詛嚼)하면서 이야기를 시작해 보자. 사전적 의미에서 '恐怖份子'는 테러리스트를 지칭하는데, 테러리스트는 '정치적인 목적을 위해서 계획적으로 폭력을 사용하는 사람으로, 우리말로 옮기면 폭력주의자 또는 폭력 혁명주의자'이다. 그러나 영화에서 이런 맥락의 테러리스트[5]는 등장하지 않는다. 감독도 굳이 'Terrorizers'

---

4) 이 글은 제임슨이 "에드워드 양의 영화에서 제3세계의 보편성보다는 지구성(globality)을 읽어내고 에드워드 양 영화의 주요 주제인 도시 비판을 서화(westernization)가 아니라 도시화(urbani-zation)로 보는 것"에 동의한다. 타이베이의 특수성(혼혈소녀 어머니와 미국의 관계 등)을 무시하겠다는 것이 아니라 최소한 <위험한 사람들>에서는 주요한 측면이 아니라고 본다는 것이다.
5) 테리 이글턴은 '서구 문명사에 스며 있는 테러의 계보학에 대한 고찰'(로쟈, 2007)을 수행한 『성스러운 테러』에서 '테러리스트'를 '혁명 용어에 대한 일종의 풍자'로 이해하면서 다음과 같이 설명한다. "'주의자ist'라는 접미사는 이 단어에 모종의 철학이 포함되어 있다는 사실을 냉소적으로 암시하는데 … 테러리스트라고 명명되는 것은, 사실은 아무런 사상이나 원칙도 없으면서 단순한 살육 행위에 거창한 원리들을 갖다 붙이는 사람으로 지목되는 것과 다를 바 없다"(이글턴, 2007: 11-12).

라는 영어 제목을 병기함으로써 '테러리스트'와 변별하고 있다. 'to terrorize' 는 '~을 무서워하게 하다, 탄압[위협]하다, 위협[협박]해서 ~시키다' 등의 사전적 의미를 가지고 있다. 'terrorizers'는 영화 맥락과 연계시키면 '협박하는 사람들, 위협하는 사람들'이고 조금 의역하면 '위험한 사람들', '무서운 사람들' 정도로 번역할 수 있겠다. 앞당겨 말하면 타이베이(인)를 위협하는 것은 주거지 사이에 자리 잡고 있는 원형의 가스저장탱크이고, 움직이는 폭탄이랄 수 있는 혼혈소녀6)다. 그리고 혼혈소녀의 장난 전화를 받고 그것을 빌미로 가출함으로써 의사 남편을 절망의 구렁텅이로 밀어 넣어 살인/자살하게 만드는 작가이기도 하며, 아내의 가출과 직장에서의 승진 실패로 인해 살인/자살하는 의사이기도 하다. 우리는 누구나 의도적이든 아니든 다른 사람에게 위협적인 인물이 될 수 있다.

영화에서 기록자 역할을 하는 사진사는 자신이 알고 있는 사실(fact)이 소설(fiction)로 나오자 "너무 무섭다!(太恐怖了!)"라고 말한다. 부잣집 아들로 군 입대를 앞두고 집을 나가 여기저기 돌아다니면서 사진으로 기록하는 그는 자신의 일이 '정당한 일(正經事兒)'이라는 자부심을 가지고 자기 주변의 사람들—여자 친구부터 사건 속의 인물까지—과 사건들을 '정확한 눈'으로 기록한다. 그가 직접 찍어 인화 · 확대한 혼혈소녀의 사진은 조금 겁먹은 듯한 그러나 무표정한 모습이다.

영화는 전지적 시점으로 구성되어 있지만, 사진사의 시점7)으로 이야기를 간략하게 재구성해 보자. 사진사는 여자 친구와 같이 있다가 우연하

---

6) 영화 속 인물들은 리리중과 저우위편을 제외하고 대부분 익명으로 등장한다. 몇몇 연구논문들은 시나리오를 참고한 듯 그들의 이름을 밝히고 있지만, 이 글에서는 '도시의 익명성'을 존중하여 의사 · 작가 등으로 표기한다. 應雄1990은 '인물 개성의 와해', '도시의 개성 없음'이라 표현했다(32).
7) 사진사는 영상 기록자라는 측면에서 감독의 화신으로 볼 수 있다. 또한 영화 내에서 그만이 등장인물들과 사건의 본말을 파악할 수 있는 위치에 있다.

게 충격 살인 현장을 목격하고 그 사건과 도망치던 혼혈소녀를 필름에 담는다. 그로 인해 여자 친구의 집을 나와 사건 현장인 연립주택에 세 들어 산다. 어느 날 한 여성(작가)이 찾아왔고, 또 다른 어느 날 밤 혼혈소녀가 아픈 몸으로 들어온다. 작가가 장난전화 때문에 왔다는 사실을 알고 사진 사는 혼혈소녀를 책망하지만, 그녀는 장난전화가 사진 찍는 일과 무엇이 다르냐고 반문한다. 혼혈소녀에 실망한 사진사는 입영영장을 받고 여자 친구 와 화해한다. 어느 날 신문에서 작가의 사진을 알아보고 여자 친구로부터 작가의 작품 이야기를 듣는다. 사진사의 여자 친구에 의해 요약된 「혼인실록 」의 줄거리는 다음과 같다; 한 부부가 생활에서 약간의 스트레스가 있어 부 부관계가 그다지 좋지 않았는데, 부인이 한 여성의 전화를 받고는 고통스러 워하며 변화한다. 남편은 어떤 일이 있었는지도 모르면서 역시 비참하게 변 한다. 결국 남편은 참지 못하고 부인을 살해하고 자살한다. 그럼으로써 모든 고통을 종결시킨다. 여자 친구는 심사위원의 평을 덧붙인다. '정상적인 생활 은 아니지만, 리얼하고 소름끼치게 만든다.' 이야기를 듣고 '너무 무섭다'고 느낀 사진사는 작가와 연락을 취하다가 남편인 의사와 연결되고 그에게 그동 안의 사진과 사건을 보여주고 말해준다. 사진사는 여기까지 등장한다.

사진사로부터 사건의 전말을 전해들은 의사는 「혼인실록」을 읽은 후 혼 혈소녀를 작가와 대질시켜 사건을 만회하려 한다. 그러나 작가는 '소설은 소설일 뿐'이라며 의사의 권유를 거부한다. 같은 날 병원의 인사명령에서 승진이 제외된 의사는 처절한 절망에 빠진다. 그러나 경찰 팀장의 집에 나타 난 의사는 만면에 웃음을 띠고는 승진했다고 말하며 축하주를 마신다. 그리 고 감독은 우리에게 살인과 자살이라는 두 가지[8] '무서운' 결말을 보여준다.

---

8) 孫慰川(2004)은 세 가지 결말이라 하는데, 분명하게 제시하지는 않았다. 미루어 짐작컨대, 영화에서 보여준 두 가지 결말 모두를 소설의 내용으로 가정하는 것을 세 번째 결말로 이해할

감독이 제시하는 첫 번째 결말은 이렇다. 새벽에 소파에서 일어난 의사의 얼굴에 눈물이 흐른다. 전날 밤과는 대조적으로 처량하기도 하고 침울하기도 하고 어쩌면 처절해 보이기도 한다. 분열증(schizophrenia)[9]의 특징이다. 어쩌면 새벽의 표정이 정상이고 전날 밤의 웃음이 비정상처럼 보이지만, 둘 다 자아의 양면이라 할 수 있다. 그리고 병원 주임이 출근하다 피격되고 쓰러진 후의 경련 장면이 보인다. 팀장이 깨어나 옷을 입다가 총이 없어진 것을 발견한다. 다시 의사는 작가 애인의 아파트 벨을 누르고 의사임을 확인한 애인이 문을 닫으려 하자 애인을 쏜다. 문에서 한 방, 마루에서 한 방. 이어 침실로 들어간 의사는 모든 것을 체념하고 죽음을 각오하고 있는 작가 대신 거울을 쏘고는 거리로 나선다. 출근한 팀장은 두 사건을 보고 받는다. 저녁 무렵 의사는 번화가에서 혼혈소녀를 찾아 함께 호텔에 들어간다. 경찰 팀장이 부하들을 인솔해서 온다. 의사는 마지막으로 손을 씻는다. 팀장이 호텔 방문을 박찬다. 그리고 문을 박차는 소리는 총소리와 중첩되는데, 이는 의사가 혼혈소녀를 쏘는 총소리일 수도 있고 두 번째 결말인 의사의 자살 총소리이기도 하다.

두 번째 결말은 이렇다. 총소리에 이어 벽에 핏자국이 보이고 팀장이 총소리에 깨고 작가도 불길한 예감에 깬다. 의사가 자살한 장면을 팀장이 확인하고, 작가는 메스꺼움에 구토하면서 영화는 끝난다.

결말을 연속적으로 보아 "전체 영화는 중산층 여성의 꿈에 불과하다"거나 "저우위펀과 관련된 그로테스크한 꿈"으로 보는 해석[10]도 있다. 그러나 잉슝

수 있다.

9) 모더니즘의 특징이랄 수 있는 편집증(paranoia)적 개인은 세계가 자신을 중심으로 하는 거대한 음모로 둘러싸여 있다고 여긴다. 그에 반해 포스트모더니즘의 특징인 분열증은 자신을 자아와 동일한 층위에 놓인 다양한 정보들을 향해 개방한다. 라캉적인 의미에서 분열증은 '의미화하는 사슬의 붕괴'를 뜻한다(로버츠, 2007: 248-49).

10) 焦雄屏, 『臺灣新電影』; 應雄, 1990: 39에서 재인용.

은 두 장면의 연속성을 부인하면서 '진실과 환각의 갈마들기'[11]를 역설하는데, 감독이 진실과 환각 사이를 오가는 전략을 사용함으로써 의사의 진실한 복수 총격은 환각이 되고 동시에 이런 환각은 진실을 은유한다. 그 결과 발생한 진실은 아직 발생하지 않은 환각일 뿐이고, 아직 발생하지 않은 환각은 이미 발생한, 막 발생하고 있는, 장차 발생할 진실이 된다는 것이다.(應雄, 1990: 40) 작가의 구토는 이런 사실을 인식한 것에서 비롯된다. <마작>에서 샹강(香港)이 여자 친구에게 권하던 일을 자신이 당하자 구토하면서 우는 것처럼.

이처럼 후기 자본주의 시대 제3세계의 대도시 타이베이는 '위험한 사람들'로 가득하다. 굳이 인과관계를 추적하자면, 의사의 살인/자살은 작가의 가출과 승진 실패에서 비롯되었고, 작가의 가출은 혼혈소녀의 장난전화 때문이었으며, 혼혈소녀의 장난전화와 폭력은 엄마에게서 원인을 찾을 수 있고, 엄마의 허망함의 근원은 떠나간 옛 애인인데 그는 바로 미국인이었다. 이런 맥락에서 타이베이의 '위험한 사람들'을 양산한 것은 결국 미국의 신식민주의이고 지구적 자본주의라 할 수 있다. 그러나 에드워드 양의 영화는 필연적 인과관계를 추적하기보다는 그 우연성과 개연성에 초점을 맞추고 있는 것으로 보인다. 그런 맥락에서라면 후기 자본주의 시대의 대도시에 산다는 것은 언제 어디서 누군가에게 위협을 당할 수 있고, 나 또한 의지와 관계없이 타인에게 위협을 가할 수 있음을 암시하고 있다.

3_ 타이베이의 '인식적 매핑'

마르크스주의 이론가이면서 포스트모더니즘 연구자인 프레드릭 제임

---

11) 이는 중국 전통의 "거짓이 참일 때 참 또한 거짓이고, 없음이 있음이 될 때 있음 또한 없음이다(假作眞時眞亦假, 無爲有時有還無)"의 사유방식에 기댄 것이다.

슨(Fredric Jameson)은 제3세계 연구에도 힘을 기울여 그의 '국족 우언(national allegory)'론은 광범한 지지를 받아왔다. 다만 "다종 다기한 세계 문학을 '제3세계'라는 동일한 틀 안에 묶어버리려는 제임슨의 욕심이 지나치게 환원적이라는 사실"(Eagleton and Milne, 1996; 로버츠, 2007: 299에서 재인용)은 지적해 두어야 한다. 사티야 모한티도 아마드(Aijaz Ahmad)의 비판에 동의하면서 제임슨의 이러한 태도가 '참으로 역설적'이라고 지적한다. "(제임슨이) 총체성이라고 하는 마르크스주의적 개념에 지나치게 집착한 나머지, 세계 문학의 다양성을 이해하는 능력을 일정 부분 상실했다는 것이다. 그의 작업은 '그토록 복잡하고 다양한 양상들을 설명하지 못한다. … 모든 다양성은 결국 이데올로기와 과학 사이의 알튀세르적 대립으로 귀착되기 때문이다.'"[12] 이는 '제3세계의 보편성이라는 숲을 보되 각 지역의 특수성이라는 나무를 보지 않으려 한다'쯤으로 이해할 수 있다. 그러나 "Remapping Taipei"를 보면 제임슨은 그렇게 단순하지는 않다.

제임슨은 1980년대와 1990년대에 영화 비평을 많이 썼다. 그는 영화를 매개로 자기 이론의 핵심 개념인 '정치적 무의식(political unconsciousness)'을 계속 탐험한다. 영화가 정치적 무의식을 특히 직접적으로 재생산해내는 방식을 깨닫는 것이, 제임슨 영화 비평의 핵심을 이룬다. 『트랜스 비평가 프레드릭 제임슨』의 저자 애덤 로버츠는 제임슨 영화 비평의 전략에 대해 다음과 같이 평가한다.

많은 동시대의 영화 비평이 영화에 대한 감상이나, 독해, 시선의 권력, 이미지의

---

12) Satya P. Mohanty, *Literary Theory and the Claims of History: Postmodernism, Objectivity, Multicultural Politics* (Ithaca: Cornell University Press, 1997); 로버츠, 2007: 301에서 재인용.

유기적 조직화 등 궁극적으로 프로이트에게서 파생된 모델들에 의존할 때, 제임슨은 적절한 관점을 얻고자 한다면 프로이트는 반드시 마르크스와 결합되어야만 한다고 주장했다. '공적 영역에 대한 코드(마르크스주의)'와 사적 영역에 대한 코드(프로이트주의)'가 '함께 유기적으로 묶일' 필요가 있다는 것이다. 특히 '시선이 사회의 지배적 형식으로 등장한 것'은 '정신분석학적 무의식 모델이 전형적으로 기능하는 데 필요한 조건'으로 이해되어야 한다. 요컨대, 프로이트의 이론은 마르크스주의로써 더 넓은 영역인 사회적·이데올로기적 맥락에 위치할 때에야 비로소 영화 독해의 유용한 전략이 될 수 있다는 것이다.(로버츠: 277)

제임슨 영화비평의 핵심전략은 마르크스주의와 프로이트주의의 결합이라는 것이다. 영화연구와 관련된 그의 글은 주로 『보이는 것의 날인』과 『지정학적 미학』에 실려 있는데, 전자가 제1세계 영화를 대상으로 다루었다면, 후자는 제3세계, 특히 동아시아 영화를 포괄하고 있고 그 가운데 한 편이 <위험한 사람들>을 분석한 "Remapping Taipei"[13]다. "정치적 무의식이 제임슨의 이론에서 이론적 용어의 핵심이라면, 역사적 범주의 핵심은 포스트모더니즘일 것"(맥케이브, 2007: 12)이라는 진단은 제임슨의 지적 편력을 잘 요약해 주고 있다. 영화는 바로 이 두 개념과 밀접한 연관을 가지고 있는 텍스트다. 제임슨이 영화에 관심을 가지게 된 것은 한편으로 그가 포스트모더니즘 논쟁에 참여했기 때문이고 다른 한편으로는 정치적 무의식을 탐험하기에 영화만큼 적절한 텍스트가 없었기 때문이다. 그리고 '인식적 매핑'은 정치적 무의식과 포스트모더니즘, 심리적인 것과 사회적

---

13) 국내 번역본은 '대만 다시 그리기'라고 번역했는데, 이는 타이베이를 타이완으로 바꿨을 뿐만 아니라, mapping을 용어화시켜 '인식적 매핑'으로 표기한 번역본의 취지와도 부합되지 않는다.

인 것의 양자를 매개해주는 개념으로, 이는 "제임슨 자신의 과거 10년간의 문화 분석과 특히 이 책(『지정학적 미학』-인용자)을 정당화해준다."(맥케이브: 16)

타이베이(original)의 초상화를 그리고자 하는 에드워드 양의 의도는 재현(representation)이다. 그런데 에드워드 양의 영화를 가지고 프레드릭 제임슨은 타이베이의 새로운 지도를 그리고자 한다(remapping). 재현의 재현인 셈이다. 물론 이때 에드워드 양의 초상화도 외양만을 가리키는 것은 아니고 제임슨의 의도도 일상생활 속에서의 '인식적 매핑(cognitive mapping)'14) 이다. 이는 제임슨의 중요한 방법론이다. 그에 의하면, 도시 거주자는 자신이 거주하는 도시 공간이 사실적으로 재현될 수 없다는 인식을 갖게 된다. 즉, 실제 공간을 직접 재현할 수는 없다는 것이다. 대신에 그것은 소외된 환경처럼 개인의 경험이 왜곡되고 생략된 양상을 반영한다. 제임슨은 이러한 개념이 특히 국가적이고 지구적인 좀 더 확장된 공간의 표면을 이해할 때 매우 유용한 시사점을 던져준다는 사실을 발견한다. 인식적 매핑은 개인이 이데올로기적이고 지구적인 총체성과의 관계 속에서 자신을 위치시키는 방식을 알려준다. 제임슨이 가장 중요한 비평기준으로 삼고 있는 총체성은 지상에 있는 개인에게는 뉴욕 전체의 지리만큼이나 거대하고 파악하기 어려운 것이다. 인식적 매핑은 '주체가 자신의 존재 조건인 실재와 맺는 상상적 관계'라고 하는 알튀세적(그리고 라캉적) 이데올로기 정의를 이해할 수 있게 한다.15) 『지정학적 미학』의 발문(추천사)을 쓴 콜린 맥케

---

14) 이는 '인식적 지도제작', '인식 지도 그리기' 등으로 번역된다. 이 글에서는 mapping을 '지도제작' 외에 '세계를 공간화한다'는 의미를 포함하고 있다는 옮긴이의 의견(『지정학적 미학』, 9)에 따라 '인식적 매핑'을 용어로 수용한다.
15) Fredric Jameson, *Postmodernism, or the Cultural Logic of Late Capitalism* (Durham: Duke University Press, 1991), 51; 로버츠, 281에서 재인용.

이브에 의하면, 인식적 매핑은 제임슨의 가장 중요한 개념인 '정치적 무의식'의 가장 부족한 부분을 보충하는 것이자, 역사적인 포스트모더니즘 분석에 정치적 예리함을 더하는 것이고, 제임슨이 수행한 방법론의 정당성을 확증하는 것이라 한다.[16)

그러면 제임슨의 텍스트 분석을 살펴보자. 제임슨은 에드워드 양의 영화에서 제3세계의 보편성보다는 지구성(Jameson, 1994: 120)을 읽어낸다. 에드워드 양 영화의 주요 주제인 도시 비판을 서화(westernization)가 아니라 도시화(urbanization)로 보는 것이 그것이다. 사실 제3세계의 근현대사는 '서양 학습'으로 점철되어 있었다. 그러나 서양은 학습의 대상인 동시에 극복의 대상이었기에, 서화와 본토주의(nativism) 사이의 진자 운동이 반복되었던 것이고, 근현대화(modernization)와 전통(tradition)은 그것의 다른 표현이라 할 수 있다.

대부분의 이항대립은 '이것이 아니면 저것'이라는 논리가 작동하게 마련이어서, 제3세계에서 근현대화를 추진하다가 그것의 문제점을 발견하게 되면 비판하고 그 대안으로 전통 회귀가 거론되곤 했다. 제임슨은 이 부분을 예리하게 지적하면서 에드워드 양의 영화가 서화를 비판한 것이 아니라 도시화를 비판했다고 서두를 뗀다. 이는 비슷한 시기에 흥기한 대륙의 '5세대'의 주요 흐름[17)과 다른 점이고 타이완 뉴웨이브(新浪潮)의 일반 흐

---

16) Fredric Jameson, *The Geopolitical Aesthetic*, xiv; 로버츠: 282에서 재인용.
국내 출간된 번역본의 해당 부분은 다음과 같다. "이는 인식적 매핑이 정치적 무의식의 행방불명된 심리학이며 포스트모더니즘의 역사적 분석의 정치적 첨단인 동시에 제임슨이 벌이는 사업의 방법론적 정당화이기 때문이다"(제임슨, 2007: 15-16).
17) 5세대와 타이완 뉴웨이브는 풍격과 문제설정에서 거리가 멀다. 5세대의 특징은 서사시 영화의 웅대한 포부와 長鏡式 미드숏의 특권화인데, 이런 유형의 사시는 필연적으로 농촌을 포함하기 마련이다. 반면 소수이긴 하지만 중국의 도시영화는 십분 다른 스타일의 전환을 거쳤다. 특히 저우샤오원의 <최후의 실성(最後的癲狂)>(1987)에서 도시라 명명되는 각종 기호와 식별 기호는 모두 체계적으로 생략됨으로써 총체적 의미에서의 도시가 두드러지게 된다. 이 영화의 각종

름[18]과도 변별되는 에드워드 양만의 독특한 점이다. 에드워드 양은 '어떤 의미에서 후기 자본주의 도시화의 한 예로서의 타이완(타이베이)'을 이야 기했던 것이다. 흔히들 <위험한 사람들>은 다른 본토주의 영화의 잠재적 감상주의를 가지고 있지 않기 때문에, 그것이 가지고 있는 시각상의 아름 다움은 정체성을 추방한 매끄러운, 차가운 표면 같다고 끊임없이 묘사된 다.(Jameson, 1994: 123) 후기 자본주의 도시화의 결과물인 타이베이라는 관점은 또 다른 포스트모던 도시 홍콩을 영화화한 웡카와이(王家衛)[19]와 비교되는 근거이기도 하다. 위리나(于麗娜, 2002)는 도시 우언이라는 관점 에서 웡카와이의 홍콩을 미혹의 도시로, 에드워드 양의 타이베이를 냉혹한 도시로 평가한 바 있다. 그러나 제임슨은 국족(nation)과 종족(ethnic) 정체 성을 위협하는 무조건의 포스트모던적 관점도 경계하고 있다.

제임슨은 <위험한 사람들>의 독특함의 원인 가운데 하나로 예술과 생활, 소설과 현실, 모방과 아이러니 등으로 구성된 주제의 진부한 모더니 티를 꼽는다. 영화는 네 개의 줄거리 가닥(four distinct plot strands)으로 이루어지는데, 혼혈소녀(淑安)-작가(周郁芬)-의사(李立中)-젊은 사진사가 그들

장면들은 최근 공업 생산과 소비의 세계를 구축한다. 이와 동시에 대륙 도시의 각종 정체성 식별의 표지도 반드시 깨끗이 지워지게 된다(詹姆遜, 2004: 295-96).

18) 타이완의 '뉴웨이브'는 줄곧 자신의 수많은 형상을 이 도서(島嶼)에 특이한 것으로, 그리고 수많은 측면에서 대륙과 다른 것으로 표현하는 경향이 있었다. 타이베이는 대륙의 전통 도시들과 같은 프로필(profile, 윤곽)이나 역사적 共鳴(resonance)과 연관을 가지고 있지 않을 뿐 아니라, 홍콩처럼 완전히 포위된 닫힌 도시 공간(closed urban space)의 도시국가도 아니다(Jameson, 1994: 122; 詹姆遜, 2004: 298).

19) 1995년 일본의 홍콩영화 배급사인 프레넌 아서는 <중경삼림>을 일본에 선보여 아시아 영화로는 경이적인 성공을 거두었다. 이 영화는 아시아 영화로는 처음으로 아시아식 이국정서에 호소하지 않고 파리 등 유럽 선진국도시를 보는 것 같은 '최신 유행' 감각을 느끼게 해주면서 일본이나 서유럽 시청자와 비평가들의 지지를 얻었다(枝川, 1997; 이와부치, 2004: 246에서 재인 용). 조금 보충하면, 아시아의 대중문화는 일본에서 주로 노스텔지어로 소비되는데, 홍콩은 향수 가 아닌 현대적이고 멋진 이미지가 강조되는 경향이 있다. <중경삼림>은 '사랑하는 혹성'이라 는 제목으로 개작되었다.

이다. 그리고 네 가지 우연적 줄거리 가닥은 서로 교차되면서 마지막에 하나로 엮인다. 그 가운데 우선 주목할 인물은 작가다.

글쓰기의 사로(思路)가 막힌 작가는 묘령의 여성으로부터 익명 전화가 걸려와 남편과 해결할 문제가 있다는 말을 듣고는 그것을 창작 자료로 삼아 「혼인실록」이라는 중편소설(fiction)을 완성한다. 그리고 그 사건을 빌미로 남편과 헤어져 집을 나온다. 창작을 그만 두고 출판사에 취직하려던 그녀는 왕년의 애인을 만나고 둘은 자연스레 옛 관계를 회복한다. 「혼인실록」은 영화 속의 액자인 동시에 이 영화의 주인공과 이야기를 규정하는 시나리오이기도 하다. 제임슨은 이를 두고 '생활의 예술 모방 및 소설과 외부의 실재세계의 각종 우연적 현실의 대응'이라는 의미에서 '주제의 낡은 방식의 반영성(old-fashioned reflexivity of the theme)'이라 일컬었다. 영화 속의 작가는 '소설은 소설일 뿐(小說歸小說)'이라면서 자신의 소설이 익명 전화에서 플롯상의 영감을 받긴 했지만, 그것과 자신의 삶은 무관하다고 강변한다. 그러나 작가의 창작이 대부분 자신의 삶의 반영이라는 사실을 작가는 누구보다 잘 알고 있다. 작가의 창작 위기는 더 이상 영감이 떠오르지 않는다는 것이고 그 말은 이제는 쓸 재료가 없다는 것이었다. 익명 전화는 그녀의 창작에 영감과 재료를 준 사건이었던 셈이다. 작가는 지금껏 생활 속에서 창작 재료를 취해 왔는데 이제 더 이상 써먹을 것이 없어진 것을 깨닫고, 창작을 중단하려 한다. 끊임없이 새로운 삶을 추구해 온 작가의 삶을 재구성하면 이렇다; 실연 후 새로운 삶을 시작하기 위해 의사와 결혼하고, 일상생활의 권태를 극복하기 위해 임신하지만 실패하고, 새롭게 시작하기 위해 창작을 하지만 다시 교착상태에 빠졌다. 결국 작가는 의사와 헤어짐으로써 새로운 삶을 시작하려 하는데 그 이면에는 옛 애인과의 재회가 있다. 조금 단순화하면, 작가에게 실연의 아픔을 안겨주

었던 옛 애인이 작가의 작품을 통해 작가의 진심을 이해하게 되고 상호
소통이 이루어지면서 작가는 현재의 답답한 생활을 벗어나려 하는 것이다.
그 계기가 익명전화였고, 작가는 그것을 창작과 생활에서 활용한 것이다.

　　주요 인물들이 어떤 연계관계를 맺고 있다면, 그 시발점은 혼혈소녀[20]
다. 제임슨은 영화에서 유라시안 혼혈소녀와 그의 동업자가 폭력을 애용하
는 위험인물임에도 불구하고, 도시 자본주의라는 맥락에서 이 두 사람이
다른 사람에 비해 꼭 악독한 것은 아니라고 진단한다.(詹姆遜, 2004: 307)
사실 후기 자본주의의 대도시에서 우리는 도처에서 폭력에 노출되어 있다.
움직이는 폭탄이라 할 수 있는 자동차의 홍수부터 재난영화에 나오는 온갖
위험들이 우리 주변에 포진되어 있다. 합리성으로 통제되어 있는 듯 보이
지만, 그 대립면인 비이성, 광란, 사악함 등이 언제든지 '귀환'[21]할 수 있는
위험에 처해있는 것이다. 영화 초입 부분에 등장하는 총격전은 이야기 줄
거리와 무관하지만 도화선 역할을 하고 있다. 누가 쏘았는지 누가 쓰러졌
는지는 밝혀지지 않는 익명의 총격사건은 등장인물들의 운명과 우연하게
연계된다. 즉 총격전이 계기가 되어, 사진사는 혼혈소녀를 보게 되고 병원
에 데려다 주고 사진을 인화하고 여자 친구와 헤어지고 작가·혼혈소녀·
의사를 만난다. 의사는 출근하면서 경찰차를 만나고 혼혈소녀를 지나친다
(아마 혼혈소녀를 쫓아온 사진사도 있었을 것이다). 그리고 혼혈소녀는 다
리에 깁스를 한 채 집에 감금되어 무료함을 쫓으려 장난전화를 하게 되고
그것이 작가의 가출과 창작에 영향을 준다. 이처럼 익명의 '폭력은 서사
범주와 연계되고 폐쇄되거나 가닥과 사건의 교호관계의 문제가 된다. "총
격전 자체는 별로 중요하지 않지만 기타 줄거리 가닥의 도화선으로 작용한

---

20) 우리는 그녀가 새벽의 총격사건에 연루되어 있음을 잊지 말아야 한다.
21) 프로이트는 슈퍼에고에 의해 억압된 이드는 언젠가 '귀환'한다고 했다.

다. 더 중요한 것은 막 날이 밝을 때 총격전이 발생했는데, 새벽의 도시는 텅 비어 있다가 각종 사람과 사무 및 일상생활이 차츰 도시를 채운다. 폭력으로 사람이 죽었는데, 우리는 쓰러진 시체가 누구인지 모르고 단지 젊은 사진사가 사진을 찍는 것만 알 뿐. 그리고 '백계(白鷄: 혼혈소녀의 별명-인용자)'가 테라스에서 뛰어내리다 다리를 다친 것을 일별하는 계기가 된다." (詹姆遜, 2004: 309)

혼혈소녀의 폭력은 동기가 없다. 군이 원인을 규명하자면, 미국인으로 추정되는 부재하는 아버지와 노스탤지어에 잠겨있는 어머니[22]를 통해 그녀가 혼혈로서 겪어야 했던 질시 등에 대한 원한이 특별히 격화된 것으로 추정할 수 있겠다. 정신분석학에서 사회의 규범 등을 상징하는 초자아(superego)를 대표하는 것은 아버지이고 무의식(id)은 어머니와 연계되어 있다. 이는 또한 식민화(colonization)[23]에 대한 비판으로 이어질 수 있다. 그녀는 내키는 대로 장난전화질을 하고 그 후과에 대해서는 알려고도 하지 않는다. 그리고 수틀리면 남자를 찌르고 동료와 짜고 협박한다. 길거리에서 작업할 때는 선글라스를 끼고 대부분은 무표정한 모습으로 등장한다. 사진사가 사건의 전모를 파악하고 '너무 무섭다'고 느꼈을 때 그 두려움의 기저에는 혼혈소녀가 놓여 있었던 것이다. 혼혈소녀는 영화에서 두려움의 근원이다. 마치 언제 폭발할지 모르는 가스저장탱크가 주거지역에 버젓하게 자리잡고 있듯이, 그녀는 타이베이 중심지에서 계속의 자신의 삶을 살아간다.

---

22) 혼혈소녀의 어머니는 딸에 대해 양가적인 감정을 가지고 있다. 병원에서 데려오자마자 "쓸모 없는 것, 보배운 데 없는 것, 아빠처럼 나가서 들어오지 마"라면서 딸을 때리기도 하고, 추억의 팝송('Smoke Gets in Your Eyes')을 듣다가 침대에 누워있는 딸을 어루만지기도 한다. 이는 혼혈소녀의 아버지에 대한 애증과 연계되어 있을 것이다.
23) 에드워드 양의 영화에서 이를 명징하게 보여주는 것이 <구링제 소년 살인사건>에 나오는 엘비스 음악이라 할 수 있다.

제임슨은 영화에서 몇 가지 반복되는 기표에 주목한다. 이를테면 가스 저장탱크, 횡단보도, 사이렌 소리, 개 짖는 소리 등이 그것이다. 그 가운데 의사의 손 씻는 행위는 의미심장하다. 마치 수술하기 전에 경건한 의식을 치르듯이 손을 씻는다. 이는 의사가 어떤 장소에 들어가든 반복된다. 제임슨은 그것에서 불안정성과 자기비하 콤플렉스를 읽어낸다. 나아가 의사의 손 씻기 동작은 직업과 혼인, 업무와 가정생활로 표현되는 공적 공간과 사적 공간 사이의 처리하기 어려운 평형을 대표한다. 즉 손을 씻음으로써 자신의 위기 또는 불안감을 불식시키는 것으로 해석할 수 있다. '고해성사'에 비견될 만하다.

'고해성사'가 서양적 맥락의 해석이라면 제임슨이 놓치고 있는 것은 중국적 맥락의 의미다. 이 맥락에서 손을 씻다, 즉 '세수(洗手)'는 '손을 떼다'라는 의미를 가지고 있다. 무협소설에서 자주 등장하는 '금분세수(金盆洗手)'[24], 즉 '황금 대야에 손을 씻는 일'은 강호에서 퇴출(退出)하는 것을 상징한다. 에드워드 양의 영화에서 의사의 손 씻는 동작이 반복되면서 우리는 퇴출을 연상하게 된다. 가정에서의 퇴출, 직장에서의 퇴출, 나아가 인생에서의 퇴출.

4_ 도시 폭력의 우연성과 익명성

에드워드 양의 영화에는 폭력의 극단인 살인, 자살, 피살 등의 죽음이 많이 나온다. 그 중에서도 살인은 두드러진 모티프로 보인다. <타이베이

---

24) 진용의 대작 『소오강호(笑傲江湖)』의 명장면 가운데 하나가 류정평(劉正風)의 '금분세수(金盆洗手)'다.

스토리>에서 아룽(阿隆)의 죽음, <구링제 소년 살인사건>에서 하니의 피살과 샤오쓰의 살인, <마작>에서 홍위가 추(邱)사장을 죽이며 <하나 그리고 둘>에서도 리리의 남자 친구가 영어교사를 죽인다. 이 글의 분석 대상인 <위험한 사람들>에서 두 가지 결말의 하나로 제시되는 의사의 살인도 비슷한 맥락 속에 있다. 이들 살인 사건에서 공통되는 것은 교화가 불가능한 것으로 보이는 위험한 사람들의 폭력이다. 그 폭력의 직접적인 원인은 분노지만, 그 분노의 근원은 불분명하다.

<위험한 사람들> 초입에서 우연히 마주쳤던 그러나 서로 인지하지 못했던 혼혈소녀와 의사는 영화가 진행되면서 폭력 관계로 바뀐다. 먼저 혼혈소녀가 의사를 파멸에 몰아넣었고 의사는 복수를 위해 혼혈소녀를 호텔로 데려간다. 이 지점에서 폭력은 양가성을 가지게 된다. 이글턴에 의하면 "고대 문명에는 창조적인 테러와 파괴적인 테러, 생명을 부여하는 테러와 죽음을 불러오는 테러가 동시에 존재"(이글턴, 2007: 13)했다고 하는데, 이 두 가지는 별개의 것이 아니다. 파괴적인 것과 죽음을 불러오는 것에 대해 저항하는 가운데 창조적이고 생명을 부여하는 테러가 생성되기 마련이다. 전자가 '테러리즘'이라면 후자는 '이상적 도덕주의'라 할 수 있다. 후자는 전자에 저항하지만 그 방식을 배운다는 점에서 태생적 한계를 벗어나지 못한다. "도덕적 이상주의는 그것이 반대하는 삶의 방식에 대한 괴물스런 패러디이다."[25] <위험한 사람들>에서 혼혈소녀가 전자를, 의사가 후자를 상징한다. 결국 의사는 자신을 파멸에 빠뜨린 혼혈소녀의 폭력을 응징하기 위해 또 다른 폭력을 사용(하려)한다.

---

25) 로쟈, 2007. 이 부분은 번역문("그런 점에서는 테러리스트들 역시 그들이 저항하고자 하는 서구적 경향의 괴물적 패러디에 다름 아니다")의 오류를 로쟈가 바로잡아 재번역한 것을 이 글에서 가져온 것이다.

아마도 감독은 후기 자본주의 시기의 대도시에서는 원인도 모르고 누군지도 모르는 죽음/폭력이 우리에게 일어날 수 있음을 암시하고 있는 것으로 보인다. 이렇게 보면 영화 첫 장면의 총격과 쓰러진 남자는 우리와 무관하지 않다. 그뿐만이 아니다. 가스저장탱크, 사이렌 소리, 개 짖는 소리 등 반복되는 몇 개의 기표는 우리에게 폭발의 위험을 경고하고 있다. 그 외에도 몇 차례 등장하는 호텔은 전 지구화의 기표로 읽을 수 있다. 우리는 세계의 어느 도시를 가도 표준화되어 익명이 된 호텔에 머물기 마련이다. 그곳은 폭력의 온상이 될 수 있다.

에드워드 양은 영화에서 '중첩'을 많이 활용한다. 대표적으로 '육교 장면'은 모르는 사람들이 마주치는 장면을 꼬리에 꼬리를 물듯이 연계 촬영했다. 피사자들은 상호 아무런 연계가 없지만 카메라에 찍힌 사람들은 연계를 가지게 되고, 현실은 우연에 의해 상호 위해를 가하게 될 수도 있다. 사진사의 여자 친구는 사진사가 떠나자 자살을 시도하는데, 병원에 실려 갈 때 나오는 목소리는 혼혈소녀의 장난전화의 그것이다. 또한 결말 부분에서 팀장이 호텔 방문을 박차는 소리는 의사가 자살하는 권총소리와 중첩된다. 혼혈소녀의 어머니가 추억의 팝송을 듣다가 침대에 누워있는 딸을 어루만지는 장면의 배경음악이 흐르다가, 사진사의 여자 친구는 혼혈소녀의 사진을 보고 사진사와 다투는 장면으로 넘어간다. 아마도 혼혈소녀의 어머니도 미국인 애인과 그렇게 사소한 일로 다투고 헤어졌을 것이다.

이처럼 후기 자본주의 대도시에서는 폭력이 누군지도 모르는 사람에 의해 우연하게 발생하고 있다. 도시인은 이런 폭력에 노출되어 있을 뿐만 아니라 자신도 모르게 폭력의 가해자가 될 수 있다.

10장: 지구적 이주와
뉴욕 중국인의 문화정체성

1_ 이주와 이산

> 인간이라는 종(種)을 탄생시킨, 생물체들의 그 엄청난 뒤얽힘은 이동성, 미끄러짐,
> 이주, 도약, 여행으로 이루어졌다. 인간의 역사가 노마드적인 것이 되기 훨씬 전에,
> 아메바에서 꽃으로, 생선에서 새로, 말에서 원숭이로 진화한 역사 자체가 이미 노마
> 드적이었다.*

이렇게 시작하는 아탈리(Jacques Attali)의 『호모 노마드—유목하는 인
간』은 아메바에서부터 원숭이까지의 생물 진화과정, 나무에서 내려와 두
발로 서서 동남아프리카의 풍경들을 유심히 바라본 '오스트랄로피테쿠스'
로부터 최초의 현생인류인 '호모 사피엔스 사피엔스'까지의 인류 진화과
정, 그리고 이후의 선사시대와 역사시대의 진행과정의 원동력을 '노마드'[1]

---

* 아탈리, 2007: 19.

로 꼽고 있다. 그에 따르면 수렵과 채취의 시대를 거쳐 농경시대로 접어들어 정주(定住)했다는 견해는 정착민들의 주요한 발명품인 국민국가를 합리화시키는 하나의 가설일 뿐이다. "정주성은 아주 잠깐 인류 역사에 끼어들었을 뿐이다. 인간은 중대한 모험들 속에서 노마디즘으로 역사를 이루어왔고, 다시 여행자로 되돌아가고 있다."(아탈리, 2007: 18) 여기서 '아주 잠깐'은 6백만 년 인류사에서 0.1퍼센트에 해당하는데, 이 '아주 잠깐'의 시기에도 몽골 노마드, 인도유럽 노마드, 투르크 노마드가 존재해 세계사에 막강한 영향력을 행사했음을 우리는 잘 알고 있다.

헬드(David Held) 등은 '지구적 변환(Global Transformations)'을 다루는 동명의 대작(헬드 외, 2003)에서 '정치적 지구화', '군사적 지구화', '무역 지구화', '금융 지구화', '기업 활동 지구화', '문화적 지구화', '환경 지구화' 등과 함께 '이주의 지구화'를 다루고 있다. 그들은 인간의 이동과 한시적·영구적인 지리적 재배치를 뜻하는 이주를 두드러져 보이는 지구화의 형태(헬드 외: 445)로 파악한다. 윌리엄 맥닐(William McNell)은 지리적·사회적 특징에 따라 중심부 이주와 주변부 이주, 엘리뜨 이주와 대중적 이주로 구분했다.[2] 헬드 등은 맥닐의 분류를 수용하면서 이주의 동기와 범위, 강

---

1) "유목민nomad은 유목하면서 생활을 영위하는 민족 또는 그런 사람을 뜻한다. 유목nomadism은 일정한 땅에 정주定住하지 않고, 소나 양 등의 가축을 물과 풀밭을 찾아 옮겨 다니며 기르는 목축 형태를 뜻한다. … 떠돌아다니는 목축생활, 즉 특정한 생활양식으로서의 유목과 유목민, 그리고 농경사회와 대비를 이루면서 세계사적·문명사적 의미를 지녀 온 유목과 유목민. 그런데 이러한 유목과 유목민이 첨단 정보화사회라는 21세기에 새로운 의미를 지니며 부각되고 있다. 인간의 새로운 삶의 방식을 나타내는 중요한 은유임은 물론, 철학적으로도 중요한 함의를 지니게 되었고, 사회·정치·경제 등 제반 분야에서 진행 중인 최근의 변화나 새로운 트렌드를 요약하는 술어로도 자리 잡았다. … 말을 타고 초원을 달리는 전통적인 유목을 '아날로그적 유목'이라고 한다면, 21세기의 새로운 유목은 비트bit의 파도를 타고 정보통신 네트워크를 종횡하는 '디지털적 유목'이다"(강수택 외, 2003: 301-3).
2) 엘리뜨 이주는 흔히 타국가와 제국 주변부의 군사적 정복이 이루어진 다음, 귀족과 그 속관(屬官)들이 국경지역에 정차하는 순으로 이루어졌다. 이와 함께 선교사·상인·행정가들의 엘리뜨

도와 속도 그리고 영향력 등을 분석하고 있다. 이들의 강점은 인간의 이동에는 새로운 사상·새로운 종교·새로운 신앙 등이 뒤따른다는 사실을 놓치지 않고 있다는 것이다. 정착 후 성립되는 이주공동체는 송출공동체와 유입공동체 사이에 존재하면서 다양한 새로운 사회적 관계가 형성된다. 이주공동체의 존재는 필연적으로 토착문화와의 비교점과 대조점을 발생시킨다.(448) 이주공동체 사이의 관계도 주목의 대상이다. 그리고 이 글의 주제와 연관해서 지역적 이주와 지구적 이주의 개념을 제시하고 있다. '지구적 이주'란 '지역과 대륙 간의 인간의 이동', '초대양적·초대륙적 이동'(446)을 의미하고, '지역적 이주'는 지역 내 대륙 내 이동을 의미한다. 사실 지역(region)은 국가보다 넓은 개념이지만 중국은 그 자체로 하나의 대륙이기 때문에 이 글에서는 중국 국내 이주를 '지역적 이주'로 간주하고 동남아시아와 북아메리카로의 해외 이주를 '지구적 이주'로 본다.

아파두라이(Arjun Appadurai)는 '최근' 글로벌 세계의 주요한 특징을 '과거와의 전면적인 단절'로 파악하면서 매체(media)와 이주(migration)를 두 가지 중요한 분석 개념으로 삼아 "이 양자의 결합이 현대적 주체성을 구성하는 자질의 하나인 **상상력의 작업**(work of the imagination)에 어떤 영향을 미치는가를 탐구"하고 있다.(아파두라이, 2004: 10-강조는 원문)[3]

이주, 그리고 신개척지를 찾아 이동하는 유목민과 농민들의 대중적 이주가 이루어지기도 했다. 맥닐은 또한 중심을 향한 이주와 주변을 향한 이주를 구분한다. 엘리뜨는 도시와 궁정의 정치적 권력과 경제적 활동의 중심지로 이주하고, 가난한 농민과 숙련공은 일자리를 찾아서 도시로 이주한다는 것이다. W. H. McNell, "Human migration: an historical overview," in W. H. McNeil and R. S. Adams, eds., *Human Migration: Patterns and Politics* (Bloomington: Indiana University Press, 1978); 헬드 외: 446에서 재인용.
3) 아파두라이의 책은 '단절에 관한 이론서'인 동시에 '전지구화와 근현대화'에 관한 고찰이기도 하다. 그는 자신의 삶을 통해 '구체적 감각으로서의 모더니티'와 '이론으로서의 모더니티' 또는 '사실로서의 모더니제이션'과 '이론으로서의 모더니제이션'이 맺는 관계(아파두라이: 9)에 주목한다.

두 개념 가운데 전자매체는 "기존의 대중매체 전반은 물론 여타의 전통적인 매체의 영역을 변화"시켰고 "상상된 자아와 세계를 구성하는 새로운 자원들과 원칙들을 제공함으로써 대중매체의 장을 변형"시켰다는 점에서 일차적이다. 근현대의 대량 이주가 "대량으로 유통되는 이미지와 가상적인 대본들 혹은 대중적 감각 등의 급속한 흐름과 연합될 때, 세계는 현대적 주체성의 생산에 있어서 새로운 방식으로 불안정을 갖게 된다." "우리는 재빨리 옮겨 다니는 이미지들과 탈영토화된 관객들이 만나고 있음을 알게 된다." 아파두라이는 이런 상황이 '이산된 공공 영역들(diasporic public spheres)'(아파두라이: 12)을 창출한다고 한다. 아파두라이는 전 지구적 문화 흐름의 다섯 가지 차원들[4] 가운데 우리가 그 속에서 살아가고 있는, 변하는 세계를 구성하는 사람들의 풍경"을 뜻하는 에스노스케이프가 안정성이라는 날줄들이 어디에서나 인간의 움직임이라는 씨줄로 가득차 있음을 보여준다. 여행자와 이주민, 피난민, 탈출자, 임시 노동자, 그리고 여타의 이동 중인 집단들과 개인들은 세계의 본질적인 모습을 구성하며, 국가 정치(혹은 국가 간 정치)에 유례없던 영향을 미치고 있다.(62)

디아스포라(diaspora)는 이주와 쌍개념이라 할 수 있다. 명확하게 구분하기는 어렵지만, 이주가 송출지를 떠나 유입지에 정착하기까지의 과정이라면, 디아스포라는 이주민의 '이주, 차별, 적응, 문화변용, 동화, 공동체, 민족문화와 민족정체성 등'의 다양한 경험들을 포괄하면서 그들간의 연관성을 설명할수 있는 개념(윤인진, 2003: 102)이라 할 수 있다. 디아스포라는 어원적으로 그리스어 동사 'speiro'(to sow: [씨를] 뿌리다)와 전치사 'dia'(over: ㅡ를 넘어서)에서 유래되었다. 고대 그리스인들에게 디아스포라는 이주와 식민지 건설을

---

4) 에스노스케이프(ethnoscape), 미디어스케이프(mediascape), 테크노스케이프(technoscape), 파이낸스스케이프(financescape), 이데오스케이프(ideoscape).

의미했지만 그와 대조적으로 유태인, 아프리카인, 팔레스타인, 아르메니아인 들에게 그것은 집합적 상흔을 지닌 불행하고 잔인한 의미를 뜻한다.[5] 디아스포라는 민족분산(民族分散) 또는 민족이산(民族離散)으로 번역되는데, 1990년 대에 들어서 디아스포라 연구가 활발해지면서 유태인의 경험뿐만 아니라 다른 민족의 국제이주, 망명, 난민, 이주노동자, 민족공동체, 문화적 차이, 정체성 등을 아우르는 포괄적인 개념으로 사용되고 있다.(102)

사프란(Safran, 1991)은 디아스포라를 "국외로 추방된 소수 집단 공동체(expatriate minority communities)"라고 정의했고, 퇴뢰리안(Tölölyan, 1991: 3)는 "한때 유대인, 그리스인, 아르메니아인의 분산을 가리켰지만 이제는 이주민, 국외로 추방된 난민, 초빙 노동자, 망명자 공동체, 소수민족 공동체와 같은 용어도 포함하는 보다 넓은 어원을 가진 의미"라고 확대 해석했다. 특히 사프란은 디아스포라의 특성으로 (1) 특정한 기원지로부터 외국의 주변적인 장소로의 이동, (2) 모국에 대한 집합적인 기억, (3) 거주국 사회에서 수용될 수 있다는 희망의 포기와 그로 인한 거주국 사회에서의 소외와 격리, (4) 조상의 모국을 후손들이 결국 회귀할 진정하고 이상적인 땅으로 보는 견해, (5) 모국에 대한 정치적, 경제적 헌신, (6) 모국과의 지속적인 관계 유지의 여섯 가지를 들고 있는데, 이는 "협의의 개념"이라 할 수 있다. 최근 연구에서는 모국으로 귀환하려는 희망을 포기했거나 또는 처음부터 그러한 생각을 갖지 않은 이주민 집단도 디아스포라로 간주하고 있다.(Clifford, 1994) 무딤베와 엥글(Mudimbe & Engle, 1996: 6)의 표현에 따르면 디아스포라는 "정치적 이유로 거주국 사회에 동화될 수도 없고 동화하려고 하지 않으며 그렇다고 그들 자신이 고안해낸 이상화된 기원지

---

5) Robin Cohen, *Global Diaspora: An introduction* (Seattle: University of Washington Press, 1997), ix ; 변화영, 2006: 43 각주3 참조.

로 귀환할 수 없는 사람들의 공동체"라는 것이다. 이런 시각에서 디아스포라는 동화할 수도 없고 동화를 거부하는 사람들의 망명 상황과 같다. 또한 그레월(Grewal, 1995)과 량(Ryang, 2002)은 디아스포라가 이동성보다는 부동성의 측면을 갖는다고 본다. 즉 디아스포라는 자신의 의지에 반해서 또는 자신이 어찌할 수 없는 외부요인에 의해서 갇혀 있는 상태라는 것이다. 최인범(Choi, 2003: 11)은 기존의 디아스포라 개념의 공통적인 속성을 1) 한 기원지로부터 많은 사람들이 두 개 이상의 외국으로 분산한 것, 2) 정치적, 경제적, 기타 압박 요인에 의하여 비자발적이고 강제적으로 모국을 떠난 것, 3) 고유한 민족문화와 정체성을 유지하고자 노력하는 것, 4) 다른 나라에 살고 있는 동족에 대해 애착과 연대감을 갖고 서로 교류하고 소통하기 위한 초국적 네트워크를 만들려고 노력하는 것, 5) 모국과의 유대를 지키려고 노력하는 것으로 요약했다.[6] 이처럼 디아스포라는 한 마디로 정의하기에 쉽지 않은 내포를 가지고 있다.

21세기 들어 국내에서도 디아스포라에 대한 연구가 활발해졌는데 대략 문학 분야와 비문학 분야로 나눌 수 있다. 사회학 분야에서 재외한인의 디아스포라에 관한 무게 있는 연구로 윤인진(2003; 2005)을 들 수 있고, 이주여성의 디아스포라를 분석한 이수자(2004)가 있다. 한국문학 분야에

---

6) 이상 디아스포라에 관한 이론적 연구동향은 윤인진(2003)에 의존했다. 참고로 이 부분에서 거론된 자료는 다음과 같다. William Safran, "Diaspora and Beyond: There is No Home for Koreans in Japan," *Review of Korean Studies* 4(2), 1991: 55-86; Tölölyan Khachig, "The Nation State and Its Others: In Lieu of Preface," *Diasporas* 1(1), 1991: 3-7; James Clifford, "Diasporas," *Cultural Anthropology* 9(3), 1994: 302-38; V. Y. Mudimbe & Sabine Engle, "Introduction," *Diaspora and Immigration, The South Atlantic Quarterly* special issue 98(1/2), 1999: 1-8; Alejandro Ryang & Robert Bach, *Latin Journey: Cuban and Mexican Immigrants in the United States*, Berkeley: University of California Press, 1985; Inbom Choi, "Korean Diaspora in the Making: Its Current Status and Impact on the Korean Economy," in Fred Bergsten & Inbom Choi, eds., *The Korean Diaspora in the World Economy* (Washington, DC: Institute for International Economics, 2003), 9-27.

서 특정 작가의 작품과 연계시킨 연구들(변화영, 2006; 오윤호, 2007; 공종구, 2006; 박수연, 2007 등)이 다수 있고, 해외 동포 작가들의 작품에 대한 분석(최원식, 2003; 정은경, 2006 등)도 눈에 띈다. 일문학 쪽에서도 해외이주 일본인들이 발행한 일본어 신문에 대한 연구(허석, 2006)가 있다. 중문학계에서도 가오싱젠(高行健)의 소설을 통해 '디아스포라 정체성(diasporic identity)'을 규명하기도 하고(이욱연, 2003; 李旭淵, 2007), 그의 망명 이후의 희곡 작품에 초점(이정인, 2007)을 맞추기도 했다. 바이셴융(白先勇)의 『타이베이 사람들』을 대상으로 '타이베이 상하이인'의 디아스포라를 분석(이보경, 2007)하기도 했으며, 홍콩에서 활동하는 둥차오(董橋)의 산문을 통해 디아스포라 홍콩인의 정체성을 고찰(유영하, 2008)하기도 했고 영화 텍스트를 통해 재미 화교의 디아스포라를 점검(김영미, 2006)하기도 했다.

이 글에서는 '중국영화[7]'에 재현된 중국인의 '지구적 이주'를 고찰 대상으로 삼는다. 중국인의 '지구적 이주'는 주로 동남아시아와 북아메리카로 진행되었는데, 전자는 근현대 이전 시기에 이루어진 반면, 후자는 근현대 들어서 활발하다. 동남아시아 이주는 거주지에서 직접 이동한 반면 북아메리카와 유럽은 '지역적 이주'의 도시인 상하이와 홍콩을 거쳐 샌프란시스코에 도착해 뉴욕으로 갔다. 때로 타이베이를 경유하기도 했다. 즉 근현대 중국인의 '지구적 이주'의 경로로 '원적지-상하이-홍콩-타이베이-샌프란시스코-뉴욕'의 동선을 그릴 수 있다. 이 동선에서 원적지부터 타이베이까지는 '지역적 이주'에 속하고 중국에서 아메리카는 '지구적 이주'에 속한다.

---

7) 이 글에서 '중국영화'는 가장 넓은 범위의 중국영화를 가리킨다. 임대근에 의하면, 일반적으로 중국영화는 중국대륙·홍콩·타이완의 삼중국영화를 가리키지만, 감독, 제작자본, 언어 등의 기준에 따라 소속이 달라질 수도 있다. '중국어 영화', '중국권 영화', '화인영화' 등의 개념은 이런 문제들을 해결하기 위해 제기된 개념이지만 중국영화의 둘레를 확정하기가 쉽지 않다(임대근 외, 2008: 「1장 개념: 중국영화의 둘레」 참조).

그리고 '뉴욕의 중국인'들이 대부분 상하이와 홍콩에서 출발했다는 점에 주목했다. 상하이와 홍콩도 중국 내에서는 이민도시였는데, 국제적으로는 이민을 송출하는 관문 역할을 했던 것이다. 그러므로 뉴욕의 중국인들은 대부분 국내 기타 지역에서 상하이 또는 홍콩으로, 그리고 다시 뉴욕으로의 두 차례 정도의 이주경험을 가지게 된다.

이 글은 논의의 필요에 의해 중국인의 해외 이주에 대한 동·서양 전문가들의 견해를 '풍경' 식으로 점검한 후, 근현대 지구적 이주의 관문인 상하이와 홍콩을 살펴본 후 뉴욕과 뉴욕의 중국인을 고찰할 것이다. 그리고 이 글의 주제인 뉴욕 중국인의 정체성을 '국족 정체성의 환기와 이중적 디아스포라'의 각도에서 고찰할 것이다.

이 글에서 주요 분석 대상으로 삼은 텍스트는 피터 찬(陳可辛. Peter Chan)의 <첨밀밀(甛蜜蜜/ Comrades, Almost a Lover)>(1996), 장아이자(張艾嘉)의 <샤오위(少女小魚/ Siaoyu)>(1995), 스탠리 콴(關錦鵬. Stanley Kwan) 의 <뉴욕의 중국인(人在紐約/ Full Moon in New York), 일명 三個女人的故事>(1989 or 1990), 앙 리(李安. Ang Lee)의 <결혼 피로연(喜宴/ The Wedding Banquet)>(1993)이다.

2_ 중국인의 '지구적 이주'

쿤(Philip A. Kuhn)은 동남아시아에서 유럽 상인들과 중국 상인들이 만난 사건을 다음과 같이 서술하고 있다.

콜럼버스의 아메리카 원정 직후 두 강력한 문명의 상인들이 동남아시아에서 만나 세계무역상의 제휴 활동을 시작하였다. 이 지역의 상업에 오랫동안 참여해

왔던 중국 상인들이 ˙근˙대˙ 세˙계˙시˙장˙에서 유럽인들과 손을 맞잡게 된 것이다.[8](표
시는 인용자)

그는 두 지역의 상인이 동남아시아에서 만난 것을 세계무역사의 커다
란 사건으로 보고 있고, 그것을 근대 세계시장의 형성이라 평하고 있다.
물론 쿤의 주장에서 서양 중심주의 혐의를 찾아내는 것은 어렵지 않다.
왜냐하면 두 지역 상인들이 만난 것은 대등한 만남이 아니었기 때문이다.
한쪽은 본국의 전폭적 지원을 받는 무장 세력이었고, 다른 쪽은 국가의
핍박을 피해 도망 나온 피난민들이었다. 그러므로 양자의 만남은 애초부터
힘의 불균형에 입각해 정복-피정복의 형태가 되지 않을 수 없었다. 이때
동남아시아를 찾은 유럽인들은 향신료 무역을 독점하기 위해 새로운 동방
항로를 찾아 나선 세력들이었고 '향신료의 파라다이스'였던 동남아시아는
이들 유럽 열강들 간의 오랜 전쟁으로 인해 유린되었다.(정한진, 2006) 향
신료 교역은 동서 교류 역사의 주요한 부분이었던 셈이다.

이 글의 주제와 관련해 쿤의 관찰에서 주목할 부분은 '중국인의 해외
이주는 오래 전에 시작되었다는 점이다. 그들은 자연재해, 몽고족의 침입,
명조와 청조의 해금령 등의 국내 상황으로 인해 동남아의 여러 곳에 이주
했고, 대개는 중국과 현지의 교역 중개에 종사했다. 명 영락제(永樂帝) 때
진행된 정화(鄭和)의 대항해(1405-1433)[9]는 중국인의 해외 이주에 커다란

---

8) 쿤, 2006: 5. (사)한국학술협의회에서 주관한 '2006 제8회 석학연속강좌'에 초청된 쿤 교수는
'중국인의 해외진출과 자본주의(Chinese Overseas and Modern Chinese History)'라는 주제로 2차
례의 공개강연과 4차례의 세미나를 진행한 바 있다.
9) 정화의 본명은 馬三寶로 越의 후예라고 전해진다. 원래 정화의 대항해는 영락제의 황권 다툼
대상인 조카를 찾아내기 위한 대규모 쇼였다. 그는 거대한 해선을 건조하여 일곱 차례에 걸쳐
아프리카에 이르기까지 행방이 묘연한 조카를 찾기 위한 수색작전을 펼쳤다. 정화는 바로 이
원정단의 사령관이었는데, 그는 이슬람교도 환관이었다. 당시 말라카(Malaca, 馬六甲)와 더불어

영향을 주었다. 여기에서 또 다른 관찰을 살펴보자.

유럽인들이 아시아의 바다로 처음 항진할 때, 그들은 정복자의 심성을 가지고 무력을 동반하여 강압적으로 교역을 할 생각이었다. 처음에 그들은 자신들이 어리석고 서투르다는 사실을 깨닫지 못하고 있었으며, 또한 ·거·미·줄·처·럼· 엮인 ·중·국·인·들·의· ·거·대·한· 네트워크를 보지 못했다. 그들이 발견한, 혹은 발견했다고 생각한 것은 단지 힌두교도, 불교도, 이슬람교도 왕국의 소규모 상인들이었다. 유럽인들은 거의 힘들이지 않고 이 왕국들을 정복한 후 자국의 식민지로 만들었다. 유럽인들은 기항하는 항구마다 중국 상인들이 모여 사는 빈민굴을 볼 수 있었다. 그러나 그 빈민굴이 바로 저 멀리 떨어진 남중국해에 본거지를 둔 막강한 신디케이트들의 전초기지라는 것은 알지 못했다.(시그레이브, 2002: 169-70 - 표시는 인용자)

시그레이브(Sterling Seagrave)는 유럽 상인이 진출하기 오래 전부터 동남아시아 교역을 장악하고 있는 중국 상인의 존재를 주목하고 있다. 근현대 들어 중국인의 해외 이주는 유럽과 신대륙으로 확산되었지만, 근현대 이전 상하이부터 홍콩까지의 남중국해 연안의 중국인들은 해금 등의 억압 때문에 해외 이주가 끊이지 않았고, 유럽인들이 동점했을 때 이미 동남아시아에 거대한 네트워크를 형성하고 있었던 것이다. 이들은 중국의 국가권력이 적대시했던 민간인이었기에 자신들의 생존 근거를 경제력에서 모색

동남아시아 향신료 교역 중심의 하나였던 수마트라 섬의 팔렘방 항구는 대항해 당시 이미 진조의(陳祖義)를 우두머리로 한 화교가 수천 명에 달했다. 정화는 1차 항해 귀국시 진조의의 도발을 응징해 생포했다. 이후 동남아시아의 화교들과 그 우두머리들은 모두 정화와 명나라에 복종했다. 그의 대항해는 황실의 주도로 이루어졌으나, 대항해의 성공은 일반 중국인들에게 항해와 교역에 뛰어들겠다는 큰 용기를 심어주었다. 이후, 정화의 뒤를 이어 해상무역에 종사하는 인구가 급증했으며, 화교 인구도 급격히 늘어났다(이상 시그레이브, 2002: 「제7장 항해사 마삼보」 참조).

했고, 주로 본국과 현지의 교역에 종사하면서 양국의 국가권력이 미치지 못하는 곳에 자신들의 부를 은닉하는 데 지혜를 모았다. 이런 상황은 그들로 하여금 가족을 중시하게 만들었고 조금 더 확장해서 동향 네트워크 또는 방언단체를 결성하게 했다. 그들이 동남아시아에 출현한 유럽의 무장상인들에게 면종복배(面從腹背)한 것은 그들의 '공존' 방식이었던 셈이다. 결국 유럽 상인들도 그 실체를 인정하고 중국인들을 중간관리인 또는 중개인으로 삼지 않을 수 없었다.

이런 맥락에서 볼 때 하마시타(濱下武志)의 '아시아 교역권론'은 나름의 설득력을 가진다. 이는 서양의 충격으로 '근현대'가 시작된 것이 아니라, 반대로 서양이 아시아 교역권 시스템에 참여함으로써 이것이 확대·계승된 것으로 본 것이다.(강경락, 2003) 흔히 말하듯 '근현대' 이후의 아시아 경제가 서양의 등장에 의해, 특히 공업화의 충격에 의해 개시된 것이 아니라는 것이 그 핵심이다. 이 역사적 함의는 대영제국 경제의 고양기가 산업혁명 이후의 산업자본가에 의해서가 아니라 항운·금융·보험 등 이른바 '보이지 않는 무역(invisible trade)'에 의해서 이루어졌다고 하는 논의와도 상응하며, 아시아지역 경제권이 갖는 역사성과 현재성이 새롭게 문제시되고 있다는 것을 의미하고 있다.(하마시타, 1997: 173) 그는 이에 대한 근거로 홍콩을 통해 이루어진 중국 화남권과 동남아시아 사이의 이민과 송금에 초점을 맞추었고, 그 결과 홍콩을 '아시아의 이민·교역·송금 네트워크 도시'로 자리매김했다.

싱가포르 중국학자 왕경우(王賡武)는 '연해 중국인'이란 개념을 제기한다. "'연해 중국인(沿海華人)'이란 19세기 이래 중국 연해지역에서 태어나 항구와 외부세계 사이의 활발한 무역활동을 통해 중국과 외부세계 사이에 교량작용을 한 사람들을 가리키는 용어다."(王賡武, 1997: 859) '연해 중국인'은 원래 장난(江南)에 거주하다 북방인들이 남하함에 따라 연해로 밀려난 사람들이다. 왕경우에 의하면, 황허(黃河)에 거주하던 사람들의 '전통적 가치관'은 '대륙 종속적'이고 조금 더 구체적으로 표현하자면 '토지 종속적이고 농업적'이다.(왕경우, 2003: 11) 그러므로 농업-토지-대륙을 떠난 사람들은 이단시되었다. 왕경우는 바로 이들―대륙 종속적 가치관에서 벗어나 해양으로 진출한 사람들―에 초점을 맞추어 중국의 역사를 전복시킨다. 이런 관점에서 볼 때 서양인의 동래(東來)는 '전통적 가치관'의 억압을 받아온 "부지런한 중국 연해의 상인들에게 새로운 기회"(왕경우: 38)[10]를 제공한다. "1520년대에 중국 연해에 도착한 서양인들이 바로 변화에 추진력을 부여한 주인공들이었다."(51) 왕경우는 연해 중국인의 관점에서 서세동점의 긍정적 영향을 재해석하고 있음을 알 수 있는데, 왕경우의 '전통적 가치관'과 '연해 중국인'의 대립구도는 아탈리의 '정착민'과 '유목민'의 대립구도와 불모이합(不謀而合)하고 있음을 알 수 있다.

이처럼 서양과 동양의 학자들은 서세동점을 일방적 흐름으로 보지 않고 상호간의 만남으로 해석했고 그 긍정적 측면이 세계사 발전에 미친 적극적 역할에 초점을 맞추었다.

3_ '지역적 이주'와 관문 도시, 상하이와 홍콩

피터 찬의 <첨밀밀>은 최근 중국인 이주의 한 전형적인 경로를 보여

---

10) 1620년대부터 명나라가 멸망하는 1644년까지 20여 년 동안 동남아시아에서 중국인의 거침없는 상업 활동은 그 정점을 이루었다. 그 배경에는 '베이징 정부의 세력 약화', '도쿠가와 이에야스의 쇄국정책', '네덜란드와 스페인 간의 치열한 전쟁'이라는 결정적인 조건이 있었다(왕경우, 2003: 42-44 참조).

주고 있다. 영화는 1986년부터 1995년까지 10년간의 시간과 홍콩-타이완-뉴욕의 공간을 연대기처럼 보여주고 있다. 영화에 드러나지는 않지만 우시(無錫)가 고향인 리샤오쥔(黎小軍, 黎明분)은 1986년 3월 1일 홍콩 커우룬(九龍)역에 도착하는데, 이 열차는 상하이에서 출발했을 가능성이 크다. 장시간의 기차 여행으로 피곤한 몸을 이끌고 몸에 익숙지 않은 에스컬레이터의 움직임에 당황해 하면서도 밝은 빛이 비추는 위로 상승한다. 연해 도시에 비해 개혁개방의 세례가 충분치 않았을 것인 우시 사람 리샤오쥔 동지에게 홍콩의 모든 것은 신기하기만 하다. 그리고 닭 배달부터 시작해서 몸으로 홍콩을 학습하면서 우시인에서 홍콩인으로 변모한다. 우시를 떠날 때의 꿈이었던 약혼녀 샤오팅을 데려와 결혼하지만, 자신이 진정으로 사랑하는 사람은 리차오(李翹, 張曼玉 분)임을 깨닫고 진실한 사랑을 찾아 뉴욕으로 간다.

이 영화는 중국 근현대 해외이주의 대표적인 관문인 홍콩을 배경으로 삼고 있는데, 우리는 리샤오쥔이 우시에서 상하이로 가서 홍콩행 기차를 탔을 것으로 추정할 수 있고, 리차오는 광저우(廣州)에서 같은 기차를 탔다. 그리고 두 사람은 홍콩에서 그리고 뉴욕에서 만난다. 물론 리차오는 바오거(豹哥)와의 의리 때문에 타이베이를 거치게 된다. 송출 관문의 관점에서 보자면, 1949년 이전까지 해외 이주의 주요 출구는 상하이였는데, 1949년 이후 '죽의 장막'이 내려진 후 출구는 홍콩과 타이베이로 바뀌었고 1980년대 개혁개방 이후 상하이가 다시 대륙의 출구로 복귀했다 할 수 있다. 약 30년간의 빗장도시(gated city)[11] 상태를 겪었지만, 상하이는 개혁개방 이후 신속하게 과거의 명예를 회복했다. 이 글에서 다루는 텍스트에서 <결

---

11) 이 개념은 원래 이주민의 전입이 근본적으로 봉쇄된 도시를 가리키는 말이지만, 여기서는 전출의 경우에도 해당되었음을 지적하기 위해 사용한다.

혼 피로연>의 웨이웨이와 <뉴욕의 중국인>의 자오훙은 상하이 여성이고 리샤오쥔은 상하이를 경유했다.[12]

1949년 대륙에 공산당 정권이 들어서면서 부유한 피난민들은 대탈주를 감행했다. 그들은 일차적으로 타이완을 선택할 수밖에 없었지만 국민당 정부의 보호비 착취에 시달린 경험이 있는 사람들 상당수는 잉글랜드 식민지인 홍콩을 선택했다. 여기서 잠깐 '상하이 보이들'에 관한 시그레이브의 언술을 살펴볼 필요가 있다. 그에 의하면 1949년 홍콩으로 탈출한 상하이의 백만장자들은 중국 경제계의 두뇌이자 경영의 엘리트들로서, 그들 일가는 여러 세대를 내려오면서 금융업과 여러 산업 분야에서 활약해온 노련한 금융인들이었다. 이들은 가장 민감한 대륙의 관문, 즉 양쯔강 삼각주에서 탈출해 나왔다. 이들은 마오쩌둥뿐만 아니라 장제스의 손아귀에서도 벗어나고자[13] 국외로 탈출했기 때문에, 타이완 대신 홍콩을 도피처로 선택했다. 서유럽식 금융업과 상업 실무를 완전히 습득한 최초의 중국인으로, 서양의 규칙에 따라 국제적인 금융게임에 참가했다. 그리고 금융산업이 세계경제를 주도하기 시작한 1960년대부터 형성된 전 세계 화교들의 국경 없는 네트워크 형성에 주도적인 역할을 했다. 상하이 출신의 이 사람들이 아시아의 부흥을 선도했다고 할 수 있다.(시그레이브, 2002: 340) 홍콩인들에게 금융을 가르쳐준 이가 바로 '상하이 보이들'이었다. 조계에서 '몸소

---

12) 웨인 왕의 <조이 럭 클럽>의 어머니 세대 네 명도 대부분 상하이에서 생활하다 샌프란시스코로 이주한 것으로 보인다. 샌프란시스코는 초기 중국 이민이 많이 모인 도시로, 중국인의 '지구적 이주'와 관련해서 반드시 점검이 필요한 지점이다.
13) 이들은 1927년 공산당을 제거하기 위해 장제스를 지원했지만, 보호비 명목의 대출 요구를 감당할 수 없었고, 그것을 거절하자 자녀 유괴가 이어졌다. "(상하이) 금융인들은 국민당 정권의 수탈에서 벗어나고자 최선을 다해 외국 은행의 금융기술을 익혔다. 즉, 해외로 재산을 도피시키기 위해 부지런히 공부했던 것이다. 중국 금융산업의 발전이 30년 앞당겨질 수 있었던 것은, 어쩌면 마오쩌둥이 아니라 장제스의 이러한 테러 덕분이었다고 할 수 있겠다"(시그레이브, 2002: 346-47).

서양을 시험(以身試西)'한 경험과 국민당 정권의 시련을 가지고 있는 상하이 경제 엘리트인 이들은 1949년을 전후해서 홍콩으로 이주했는데[14] 상하이 보이들은 광둥인들에 비해 훨씬 교양 있고 유능하며 품위가 있었고 옥스포드식 영어를 구사했다. 궁극적으로 1980년대와 1990년대의 홍콩의 새로운 이미지는, 산뜻한 사업가 풍모의 상하이 보이가 창출했다고 볼 수 있다. 이런 상하이 보이의 선도적 역할은 개혁개방 이후에도 지속되었다. 개혁개방 이후 중국 경제의 급속한 부상은 홍콩과 타이완을 포함한 해외 화교 자본 및 그들이 매개한 자본 투자에 힘입은 바가 크다는 것은 모두 아는 사실인데, 이들을 돌아오게끔 만든 사람이 '상하이의 붉은 자본가'이자 '개혁개방의 전도사'인 룽이런(榮毅仁)[15]이었던 것이다.

상하이와 홍콩은 조계지와 할양지로 근현대를 시작했고 그로 인해 동서 융합의 기회를 가지게 됨으로써 새로운 중심으로 부상했다. 동서의 문화가 혼융되고 중국 각지의 문화가 혼합됨으로써 상하이와 홍콩은 중국의

---

14) "1945-1951년 동안에 무려 150만 명의 중국인 피난민들이 홍콩으로 이주했는데, 그 대부분은 1948년 12월과 1949년 1월에 왔다." 또한 1949년 대탈주 시기에 "국민당의 주장에 따르면 6백억 홍콩달러 상당의 자금이 현금, 금괴, 상품, 주식 형태로 유입되었다고 한다"(시그레이브: 350). 홍콩 피난민은 대략 4단계로 나뉜다. 맨 처음 홍콩으로 이주한 피난민들은 사전에 오랜 기간 동안 준비를 해왔던 엘리트 계층이었다. 다음으로 황급히 도망쳐 나온 엘리트들이었고, 그 다음이 중산층들이었으며 맨 마지막으로 빈곤계층 중에서 탈출을 원했던 사람들이었다 (350-51).

15) "덩샤오핑을 '개혁개방의 총설계사'라고 한다면 그 비전을 실천한 주룽지 전 총리를 '개혁개방의 집행자(CEO)'라고 할 수 있다. 그리고 개혁개방의 이념을 해외 화교사회에 전파한 룽이런을 '개혁개방의 전도사'라고 할 수 있다"(박형기, 2007: 38). "2005년 10월 26일 89세의 나이로 타계한 룽이런은 개혁개방의 전도사다. 덩샤오핑이 개혁개방을 선언하고 제일 먼저 한 일이 상하이의 민족자본인 룽이런을 발탁한 것이었다. 1949년 공산당이 중국 대륙을 해방시키자 대부분 자산가들이 홍콩 등지로 도망갔으나 룽이런은 상하이를 지켰다. 그리고 그의 재산을 공산당에 헌납했다. 공산당은 그를 어여삐 여겨 '붉은 자본가(Red Capitalist)'라는 칭호를 내렸고 이후 상하이 부시장, 방직공업부 부부장(차관) 자리도 주었다. 그러나 문화혁명 때 하방당해 고초를 겪다 덩샤오핑이 정권을 잡자 다시 전면에 나섰다. 빠른 경제성장을 위해 화교자본이 절실했던 덩에게 룽이런 이상의 카드는 없었다"(박형기: 39).

근현대를 견인하는 역할을 담당하게 되었다. 이민은 두 도시를 구성하는 핵심이었다. 상하이와 홍콩은 중국 각지에서 꿈을 안고 모이는 곳인 동시에, 새로운 꿈을 찾아 떠나는 곳이기도 했다.

4_ 지구적 이주의 도시 뉴욕과 뉴욕의 중국인

할리우드의 몇 안 되는 예술영화 감독 스콜세지(Martin Scorsese)의 작품 <갱즈 오브 뉴욕(Gangs of New York, 2002)>은 초기 뉴욕 이민의 갈등과 정착과정을 살펴볼 수 있는 훌륭한 텍스트다. 이 영화는 19세기 뉴욕을 배경으로 원주민 갱(도살자 빌)과 아일랜드 갱(발론 신부)의 영역 다툼을 소재로 하고 있다. 빌의 아버지는 1세대 이민이고 빌은 2세대라 할 수 있다. 그런데 2세대가 원주민을 자처한다. 영화 마지막에서 빌을 물리친 발론의 아들 암스테르담16)은 자신을 뉴욕의 주인, 즉 원주민으로 상상할 것임에 틀림없다. 그리고 자신보다 후에 온 이민들에 대해 빌은 아일랜드 이민을 억압했던 것 이상으로 그들을 차별할 것이다. 실제로 미합중국이 이들 유럽계 이민이 아프리카계·히스패닉계·아시아계의 이민에 대해 차별정책을 시행했음을 역사가 증명하고 있다. 영화에 국한시켜 보면, 뉴욕이라는 도시의 주도권은 원주민(imagined Indian)→이주민 1세대(Yorker)→이주민 2세대(New Yorker)→새로운 이주민(new New Yorker)에 의해 장악된

---

16) 뉴욕의 이전 이름은 뉴암스테르담이었다. 라파이유에 의하면, '새로움(new)'은 미국인 자신의 컬처 코드(culture code)다. "미국에는 숲과 대협곡을 빼면 오래된 것이 없다. 미국인은 늘 무엇인가를 건설하고 갱신하며, 보존하는 것보다는 부수는 것을 더 좋아한다. 미국의 지명도 이를 반영한다. 뉴욕에서 차를 타고 뉴잉글랜드로 가면, 거기서 뉴헤이번과 뉴런던, 뉴턴을 지나 뉴햄프셔에 도달할 수 있다. 또한 남쪽으로 가면 뉴호프와 뉴베리, 뉴윙턴을 거쳐 뉴올리언스에 이른다(라파이유, 2007: 287).

것으로 볼 수 있다. 오늘날 우리는 그들 모두를 뉴요커로 인식하고 있다. 세계 경제와 문화의 중심도시 뉴욕은 이처럼 세계 각지에서 몰려온 이민들에 의해 건설되었다.

<갱즈 오브 뉴욕>에서 재현되었듯이 이민도시에서 주도권 장악의 문제는 매우 중요하다. 헬드 등은 '권력의 위계구조'(헬드 외, 2003: 449)에 주목한다. 특히 서로 다른 곳에서 서로 다른 시간에 온 서로 다른 집단의 불평등한 접근성은 이민 집단 사이의 갈등과 대립을 조성하기 마련이다. 우리는 뉴욕에서 그 전형적인 모습을 볼 수 있다. <갱즈 오브 뉴욕> 외에도 레오네(Sergio Leone)의 <원스 어폰 어 타임 인 아메리카*Once Upon a Time in America*>(1984)에는 유태인과 프랑스 이민이 출현한다. 잉글랜드계가 주도권을 잡고 있는 뉴욕의 뒷골목에서 이들이 생존할 수 있는 방법은 정치와 폭력이다. 유태계 누들스와 프랑스계 맥스의 연합세력이 초기의 열세를 극복할 때 경찰의 약점을 잡아 이용하지만 그것만으로는 부족해 결국은 살인이라는 극약 처방을 휘두른 후에야 뒷골목 권력을 장악할 수 있었다. 또한 우리에게 잘 알려진 코폴라(Francis Ford Coppola)의 <대부(*God Father*)> 삼부작(1972, 1974, 1990)은 시실리계 이민이 뉴욕으로 이주해와 주도권을 잡아가는 과정을 그린 영화다. 특히 <대부Ⅱ>에서 어린 비토를 태운 배가 뉴욕 항에 진입해 자유의 여신상을 지나갈 때 수많은 이민자들이 그녀를 바라보는 장면은 '아메리칸 드림(American Dream)'을 상징적이고도 압축적으로, 또 절실하게 표현한 장면(주은우, 2007: 23)으로 꼽힌다. <대부> 삼부작은 3대에 걸친 이탈리아 이주민이 미국에 정착하면서 어쩔 수 없이 연루되는 마피아 조직의 면모를 리얼하게 재현했다. 비토가 자신의 패밀리를 조직한 것은 가족을 위해서였고 마이클이 대부직을 승계한 것도 가족을 보호하기 위해서였다. 리(Spike Lee)의 <똑바

로 살아라(*Do the Right Things*)>(1989)에 이르면 권력을 전복시키기 어려
운 일상생활에서의 충돌이 묘사되고 있다. 흑인·히스패닉계와 백인 사이
의 갈등이 피자가게에 걸린 사진과 같이 사소한 것에서부터 시작하여 살
인·방화에까지 이를 수 있음을 경고하고 있다. 이처럼 '요커-아이리쉬-유
태인-프렌치(도이치)-시실리-흑인·히스패닉·아시안'으로 이어지는 이
민의 행렬은 그 선후에 의해 먼저 온 이민이 주인 행세를 하고 후에 온
이민은 그에 적응하면서 주도권을 노리는 상황을 연출한다. 그리고 이 과
정에는 표층적 폭력과 심층적 권력이 도사리고 있다.[17] 미국 내 폭력조직
은 초기에 금주법(일명 볼스테드 법, 1920-1933)과 긴밀한 관계를 가지고
있고 이어서 마약[18]을 취급하게 된다. 2차대전 이후에는 '황금의 삼각지대',
차이나 화이트(China White)라는 용어에서 알 수 있듯이, 차오저우(潮州)계
와 샤먼(厦門)계가 장악하고 있는 홍콩 루트와 타이완 루트를 통해 대량의
마약이 미국 내로 운송되고 있다고 한다.[19]

재미있는 것은 이들 영화에서 중국인과 차이나타운이 '슬쩍슬쩍' 등장
하고 있는 점이다. 홍콩영화에서 동남아와 동남아인들을 등장시키지만 그
들을 슬쩍슬쩍 비추는 것은 '의도적 축소'로, 실제로 그들에게 많은 일을
의존하면서도 그것을 인정하고 싶지 않은 무의식이 그 밑바탕에 있는 것

---

17) 이상 임춘성, 2006: 297-98을 토대로 수정·보완했다.
18) <대부Ⅰ>에서 돈 꼴레오네가 테러를 당한 것은 패밀리의 새로운 아이템으로 부상하는
마약 사업에 반대했기 때문이었다.
19) 1950년대 초반 장징궈(蔣經國)의 중요한 업무 중 하나는 황금의 삼각지대에 주둔하고 있던
국민당 아편부대를 감독하는 일이었다. 이후 타이완 정부는 헤로인 시장의 중요한 매매자로
부상했다. 투안 장군이 계절마다 생아편을 수거하여 화물열차 편으로 태국 국경지대까지 운반하
면, 치앙마이에 거주하고 있는 리 장군은 운송된 헤로인의 등급을 나누고 중개 매매를 책임졌다.
이 두 사람은 장징궈에게 직접 보고했다. 태국과 홍콩은 차오저우계, 타이완은 샤먼계 화교들의
마약밀매 사업 근거지였다. 매년 황금의 삼각지대에서 생산되는 2천 톤의 헤로인 중 80% 이상을,
차오저우계 신디케이트들이 홍콩을 통해서, 그리고 샤먼계 신디케이트들이 타이완을 통해서
미국에 밀반입시키고 있었다(시그레이브: 381-82 참조).

(임춘성, 2005: 182)과 마찬가지로, 미국영화에서 중국인을 '슬쩍슬쩍' 보여주는 것도 '의도적 축소'로 해석할 수 있다. 발론 신부를 꺾고 뉴욕의 실질적 지배자가 된 도살자 빌은 발론 신부와의 싸움을 기념하기 위해 매년 파티를 연다. 그 파티 장소는 차이나타운의 중국인 극장이다. <원스 어폰 어 타임 인 아메리카>는 주인공 누들스가 중국인 극장에서 아편을 태우면서 행복하게 웃는 장면으로 끝난다. 그곳은 상당히 많은 서양인과 중국인들이 그림자극을 보는 문화공간인 동시에 아편을 태우는 휴식공간이기도 하다. 이주의 관점에서 보자면, 중국 이민들이 이미 뉴욕에 자리 잡았음을 보여주고 있다.

동남아시아의 경제권을 화교들이 장악하고 있다는 사실은 잘 알려져 있지만, 최근 북아메리카권 경제에서의 화교 역할에 대해서는 그다지 주목하지 않고 있다. 그런 맥락에서 "미국과 캐나다는 아시아인의 활력과 재력, 그리고 이른바 두뇌력에 의해 재건되고, 재충전되고 있다"[20]는 진단은 참신하다. 사실 동남아시아로의 중국인 이주는 1950년대에 끝났다 할 수 있다.(왕경우, 2003: 134) 그리고 북아메리카 국가들이나 오스트레일리아는 1960년대부터 꾸준히 중국 이주자들에게 문호를 개방하기 시작했다. 특히 미국은 1949년 이후 다수의 타이완 학생들을 포함하여 타이완과 본토의 중국인들을 받아들였다. 새로운 이주자들은 이전과는 달리 가족 단위로 이주해 왔으며, 그들 대부분이 현지에 정착할 계획으로 이주해 왔다는 사실을 자각하고 있었지만, 그들은 해외에서 중국인으로서의 정체성을 지키기 위해 전통적인 체류자들처럼 행동했다.(시그레이브: 132) 다시 말해, 중국계 미국인들은 대부분 '중국인다움'을 포기하지 않는다는 것이 왕경우

---

20) 시그레이브, 2002: 391. 그 가운데에서도 밴쿠버, 샌프란시스코, 로스앤젤레스 3대 도시는 중국 이민들에 의해 면모를 일신하고 있다.

의 관점이다. 이에는 미국의 다문화주의적 환경도 한몫을 하는 것으로 보인다.

원적을 유보하면, 대부분의 중국계 미국인은 상하이, 홍콩, 타이완에서 왔다. 그렇다고 그들을 곧이곧대로 상하이인, 홍콩인, 타이완인으로 구분하는 것은 현명치 못한 처사다. 상하이와 홍콩 자체가 이민도시이기 때문이다. <첨밀밀>의 리샤오쥔을 홍콩인으로 부르기에는 그의 원적인 우시의 그림자가 짙고, 리차오는 나중에 뉴욕에서 관광가이드를 하면서 광저우인으로 자처한다. 특히 뉴욕의 중국인들은 동남아시아의 화인들과 다르다. 시그레이브에 의하면 동남아시아 화인들은 철저하게 '방언집단'(또는 族群)으로 나뉘어 있다. 그들의 기본 단위는 현(縣)이다. 이른바 차오저우(潮州)인 단체는 산터우(汕頭)-차오저우 지역의 일곱 개 행정지역21)을 중심으로 형성된 일곱 개 기본단체가 모여서 하나의 커다란 차오저우 방언집단을 이룬 것이다. 그러나 미국으로 온 초기 이민자들22)은 상하이와 홍콩의 이민자 모집회사를 통해서 태평양을 건너왔다. 1860년대 황금 채굴 붐23)에 편승하여 미국으로 이주한 중국인들은, 이후 그대로 미국에 머무르면서 대륙횡단 철도 건설, 도로공사, 전신망 건설에 종사했다.24) 이들은 고향에서 직접 이주한 동남아시아 화인과는 달리 '방언집단화'가 어려웠다. 초기

---

21) 그 가운데 메이(梅) 현, 청하이(澄海) 현, 라오핑(饒平) 현, 차오양(潮陽) 현 등 네 개 현의 단체가 막강한 힘을 갖추고 있다.

22) "첫 번째 이주 열풍으로 아메리카 대륙으로 건너간 중국인 쿠리苦力들은 여러 지역에서 노예를 대신해 미개척지를 개간하는 힘들고 험한 일에 투입됐으나, 당시 중국 정부가 서구 열강과 아무런 조약도 맺지 않았기 때문에 이들 쿠리들은 어떠한 보호도 받을 수 없었다"(陳翰笙等編, 『華工出國史料』 全11卷, 北京: 中華書局, 1980-1985; 왕경우, 2003: 79-80에서 재인용).

23) 이들의 눈에 샌프란시스코는 중국 신화 속의 황금산(舊金山)으로 보였다.

24) "중국인들은 미국에서 철도를 건설하고 캘리포니아의 골드러시 때에 굴을 파는 등 미국 노동력의 중추를 이루었다"(Ong Jin Hui, "Chinese indentured labor," in R. Cohen, ed., *The Cambridge Survey of World Migration* [Cambridge: Cambridge University Press, 1995]; 헬드 외: 463에서 재인용).

에 이들은 '회관(會館)'과 같은 동향단체나 연고가 없었고 언어소통도 불편했기 때문에, 근면하게 일하고 검소하게 생활했으며 낮은 임금에도 불평을 토로하지 않고 인내한다. 이런 현상은 지금까지도 반복되고 있다. 영주권자보다 낮게 책정된 임금에 불평하지 않는 샤오위(<샤오위>)에게 마리오는 국제여성노동자조합에 가입하면 임금과 영주권 문제를 해결할 수 있다고 권하지만, 샤오위는 웃어넘긴다. 이에 반해 웨이웨이(<결혼 피로연>)는 극한에 이르러 귀국할 찰나 사이먼의 구원의 손길을 받아들인다.

정착이든 체류든 우선은 현지에 자리 잡는 것이 급선무다. 이것은 우선적으로 영주권(green card) 취득으로 드러난다. 그러나 외국인에게 영주권 취득은 쉬운 일이 아니다. 그래서 영주권자와의 위장결혼은 흔히 사용하는 수법이 된다.[25] 장아이자의 <샤오위>는 위장결혼을 통해 영주권을 얻으려는 젊은 남녀의 이야기다. 장웨이(江偉, 庹宗華 분)는 유학생으로 아르바이트와 학업(半工半讀)을 겸하는 고달픈 미국 생활을 꾸려가고 있다. 장웨이의 어머니는 그의 약혼녀 샤오위(劉若英 분)를 미국으로 보내고, 뉴욕에 온 샤오위는 살림을 꾸리느라 불법 취업하게 된다. 장웨이는 장구지책으로 샤오위의 위장결혼을 계획하고, 마리오라는 60대 이탈리아계 미국인과 계약한다. 그러나 이민국의 심사도 만만치 않다. 수시로 방문해 결혼의 진위를 점검하고 심지어 침실까지 검사한다.[26] 앙 리의 <결혼 피로연>도 위장결혼 소동을 주요 모티프로 삼고 있다. 타이완계 미국인 가오웨이퉁(高偉同, 趙文瑄 분)은 뉴욕에서 자리 잡은 사업가로 동성애자다. 저우웨이웨이(周威威, 金素梅 분)는 상하이에서 온 화가 지망생이지만 영주권을 얻지

---

25) 한국 영화 배창호의 <깊고 푸른 밤>(1985)에서 백호빈(안성기 분)은 영주권을 얻기 위해 한국계 미국인 제인(장미희 분)과 위장결혼 하지만, 그의 아메리칸 드림은 끝내 비극으로 마무리된다.
26) 이민국의 엄격한 심사에 대비하는 장면이 <결혼 피로연>에도 등장한다.

못한 채 불법체류자의 신분으로 웨이퉁의 건물에 세들어 산다. 부모님의 결혼 성화 면제와 세금 감면이라는 유혹에다가 웨이웨이의 영주권을 해결해 준다는 휴머니즘 실현 차원에서 웨이퉁과 사이먼은 위장결혼을 기획한다. 공증결혼을 통해 증명사진을 찍어 부모님께 보내려던 그들의 계획은 부모님의 방문으로 장애를 만나게 되고 공증결혼식을 마치고 중국 식당에서 식사하던 중 아버지의 옛 부하를 만나 결국 '결혼 피로연'을 열게 된다.

샤오위와 웨이웨이는 천신만고 끝에 원하던 영주권을 얻었지만 그로 인해 치룬 대가가 적지 않다. 샤오위는 결혼한 것과 진배없던 애인과 헤어지고 웨이웨이는 예기치 않은 임신을 하게 된다. 물론 그 와중에 마리오와 사이먼 같은 서양 친구를 사귄 것은 큰 소득이다. 사실 이탈리아계 좌파지식인 마리오와 동성애자 사이먼의 '소수자 정체성(minority identity)'은, 일반 미국인들과는 달리, 또 다른 소수자인 샤오위와 웨이웨이를 동등한인간으로 대우하는 근거다. 마리오는 샤오위에게 자신과 자신의 생각을 존중할 것을 깨우쳐 주고, 사이먼은 적극적으로 웨이웨이의 영주권 문제를위해 노력한다.

5_ 국족 정체성의 환기와 이중적 디아스포라

이국땅은 사람들에게 국족 정체성(national identity)을 환기시켜 주기도한다. 스탠리 콴의 <뉴욕의 중국인>은 홍콩, 타이베이, 상하이에서 온세 여인이 뉴욕에서 만나 친구가 되는 이야기다.

상하이 여성 자오훙(趙紅, 斯琴高娃 분)은 상하이에서 만난 중국계 미국인 토마스와의 결혼을 위해 뉴욕으로 온다. 결혼식장에서 남편의 소개로 황승핑(黃雄屛, 張艾嘉 분)을 만나 이국 생활 적응에 도움을 받으면서 무료함을 달랜다. 타이완 출신의 황승핑은 연극배우로 자유로운 삶을 누리는데, 동거하던 미국인 남자와 헤어지고 그 과정에서 홍콩 출신의 부동산 사업가 리펑자오(李鳳嬌, 張曼玉 분)를 알게 된다. 자오훙과 황승핑은 우연히 리펑자오 아버지가 경영하는 식당에 가게 되고 세 사람은 친구가 된다. "감독은 그들의 비환이합(悲歡離合)을 통해 중국인 여성의 생존 처지를 심각하게 표현하고 성찰했다."(孫慰川, 2002: 43) 이들은 영화 내 시점(時點)에서 중화인민공화국, 중화민국, 홍콩의 3개 국가에서 왔지만, 뉴욕이라는 타향은 그녀들에게 차이보다는 '동일성을 인식'(認同)하게 만든다. 이런 동일성 인식 또는 국족 정체성은 타향에서 살아가는 큰 힘이다. <결혼피로연>에서 '우리 중국인이 미국까지 와서 체면을 잃을 수는 없다'는 라오천(老陳)의 말은 사이먼 각본·감독, 웨이퉁·웨이웨이 주연의 위장결혼을 단번에 중국 전통식(또는 中西合璧의 '결혼 피로연'으로 각색해서 누구도 예기치 못한 결과로 치닫게 만들 뿐만 아니라, '신방 놀리기(鬧新房)' 장면에서도 '중국의 정화를 발양광대(發揚廣大)해야 한다'는 의식이 표출되고 있다.

다시 <뉴욕의 중국인>으로 돌아가면, 상하이에서 온 자오훙은 토마스(또는 그 가족)의 '중국 신부 프로젝트'에 의해 상하이에서 선을 보고 뉴욕으로 왔다. 자오훙의 부모는 미국 유학 경험이 있다. 자오훙은 홀로된 어머니를 모셔오고자 하지만 토마스는 미온적이다. 황승핑은 자유분방한 예술가의 삶을 살고 있지만 집 없이 떠돈다. 그럼에도 아버지 집에 들어갈 생각은 없다. 미국 생활 20년이 넘은 그녀의 아버지는 화교단체 간부쯤으로 보이는데, 타이완 정부의 금전매수에 흔들리지 않고 그것을 질타하는 반체제 인사다. 문혁 수난자인 바오디(豹娣)의 경력이야말로 회고록 감이라 여기고 그녀를 돕는다지만 심층적으로는 그녀에게 억압을 가하는 독재자가 되어 있다. 리펑자오는 부동산 사업으로 성공하고 부모님도 식당을 경영함으로써 경제력을 보유하고 있기에 초기 이민자들이 가지고 있는 '인내'는 버린 지 오래다. 길에서 의도적으로 그녀의 어깨를 부딪치고도 사과 한 마디 없이 지나치는 백인을 쫓아가서 하이힐로 때리는 모습은 그녀의 자신감의 표현일 수 있다. 그러나 그녀에게도 고민이 없는 것은 아니다. 결혼과 동성애 사이에서 갈등한다. 이는 중국적 정체성과 미국적 정체성 사이에서 방황하는 것으로 해석할 수 있다. 물론 동성애와 미국 정체성 사이에 등호가 성립되는 것은 아니지만, 뉴욕의 중국인에게 동성애는 최소한 중국적 정체성에서 벗어나는 장치로 해석할 수 있다. <결혼 피로연>에서도 웨이퉁의 동성애는 중국적 정체성을 유지하려는 웨이퉁의 부모에게 충격을 주는 장치로 사용되었다.

영화에 거의 드러나지는 않았지만 뉴욕의 중국인 또는 이들의 부모·조부모는 중국의 어느 지역에서 '상하이-홍콩-타이베이'에 온 사람들로, 기본적으로 국내 이주 경험을 가지고 있는 셈이다. <첨밀밀>에서 확인한 바와 같이, 우시-상하이-홍콩-뉴욕의 경로(샤오쥔)가 있고 광저우-홍콩-타이베이-뉴욕의 경로(리차오)가 있으며 <결혼 피로연>에서처럼 대륙-타이베이-뉴욕의 경로(웨이퉁 부자)와 상하이-뉴욕(웨이웨이)의 직행도 있고 <샤오위>처럼 대륙-뉴욕의 경로도 있다.

국내에서 신흥 이민도시로 이주하게 되면 '회관(會館)' 등의 동향단체가 중심이 되어 서로 의지하기도 하고 나아가 이권단체로 발전하기도 한다. 그런데 이국땅에 나오면 원래의 고향도 그리워하지만 상하이와 홍콩 등의 경유지를 포함하는 국가에게 동일성을 인식[認同]하게 된다. 특히 고향에서 직접 현지로 나간 동남아시아 이민과는 달리, 대개 대도시에 나갔다가 다시 해외로 이주한 뉴욕 중국인들은 미국과 중국이라는 고리 외에, 중국 내에서 또 하나의 고리를 가지게 되는 셈이다. 고향-국내 이민도시-뉴욕의 경로에서 고향-국내 이민도시의 과정에서는 고향을 중심으로 그룹화되어가는 반면, 이민도시-뉴욕의 과정에서는 고향보다는 중국적 정체성을 의식하게 된다. 물론 현지국민적 정체성을 추구하는 일부가 없는 것은 아니다.

<뉴욕의 중국인>에서 세 여인은 이국땅에서 자연스레 의기투합하며 서로를 위로하고 격려하는 친구가 된다. 이는 국내 이주에서 드러나는 '타자화'와는 다른 현상이다. 상하이의 타이완인(曹瑞原의 <孤戀花>), 타이베이의 상하이방(侯孝賢의 <悲情城市>), 항전차 대륙에 간 타이완 좌파(侯孝賢의 <好男好女>)들이 겪었던 '타자화'의 문화정치학은 이국타향이라는 '공간적 동일성'에 의해 무화된다. 물론 이들의 만남에서 '중화민족 대가정'의 대(大)국족주의(great nationalism)를 연상하는 것은 섣부르다. 다만 이들이 표현하는 '이중적 정체성'은 지적할 필요가 있다. 상하이인, 홍콩인, 타이베이인의 정체성은 중국인다움(Chineseness)의 하위 층위로 자리매김할 수 있다. 물론 상하이인의 정체성 내부에 '닝보(寧波)인을 대표로 하는 장난(江南)인과 쑤베이(蘇北)인의 차별'(임춘성, 2006a)이 있고 홍콩인 내부에 홍콩 거주민과 대륙 신이민 및 동남아시아 이민의 차별(임춘성, 2006b)이 있으며, 타이완[27] 내부에는 한족과 원주민, 본성인과 외성인 등의 구별이 있음도 동시에 지적되어야 한다.

---

27) 천수이볜(陳水扁) 정부는 타이완의 문화정체성을 다음과 같이 규정한다. "타이완문화는 중국문화의 일부분이 아니라, 대륙문화, 일본문화, 원주민문화로 이루어진 다종족 문화다"(吳錦發, '臺灣想像與現實: 文學-歷史與文化探索 국제학술대회 기조발언, UC 산타 바바라[2004년]에서 개최된 같은 제목의 논문집에 수록). 그러나 이에 대해 다음과 같은 문제제기가 가능하다. "타이완 원주민문화는 대륙문화, 일본문화, 하카문화로 이루어진 다종족 문화다." 우진파는 이에 대해 '노코멘트'라 했다.

이 영화에서 현지국민적 정체성과 관련해서 토마스와 그 부모에 주의할 필요가 있다. 자오훙까지 포함한 이들의 식사장면에서, 이 세 사람은 사적인 공간에서도 시종 영어로 대화를 주고받는다.[28] 그때 오랫동안 방치해둔 조상의 위패가 화제로 오른다. 위패 말이 나오자 토마스는 식사하다 말고 바로 찾아온다. 토마스 아버지에게 그것은 버릴 수도 모실 수도 없는 계륵(鷄肋)같은 존재고, 어머니에게는 필요하면 새것으로 바꿀 수 있는 나뭇조각에 불과하다. 토마스는 현실적이다. 백년이 넘은 만큼 골동품으로서의 가치가 있을 것이라는 게 그의 생각이다. 이들 같이 현지국민적 정체성이 강화된 사람들에게 디아스포라는 별다른 의미가 없어 보인다.

6_ 뉴욕 중국인의 문화정체성

이 글은 '중국영화'에 재현된 중국인의 '지구적 이주' 가운데 뉴욕의 중국인을 고찰 대상으로 삼았다. 이 글의 서두에서도 이미 밝혔듯이 중국인의 '지구적 이주'는 주로 동남아시아와 북아메리카로 진행되었는데, 전자가 근현대 이전 시기에 이루어진 반면 후자는 근현대 들어서 활발하게 진행되었다. 동남아시아 이주는 거주지에서 직접 이동한 반면 북아메리카 이주는 '지역적 이주'의 도시 상하이와 홍콩을 거쳐 샌프란시스코에 도착해 뉴욕으로 갔다. 때로 타이베이를 경유하기도 했다. 즉 근현대 중국인의 '지구적 이주'의 경로로 '원적지-상하이-홍콩-타이베이-뉴욕'의 동선을

---

28) 필자의 몇 차례의 단기여행과 국제학술대회 참가를 통한 관찰에 의하면, 대학(원) 강의는 교수와 학생이 모두 중국계라 하더라도 영어로 진행된다. 물론 쉬는 시간에는 중국어를 사용하기도 한다. 또한 학술대회에서 만난 중국계 미국인 학자(특히 여성)들은 대부분 영어 발화 속도가 평균적으로 유럽계 미국인들보다 빠르게 느껴졌다.

그럴 수 있다. 이 동선에서 원적지부터 타이베이까지는 '지역적 이주'에 속하고 중국에서 아메리카는 '지구적 이주'에 속한다. 그리고 '뉴욕의 중국인'들이 대부분 상하이와 홍콩에서 출발했다는 점에 주목했다. 상하이와 홍콩도 중국 내에서는 이민도시였는데, 국제적으로는 이민을 송출하는 관문 역할을 했던 것이다. 그러므로 뉴욕의 중국인들은 대부분 국내 기타 지역에서 상하이 또는 홍콩으로, 그리고 다시 뉴욕으로의 두 차례 이주경험을 가지게 된다.

뉴욕은 '지구적 이주'의 대표적 도시로, 잉글리쉬-아이리스-도이치·프렌치-이탈리안 등의 순으로 유럽인들이 이주해 왔고, 흑인과 히스패닉 그리고 아시아인들이 그 뒤를 이었다. 이들은 '아메리칸 드림'을 찾아왔지만 그 과정은 고난의 연속이었다. 특히 기존의 '권력의 위계구조'를 전복시키기 위한 이주공동체 사이의 대립과 갈등은 암투와 폭력으로 점철되었다.

디아스포라는 (해외) 이주와 쌍개념이다. 그것은 고향을 떠나 타향으로 이주하지만 타향에 살면서도 고향을 잊지 못하고 그때의 관습(이라 여겨지는 것)을 되풀이하면서 행하는 노스탤지어 행위라 할 수도 있다.[29] 흔히 유태인에게서 비롯되었다고 하지만 그것은 서양에 국한된 관찰이고, 아시아에서도 중국의 화교(華僑), 인디아의 인교(印僑)의 지구적 이주가 오래 전부터 존재했고, 최근에는 한교(韓僑)도 세계 각지를 누비며 산종(散種, dissemination)되고 있다. 왕경우는 1911년 이후 동남아 화인사회에서 형성되었던 '중국민족적 정체성(Chinese nationalist identity)'이 1950년 이후 '현지국민적 정체성(local national identity)'으로 발전되었다고 진단한다.(조홍

---

29) 이와 관련, 유교적 관점의 해석도 흥미롭다. 이주민들이 중국 멀리 떠나 있어도 중국인이기를 포기하지 않고 항상 고향으로 돌아올 생각을 가지고 있으며, 자신이 귀향하지 못하더라도 자녀들이 중국인이라고 생각하도록 최선을 다했다는 것이다. 이는 청조의 전형적인 엘리트 관점이라 할 수 있다(왕경우, 2003: 60-61 참조).

국, 2000: 16) 그럼에도 '중국인다움(Chineseness)'은 여전히 문제적이다. 왜 냐하면 애초에 해외로 이주한 중국인들은 고향을 버리고 떠난 것이 아니라 언젠가는 금의환향할 것으로 생각했기에, '현지 국적'을 취득하더라도 정착보다는 '체류'에 가까운 의식을 가지고 있었던 것이다. 이와 관련해서 홀(Stuart Hall)의 '이민성(migrant-hood)'[30] 개념을 참고할 필요가 있다. 그에 의하면, 모든 이민자는 두 가지 문제에 직면하는데, 그 두 가지는 "당신은 왜 여기에 있는가?"와 "언제 조국으로 돌아갈 것인가?"이다. 그러나 이민자는 두 번째 질문을 받은 연후에야 자신이 결단코 돌아가지 않을 것이라는 사실을 깨닫는다. 이민은 편도여행이다.[31] 이처럼 돌아가지 않을 것을 깨달으면서도 금의환향을 상상하는 이중성에 주목해야 한다.

중국인의 근현대 이주의 대표적 유형인 뉴욕의 중국인은 이러한 이중성을 가지고 있다. 그들은 1세대의 경우 원적지 고향에서 출발해 상하이 또는 홍콩으로 이동('지역적 이주')했다가 다시 뉴욕으로 이동('지구적 이주')한 경험을 가지고 있다. 이로 인해 그들은 동남아시아 화인들과는 다른 디아스포라 정체성을 가지게 된다. 즉 동남아시아 화인들은 고향에서 직접 이주했기 때문에 동남아시아 현지에서도 방언집단의 정체성을 강고하게 유지하고 있는 것에 반해, 뉴욕의 중국인은 원적지 고향에 대한 향수보다는 중국이라는 국민국가에 강한 유대감을 가지고 있다. 상하이와 홍콩 등의 관문을 통과하면서 원적지에 대한 향수가 일정 정도 희석되었을 뿐 아니라 이역만리 타향이라는 공간이 '우리라는 의식(we-ness)'을 강화시켜

---

30) "오히려 이민성은 탈영토화된 양상으로 인해 간섭의 한 형태가 된다. 사이드에 의하면, 그것은 '경계와 장애를 뛰어넘는 것'으로 '일반화가 불가능해 보이는 바로 그 지점에서 일반화를 시도하려는 결의'이다"(초우, 2005: 202).

31) Stuart Hall, "Minimal Selves," ICA Document 6: Identity, 1987, 44; 초우, 2005: 201에서 재인용.

중국인이라는 국족 정체성을 환기시켰을 것이다. 그들은 원적지 고향에 대한 그리움과 조국에 대한 자존심을 동시에 가지고 있다. 그들은 여간해서는 '중국인다움'을 포기하지 않는다. 하지만 2세대·3세대들은 조금 다르다. 이들은 대부분 '중국민족적 정체성'보다 '현지국민적 정체성'이 강한 편이다. 그럼에도 부모 세대와의 교섭을 통해 '중국인다움'은 재전유되고 재구성된다. 물론 현지정체성을 강화해 '중국인다움'을 포기하는 사람도 없지 않다.

제 4 부

포스트사회주의 중국 인식과 문화 횡단

11장: 문화중국과 중국의 자기 인식

1_ 올림픽과 문화중국

2008년 지구촌의 최대 화제는 베이징 올림픽이었다. 세 번의 도전 끝에 거머쥔 올림픽 개최는 중국에게 아편전쟁 이래 굴욕과 좌절로 점철된 근현대사를 딛고 새로운 단계로 나아가는 전환점이다. 그것은 개혁개방 이후 급속한 경제 성장을 바탕으로 중화 대국의 부흥을 가능케 하는 국가적 욕망과 인민의 염원을 담은 프로젝트가 되었다. 냐오차오(鳥巢)라는 이름을 가진 주경기장 준공은 물론 국가대극원(國家大劇院) 등의 문화예술 관련 건축물들의 완공은 베이징 시티 투어의 노선을 바꿔놓았다. 중국은 베이징 올림픽을 스포츠 행사에 그치지 않고 중국 전통문화를 만방에 선양하는 기회로 삼고자 문화 올림픽 기획에 총력을 기울이고 있는 것으로 보인다. '2008년 8월 8월 8시 8분 8초'. 중국인들이 행운의 숫자로 믿고 있는 8이 여섯 개나 중복되는 개막 일시는, 중국인들이 이 행사에 얼마나

많은 의미를 부여하고 주술을 걸고 있는지를 간접적으로 시사하고 있다. "중국 본토인과 아시아 국가 내 화교를 결집하려는 중화주의의 문화적 기획들은 1997년 홍콩 이양과 2000년 타이완의 정치 지형의 변화를 계기로 표면화되기 시작했고, 2008년 베이징 올림픽을 기점으로 최고조에 달할 것으로 예상할 수 있다"(이동연, 2006: 202)는 진단이 단순한 기우(杞憂)가 아니었음을 반증하고 있다.

2008년은 또한 개혁개방 30주년의 해이기도 했다. 서세동점 이래 구국과 부강을 위한 운동은 실패의 연속이거나 불완전한 승리였고, 1949년 신중국 건설은 사회주의국가 건설기로 새로운 도약의 단계에 들어가는 듯했으나, 결과적으로 사회주의 30년 역시 또 다른 시행착오의 긴 시간이 되어버렸다. 1978년 이후 덩샤오핑의 '사회주의 현대화'의 실험은 정치 경제적인 면에서 일정한 성공을 거두었을 뿐만 아니라 이를 바탕으로 국제사회에서의 외교적 무게와 위상도 제고되고 있어 전 세계가 괄목상대하고 있다. 개혁개방 이후 보여준 비약적인 발전은, 아편전쟁 이래 근 170년에 걸쳐 점철되었던 중국인의 좌절과 눈물을 위로하고 보상하는 데에서 나아가, 중화국족으로서의 자신감과 자부심을 회복하는 발판을 마련했다. 중국은 베이징 올림픽을 계기로 과거의 영광을 되찾고 새로운 중국의 부흥을 도모하고자 했다.

중국은 근대 이후 '하나의 중국'을 표방해 왔고, 이번의 베이징 올림픽 역시 '하나의 세계, 하나의 꿈(同一的世界, 同一的夢想)'이라는 구호를 내걸고 있지만 그 준비 과정을 지켜보는 내외의 시선은 하나가 아닌 복수(複數)다. '하나'를 강조하는 구호 이면에는 복수의 갈등과 복수의 역사가 존재하고 있음을 말하는 것이다. 올림픽을 바라보는 시선, 티베트 사태를 바라보는 시선, 개혁개방의 성공을 바라보는 시선, 중국경제 발전을 바라보는 시선에는 이미 도농 간의 갈등을 넘어 계층 간의 갈등, 빈부의 격차 등등, 결코 간단치만은 않은 수많은 사회적 욕망과 좌절과 불안의 시선이 교차하며 도사리고 있다.

중국은 갈등과 위험을 화해와 봉합으로 성공적으로 전환시킬 수 있는 맞춤한 계기가 필요했으며, 그 전환점에 올림픽 축제가 하나의 기호처럼 작동하고 있다. 그 기호를 공공연하게 혹은 은밀하게 작동시키고 있는 것은 국가가 주도하고 있는 '문화국족주의'다.

이 글에서는 우선 문화국족주의의 양면성에 대한 이론적 검토를 한 후, 국가주의가 개입하고 있는 최근 중국의 문화국족주의를 '재현의 정치학'과 연계시켜 고찰해 보고자 한다.

2_ 문화국족주의의 양면성

사실 문화국족주의가 부정적인 것만은 아니다. 최근 중국의 소장 학자들은 문화국족주의에 대해 전반적으로 긍정적인 평가를 내리고 있다. 문화국족주의가 전면 서화를 반대하지만 문화보수주의는 아니라면서 그것이 문화의 근현대화를 기본 소구(訴求)로 삼는다는 주장(孟凡東·何愛國, 2007: 79)[1]을 펴기도 하고, 문화국족주의를 국민국가에 대한 근현대적 소구와 신형 국족문화 재건의 기대를 가지고 있던 문화다원주의의 일종(暨愛民, 2007: 48)으로 보기도 한다. 제국주의 침략이라는 근현대 역사를 고찰할

---

1) 그 세 가지 소구는 다음과 같다. 중국 근현대화는 우선 중화 국족문화와 국족의식을 부흥시켜야 한다. 국족문화 부흥은 국족문화 전통을 존중하고 이해하며 새롭게 해석해야 한다. 시대정신과 세계문화를 융합해 국족문화 근현대화를 추동해야 한다.

때 문화국족주의의 긍정적인 역할을 충분히 이해할 수 있지만, 보수주의와의 결합 가능성을 배제하고 다원주의로 발전할 수 있는 계기에 대한 고찰을 소홀히 하는 것은 문화국족주의의 부정적 측면에 대한 성찰이 부재한 것으로 보인다.

한편 20세기 초 문화국족주의를 추적한 김월회는 문화국족주의가 중국역사를 배후에서 구축해온 전통적 문화심리구조의 근대적 변용(變容)일 가능성을 제시하는 동시에 그것이 1840년대의 '사이장기론(師夷長技論)', 1860년대의 '중체서용론(中體西用論)' 및 1890년대 중반 이래의 '변법유신론(變法維新論)'을 이어 받은 근대기획의 일환이었을 가능성을 이론적으로 검토했다. 그 결과 문화국족주의가 중국근대사상 처음으로 중체(中體)로서의 중국 전통과 서체(西體)로서의 서유럽 근대를 중국적 근대의 양대 연원으로 통일적으로 활용했을 가능성과, 문화적 근대가 중국적 근대의 핵심적인 내용일 가능성을 제시했다.(김월회, 2001: 161) 그에 따르면 "문화민(국)족주의는 20세기 초의 시대상황과 중서문화의 소통 추구·복고적 경향 및 진/위의 인식틀 출현 등과 같은 신흥시대정신 아래서 '原道'와 '古已有之'의 문화심리기제에 의거하여 창출하고자 했던 문화적 근대로서의 중국적 근대국가의 건설을 위한 청사진이었다."(김월회: 167) 그의 논의대로라면, 문화국족주의는 공시적으로는 20세기 초 중국의 근대기획의 지도이론이었고, 통시적으로는 전통적인 외래문명 수용양식의 20세기 초의 변용이었다. 천성림 또한 20세기 중국 국족주의 형성과 전개를 고찰하면서, 문화적 국족주의가 20세기 초에 처음 모습을 드러냈을 때 '문화구국', '학술구국'을 구호로 삼아 중국인의 국족 정체성을 추구했고 제국주의의 문화침략을 반대했으며 중국 사상계의 맹목적 서유럽화를 저지하고 중국인의 국족문화에 대한 자신감을 제고하는 등의 방면에서 중요한 작용을 발휘했다고 주장하고 있다.(천성림, 2006: 189) 1905년 국학보존회(國學保存會)의 국수(國粹)운동, 1920년대의 국고파(國故派)와 학형파(學衡派), 그리고 1930 · 40년대의 중국본위의 문화건설론과 항전시기의 학술활동, 현대의 신유가(新儒家) 등이 그 대표적인 예이다.

국족문화를 선양함으로써 제국주의 침략에 저항하고 독재 정권의 억압에 맞서는 긍정적인 요소를 가지고 있음에도 불구하고, 신해혁명 이후 중국의 문화국족주의는 부침을 거듭하면서 국가주의와 사회주의적 요소 등의 개입으로 인해 '변질'의 과정을 겪는다.

냉전 시기 이후 중국의 국족주의를 사회주의와 발전주의라는 두 모순적 요소의 혼재로 파악하는 백승욱이 보기에 "저항의 이데올로기로서 민(국)족주의가 담고자 했던 반근대성의 요소"는 국가주의적 · 발전주의적 민족주의에서는 말할 것도 없고 사회주의적 국족주의에서도 탈각되어가고 있고 이는 애국주의라는 담론을 강화시키며 중화국족이라는 만들어진 신화를 강화하는 국가중심주의의 형태로 나타나고 있다.(백승욱, 2007: 165, 167) 한류 문화자본을 고찰하며 문화국족자본주의의 국가주의적 성격을 경계한 이동연은 문화를 매개로 한 국가주의적인 개입이 문화국족주의적 성향을 드러내며 동아시아에 일정한 정치적, 외교적 헤게모니를 행사한다고 분석했다.(이동연, 2006: 188) 이는 각각 중국의 문화중화주의, 일본의 연성국가주의, 한국의 한류 문화자본으로 현현하고 있는데, 자국 문화에 대한 국가적, 대중적 자부심을 표출하는 새로운 형태의 국가주의다.

2천 5백 년 이상의 기록된 역사를 가지고 있고 그 시기 대부분 세계 일류 국가였던 중국. 그러나 아편전쟁을 전환점으로 실패와 좌절의 나락으로 떨어졌던 중국. 사회주의 30년을 통해 정치적 주체성을 확립한 후 개혁개방 30년을 거쳐 경제적 자립도 확립한 중국. 이 중국이 베이징 올림픽을 계기로 문화 중국의 부흥을 만방에 선포했다. 그러나 개혁개방 이후 급격한 상업화로 인한 정체성 위기와 소수민족 분리 움직임이 나타나면서 1980년대 후반부터 다시 등장한 문화국족주의는 겉으로는 유가를 비롯한 '국학열'로 나타나고 있지만 그 이면에는 과거의 천하적 세계질서를 재편하여 동아시아의 맹주가 되려고 하는 정치적 목적이 드리워져 있음을 부인할 수 없다.(천성림: 204)

성찰과 관조와 사색을 핵심으로 하는 인문학을 국가가 정책적으로 진흥시키게 되면, 특히 단기적인 성과를 강요하는 프로젝트나 이니셔티브 등을 내세우게 되면 인문학은 존립을 위협당하기 마련이다. 문화도 마찬가지다. 국가권력이 문화를 이데올로기 국가장치로 활용하는 순간 그것은 국가주의의 도구가 될 수밖에 없다. 중국 공산당은 신민주주의혁명기 내내 영화의 선전 기능에 주목하고 적극 활용한 경험을 가지고 있다.[2] 사회주의 30년 동안 영화의 선전 기능은 과잉되었고 나중에는 민중의 마음에서 이반되어 홀로 독백하는 이데올로기의 염불이 될 지경에 이르렀지만, 최근의 영상물은 사회주의 30년의 경험과 교훈을 거울로 삼아 '즐거움에 가르침을 얹는(寓敎於樂)' 전술을 잘 활용하고 있다. 재미와 흥미를 중시하여 제작하되 그 안에 모종의 교시와 선전을 잘 버무려 넣고 있다. 1990년대 후반 이후 영상물 재현을 통해 '중화국족 대가정', '문화적 중화주의'를 선양하면서 국민의 통합을 유도하고 있다. 영상은 급속히 보급된 텔레비전, 디브이디, 컴퓨터의 도움을 받아 안방 깊숙이 영향력을 행사하고 있으며 중국정부와 문화계 인사들은 이 점을 충분히 인지해 잘 활용하고 있다.

---

2) 1931년 '좌익희극작가연맹'은 중국영화운동에 참여할 필요성을 인식했다. 샤옌(夏衍), 톈한(田漢) 등 거물급 작가들이 영화계에 뛰어들어 시나리오 각색에 참여했고 쑨위(孫瑜), 차이추성(蔡楚生) 등 감독들이 당원으로서 활동했다.

3_ 대국의 좌표와 부흥의 꿈—<대국굴기>와 <부흥의 길>

1980년대 말 중국 중앙TV에서 제작한 6부작 <하상(河殤)>[3]은 중국인의 상징인 '황하(黃河)의 죽음'을 선고함으로써 커다란 논란을 불러일으켰다. 황제(黃帝)의 후손, 황하의 아들을 자처하는 중국 국족이 왜 좌절하고 비운의 역사를 겪어야 했는가를 중국문명에 대한 비판과 감성적 접근으로 녹여낸 영상물이다. 이 다큐멘터리는 중국 근현대가 지닌 굴욕과 좌절의 역사적 근원을 중국문명의 몰락에서 찾고 있으며 그에 대한 거국적 '반성적 사유'를 토대로 하고 있다는 점에서 대대적인 호응과 영향을 불러일으켰고 이른바 '하상 현상'을 낳기도 했다. 그 주제의식은 농업을 근간으로 하는 중국의 대륙문명이 상공업을 중심으로 한 해양문명에 의해 침략을 당했다는 점에서 <대국굴기>와 비슷하다. 그러나 사상과 형상을 결합한 <하상>의 진지한 접근은 정치적 비판과 정부의 간섭을 야기[4]시켰고 그로 인해 <하상>의 문제제기는 미해결로 남게 되었다.

그로부터 18년 후 중앙TV에서 제작한 <대국굴기(大國崛起)>[5]는 15세기부터 해양으로 진출해 강대국이 된 9개국의 부침을 다루고 있다. 해양 세력의 원조인 포르투갈과 스페인, 해상 경제력을 바탕으로 17세기 세계 최초로 증권거래소와 은행을 설립한 네덜란드, 1688년 산업혁명에 성공하

---

3) 셰쉬안쥔(謝選駿)이 기획하고 샤쥔(夏駿)이 감독한 <하상>은 1988년 6월 16일 처음 방영된 후 광범한 토론과 논쟁이 벌어졌다. 1988년 단행본으로 출간(現代出版社)되었는데 국내에도 번역되었다. 蘇曉康·王魯湘, 『하상(河殤)』, 홍희 역, 동문선, 1989.
4) 방영 이듬해 발발한 '6·4 톈안먼 사건'의 사상적 선도가 되었다는 평가를 받았다. 실제로 톈안먼 사건 이후 <하상>은 '부르주아 자유화', '허무주의' 사상의 전형이라는 비판을 받고 방송이 금지되었고 단행본은 출판 금지되었다.
5) 중국 중앙방송국(CCTV)이 2년여의 시간을 들여 제작한 다큐멘터리 <대국굴기>는 2006년 11월 13일부터 24일까지 경제전문 CCTV 채널 2에서 방영해 시청률 60%를 웃돌았다.

고 시장경제를 확립한 잉글랜드, 1789년의 프랑스 대혁명과 공화정, 1871년 뒤늦게 민족 통합을 이룬 통일 도이치, 개항 후 전면 서화 학습에 나선 일본, 뒤늦게 서유럽을 학습한 러시아, 그리고 독립 후 적극 대학을 설립하고 과학기술의 선두에 선 미국이 그들이다. 이 작품은 <하상>의 비관적이고 반성적인 아우라와는 달리, 세계사를 주도한 강대국의 흥성과 그 원인을 낙관적이고 적극적인 자세로 분석했다. 뿐만 아니라 관점도 새로워졌다. 이들 강대국은 이전에 서세동점(西勢東漸)의 주역인 제국주의 국가들이었다. 마오쩌둥(毛澤東)의 신민주주의혁명은 이들을 반대하는 반제(反帝)의 구호를 첫머리에 내세웠었다. 그런데 <대국굴기>는 이들이 산업화와 시장경제로 대변되는 '근현대화(modernization)'에 성공해 강대국이 되었고 중국은 이들을 학습해야 한다는 점을, 그것도 매우 열렬하게 따라잡고 학습해야 한다는 점을 명확하게 밝히고 있다.

<대국굴기>의 인터뷰에서 월러스틴(Immanuel Wallerstein)은 이렇게 말하고 있다. 모든 강대국은 자국의 이익에 맞는 세계 질서를 구축하려 했고 그들은 항상 그 질서를 위한 대책과 계획을 세웠지만 후발 국가들은 이 질서를 깨려는 시도를 했고 강대국을 추월하려고 노력했다고. 이 질서 구축과 추월 노력의 충돌이 두 번의 국제 전쟁이었음을 우리는 잘 알고 있다. <대국굴기>에서는 이 교훈을 되새기면서 각국 성공의 원인을 분석하고 왜 다시 그들이 실패하고 역사의 무대에서 사라졌는지 그 패인을 추적해 들어간다. 그리고 결론은 독재보다는 민주를, 강압과 억압에 의한 인민 강제보다는 인민 자율의 보장을, 무력과 물질의 힘보다는 문화의 힘을 선택해야 한다고 역설하고 있다.

그러나 '대국굴기'의 말발굽에 스러져간 약소국가와 약소민족, 약소한 인간들, 대국이 되는 길에 있었던 엄청난 폭력과 비인간적인 만행들은 '대

국굴기'라는 빙산을 떠받치고 있는 무거운 무게로 남아있다. 거기에는 국가와 국족만 있고 개인은 없었으며, 발전과 확장과 성장만 있되 그늘과 소외는 전혀 고려되지 못했다. 도도한 발전 기제와 그것에만 초점이 집중되어 있다. 자국의 역사를 대상화한 경험이 없는 나라가 지구의 저편에서 세계를 좌지우지하고 있으며, 국가와 민족을 대상화하여 반성과 성찰을 한 바 없는 중국이 근거리에서 대국으로의 굴기를 준비하고 있는 중이다. 중국은 목하 '조화사회론'을 말하고 있지만 그것은 경제성장 상승국면에 나온 정치이데올로기이거나 고도의 외교술에 불과한 듯 보인다.(유세종, 2007: 64-65) 재미있는 것은 세계 각국의 국가 경쟁력과 권력 분점, 법치와 교육 등 제도적 강점을 집중 부각하고 있는 다큐멘터리의 심층에 존재하는 '재현의 정치학'이다. 이 시리즈에서 중국은 부재한다. 어디에서도 중국에 관한 이야기는 나오지 않는다. 그러나 우리는 12부의 텍스트를 보는 내내 '중국은?'이라는 의문을 지울 수 없다. 그 답은 마지막 12부가 끝나고 나서야 나온다. 중국인 모두는 그 대답을 알고 있고 그렇게 되기를 욕망한다. 미국 다음으로 세계사를 주도할 강대국은 중국이라는 것이다. 그러므로 이 시리즈에서 중국은 '부재하는 현존'이다.

'재현의 정치학'은 편집에서 두드러진다. 앞부분은 주로 서양 전문가의 견해를 주로 인용하다가 중반을 넘어 후반으로 갈수록 중국 전문가의 인터뷰 장면을 많이 내보내고 있다. 우리는 이를 바깥으로부터 가운데로 이동하는 서사 전술로 읽을 수 있다. 우리가 흔히 동서(東西)라고 표현하는 세계사 공간을 '가운데[中華]'와 '바깥[外夷]'으로 표기하는 중국의 '중외(中外)' 개념을 적용하고 있는 것으로 보인다. 가운데와 바깥은 전통 천하관의 공간 구분법이다. <대국굴기>는 바로 바깥에 관한 재해석인 셈이다. 그리고 바깥 이야기는 가운데 이야기를 위해 존재하기 마련이다.

2007년에 제작된 6부작 <부흥의 길(復興之路)>6)에서 '천년의 변화(千年局變)'편은 강희(康熙 1662-1722) 황제부터 시작한다. 흔히 강희에서 옹정(雍正 1723-1735)을 거쳐 건륭(乾隆 1736-1795)에 이르기까지를 청나라의 전성기라 하는데, 이들은 국내 안주로 인해 같은 시기 해외로 눈을 돌린 서양 강대국의 발전을 따라 잡지 못하고 결국 1840년 아편전쟁에서 굴욕을 겪게 되었다고 본다. 오랜 세월동안 세계의 중앙에 홀로 우뚝 서서, 비교할 대상이 없다고 여겼고, 그래서 스스로 존귀하다 착각하고, 자기와 다른 것을 우습게 보는 문명, 그 문명은 이미 영락과 쇠락의 조짐을 그스스로 안고 있다고 했던 루쉰의 자국문명 비판을7) 재해석하고 있는 셈이다. 이 다큐멘터리는 이어서 '고난의 세월(1912-1949)'을 거쳐 마오쩌둥의 '신생 중국(1949-1967)', 덩샤오핑의 '위대한 전환(1967-1992)', 장쩌민(江澤民)의 '세기의 도약(1989-2002)', 그리고 후진타오(胡錦濤)의 '과거를 이어받아 미래를 개척하다(2002-2007)' 편으로 이어진다. 주요하게는 아편전쟁 이후 지금까지 중국의 좌절과 부흥의 역사를 그렸는데, 특이한 점은 지도자를 중심으로 시기를 구분한 것이다. 대국을 지향하는 중화국족의 꿈과 투쟁의 역사를 파노라마식으로 조명하되 정치적 '영웅'을 중심으로 서사한, 영웅사관의 부활이라 할 수 있고, 진시황, 한무제, 당태종 등의 치적을 선양하는 것과 일맥상통한다.

　　<대국굴기>와 마찬가지로 <부흥의 길>은 유난히 전문가 인터뷰가 많다. '세계 석학'부터 중국의 원로급 전문가들이 다투어 전문 견해를 표명하고 있다. 전문가 인터뷰는 원래 그들의 견해를 청취해서 프로그램 제작

---

6) 2007년 10월 5일 중국 중앙TV 1번의 황금시간대에 방영되었는데, 이 날은 중국공산당 전국대표대회 개막일이기도 했다.

7) 魯迅「文化偏至論」; 魯迅, 2005: 45-46.

에 반영하는 것이 상례인데, 이들 다큐멘터리에서는 본말이 전도된 느낌이 강하다. 즉 이미 대본이 나와 있고 그에 맞는 배우들을 캐스팅해서 연기하게끔 한 것이 아닌가 하는 의구심을 불러일으켰다.

좌절과 굴욕으로 얼룩졌던 중국 근현대사를 새롭게 해석해 중국인들에게 희망을 심어주는 일은 국가 차원에서 필요한 일일 수 있다. 그러나 극복 과정만 보여주고 발생 원인에 대한 분석이 결락되어 있고, 심층 분석은 외면하고 좋아진 현상만을 나열 또는 과시함으로써 의도를 과잉 노출시키고 있다. 이를테면 사스(sars) 문제가 그러하며 중국식 양극화의 상징인 농민공 문제가 그러하다. 그러한 현실을 중국만의 문제가 아니라 지구적 현상으로 간주함으로써 책임을 회피하고 만다. 과장하여 말하면, 정성들여 만든 '대한뉴스'를 보는 듯하다. 그러나 중국 공산당의 발전전략이랄 수 있는 이 홍보영상은 중국인들에게 큰 환영을 받았고 한국에서도 호응이 있었다.

4_ 역사의 허구적 재현―<영웅>과 <한무대제>

사실적 재현인 다큐멘터리보다 허구적 재현인 영화나 드라마가 시청자를 훨씬 더 몰입하게 만들고 그럼으로써 더 많은 효과를 거둘 수 있다. 상상력이 사회과학의 연구대상이 된 것은 어제 오늘의 일이 아니다. 이전에 개인적 수준과 예술 영역의 활동으로 치부되었던 상상력은 오늘날 영화, 텔레비전 등의 기술에 힘입어 상상력과 판타지는 "다양한 사회의 수많은 사람들이 그것을 통해 사회적 삶을 가공해내는 수단으로 기능"하고 있다.(아파두라이, 2004: 98-99) 상상력은 사회적으로 훈육될 수 있다. 그것은 판타지와 향수를 일련의 새로운 상품들에 대한 욕망과 연결시키는 법을 배우는 것이다.(아파두라이: 149) 지금 중국은 수많은 영상 재현물을 통해 중국의 영광들에 대한 욕망을 만들어냄으로써 현실적인 영향력을 발휘하고 있다. 오랜 역사를 자랑하는 중국에서 역사적 영웅을 발굴하기란 어렵지 않은 일이다. 그 기준이 명확하게 존재하지는 않지만 국가(state), 민족(ethnic), 국족(nation)8)이 중요하게 작용하는 것은 틀림없다.

<영웅(英雄), 2002>은 국내외적으로 명망을 구축한 '문화영웅' 장이머우(張藝謀)가 마음먹고 만든 영화다. 그동안 '오리엔탈리즘의 내면화' 또는 '내재적 유배' 등의 비판을 받아온 장이머우는 기존의 '셀프 오리엔탈리즘' 전략9)을 대폭 수정해서 이제는 자국의 관중을 겨냥하고 있다. 가장 중국적인 무협 요소와 가장 지구적인 할리우드 블록버스터를 결합시켜 '중국 블록버스터' 즉 '다펜(大片) 시대'를 연 것이다. 장이머우의 문화적 역량은 미국 컬럼비아사의 투자10) 유치에서 두드러진다. 중국과 미국에서 흥행에 성공을 거두었고 한국에서도 복잡한 역사적 맥락이 탈각된 채 멋있는 중국 영화로 소비되었으며 후속작 <연인(十面埋伏)>과 <황후화(滿城盡帶黃金甲)>도 환영받았다.

물론 <영웅>의 역사 맥락에 대한 비판이 필요하다. 사실 전국(戰國)시대(B.C. 386~B.C. 256)의 칠웅(七雄)은 독립적인 체제를 갖춘 정치단위였

---

8) 『한무대제(漢武大帝)』의 시작 전 설명에서 세 가지를 이야기하고 있다. "그는 전에 없던 국가(國家, state)의 존엄을 세웠다. 그는 민족(族群, ethnic)에게 천추의 자신감을 우뚝 세웠다. 그의 국호(漢)는 국족(nation)의 영원한 이름이 되었다."

9) "장이머우는 누구보다도 '전략으로서의 셀프 오리엔탈리즘' 운용에 뛰어났다. 그것은 정치적 검열이 존재하고 자율적 시장이 형성되지 않은 제3세계에서 재능과 야망을 가진 감독이 선택하게 마련인 생존 전략이라 할 수 있다. 다이진화가 비판한 '내재적 유배(internal exile)'는 '셀프 오리엔탈리즘'의 다른 표현이지만, 중국의 현실은 장이머우의 선택에 환호하고 있는 것으로 보인다"(임춘성, 2009b: 35-36).

10) 오래전부터 중국시장을 주시해온 할리우드 제작사들이 중국영화에 직접 투자하는 쪽으로 방향을 돌리고 있다. <영웅>과 <연인> 그리고 펑샤오강(馮小剛)의 <거장의 장례식(大腕)>도 컬럼비아가 투자해 흥행에 성공한 작품이다(임대근 외, 2008: 313).

고, 소진(蘇秦)과 장의(張儀)는 단순한 궤변가가 아니라 당시의 국제문제 전문가였다. 광활한 중국 대륙이 유럽 대륙처럼 여러 국가들로 나뉠 수 있었는데, 그 가능성을 일소한 것이 진시황의 통일이었다. 진섭(陳涉)이 수창(首唱)하고 항우(項羽)와 유방(劉邦)이 완성시킨 진의 멸망은 '각국의 사 직을 잇자'라는 구호로 진행되었기에 각 제후국 후손들의 지원을 얻을 수 있었고 그럼으로써 진 타도의 과제를 완수할 수 있었던 것이다. 장이머우 는 이런 맥락을 거두절미(去頭截尾)하고, 전쟁으로 어지러운 천하(天下)를 바로잡고 백성(百姓)을 안정시킬 수 있는 '영웅'은 오직 진시황뿐이라는 사 실을 잔검(殘劍)이 깨닫고 그 깨달음이 무명(無名)에게 감염되도록 만든다. 잔검의 깨달음에는 천하가 어지러워진 원인에 대한 성찰이 부재하다. 그러 나 중국의 관객은 진시황에 대한 새로운 해석을 즐기고 있는 듯하다. 위대 한 정치 '영웅'에 의해 중국은 혼란의 역사시기를 종식시키고 강고한 하나 의 중국으로 역사 속에 힘 있게 등장한다는 논리다. 중국의 역사사실에 무심한 외국 관객은 재미있게 서사되는 같은 사건의 다른 시점 서사 구조 와 화려하고 웅장한 미장센, 진시황을 중심으로 초점 맞춘 거대한 사각의 구중궁궐과 화면의 영상 구도, 마치 우주의 중심에 진시황이 있기라도 한 듯한 구도에 시선을 빼앗긴다.

  <영웅>이 컬럼비아사의 투자를 받아 전 세계 관객을 대상으로 할리우드 블록버스터 방식으로 제작되었다는 점에서 영상 재현의 지구화(globalization) 를 표지한다면, TV 연속극 <한무대제(漢武大帝)>[11]는 한나라 초기 역사

---

11) 중국 중앙TV에서 제작해 2005년에 방영. 총감독 후메이(胡玫), 총제작 한싼핑(韓三平), 각본 장치타오(張奇濤). 천바오궈(陳寶國 무제), 자오황(焦晃, 경제), 구이야레이(歸亞蕾, 두황후) 등 출연. 64부작. 참고로 후메이는 <옹정왕조>의 감독이기도 하다. <한무대제>는 한 경제 즉위 초(前元 원년, 기원전 156년)부터 한 무제 죽음(後元 2년 기원전 87년)까지, 기본적으로 역사서에 기재된 중요한 사건들을 대부분 재현했다. 주요한 것으로 7국의 난, 조조(晁錯) 요참(腰斬) 경제의 동생 양왕 유무(梁王劉武)의 야심, 금옥장교(金屋藏嬌), 도가(道家)에서 유가(儒家)로의 전환 과정, 한무제

에 익숙한 중국인 시청자를 겨냥했다는 점에서 지방화(localization)에 충실한 텍스트라 할 수 있다. 64부작 <한무대제>의 첫 장면은 사마천(司馬遷)과 한무제 유철(劉徹)의 대담이라는 점에서 의미심장하다. 특히 '『사기(史記)』와 『한서(漢書)』에 근거해 개편·창작했다'는 사전 설명은 저자와 텍스트 속 인물의 만남을 연상시킨다. 『사기』 속 인물인 무제가 저자 사마천과 논쟁을 벌이는 꼴인데, <한무대제>의 제작자는 철저하게 무제 편이다. 마지막 회에서도 반복되는 사마천의 등장은 불후의 명저 『사기』의 저자라 하기에 지극히 초라하다. 중서령(中書令)이 황제를 알현하는 모습은 그럴 수 있다 치더라도, 무제는 사마천의 저작을 독파하고 그 의도[12]를 간파했지만, 사마천은 무제의 흉중을 헤아리지 못한 채 「효무본기(孝武本紀)」[13]를 제대로 기록하지 못했음을 자인하고 있는 것이다. 두 사람의 대면은 무제가 『사기』를 읽은 후 이뤄지는데, 무제의 첫 마디는 '짐이 화병이 낫도다(朕氣病了!)'였지만, 그것을 추스른 후 무제는 『사기』가 '일가지언(一家之言)'일 뿐 정사(正史)가 아니라고 규정하고 역사의 진리는 '하늘만이 안다'고 결론짓는다. 이 드라마는 한무제가 어렵게 황제가 되고 즉위한 후에도 수많은 난관을 거쳐 국내외의 혼란을 수습하고 한나라를 반석 위에 올려놓는 영웅이었음에 초점을 맞추어 이야기를 진행하고 있다.

흉노와 한족이 대우(大禹)의 후손이라는 설정 또한 지극히 중국적인 문화해석이다. 이는 거란족의 요(遼) 왕조, 몽골족의 원(元) 왕조와 만주족

시기의 경제 및 인사 정책, 삭번(削藩), 흉노와의 전쟁, 장건(張騫)의 서역(西域) 출사, 소무(蘇武)의 목양(牧羊), 무고(巫蠱)의 난 등이 있다. 뿐만 아니라 한대의 풍속과 복식, 의전 등도 충실하게 고증한 것으로 평가받는 등, 한 초의 역사와 문화를 이해하는 데 훌륭한 텍스트이다.

12) 무제가 사마천의 책을 읽고 난 후 책을 불태우고 그를 죽임으로써 사마천은 천추만대의 忠烈로 남고 무제는 폭군으로 남는다는 식의 추측.

13) 『사기』 130권은 12본기, 10표, 8서(書), 30세가, 70열전으로 구성되어 있다. 본기 마지막 편인 「효무본기」는 한무제에 대한 기록으로, 지금까지 진위(眞僞) 여부가 미해결로 남아 있다.

의 청(淸) 왕조 등을 '이민족 왕조'로 취급하다가 '소수민족 정권'으로 재해석하는 것과 맥락을 같이 한다. 사실 중화인민공화국 이전의 역사는 한족 중심으로 기술되었고 원과 청은 이민족 정권으로 타도 대상이었다. 쑨원(孫文)의 '오족공화(五族共和)' 이후 만주족 정권의 황제들[14]로부터 타자의 고깔을 벗겨준 것은 '중화국족 대가정'이라는 '문화중국'의 논리다. 이 논리에서 원과 청은 더 이상 이민족 왕조가 아니라 소수민족 정권으로 변모한다. 이런 재해석은 베네딕트 앤더슨의 '상상된 공동체'를 연상시킨다. <한무대제>는 우(禹) 임금의 동일한 자손이었던 한족과 흉노족이 하(夏) 멸망 이후 갈라졌다가 장기간의 모순과 투쟁을 거쳐 통일되었다는 민족 대융합의 이야기로, 몽골족과 만주족뿐만 아니라 그보다 훨씬 앞선 흉노족도 한족과 하나의 국족(國族 nation)임을 강변하고 있다.

이들 영상물의 재현에서 중화국족 대가정과 한족중심주의는 두루뭉술하게 표리를 이루고 있다. 이 둘은 사실상 불일치하는 모순임에도 불구하고 재현을 통해 하나인 것처럼 통합되고 있다. 진시황과 한무제는 통일 중국에 공헌이 지대한 인물임에 분명하다. 진시황의 문자 통일이 있었기에 2천 년이 넘게 수없이 분열되었다가 다시 합쳐질 수 있었고, 한무제의 강역 통일과 유가 통치의 제도 마련이 있었기에 한족을 중심으로 중화민족을 통합(integration)시킬 수 있었다. 여기에 황제(黃帝)의 자손이라는 점과 공자(孔子)[15]의 사상을 더하면 문화중국의 통합 시스템 기본 골격이 완성되는 것이다.

---

14) 청 건국 시조인 홍타이지나 만주족의 조상인 누르하치에 대한 영상물은 찾아보기 힘든 반면, 중국화(中國化)된 강희(康熙)·옹정(雍正)·건륭(乾隆) 등은 영상화의 주요 대상으로 선택받는다.
15) 최근 세계의 각국 대학에 개설되는 '공자 아카데미'는 중국 정부가 거금을 지원하는 문화중국 확산을 위한 국가사업이다.

5_ 민족(ethnic)과 국족(nation) 그리고 국가주의

1990년대부터 진융(金庸)의 무협소설은 중화권에서 교학과 연구의 대상이 되면서 이른바 '경전화(經典化)' 작업이 진행되었고, 전문 연구서만 해도 백 권을 넘게 헤아리게 되면서 '진쉐(金學)'란 신조어까지 출현했다. 1994년 베이징대학에서 진융에게 명예교수직을 수여하고 같은 해 '싼롄서점(三聯書店)'에서 『진융작품집』 36권을 출간한 것은 그 징표라 할 수 있다. 베이징대학과 싼롄서점은 역사와 전통을 자랑하는 유수의 대학이고 출판사이므로 그 문화적 수준이 증명된 셈이다. 중화권에서 진융의 작품은 무협소설에서부터 애정소설, 역사소설, 문화적 텍스트 등의 다양한 스펙트럼을 가지고 있다.(임춘성, 2009b: 32-33)

진융 텍스트를 제대로 이해하기 위해서는 그 국가주의적 맥락도 함께 볼 필요가 있다. 진융은 처녀작 『서검은구록』에서부터 민족(ethnic) 문제를 의제화하고 있다. 만주족 황제 강희(康熙)는 공식적으로 한족 혈통이 50퍼센트 섞여 있었다. 강희의 손자인 건륭(乾隆)이 한족 대신의 아들이었다는 민간 전설을 바탕으로 쓴 『서검은구록』은 국족(nation) 개념이 형성되지 않은 상황에서 민족을 풍자하고 있다. 좀 더 구체적으로 살펴보면, 청나라의 기반을 안정시킨 강희제는 재위기간이 60년에 달했다. 당시 강희제의 아들들은 황태자 자리를 차지하려고 알게 모르게 쟁투를 벌였다. 그러나 강희제는 황태자 선정에 신중하여 황자들의 능력뿐만 아니라 황손의 됨됨이까지 고려했다고 한다. 강희 58년 8월 13일, 넷째 황자 윤정(훗날 雍正帝)의 측비가 해산했다. 윤정은 기다리던 아들이 아니라 딸을 낳자 매우 실망했다. 며칠 후 한족 대신 진세관이 아들을 낳자 사람을 시켜 데려오라 했다. 그런데 안고 들어간 것은 아들이었는데 데리고 나온 것은 딸이었다. 진세관의 아들이 바로 건륭이라는 것이다. 『서검은구록』은 바로 이런 일화를 전제로 하고 있다. 텍스트에서 반청(反淸) 단체인 홍화회의 우두머리는 진세관의 둘째 아들인 진가락이다. 그러므로 청 황제 건륭과 반청조직의 우두머리인 진가락은 부모가 같은 친형제인 셈이다. 그러나 이들에게는 '중국 국족'의 개념이 없다. 오직 한족과 만주족이 있을 뿐이었다. 그러므로 동생은 형에게 오랑캐 황제를 관두고 한족 황제를 하라고 핍박하고 형은 마지못해 수락했다가 결국 동생을 배신하고 만주족 황제로 만족한다. 우리는 유전학적으로는 한족인 청 황제가 자신이 한족임을 확인한 후에도 만주족을 선택한다는 줄거리를 통해, 역으로 '민족'도 구성된 것이라고 해석할 수 있다.

작품 연대기로는 『서검은구록』보다 나중이지만 시대 배경은 그보다 앞선 『천룡팔부』는 북송 철종(哲宗) 시기 윈난(雲南)의 대리(大理)국을 중심으로 이야기가 전개되면서, 한족의 북송, 거란족의 요, 돌궐족의 서하, 그리고 선비족 모용가의 비전으로서의 연까지 오족의 오국이 공간배경을 이루고 있다. 역사적으로는 북송이 중심이지만 1094년은 북송의 멸망(1126년)까지 30년 남짓 남은 시점으로 북송과 요의 갈등은 극단을 향해 달리고 있었다. 작품의 제1 주인공 교봉은 무림의 최대 조직인 개방 방주로 등장한다. 한인으로 자란 교봉은 알고 보니 거란족 출신의 소봉이었다. 이때부터 그는 극심한 정체성 혼란을 겪는다. 사실 30년 넘게 한족으로 살아온 교봉이 자신을 거란족 소봉으로 조정하는 과정은 간단치 않았다. 처음의 황당함은 점차 포기로 바뀌고 어느 순간부터는 자신의 양부모와 사부를 해친 대악인을 추격하게 된다. 교봉은 우여곡절 끝에 거란족 소봉의 정체성을 인정하지만 그렇다고 다른 거란족처럼 한족을 미워할 수는 없다. 교봉으로 자라서 두 개의 국족/민족 정체성 사이에서 혼란을 겪다가 결국 소봉으로 죽는 그는 여전히 다음의 의문을 해결하지 못한다. '한인 중에서 선한 사람이 있는 반면 악한 사람이 있고, 거란인 중에도 선한 사람이 있는 반면 악한 사람이 있다. 왜 한인과 거란인으로 나뉘어 서로 살상을 서슴지 않는 것일까?' 그는 죽음으로 요의 침략을 막지만 결국 북송은 망하고 남쪽으로 옮겨간 남송은 원에게 멸망함을 우리는 이미 알고 있다. 소봉의 문제 제기는 결국 개인 차원에서 해소되었을 뿐이다.

여기에서 우리는 다음과 같은 문제를 제기할 수 있다. 『천룡팔부』의 시대 배경인 송 시절은 아직 국족 개념이 형성되지 않았다. 그런데 교봉/소봉은 그 출생의 특이함으로 인해 요와 송 양국의 국족 정체성을 경험하게 된다. 『서검은구록』의 시대 배경인 건륭 시절도 그렇고 아래에서 살펴볼 『녹정기』의 배경인 강희 시절도 마찬가지로 국족 개념이 존재하지 않았다. 그러므로 우연하게 두 개의 국족/민족 정체성을 경험한 교봉/소봉은 시대를 앞선 인물이었고, 그러므로 그가 비극적 결말을 맞이하는 것은 진정한 비극적 영웅의 캐릭터에 부합한다.

진용의 마지막 장편인 『녹정기』는 그 제목부터 풍자적이다. 제1회에서 해설하고 있는 것처럼 '축록중원(逐鹿中原)'과 '문정(問鼎)'이 내포하고 있는 것은 천하의 주인이 되려는 것이다. 그러나 녹정공(鹿鼎公) 위소보는 평천하(平天下)의 큰 뜻과는 거리가 먼 인물이다. 그가 어려서부터 품었던 '큰 뜻'은 여춘원(麗春院) 옆에 여'하'원, 여'추'원, 여'동'원을 열어 주인이 되는 일이었다. 그는 모십팔을 만나기 전 12-3년 동안 '여춘원적 세계관'을 가지고 살아왔다. 여춘원은 기방이다. 기방이란 여성의 육체와 남성의 금전이 만나는 곳이다. 특히 위소보에게 있어 그곳은 생존투쟁의 현장이었다. 그리고 우연찮게 들어간 황궁도 위소보에겐 기방과 다를 바 없었다.

『녹정기』 결말 부분은 국족과 민족 차원에서 볼 때 대단히 의미심장하다. 강토를 안정시키려는 만주족 황제 강희와 반청복명(反淸復明)의 천지회 사이에서 거취를 정하지 못하다가, 마침내 일곱 부인과 함께 퇴출하는 위소보는 마지막으로 어머니 위춘방을 찾아간다. 그리고 자신의 생부에 대해 물어 보니 위춘방의 대답이 걸작이다. 당시 자신을 찾는 손님이 많아서 누구의 씨인지 모르겠다는 것이다. 그녀에 따르면 위소보는 한(漢)·만(滿)·몽(蒙)·회(回)·장(藏) 가운데 하나이겠지만, 작가는 위소보를 마치 '오족 공화'의 합작품인 것처럼 그리고 있다. 작가는 여기서 리얼리즘의 원칙을 위반하고 있다. 앞서 언급한 것처럼, 강희 시대에는 국족 개념이 없었음에도 불구하고 위소보를 오족 공화의 산물, 다시 말해 중화 국족의 상징으로 내세운 것은 작가의 의식을 작중인물에 불어넣은 것이다. 더구나 위춘방은 '러시아놈이나 서양놈은 없었냐'는 위소보의 질문에 화를 벌컥 내면서 '그놈들이 여춘원에 왔더라면 빗자루로 쫓아냈을 거다'라고 답한다. 이는 오늘날의 상황에 견주어보면 이해가 될 법하지만, 위소보는 만주족이 한족을 학살한 '양주(揚州) 도살'(1645)이 일어난 지 10년 후쯤 태어난 것으로 추정 가능한데, 양주 기방에서 일한 위춘방이 만주족보다 외국인을 더 증오했다는 것은 리얼리즘에 부합하지 않는다.(田曉菲, 2002: 2장 참조) 결국 우리는 진융이 『녹정기』에서 민족주의(ethnicism)를 고의로 국가주의로 전환시키고 있음을 알 수 있다.

6_ 대국 굴기와 국가주의

베이징 올림픽을 계기로 새로운 문화 중국의 위상을 선전하려는 중국 정부의 의도가 순탄치만은 않다. 어떤 이들은 그런 시도를 1936년의 베를린 올림픽에 비견하기도 한다. 이런 우려와 맞물려 실제 장애물이 생겼다. 다름 아닌 티베트 시위16)로 인해 야기된 올림픽 반대 선언이었다. 이는 각국에서 올림픽 성화 봉송을 저지하는 시위로 이어지기도 했다. 이 과정에서 우리의 눈길을 끈 것은 성화 봉송 저지 시위가 일어나고 있는 해당 지역의 중국 유학생들이 그 시위를 반대하는 시위를 벌이고 심지어 폭력 사태로까지 발전한 현상이었다. 여기에는 최소한 세 개 이상의 국족주의가 각축을 벌이고 있었다. 베이징 올림픽에 집중되어 있는 세계의 이목을 끌기 위한 티베트의 민족주의, 그것을 최대한 무화시키려는 중국의 중화주의와 해외 유학생들의 애국주의, 그리고 시위가 벌어지고 있는 해당 국가의 배외주의가 그것이다.

한국에서도 올림픽 성화 문제로 불거진 폭력 시위를 통해, 중국인 유학생은 우리에게 실체로 모습을 드러내면서 여러 가지 시사점을 던졌다. 4만 명을 바라보는 중국인 유학생 규모의 실체를 인식하고, 성화 봉송을 호위하기 위해 6천-8천 명을 운집하게끔 만든 그 힘이 무엇일까에 대해 숙고해야 한다고 본다. 1870년 청나라가 '유학총부(留學總部)'를 창설한 이래 중국인 유학생은 미국을 위시하여 전 세계로 퍼져나갔다. 개혁개방 이후 한국과의 교류가 급증하면서 한국에도 유학생들이 몰려오기 시작했다. 1980년 이후에 태어난 '바링허우/포스트80(八零後) 세대'가 주축을 이루고 있는 중국인 유학생들은 '유학보국(留學保國)'이라는 전통적 가치관을 가지고 있을 뿐만 아니라, 우리의 '붉은 악마' 서포터즈와 비슷한 신인류의 행동 양태를 보인다. 이들은 이슈에 민감하고 자국 문화에 대한 자부심이 강하다. 이들

---

16) 1951년 중국 중앙 인민정부와 티베트 지방정부는 '17개 협약'에서 민족자결의 원칙을 강조했다. 티베트에서의 중국의 주권 확립과 아울러 티베트의 고도의 자치권을 인정했던 것이다. 그러나 1959년 이후 티베트의 자치는 명목상의 자치로 추락한다(김윤태, 2004: 42-43 참조).

에게 베이징 올림픽은 자부심의 근거다. '바링허우'를 '붉은 악마'에 비견한 것은 나름의 근거가 있다. "성화 봉송 과정에서 오성홍기를 들고 반중국 시위대를 압도한 이들('바링허우'-인용자)의 조직력과 참여의식은 2002년 한-일 월드컵 때 시청 앞 광장을 태극기로 물들인 한국의 '붉은 악마'에 비견할 만하다."(유강문, 2008) 그러나 이들을 '맹목적 애국주의'와 '신종 매카시즘'으로 몰아가고 그 속에서 국가와의 공모의 징후를 읽는 것은 지나친 면이 있다. 포스트80세대에 속하는 중국인 유학생들은 역사적 부채의식을 갖고 있지 않고 현재 대국으로 굴기하고 있는 중국에 대해 자긍심을 가진다. 하지만 이들에게는 1919년 신문화운동을 주도했던 5·4세대 및 1989년 톈안먼 광장을 뒤덮었던 6·4세대와 달리, 반성적 사유가 부재한다.

아편전쟁 이래 실패와 좌절의 역사를 마무리하고 새로운 웅비를 하고 싶은 것은 국가적 욕망일 뿐 아니라 국민 개개인에게 내재화된 욕망이기도 하다. '서울 올림픽 때 한국인은 어떠했는가? 월드컵은?'이라고 묻는 중국인 유학생들에게 우리는 어떤 대답을 할 수 있는가? 한국 시민단체가 티베트 시위를 지지하는 것은 소수자의 인권을 보호하기 위한 것이다. 그렇다고 지구촌 축제인 올림픽 성화 봉송을 반대하는 행위를 무조건 용인할수는 없는 것이다. 그런 행위는 오히려 인질극 기제를 내면화한 것일 수도 있다. 그리고 일부 구성원의 폭력 행위를 중국 유학생 전체에게 덮어씌우는 것도 온당치 못하다. 2007년 버지니아 공대의 조승희 사건을 접하면서 그 사건의 악영향이 미국 내에서 한인 유학생들에게 파급되지 않기를 바랐던 마음을 역지사지(易地思之)해 보아야 한다. 150년 만에 자국의 위용을 자랑하고 싶은 중국인 유학생의 마음을 일부 시위자의 폭력 행위로 덮어버리면서 '여기는 너희 나라가 아니다'라고 외치는 행위는, 폭력 시위를 일소

해야 한다는 시민사회의 성숙함과 별개의 것이다.

이 지점에서 푸코(Michel Foucault)의 '담론 공동체'를 재고할 필요가 있다. "푸코가 '담론'이라는 용어를 사용하는 것은 해결될 수 없는 딜레마인 것처럼 보이는 것을 피하려는 시도"임에는 분명하다. 그러나 무조건 도피하지는 않는다. 그의 대안은 이렇다. "팔레스타인의 문제는 경쟁하고 있는 담론—'자유의 투사'와 '테러리스트'라는 담론—에 의해 생산되며, 그 각각의 담론은 권력을 놓고 싸운다는 것에 관련되어 있다. 요컨대 어떤 상황의 '진리'를 결정하는 것은 이러한 투쟁이라는 것이다."(홀 외, 1996-2: 206) 각국의 티베트 독립 지지 담론이 베이징 올림픽 담론을 억압해서도 안 되지만, 중국인 유학생들의 애국주의 담론 역시 티베트 독립 담론을 억압할 수는 없다.

최근 중국의 문화국족주의의 흐름은 오랜 교류 관계를 가져온 우리로서는 경계할 대상이다. 그러나 그것을 비판하며 중국과 중국인들을 배척하는 방향으로 나아가서는 안 될 것이다. 문화국족주의에 대한 국가주의적 개입을 비판하고 그 저항적이고 성찰적인 계기를 발견해서 문화다양성을 확보할 수 있도록 상호 연대의 노력을 경주해야 할 것이다.

12장: 미국화와 한국 대학의 중국 인식

1_ 중국위협론과 중국 혐오

아편전쟁 이후 약 170여 년에 걸친 근현대 중국은 그 이전의 중국과 크게 변별되고 그에 따라 전통적인 근린국가인 한국의 중국 인식도 크게 달라졌다. 그러나 청일전쟁(1894-95) 이후부터 한중수교(1992)까지 근 1백년의 공백으로 인해, 근현대 중국의 변화에 대한 한국의 집단 인식은 근현대 중국의 변화를 충분히 수용하지 못하고 있다. 이 글은 변화된 중국과 그것을 따라잡지 못하고 있는 한국의 중국 인식을 조망하고자 한다. "근현대 우리의 중국관은 전통 중국에 대한 관습적 존중과 근현대 중국에 대한 근거 없는 우월감으로 요약할 수 있는데, 특히 후자의 인식은 홍콩·타이완의 대중문화에 대한 편견과 매카시즘에 근거한 것"(홍석준·임춘성, 2009: 154)이고, 전자를 대표하는 것은 경학(經學)과 공자(孔子) 그리고『삼국연의』등의 고전일 것이다. 또한 한국 사회의 중국 이미지를 '대국으로서의 중국'과 '천한 중국'으로 나누고, 전자를 <중-한-일>의 전통적 계서 (階序) 구도와, 후자를 자본주의 세계체계의 <미-일-한-중>의 계서 구도와 각각 연계(이욱연, 2004: 59-60)시킨 견해도 있다. '미국화(americanization)'가 과잉되어 있는 현대 한국에서 중국은 후진국에 위치하고 있는 것이다. 그런데 전통 중국에 대한 존중이 최근 중국의 국가주의 강화에 대한 경계심과 맞물려 중국위협론으로 전환되는 경향이 있고, 이것은 다시 근현대 중국에 대한 무시와 결합해 중국 혐오 현상으로 발전하는 경향이 있다. 중국 혐오의 결정적 계기로는 아무래도 '동북공정(東北工程)'(2002)을 꼽아야 할 것이다.

이 글은 개혁개방 이후 급변하고 있는 중국에 대한 한국의 인식을 대학 사회를 중심으로 고찰하고자 한다. 좀 더 구체적으로 말하자면, 급변하는 모습을 따라잡지 못하고 정체되어 있는 한국인의 '중국에 대한 집단표상 (collective representation of China)'을 대학의 테두리에서 살펴보려는 것이다. '사회의 상층부에 속하는 대학 사회와 대학 문화'(신영복, 2004: 16)에서 중국이 어떻게 인식되고 있는가는 한국 사회의 중국 인식에 영향을 줄 것으로 생각하기 때문이다. 중국 인식의 현장인 한국 대학을 점검하다 보면 미국화라는 핵심어를 해명하지 않고는 한국 대학을 설명하기 어렵다는 사실을 실감하게 된다. 이에 한국 대학의 중국 인식을 점검하기 전 단계로 2절에서는 한국 대학의 미국화를 기존 연구 성과를 중심으로 우선 검토하고자 한다.

3절에서는 한국 대학의 중국 인식을 세 층위로 나누어 고찰하고자 한다. 우선 대학의 두 주체인 학생과 교수에 초점을 맞출 것이다. 베이징 올림픽을 전후해 한중 네티즌들의 반응에 나타난 반한과 혐중의 표리 관계, 그리고 중국 유학생 및 교환교수 사례를 통해 한국 학생과 교수의 혐중의식을 고찰할 것이다. 이어 중국학계의 중국식 사회주의에 대한 경계와 옹호의 논리를 분석하고, 다음으로 중국을 새로운 시각과 '시야(perspective)'로 바라보는 견해를 '방법으로서의 중국'이라는 관점에서 점검하고자 한다.

4절에서는 중국을 일면적인 경계 또는 옹호의 대상으로 삼을 것이 아니라, 중국의 역사 경험을 바탕으로 자본주의와 사회주의를 넘어선 제3의 길의 가능성과 21세기 새로운 문명 구성 원리를 창출할 수 있는 가능성을 전망하는 '문명사적 관점'을 제시하고자 한다.

2_ 한국 대학의 미국화

최근 한국의 대학 개혁을 직시해 보면, 한국의 대학이 미국식 신자유주의의 포획물이 된 지 오래임을 알 수 있다. CEO 총장, 소비자 중심 교육, 기업형 인재 양성, 대학 평가 등으로 대변되는 한국 대학의 개혁은 대부분 미국에서 실행되었던 것을 가져온 것에 불과하다. 월러스틴(Immanual Wallerstein)은 전후(戰後) 한국의 대학들이 미국 대학체제와 저술들로부터 상당한 영향을 받았다고 하면서, 그 요인으로 미국과 한국의 밀접한 지정학적 관계, 1945년 이후 세계에서 미국대학들의 문화적 중요성이 커진 점, 상당수의 한국인 학자들이 미국의 교육기관에서 대학원과정을 밟은 점 등을 들었다. 그러나 월러스틴은 미국을 유학한 한국인 학자들이 미국 지배세력의 수많은 전제(前提)와 시각을 공유하고 있는 미국학문의 공식적 얼굴만 파악할 뿐 그 이면의 구조적·지적 복잡성을 파악하지 못하고 주류파의 시각에 이의를 제기하는 날카로운 비평도 간과하지 못함을 에둘러 지적하고 있다.(월러스틴, 2001: 5) 월러스틴의 비판은 신랄하다. 그의 관점에서 보면 한국의 대학들은 미국 대학의 하드웨어와 소프트웨어 방면에서 많은 영향을 받고 있는데, 그 이면의 복잡성과, 주류파에 대한 날카로운 비평을 제대로 파악하지 못한 채 수박 겉핥기식의 표층적인 수용만 하고 있다는 것이다.

촘스키(N. Chomsky)는 1945년 2차 대전 이후 미국이 대국으로 굴기하면서 미국의 정책입안자들이 세계 전체의 조직화에 대한 야심만만하고 정교한 복안을 가지고 그 대부분을 실천에 옮겼으며, 이런 권력 변화는 문화 영역과 대학에도 반영되었다고 한다. 그것은 미국의 승리와 힘과 세계지배를 배경으로 한 맹목적 애국주의(jingoism)와 유럽에 대한 철저한 경멸로 드러났다.(촘스키 외, 2001: 47-49) 이들에 의하면, 전후 미국은 세계적인 패권국가가 되었고 그에 힘입어 문화권력을 확립했는데, 그 과정은 문화 선진국인 서유럽을 타자화하면서 진행되었고 라틴아메리카와 아시아 등 기타 지역에 대해 영향력을 강화했다고 요약할 수 있다. 이런 맥락에서 보면 한국은 패권국가 미국의 문화권력 자장에 포섭된 모범적 사례인 셈이다.

2009년 중앙대학교 인문과학연구소에서 주최한 '한국의 대학과 세계' 학술대회는 여러 가지 면에서 의미 있는 토론의 장이었다. 유럽, 미국, 일본, 중국, 한국으로 구성된 이 토론회에서 핵심 주제는 단연 '미국화'였다. 그것은 해방 이전부터 일본 식민통치를 통해 유입[1]되었고 해방 이후 군정을 통해 강화되었다.

김누리는 한국대학의 성격을 규정하는 3대 요인으로 '미국화'[2] '냉전'[3]

---

1) '대한제국과 일제 식민지배 시기의 미국화'에 대해서는 유선영(2008) 참조
2) 그는 미국화 지표의 하나로 미국박사의 급증을 들었다. "1950년에서 1980년까지 우리나라 총 박사 1만 8,409명 중에서 1만 5,174명이 미국박사"(박동서, 「미국서 교육받은 한국의 엘리트」, 구영록 외, 『미국과 한국─과거, 현재, 미래』, 박영사, 1983; 학술단체협의회, 2003: 193에서

'신자유주의적 세계화'를 들고는 그 대안모델로 유럽의 대학을 검토하고 있다. 구체적으로 보면, 철학 방면에서 미국이 실용주의와 실증주의 중심이라면 유럽은 합리주의와 관념론에 중점을 두고, 문학에서 전자가 신비평에 치중한다면 후자는 문학사회학을 중시하고, 사회과학에서 전자가 자유주의 중심이라면 후자는 마르크스주의 위주다. 방법론에서도 실증주의와 변증법이 대립(김누리, 2009: 1)함으로써, 한국학계의 우파와 좌파에 대체적으로 대응하고 있음을 알 수 있다. 메모식 발제이긴 하지만 그는 현재 한국대학이 신자유주의적 세계화의 견인차 노릇을 하고 '냉전대학'에서 '시장대학'으로 탈바꿈하면서 국가에서 자본으로의 권력이동에 부응하고 있는 현상을 '대학의 시장화'로 요약했다.(2) 특히 삼성그룹이 성균관대학의 재단으로 들어갔고 두산그룹이 중앙대학에 진입한 후 '시장화'는 향후 한국 대학의 트렌드가 될 가능성이 커 보인다.

고부응은 미국화의 문제를 '대학의 기업화'로 풀었다. 그는 미국 대학 제도의 특수성을 '사립대학 중심의 대학 제도'와 '대학 평가'로 보는데, 이는 '전 세계 대부분 지역의 대학4)과는 다른 특수한 역사적 제도적 조건'(고부응, 2009: 6)이다. 그리고 더욱 중요한 것은 '대학의 기업화'다. 이는 대학평

재인용).
3) 『냉전과 대학』의 엮은이인 앙드레 시프린(A. Schiffrin)은 냉전을 다음과 같이 평가한다. "역사가들은 20세기 후반기 우리 모두의 삶에서 가장 중요한 사실은 냉전이었다는 데 동의한다. 냉전은 우리의 정치를 지배했고 우리의 경제를 변형시켰고 또 무수한 방식으로 전세계 사람들의 삶에 영향을 끼쳤다. 냉전은 역사의 사유방식에서부터 다른 나라들 문화 및 사회의 접근방식에 이르기까지, 수많은 중요한 영역에 대한 우리의 시각을 근본적으로 변화시켰다." 그러나 "냉전이 지식인의 삶에 끼친 영향을 철저하게 규명하는 연구는 하나도 없었다"(시프린, 2001: 7).
4) "현재 세계의 대부분의 나라에서 대학의 재정은 정부가 부담한다. … 대학 재정을 정부가 부담한다는 것은 대학이 특수 집단의 전유물이 되는 것을 원천적으로 막아내는 작용을 한다. … 대학의 운영비를 사회 전체를 대표하는 정부가 책임진다는 것은 대학을 어떤 개별 집단의 가치가 아닌 사회 전체를 위하여, 그리고 대학의 구성원인 교수들의 전문성과 자율성을 존중하는 방식으로 대학이 운영될 수 있는 길을 열어주는 것이라 할 수 있다"(고부응, 2009: 6).

가에서 높은 평가를 받고 있는 하버드대학의 예에서 알 수 있듯이, '하버드 법인(Harvard Corporation)' 학교 재단5)은 '하버드 관리회사(Harvard Management Company)'를 별도로 설립해 자산을 관리 운용하면서 끊임없이 등록금을 올리고 있고, 공립대학들도 이를 따라가고 있다. 이제 미국 대학은 사립대이든 공립대이든 예산 확보가 중요한 문제가 되었으며 이 상황이 대학의 기업화를 가속화시키고 있는데, 이는 대학의 기업식 경영과 기업을 위한 대학 운영으로 표현되고 있다.(고부응: 9) 중요한 것은 한국의 대학이 이를 무비판적으로 내재화하면서 심화시키고 있다는 점이다. 설상가상으로 대학의 개인 소유물화는 한국적 특수성이라 할 수 있다. 논문 편수 채우기식 연구와 취업 준비 공부로 대표되는 한국의 대학 현실은 "전혀 상아탑이 아니다."6)

최갑수는 한국 대학 속의 한국을 '부재하는 현존'으로 설정하고 있다. 그는 근(현)대성과 식민성의 교착의 장으로 한국의 대학을 파악했다. 구한말-일제시기에 우리에게 소개된 대학모델 가운데 독일대학 모델은 일본 제국대학을 통해 경성제국대학에 국가주의와 대학자치의 이상이라는 이중적인 유산을 남겼고, 영국식 기숙학교의 한 변종이었던 미국의 종파대학 (denominational college)은 사립대학의 기원을 이루었다. 이후 미군정 당국의 시도가 '국대안 파동'7)으로 좌초하지만 1970년대 어두운 독재정권 시기

5) 2008년 기준 369억 달러의 자산을 가지고 있는 이 재단은 2위인 예일대의 두 배에 달한다(고부응: 8).
6) E. Schrecker, *No Ivory Tower: McCarthyism and the Universities* (New York: Oxford University Press, 1986); 하워드 진, 2001: 80에서 재인용.
7) 1946년 8월 22일 '국립서울대학교 설립에 관한 법령'(군정법령 102호)의 공포로 서울대학교가 설립되었다. 이 법령의 내용은 경성제국대학을 중심으로 관·공, 사립학교들을 통합하여 종합대학을 설립하는 것으로, 초대 총장으로 구 경성대학 총장이었던 해리 엔스테드 해군대위가 취임했다. 그러나 국대안은 다음과 같은 문제점을 안고 있었다. 행정 관료만으로 구성된 6인의 과두관료 이사회, 좌경축출 재임용 제도, 미국식 고등교육제도 이식 등. 국대안이 발표된 후 전문대학교수단 연합회는 '국대안을 운영할 이사회가 군정청 문교부 관료로만 구성되어 있고 대학교 총장에 미국인을 임명하는 것은 고등교육기관의 자치권을 박탈하고 관료 독재화할 우려

에 우리의 근대 대학은 결정적으로 구축된 후 현재 미국식 '현대 대학'으로
의 전환을 강요받고 있다고 한다.(최갑수, 2009: 56-57) 이처럼 유럽과 미
국 등의 거울에 비춰본 한국의 대학은 기업화와 식민화를 주축으로 한
미국화의 길을 걸어왔음을 알 수 있다.

한국에서 미국화는 대학에 국한된 현상이 아니다. 2003년 학술단체협
의회가 엮은『우리 학문 속의 미국』에서는 한국의 근현대화를 미국화,
지적 식민화로 보면서, 미국의 냉전문화정치, 해방 이후 미국식 대학모델
의 이식, 식민적 근대 주체 형성부터 정치학, 경제학, 사회학, 교육학 등과
대중문화, 영화산업, 여성학 등에 이르기까지 광범위하게 진행된 미국화를
비판적으로 성찰하고 있다. 조희연은 서문에서 해방 이후 미국적 세계관과
패러다임의 이식·지배화와 그에 동반되는 지적 '식민화(植民化, colonialization)'
과정을 '타자화된 시각이 내재화된 지적 식민화'라 개괄하면서, 이러한 현
실이 "대중적 수준에서 세계관과 인식패러다임의 '과잉미국화'"를 초래했
고 "미국의 지적 유행은 곧이어 한국의 유행이 되고 미국적 소비문화의
한국화를 통해 '욕망의 미국화'까지 나타났다"고 진단하고 있다.(조희연,
2003: 4) 해방 이후 미국식 대학모델의 수용과 정착 문제를 다룬 김정인은
"해방 이후 대학교육은 국가의 사실상의 방임정책으로 인해 사립을 주축
으로 과대 성장하면서 미국과 친미엘리트들에 의해 미국식 대학모델이
이식되고 학문 재생산 구조가 종속되는 궤적을 걸어왔다."(김정인, 2003:
78)고 천명했다. 그 결과 오늘날 대학사회와 학문세계가 친미사대주의의
충실한 구현자가 되었고 미국유학파는 미국의 자산층인 양 혼돈하며 민족

가 있다'며 크게 반발했다. 나아가 전문대생과 대학생들 역시 국대안을 거부하고 동맹휴학을
결행했다. 그러나 이 운동의 전반적 요구는 수용되지 못했고 1) 이사회구성을 10명의 조선인으로
하고, 2) 시설 및 후생복지를 확충하며, 3) 교수와 학생의 조건부 복직·복교를 허용하고, 4)
총장을 미국 시민권자 이춘호로 바꾸어 임명하는 정도로 무마되었다(송주명, 2009: 25-26).

과 국가의 생존과 행복을 추구하려는 정책과 노력의 자연성과 필연성을 거부하고 현재의 자기 처지가 항상 현실로서 보존되는 이해타산에 합류하려는 경향이 강하다고 질타하고 있다.(김정인: 101) 이처럼 미국화 욕망의 과잉과 지적 식민화로 인해 미국모델이 아닌 대학, 특히 유럽모델은 그 자체만으로 대안적 성격을 갖게 되는 처지에 이르렀다.

김덕호와 원용진은 『아메리카나이제이션』 서문에서, 한국 사회의 진전을 논하는 담론은 미국과 미국화를 의식적, 무의식적으로 내포하고 있지만 미국화에 대한 체계적 연구는 상대적으로 왜소한 반면 징후를 다루는 언설은 과잉이었다고 진단하고 있다.(김덕호 · 원용진, 2008: 11) 그들은 미국화에 대한 심층적 연구가 진행되지 못한 이유로, 익숙함에 대한 외면, 적절한 이론적 틀의 미비, 분과 학문 체계(김덕호 · 원용진: 12-13) 등을 꼽았다. 그럼에도 불구하고 기존 논의에 합의점이 없는 것은 아니었다. 미국화를 1차 세계 대전을 전후한 현상으로 본다는 것, 미국화의 진전은 전기와 통신 기술의 혁명[8]에 힘입은 바 크다는 점, 미국화가 시기와 공간에 따라 비균질적인 모습을 하고 있다는 점이 그것이다.(15-16) 이상의 점검을 통해 이들은 미국화를 다음과 같이 잠정하고 있다. 그것은 "20세기 초반 미국의 다양한 제도와 가치가 새로운 자본주의 질서 재편성과 (정보) 커뮤니케이션 혁명을 토대로 세계 각 지역에 다양한 방식으로 펼쳐지고, 그 결과 수용 지역에서 자발적이거나 강요에 의해 그러한 것을 베끼고 따라잡는 현상과 과정"인 것이다.(17)

『우리 학문 속의 미국』과 『아메리카나이제이션』을 통해 검토한 학문

---

8) "커뮤니케이션 혁명은 대중매체mass media를 낳았으며, 대중매체는 결과적으로 대중문화를 탄생시켰다. 대중문화 분야에 대한 미국화 논의가 특히 빈번한 것도 대중매체 역할에 주목한 결과"(김덕호 · 원용진: 15)라 할 수 있다.

과 일상생활 속의 미국화 현상 가운데 촛불 시위에 대한 원용진의 징후적 독해(symptomatic reading)를 주목할 필요가 있다. 그는 미국화 환원주의가 아니라 미국화의 절합(articulation) 방식에 관심을 가질 것을 요구하면서 '맥락주의contextualism의 필요성'을 강조한다. 그가 보기에, 미국 소비문화의 세례를 받았다고 여겨지는 청소년들이 벌이는 반미 촛불 시위와, 미국 소비문화와는 전혀 상관없을 것 같은 나이 든 보수층이 성조기를 흔들며 한미 동맹 강화를 외치는 모습을 연출하는 것을 통해, 미국 대중문화 소비와 반미 촛불 시위가 한 몸을 하고, 한국의 소비와 친미 시위가 한 줄에 서 있음은 친미와 반미 개념의 외연과 함의가 분명하지 않음을 대변하고 있는 것이다.(원용진, 2008: 164) 이를 통해 그는 다음과 같이 분석한다.

사회 전반적으로 미국과 미국적인 것, 미국과 미국 대중문화에 대한 분열증적 태도를 갖추면서, 세대의 선을 타고 그 태도는 상반되어 나타났다. 광화문 언저리에서의 노인 세대의 친미 시위와 미국 대중문화 주소비층인 젊은 세대의 반미 시위의 풍경은 그 징후다. 그러나 어느 쪽이든 미국과 미국적인 것은 내재화되고 있었다. 미국과 한국을 공동 운명체라 생각하는 쪽에서는 상호 이익을 내재화하고 있었고, 미국적인 것과 한국적인 것을 구분하지 않으려는 쪽에서는 그 삶을 내재화하고 있었다.(원용진: 212)

이처럼 미국화는 우리에게 '분열증적으로 내재화'되어 있다. 그것은 우리 사회에 미국보다 더 '미국적'인 모습으로 만연되어 있다. 대학조차도 기업화·식민화 시키는 미국화는 '타자화된 시각이 내재화된 지적 식민화'가 되어 '분열증적으로 내재화'되면서 그 이전의 우리 것에 대한 경멸과 표리관계를 이루었음을 지적해야 할 것이다.

미국이 유럽을 타자화하면서 세계적인 패권국가의 문화권력을 확립했다면, 한국은 스스로를 타자화하면서 미국화를 진행했던 것이다. 그런데 해방 이전 우리 것의 대부분은 중국 것과 불가분의 관계에 있었다. 따라서 한국의 미국화는 한국 그리고 그 심층에 존재하는 중국을 타자화하면서 진행되었다고 할 수 있다. 이에 대해서는 다음 절에서 구체적으로 살펴보겠다.

3_ 한국 대학의 중국 인식

지정학적 시각에서 보면, 미국이 태평양 너머에서 한반도와 동아시아에 작용하는 '부재하는 현존'이라면, 한반도와 접해 있는 "중국은 동아시아의 범위를 넘어서면서도 동아시아의 일원이기도 한 양면성을 가졌다."(최원식, 2009: 50) 한국의 근현대화 과정에서 서유럽과 미국의 문화가 주요한 지위를 차지하면서 "우리 것에 대한 최소한의 자부심마저 허락하지 않는"(신영복, 2004: 16) 식민지적 상황을 초래했는데, 그것을 반성하고 우리 것에 대한 공부를 하다보면 그 심층에 자리잡고 있는 중국 고전과 만나게 된다. 그러므로 우리 시대의 비판적 지식인들은 '감옥에서 자신을 반성하는 계기로 동양고전에 대해 관심을 가지기 시작(신영복: 18)하기도 하고, '회통(會通)의 네트워크'를 구축하기 위해 동방의 길을 모색(최원식: 6, 7)하기도 했다. 이처럼 중국, 나아가 동양은 신자유주의와 세계화로 대변되는 작금의 세계체계에 대해 '사회와 인간 그리고 인간관계에 관한 근본적 담론'을 담지하고 있을 뿐 아니라 '21세기의 새로운 문명과 사회 구성 원리'를 재조직할 수 있는 가능성을 가지고 있다. 여기에서 이 모든 것을 논의할 수는 없지만, 대학이라는 테두리 안에서 현실에서의 중국 인식과 가능성으로서의 새로운 시야를 검토하고자 한다. 구체적으로는 대학의 두 주체인 학생과 교수의 의식의 일단, 한국 중국학계의 사회주의 평가 그리고 방법으로서의 중국으로 나누어 살펴보고자 한다.

1) 중국 혐오와 반한의 표리 관계

베이징 올림픽을 전후해 네티즌들을 중심으로 중국에서 혐한(嫌韓) 또는 반한(反韓)의 흐름이 일어났다. 일본의 혐한류(嫌韓流)[9]와는 달리, 한류에 열광하고 반기던 중국 네티즌들의 반한 정서는 한국인을 당혹스럽게 만들었다. 근현대 전환기에 (반)식민지라는 동병상련(同病相憐)이 있었음에도 불구하고, 중국의 반한 정서가 반일 감정보다 컸다는 점을 우리는 심각하게 인식할 필요가 있다. 유행에 민감한 대중문화의 특성 탓에 집단 취향이 이리저리 흐를 수도 있지만, 그에 앞서 한류에 대한 우리의 과도한 의미 부여가 불러일으킨 반발의 혐의도 부인하기 어렵다. 그런데 양국 네티즌들의 인터넷 댓글을 보다보면, 중국 측의 반한 정서[10]가 두드러지기 이전에 한국 측의 중국 혐오가 먼저였을 것이라는 혐의를 지우기 어렵다. 개혁개방 이전 한국에 몰려온 약장수 조선족을 비롯해 3D업종에 종사하는 수많은 중국인들, 그리고 유학생들로 이루어진 현실 속의 중국인들에 대한 한국인들의 인식은 그다지 호의적이지 않았던 것이 사실이다. 특히 외모지상

---

9) 일본에서는 한류 열풍 초기부터 혐한류가 드러나기 시작했다. 일본의 혐한류는 두 가지 의미를 가지고 있다. 하나는 한류를 혐오하는 것이고 다른 하나는 한국을 혐오하는 흐름이다. 전자는 한류 열풍 이후 그에 대한 반발로 일어난 것이지만, 후자는 뿌리 깊은 일본 극우 보수세력의 한국관을 반영한 것이다.
10) 혐한 또는 반한 정서가 베이징 올림픽에서 불쑥 드러난 것은 아니다. 1992년 수교 이후 축구를 통한 한중 교류의 역사는 애증으로 점철되어 있다. '한국 공포증(恐韓症)'으로 대표되던 중국의 한국 인식이 2002년 한일 월드컵을 계기로 '한국 혐오증(嫌韓症)'으로 나아간 혐의가 짙다.

주의에 사로잡혀있는 한국 학생들은 한국어가 어눌하고 복장이 수수한 중국인 유학생들을 무시하기 일쑤였다. 매일 샤워하고 화장대 거울 앞에 30분 이상 앉아있는 학생들에게 화장도 하지 않고 머리냄새를 풍기는 중국인 유학생들은 혐오의 대상이 되기 십상이었다. 물론 혐중 정서가 서양의 황화론(黃禍論)[11]에 뿌리를 둔 중국위협론으로 무장한 미국 언론의 영향에서 자유롭지 못하다는 사실도 지적해야 한다. 노동자들은 말할 것도 없고 한국에 유학 온 중국 학생들이 생활에서 이런 무시와 혐오에 직면해 굴욕감을 느낀 적이 있다면 그들은 십중팔구 반한파가 될 공산이 크다. 중국 인터넷상의 반한 정서[12]가 한국어에 능한 중국인들의 번역[13]에 의해 확산되고 있다는 사실은 바로 이를 증명하고 있다.

또 다른 사례를 보자. 2008년 봄 쓰촨(四川) 대지진이 일어났을 때 나는 재직대학의 중국유학생회 대표에게 성금 모금 행사를 해보라 권유했지만, 그 학생은 당시 상황이 좋지 않다고 했다. 당시 상황이란 바로 베이징 올림

11) 유럽은 몽골의 서정(西征)을 유사이래 최대의 황화라고 불렀다. 나폴레옹은 중국을 "동방의 사자"라 부르는 등 유럽인들은 중국이 강대해지는 것을 두려워해 왔다. 황화론은 중국에 대한 반대이론으로, 러시아 무정부주의자 바쿠닌이 1873년 『국가제도와 무정부상태』에서 동방에서 오는 거대한 위험을 논하면서 제기되었고, 1882년 미국 국회에서 <배화법안>을 통과시켰고 캐나다, 네덜란드 등에서 화인과의 결혼 금지법이 통과되었고, 1890년대 미국 캘리포니아지역에서는 화교를 박해하는 그룹(Sandlots)이 출현했다. 도이치 황제 빌헬름 2세는 청일전쟁 후 중국과 일본의 연합을 경계하며 '황화(Gelbe Gefahr)'를 언급한 바 있다(이상 이본의, 2008 요약).
12) 그동안 동아시아 지역에서 "국경을 넘는 교류 자체가 일천하다는 점에 착목"해 "최근 인터넷을 통해 분출되곤 하는 한ㆍ중ㆍ일 세 나라 젊은이들의 민족주의 전쟁이란 반일, 반중, 반일(반한?-인용자)의 형태로나마 폭발하는 상호관심의 표출이라는 역설"(최원식, 2009: 41)로 보는 견해도 참고할 만하다. 그러므로 그는 "그동안의 민족주의적 충돌들을 곰곰이 살피건대 그들이 꼭 부정적인 것만은 아니지 않았을까 하는 엉뚱한 생각도 드는 것이다. 2002년 한ㆍ일월드컵 공동개최 같은 전화위복(轉禍爲福)의 사례도 없지 않았거니와, 최악의 갈등들조차도 상호교류 또는 상호침투의 심화를 반증하는 것이기도 하기 때문이다. 사실 관심이 없으면 충돌도 없다"(34)고 인식한다.
13) 2008년 5월 쓰촨성 대지진 기사와 관련, 한국 네티즌들의 반응 가운데 <1만명이 뭐냐 1만명이..>, <짱꼴라들 다 죽어라!> 등의 인터넷 댓글이 바로바로 중국어로 번역되었고(金珍鎬, 2008: 251), 중국 인터넷에 反韓聯盟 또는 抗日反韓大聯盟 등이 생겼다(253).

픽 성화 봉송 저지와 호송 시위가 충돌해 중국인 유학생들이 폭력을 휘둘렀다는 매스컴의 마녀사냥을 가리킨다. 엄단한다는 경찰의 말은 결국 1명 구속으로 끝나 한국 정부 스스로 언론의 과대보도를 증명한 셈이 되었지만, 결과와 무관하게 당시 버스 1대를 빌려 상경했던 목포대 중국인 유학생들은 자신들이 직접 나서서 모금 행사를 할 때가 아니라는 판단을 하고 있었던 것이다. 다행히 중문과 학생회의 적극적 호응으로 두 단위가 주관해서 모금 행사[14]를 치루고 성금을 광주 영사관에 전달했다. 중국인 유학생들의 위축 또는 신중한 태도는 역으로 한국 사회와 대학의 억압적 태도와 관련되어 있음을 반증한다.

나아가 한국에서 장기간 체류한 적 있는 중국 중점대학의 교수들이 대부분 반한파가 되어 돌아간다는 사실도 염두에 두어야 할 것이다. 이를테면 런민(人民)대학의 마샹우(馬相武)는 서울의 한자 표기(首爾)를 한국인의 배화(排華) 의식으로 오해하기도 했다.(홍석준·임춘성, 2009: 201, 각주 49 참조) 그와 달리 베이징대학의 쿵칭둥(孔慶東)은 2년간 한국 대학 중문과에 교환교수로 근무하면서, 여느 중국인과는 달리 한국에 대해 많은 관심을 기울였다. "수십 개의 크고 작은 도시들을 방문했고 100곳이 넘은 명승고적들을 찾아다녔으며 40여 곳의 대학들을 방문했고 일고여덟 군데의 고급 호텔에 투숙해보았다."(쿵칭둥, 2007: 203) 그는 안중근과 김대중과 이창호를 존경하고, 망월동 묘지에서 감동을 받고, 혁명정신을 존중하고 그것이 아시아 국민들의 공동재산이 되어야 한다고 주장한다. 『해동명신록』, 박재형의 『해동속소학』, 조위의 「규정기」와 한국의 최근 문학작품에도 관심을 기울였던 그는, 약속 시간을 지키지 않는 한국인의 무례를

---

14) 「中 쓰촨성 이재민 돕기 우리대학 모금행사 스케치」, 『목포대신문』 제415호, 2008.6.11.

질타하고, 애국심이 과잉되어 있다고 비판하며, '성형'으로 만들어진 '사이비 유럽풍' 미녀들(쿵칭둥: 33) 책을 읽지 않는 대학생들(39)을 폭로한다. 또한 한국인들이 민족적 자존심이 강하며, 의식적·무의식적으로 한국 문화에 대한 중국 문화의 영향을 회피하거나 희석시키려는 경향도 보이고 있다(45)고 진단한다. 그리고 중국인들은 남의 체면을 중시하지만 한국인들은 자기 체면만을 중시한다(67)는 비교도 했다. 그의 글에는 술에 취해 추태를 부리고 실력도 없으면서 자기도취에 빠져 자랑을 일삼으며 얄팍한 학문과 재주로 석학인 체하는 한국의 유명 교수(106-7)도 등장하고 한국 교수들 서너 명과 밤새도록 통음하고 나서 완전히 취해 술집 문을 나서 유흥가 대로에 나란히 서서 노상방뇨를 했다(112)는 경험담도 나온다. 한국 여인들은 화장을 몹시 중시한다.(114) 한국의 남성들은 대부분 가정에서 필요한 물건을 사는 것을 꺼린다.(116) 한국의 도서관은 아주 넓고 깨끗한 데다 조명도 밝다. 그런데 이용하는 사람은 몇몇 되지 않는다.(117) 특히 토끼와 거북이의 얘기가 '생존을 위해서라면 얼마든지 거짓말을 할 수 있다'는 위험한 논리(225)임을 설파해 한국인의 집단 무의식을 지적하기도 했다. 그는 한국 지식인에게 이런 충고를 한다. "극단주의적인 사유방식과 전제와 민주 사이에서 이것 아니면 저것이라는 양자택일적 논쟁에서 벗어나 건강하고 구체적인 '중도中道'를 개혁하기 위해 노력하는 것"이 급선무이고 그 예로, 화이부동(和而不同)을 제시하기도 했다.(230) 쿵칭둥의 견해는, 부분적으로 문제점이 없지 않지만, 한국에 2년 체류하면서 겪었던 일에 근거했다는 점에서, 한국 교수가 중국 교수를 어떻게 인식하고 있는지를 역으로 추적할 수 있는 자료인 동시에 한국 대학의 중국 인식에 대한 징후(symptom)로 읽을 수 있다.

쿵칭둥은 헤이룽장 성 출신의 천재/촌놈으로 중국의 최고학부인 베이징대학 중문학부를 나와 모교의 교수가 되었다. 입장을 바꿔보면, 지방의 천재가 서울대 국문과에 입학해 석·박사를 마치고 서울대 교수가 된 셈이다. 그런 쿵칭둥이, 다른 중국 교수들과는 달리, 나름대로 한국에 관심을 가지고 2년간 머물면서 끊임없이 발화(發話)했지만, 중국 근현대문학의 동업자 몇 명을 제외하고는 한국 지식계의 반응은 거의 없었다. 인문학자로서의 자부심이 강한 그는 개인 또는 국족(國族) 차원에서 자존심에 상처를 입은 것으로 보인다. 의도적이든 그렇지 않든, 한국 교수들은 중국 최고학부의 교수를 변방에서 견문을 넓히러 온 학자로 취급하고 가르치려 든 것으로 보인다. 그 저변에 미국화라는 기준이 자리하고 있음을 알 수 있다.

이상의 사례를 통해 중국인 유학생과 교환교수에 대한 한국 대학의 학생과 교수의 의식을 살펴보았다. 물론 반한과 혐중의 저변에 상호관심이 기초하고 있다는 분석이 가능하다. 최원식은 타까하라 모또아끼(高原基彰)의 견해를 바탕으로, "최근 인터넷을 통해 분출되곤 하는 한·중·일 세 나라 젊은이들의 민족주의 전쟁이란 반일, 반중, 반일(한)의 형태로나마 폭발하는 상호관심의 표출이라는 역설이 성립할지도 모른다"(최원식, 2009: 41)고 진단하고 있다. 반일, 반중, 반한이라는 국족주의 전쟁이 상호 무관심보다는 낫다는 말이다. 설득력 있는 분석이지만, 한중 양국의 청소년들 사이에 오갔던 혐중과 반한은 층위를 달리하는 것으로 보인다. 중국 측의 반한 정서는 한국에서 생활한 경험이 있는 이들이 겪었던 자존심의 손상에서 비롯되었고, 한국 측의 혐중은 중국의 동북공정이 알려지면서 시작된 만큼, 양자는 상호 표리관계를 이루고 있다고 볼 수 있다. 반한과 혐중은 아직은 소수에 국한된 현상이지만, 이 또한 한일 간의 독도 문제나 중일 간의 댜오위다오(釣魚島) 문제처럼, 계기만 주어지면 언제든지 연소할 수 있는 기름과도 같다. 실제 강릉 단오 축제와 이어도 기지 등에 문제를 제기하는 중국 네티즌들이 증가하고 있다. 한중 두 나라 사이에 상호 이해를 위한 민간 차원의 소통이 절실하게 필요한 시점이라 할 수 있다.

2) 중국식 사회주의에 대한 평가

중국 대륙이 '죽의 장막'으로 불리던 시절 "한국사회에서 중국 사회주의의 역사적 경험에 대한 대중적 관심을 불러일으킨 계기를 꼽으라면 리영희(李泳禧) 선생의 작업을 들 수 있다."(백승욱, 2008: 353) 그리고 "중국 사회주의의 역사적 경험이 학술적 공간을 벗어나 실천적 맥락에서 좀 더 본격적으로 한국사회의 논쟁에 끼어든 계기는 1980년대 중반 이후의 한국 사회 성격 논쟁"(백승욱: 354)에서였다. 리영희 선생과 사회구성체 논쟁을 통해 우리에게 인식된 중국의 핵심은 바로 사회주의였다.

21세기 한국에서도 중국 사회주의에 대한 인식 문제로 점잖은 논쟁이 한 차례 있었다. '비판적 중국연구'를 자처하는 이희옥은 현대 중국의 국족주의 성격을 저항적 국족주의, 수동적 국족주의, 동원국족주의, 발전국족주의로 구분하면서, "건국 이후 중국민(국)족주의는 사회주의와 시장의 관계 속에서 적절하게 통제되었다"(이희옥, 2004: 241)고 본다. 그러나 "사회주의 이데올로기의 공백을 잠정적으로 채워나가야 하는 현실적 필요에 의해 동원된" 애국국족주의는 "사회주의의 본래 가치나 민주주의 요구를 후퇴시킬 수밖에 없"는 것이라 진단하면서 중국식 사회주의에 대해 경계 논리를 편다. 이희옥과 대척점에 서 있는 김희교는 '애국주의'를 "중국이 개혁개방 정책을 시행하면서 사회주의 이념을 대체하기 위하여 대대적으로 진행한 국민교육이자 중국민 사이에 고양된 국민 이데올로기"로 설정하고는, 그것을 '신중화주의' 또는 '중화패권주의'로 해석하는 것을 경계하고, '발전주의적 제3세계 민(국)족주의'(김희교, 2006: 310)에 가까운 것으로 보고 그것이 "제국주의와 패권주의를 견제하는 역할을 수행했다는 것도 기억할 필요가 있"(311)음을 강조함으로써 중국식 사회주의를 옹호하고 있다.

좀 더 구체적으로 보면, 김희교는 탈식민적 입장에서 기존의 중국담론을 신식민주의라 비판했고, 이에 대해 이희옥 등이 반박했으며, 김희교는 그에 대해 재비판했다. 양자 간의 핵심 쟁점은 중국 사회주의의 의미에 대한 해석이라 할 수 있다. 즉 이희옥이 "그동안 중국문제는 중국공산주의 운동사에서 대중노선과 사회주의적 우애의 한 전범을 이루었던 옌안작풍에 대한 따뜻한 시선만으로 한국사회에 비판적 성찰의 계기를 제공했다. 하지만 이제는 사회주의의 이름으로 행해지는 사회주의의 왜곡과, 모호성을 특징으로 하는 과도한 민족국가 논리를 재검토해야 할 시점이 되었다." (이희옥: 240)라며 "무늬만 사회주의"인 중국의 현실을 비판적으로 바라보아야 한다고 주장하는 것에 반해, 김희교는 이희옥 등의 주장을 한국의 주류 중국담론과 무의식적 공모관계에 있는 신식민주의적 견해로 비판(김희교, 2003)하면서, 중국 사회주의가 가지고 있는 비판적 저항의 계기를 보아내야 한다고 주장하고 있다. 이들의 비판과 반박은 한국의 중국연구자들에게 여러 가지 유효한 측면을 제공하고 있지만, 그 가운데에는 자의적 해석의 여지가 있을 뿐 아니라 사회구성체 논쟁의 '주적'을 연상시키는 측면도 존재하고 있다.

양자의 주장을 따라가다 보면 그 근원에 사회주의 30년에 대한 평가라는 해묵은 쟁점이 놓여 있다는 사실을 알 수 있다. 오래된 문구로 정리하면, 마르크스-레닌주의의 보편적 법칙과 중국 사회의 특수한 현실을 창조적으로 결합한 이론으로서의 마오이즘으로 볼 것인지, 아니면 중국에는 진정한 마르크스주의자가 없고 쁘띠부르주아 민족주의자만 존재한다는 평가 (『철학대사전』, 동녘)에 동의할 것인지 하는 문제와 흡사하다. 양자 사이에는 커다란 간극이 존재하고 있다. 그러기에 중국 사회주의가 제국주의와 투쟁한 저항적 경험을 인정해야 한다는 김희교와 친사회주의적 연구를 경계해야 한다는 이희옥의 거리는, 탈식민적 중국연구와 비판적 중국연구 라는 상호 소통이 가능할 것 같은 그들의 구호와는 달리, 분업화된 역사학 과 정치학의 거리만큼이나 멀어 보인다. 이들의 학문적 내공이 얕은 것은 아니지만, 최소한 이 논쟁에서 두 사람은 화(和)가 아닌 동(同)의 논리에 사로잡힌 것으로 보인다. 모두 알다시피 화(和)와 동(同)은『논어』에 나오 는 말이다. '지금 여기의' 실천과 연계시켜 '관계론'의 관점에서 동양 고전 을 읽어낸 신영복은『논어』를 화동론(和同論)의 관점에서 읽으면서, 화(和) 는 다양성을 인정하는 관용과 공존의 논리이고, 동(同)은 획일적인 가치만 을 용납하는 지배와 흡수합병의 논리(신영복, 2004: 162)임을 강조한다. 그에 의하면, 사회주의와 자본주의를 지양한 새로운 문명을 가장 앞서서 실험하고 있는 중국과, 다른 문화, 다른 가치, 그리고 다른 삶의 방식에 대한 관용과 공존을 존중하는 것과 거리가 먼 중화주의 중국의 두 가지 가능성을 전망하면서, 동(同)의 논리와 결별하고 공존과 평화의 논리인 화 (和)의 논리로 새로운 문명을 시작할 수 있음을 설파했다.(신영복: 163-65) 이에 비추어 볼 때 앞의 두 논자는 사회주의 중국의 긍정적인 측면과 부정 적인 측면을 공존으로 보지 않고 한 측면만을 부각시켜 타자를 흡수하려 한다는 점에서 동의 논리에 머물고 있음을 알 수 있다.

3) 방법으로서의 중국

이종민은 지방대라는 현장의 요구에 부응해서 '중국문학 연구자'가 아 니라 '중국전문가'를 배양해야 한다는 자각을 통해, "중국을 바라보는 반성 적 시각으로서 '글로벌 차이나'를 제안"(이종민, 2007: 14)한다. 글로벌 차이나는 그동안 우리 의식을 지배하고 있는 '메이드 인 차이나'라는 비하적 이미지에서 벗어나 "글로벌 분업시스템의 중심축으로서 중국의 정체성을 이해하기 위한 인식의 전환"(이종민: 11)을 위한 정명(正名)이다. 자본주의 선진국들도 메이드 인 차이나를 소비하지 않으면 생활할 수 없고 그 덕분에 자국의 무역유통업자들과 중국으로 이전한 자국 기업이 생산한 메이드 인 차이나가 세계시장을 점유하는 등, 세계경제는 분명 중국의 부상으로 글로벌 분업시대라는 새로운 단계에 진입했다. 그러나 이들은 여전히 중국에 대해 부정적이거나 비판적 태도를 취하고 있다. 우리 또한 자기만족적인 우월의식에 젖어 중국을 여전히 비하적인 대상으로 인식하거나, 혹은 샌드위치 코리아의 위기감이 대두되면서 한국의 성장을 위협하는 존재로 중국을 부각시키고 있다.(13) 이종민은 중국위협론의 허실15)을 비판하고 한국이 직면한 샌드위치 상황을 타개하는 출로로 글로벌 차이나를 설정하면서 "경제대국으로서 중국의 정체성을 역사적으로 조명"(14)하고 있다.

백승욱도 중국을 "세계를 바라보는 하나의 '시야(perspective)'"로 설정하고 있다. 백승욱은 현재 사회주의 중국의 딜레마를 '마오쩌둥의 유령'이란 말로 해석하고 있다. 그에 의하면, 마오가 제기했다고 할 수 있는 사회주의와 관련된 핵심적 질문은, 사회주의의 가역성 문제, 가역성의 근거, 이행기 가역성을 제어할 수 있는 방법의 세 가지(백승욱, 2008: 47)로 귀결된다고 한다.16) 마오의 안티테제로서의 개혁개방 이데올로기는 명쾌한 해

<hr>

15) "중국위협론은 메이드 인 차이나의 시장 점유율을 모두 중국의 능력으로 환산하여 그것이 중국기업과 중국 내 외국기업이 공동으로 생산한 결과라는 점을 인식하지 못하며, 특히 첨단산업 부분의 수출에서 외국기업이 차지하는 비중이 매우 크다는 점을 고려하지 않기 때문이다"(이종민: 54-56). 이 점을 분명히 하기 위해 이종민은 "'made in China'보다는 'processed in China'라는 용어가 더 정확해 보인다"(54)고 제안한다.

16) 백승욱은 한 걸음 더 나아가 이로부터 중국 사회주의의 역사적 경험이 한국 사회에 던지는, 보편성을 띤 질문 여섯 가지를 제기한다. 첫째, 중국혁명뿐 아니라 모든 '현존 사회주의'는 민족주

결책을 제시하여 마오의 유령을 다시 무덤으로 되돌려 보낼 수 없는 취약함을 지니고 있다(47)는 것이 백승욱의 진단이다. 그에게 "중국을 통해서 세계를 다시 바라본다는 것은, 지난 한 세기 중국이 세계에 제기한 쟁점들을 통해서 중국과 세계를 인식한다는 것이고, 그럼으로써 지금까지와 다른 방식으로 세계를 이해할 수 있음을 뜻한다. 그리고 이런 과정을 통해 우리는 '유럽중심주의'와 '한민족중심주의'라는 이중의 구속에서 벗어날 계기를 찾아낼 수 있을 것이다."(8) 이렇게 바라본 중국은 끝없이 제기되는 쟁점과 질문, 모순들로 가득찬 문제 자체로 이해된다. 그 과정에서 사회주의 건설기는 문제가 집중된 중간점이다. 그러므로 사회주의를 키워드로 삼아 그 전과 후의 관계를 고찰하고(8) 중국의 역사적 경험과 현재의 변동을 세계적 변화의 구도 속에서 이해(11)하고자 한다. 그는 경계에 서 있는 중국을 다음과 같이 서술한다. "세계화라는 조건에서 중국은 여러 경계 위에 서 있다. 빠른 성장과 사회위기의 경계, 사회주의와 탈사회주의의 경계, 발전주의 신화와 그 몰락의 경계, 연해 발전지역과 퇴락한 내륙의 경계, 포섭과 배제의 경계, 자본주의 세계의 지속가능성과 지속불가능성의 경계 등 수많은 경계들이 중국을 성장과 위기 사이에서 동요하게 만들고 있다. 그런 만큼 중국은 세계화의 가장 모범적인 사례처럼 보이는 동시에 세계화가 초래하는 위기의 가장 전형적 모습으로 제시될 수 있다. 그리고 그 자신이 세계화의 위기를 촉발하는 주요한 요인이 될 가능성도 점차 커지고 있다."(12) 그는 근현대 중국을, 사회주의를 중심에 두고 그 전과

의와 공산주의의 모순적 결합과 그 고리의 결렬로 나타난 바 있다. 둘째로, 당 형태의 문제가 제기된다. 셋째로, 앞서 제기한 사적 소유의 지양으로서 개인적 소유의 문제가 제기된다. 넷째는 문화혁명이 생산관계의 개조와 관련해서 제기한 '새로운 산업혁명'이라는 쟁점이다. 다섯째는 대중의 권리와 국가의 민주화라는 쟁점이다. 여섯째, 지금 어느 때보다 더욱 중요한 쟁점으로 등장하는 국제주의의 문제이다(백승욱: 369-75 요약).

후의 연관 및 영향관계를 고찰하면서, 동아시아 나아가 세계체계 속에 두고 고찰하고 있다.

글로벌 차이나와 세계를 바라보는 시야는 일단 중국의 사회주의와 개혁개방의 거대한 변화를 수용함으로써 도달할 수 있는 지점이다. 황희경은 '변하는 중국, 변하지 않는 중국'을 '이유 있는 뻥의 나라?'의 키워드로 내세웠다. 사회과학 용어로 바꾸자면 '전통 중국의 지속과 변화'라 할 수 있다. 그에게 "중국은 오랜 전통과 문화 때문에 근(현)대적 민족국가로 변신하는 데 어려움을 겪고 (근)현대화에 '낙후'되었"던 것은 "나의 한문 선생님들이 어릴 적 익힌 고전 지식 때문에 오히려 변화에 적응하지 못하고 '낙오'되었던 것"과 정확하게 대응한다. 그러나 "개혁개방 정책을 펼친 지 30년이 지난 지금 중국은, 유가와 마오쩌둥과 덩샤오핑의 전통이 어우러져 세계를 놀라게 할 만한 변화를 연출하고 있다."(황희경, 2007: 4-5) 그에게 전통은 더 이상 고대 전통만이 아니다. 근현대 이전의 대(大)전통과 근현대 이후의 소(小) 전통—사회주의와 개혁개방—이 어우러져 연출하는 변화를 통합적으로 인식하고 있다. 여기에 '지구적 자본주의'와의 자발적 결합은 사회주의와 자본주의를 넘어서는 제3의 길을 기대할 수 있게 한다.

이들의 견해는 '방법으로서의 중국'이라 요약할 수 있다. 이는 다케우치 요시미(竹內好)의 '방법으로서의 아시아'(1960)에서 계발 받았고, 미조구치 유조(溝口雄三)의 '방법으로서의 중국'(1989)과 관계가 있다. 다케우치에게 있어 '아시아'란 서유럽 근대의 유린이라는 전형적인 식민 지배를 겪으면서 그에 대한 저항의 계기 안에 바로 그 서유럽 근대의 논리를 되감아 보다 큰 규모로 '근대'의 가치를 실현한다는, 주체형성이라 명명할 만한 '방법의식'이었다. 즉 '방법으로서의 아시아'란 실체로서 눈에 보이는 '아시아'가 아니라 하나의 구조로서 혹은 장치로서의 '아시아'인 것이다.(마루카와, 2008: 102-3) 미조구치가 전후 일본 한학(漢學)의 '중국 없는 중국학'을 비판하면서 제기한 '방법으로서의 중국'은 그동안 세계를 기준으로 중국을 바라보던 것을 지양하고, 중국을 방법으로 삼아 세계를 바라보자는 것이다. 미조구치의 말을 빌면, "중국을 방법으로 하는 세계란 중국을 구성요소의 하나로 하는, 바꿔 말하면 유럽도 그 구성요소의 하나로 한 다원적인 세계이다."(미조구치, 2016: 127) 이는 발화자의 나라 일본도 상대화하고 중국도 상대화하고 나아가 서유럽도 상대화함으로써, 유럽 선진-아시아 후발의 20세기 구도를 타파하고 '아시아가 유럽과 병진하여 출발하는 세기'(미조구치: 129)를 만들자는 것이다. 이는 또한 "세계의 창조 그것 자체이기도 한 바인 원리의 창조를 향하는 것"(129)이기도 하다.

4_ 문명사적 관점과 동아시아적 공감각

중국은 춘추전국시대(또는 그 이전)부터 지금까지 연속적인 문명을 유지해 오고 있는, 세계사에서 유례를 찾기 어려운 지역이다. 한국의 진보적 지식인의 대명사인 신영복 선생은 춘추전국시대 제자백가의 텍스트를 "사회의 본질에 대한 근본적인 담론"(신영복, 2004: 21)으로 간주하고 이들 텍스트에서 "변화와 개혁에 대한 열망과 그것을 사회화"(22)하려는 의지를 읽어내고 있다. 나아가 송대 신유학(즉 성리학)의 등장도 "통일 국가를 재건하고 사회질서를 확립해야 하는 시대적 대응 과제의 일환으로서 등장한 것"(485)으로 해석할 뿐 아니라, "불교가 중국에 유입되면 불학(佛學)이 되고 마르크시즘도 중국에 유입되면 마오이즘이 되는 강력한 대륙적 시스템"의 중국이 현재 "자본주의를 소화하고 있는 중이며 동시에 자본주의와 사회주의를 지양한 새로운 구성 원리를 준비하고 있는 현장'(163-64)임을 역설하고 있다.17) 그러므로 그의 '동양고전 독법'은 '문명의 독법'으로 귀결된다. 그것은 "근대성을 반성하고 새로운 문명을 모색하는 문명사적 과제와 연결된다는 의미"(507)이고 이를 위해 '비판적 성찰'과 '자유로운 창신(創新)'을 제기하고 있다.

장구한 중국의 역사과정을 문명사적 관점에서 바라보면 수많은 위기에 직면해 새로운 문명과 사회 구성 원리를 만들어 냈음을 알 수 있다. 춘추전국시대의 제자백가 사상과 송대의 신유학 등은 기존 체제의 해체라는 도전에 직면해 당시 지식인들의 고뇌에 찬 대응물이었다. 여기에 진다이(近代) 시기 서양의 충격에 대응해 제기된 '태평천국 농민혁명 사상', '개량파 자유주의의 변법유신 사상', '혁명파 민주주의의 삼민주의 사상'의 세 가지 선진적 사회사조(리쩌허우, 2010: 751) 등을 추가할 수 있다. 이런 맥락에서 사회주의 중국의 자본주의 수용이 21세기의 새로운 구성 원리가 될 수 있을지를 예의주시할 필요가 있다. 베이징 올림픽은 그 가능성의 일단을 세계에 보여주었지만 티베트와 위구르 사태(신호철, 2009), 쓰촨(四川) 지진과 창장(長江)의 홍수 등은 쉽게 걷어내기 어려운 장막이다.

해방 이전부터 지속되어 온 미국화의 현장인 한국의 대학에서 문명사적인 관점으로 '팍스 시니카'를 포착하기란 쉬운 일이 아니다. 이 지점에서 한국 중국학자의 역할이 필요하다. 한국과 중국을 아우르려는 어설픈 몸짓보다 양자를 제대로 연결시켜 주는 문화조정자(cultural moderator)가 그것이다. 문화조정자는 단순한 매개 역할을 하는 브로커와는 다르다. 조정자

---

17) 물론 "중국이 만들어내고자 하는 새로운 문명이 근본에 있어서 또 하나의 동(同)일 수도 있다"라든지, 중국의 중화주의가 "다른 문화, 다른 가치, 그리고 다른 삶의 방식에 대한 관용과 공존을 존중한다는 의미는 아니"라는(신영복: 164) 사실도 간과하지 않고 있다.

역할은 단순한 매개를 넘어 양자의 결핍을 메워주는 역할까지 수행해야 한다.

문화조정을 하기 위해서는 한국과 중국을 함께 보는 '공감각(共感覺) 형성'이 필요하다. 이를테면 중국 근현대문학(Chinese modern literature)을 진다이(近代)문학, 셴다이(現代)문학, 당다이(當代)문학[18]으로 분절해서 보는 것이 아니라 그것을 하나의 유기적 총체로 보아야 하고, 동아시아를 국가의 경계를 횡단(trans-nation)해서 하나의 단위로 보는 훈련[19]이 필요한 것과 마찬가지로, 한국의 중국학자에게는 한국과 중국을 함께 보는 훈련이 필수적이다. 이런 과정을 통해 한국과 중국의 '공통인식'을 구성 내지 조직해야 할 것이다. 개별 주제와 텍스트를 분석하고 개별 사례를 연구하더라도 '중국 근현대문학' 또는 '근현대 중국', 나아가 '동아시아'라는 공감각의 기초에서 바라볼 때 개별 연구가 빛날 수 있을 것이다. 한중의 공감각, 동아시아의 공감각은 나아가 아시아의 공감각, 세계체계의 공감각 형성을 전망할 수 있다.

---

18) "한국의 근대 · 현대와 중국의 진다이(近代) · 셴다이(現代)는 한자로는 같지만 그 기의가 다름을 여러 차례 언급한 바 있다. 근대와 현대가 서유럽의 모던(modern)과 연계된 용어임에 반해 진다이와 셴다이는 중국 혁명사 시기구분에서 비롯되었기 때문에 기의가 다르다. 이 책에서는 서유럽의 모던에 해당하는 개념으로 '동아시아의 근현대'를 설정했고, 중국의 특수한 상황에 국한해서 진다이와 셴다이, 당다이(當代)를 사용했다. '최근'이라는 의미가 강할 때는 '당대'로 표기하기도 했다. … 일국 내 소통의 정치학도 무시할 수 없지만 최소한 동아시아 역내 소통을 염두에 두고 용어를 다듬어야 할 것이다"(임춘성 · 왕샤오밍, 2009: 14-15).

19) "충돌에 잠재된 친교에 대한 갈증과 신민족주의의 균열을 자상히 독해하면서도 우리 안에 억압된 아시아를 일깨움으로써, 한국인이면서, 일본인이면서, 중국인이면서도 동시에 **동아시아인이라는 공감각(共感覺)**을 어떻게 계발하는가, 이것이 문제다"(최원식, 2009: 43-강조는 원문). 한편 동아시아 150년의 역사에서 19세기 후반 일본의 메이지유신의 사상적 자극, 20세기 전반 중국혁명의 구조적인 변동, 20세기 후반 한국의 민주화 운동 등을 동아시아의 구조적 변동을 이끈 요인으로 보고 있는 마루카와 데쓰시(丸川哲史)는 "동아시아의 커다란 변동을 앞두고, **지역적 감각을 연마**해 가는 것이 바로 지금 우리의 과제"(강조-인용자)라고 표현하기도 했다(마루카와, 2008: 8-9).

13장: 중국 인식의 몇 가지 경로
—『정글만리』와 <슈퍼차이나>를 화두로 삼아

1_ 한국인에게 중국은 무엇인가?

한국이 중국을 인식해온 역사는 우여곡절로 점철되어 있다. 전통 중국에 대한 보수주의적 시각, 서유럽의 중국위협론에 감염된 냉전의 시선, 그리고 마오쩌둥과 사회주의 중국을 인식하는 시각 등이 그것이다. 소름 돋는 반공주의의 질곡에 사로잡혀 있던 한국인들에게 마오쩌둥과 사회주의 중국을 처음으로 소개한 이는 리영희 선생[1]이었다. 리선생은 『8억인과의 대화』 등을 통해 당시 '죽의 장막'으로 가려지고 반공 이데올로기와 '중공 오랑캐' 형상에 세뇌된 한국인들에게 이른바 사회주의 중국의 실상을 전달했다. 그러나 리선생의 노력은 강고한 군사독재정권의 삼엄한 경계망 속에

---

1) 리영희 선생의 역할을 비판적 중국연구의 기원으로 설정하고 1960~70년대 한국에서의 사유의 돌파구로 고찰한 백승욱(2013) 참조

서 일반 대중에게 전달되기에는 역부족이었다. 그 가운데 민항기 사건과 페레스트로이카 선언이 있었고, 급기야 베를린 장벽이 무너졌으며, 이후 1992년 드디어 한중수교를 맺음으로써 새로운 한중 관계가 수립되었다.

중공 오랑캐 형상은 지금까지도 한국인들의 뇌리에 깊숙이 각인되어 있다. 1970년대 필자의 학부시절 학과대항 운동경기에서 중문과와 경기를 치루는 상대학과의 응원 구호는 대개 '무찌르자 중공 오랑캐'였다. 이는 한중수교 이전이었던 만큼 그럴 수도 있겠다 하며 넘어갈 수 있었지만, 최근 많은 관객들의 호응을 받았던 <국제시장>에서 흥남부두 철수 장면이 재현되었는데, 거기에서도 공포의 원흉이 중공 오랑캐였다는 설정은 한국인의 중국 인식 수준을 의심케 만든다. 한국에서 흔히 '6·25사변'이라 불리던 '한국전쟁'을 '항미원조(抗美援朝)', 즉 '미 제국주의에 대항하고 조선을 원조'하는 전쟁으로 규정하고 '인민지원군', 즉 조선 인민을 지원하는 군대를 파견한 중국의 입장에서 보면, 목숨 걸고 미군 함정에 올라타려는 조선 인민들을 이해할 수 없었을 것이다. '중공 오랑캐'와 '인민지원군' 사이의 간극이 한중 수교 이후 좁혀졌다고 보기 어렵다. 그만큼 우리는 사회주의 중국에 대해 무지했고 그 상황은 지금도 진행 중이다.

근 1백년의 공백과 진영 모순을 건너뛴 채 진행된 새로운 한중 관계는 다사다난한 과제를 안고 있었다. 지금 돌이켜 보면, 한국은 1980년대 민주화운동의 성과를 '1987년 체제'로 수렴한 상황이었고, 중국 또한 개혁개방 이후 사상해방운동의 흐름이 1989년 톈안먼 사건을 거쳐 이른바 '6·4 체제'로 귀결된 직후였지만, '1987년 체제'와 '6·4 체제'가 신자유주의의 한국 및 중국 버전이었다는 사실을 인지한다면 진영 모순은 최소한 정권 차원에서는 더 이상 문제가 될 수 없었던 것이다. (반)식민지의 경험을 가지고 있던 두 국가가 2차 대전 종전에 의해 해방을 맞이한 후 각각 한국적 자본주의와 중국적 사회주의 길을 걸어오다가 1980년대 민주화와 사상해방의 과정을 거쳐 각각 신자유주의의 한국 버전인 '1987년 체제'와 중국 버전인 '6·4 체제'로 진입한 것은 역사의 아이러니가 아닐 수 없다. 시진핑 주석이 박근혜 대통령을 여러 차례 만나 오누이 코스프레를 연출하면서 일본을 공동의 적으로 설정하고 통일전선 전술이 분명한 대한국 외교정책을 펼치고 있는데, 이에 대해 한국은 어떤 대책으로 임하고 있는지 내 눈에는 보이지 않는다.

중국 개혁개방이 곧 40년을 바라보고 있고 한중수교 24주년이 지난 시점에서 되돌아보면 중국의 변화는 천지개벽(天地開闢)에 비유할 만하다. 그 변화에 대해 '대국굴기'라는 중국 관방 레토릭은 국내외에 설득력을 확보했고, 대국의 굴기를 바라보면서 그것을 '슈퍼차이나'로 전유(專有)하는 한국 언론매체의 인식 변화는 가히 상전벽해(桑田碧海) 수준이라 할 만하다.

복잡계의 산물인 인간의 총체적 집합인 사회, 그것도 지구상 최대 인구를 가진 중국이 어디로 가고 있는지, 그런 중국이 우리에게 어떤 의미를 가지는지를 분석하는 일은 쉽지 않은 일이다. 어느 한 측면을 보고 그에 대한 원인과 근인을 분석하고 후과를 전망하는 일이 쉬운 일은 아니지만 불가능한 것도 아니다. 그러나 수많은 현상들이 부딪치고 그로 인해 의외의 변수들에 의한 돌발 상황이 빈번하게 발생하는 현상계에서 어느 하나의 현상에 대한 전망을 단언하는 것은 쉽지 않다. 그래서 식자우환(識字憂患)이라 하지 않았던가? 5공 시절 무식하면 단순하다는 말이 유행한 적이 있었다. 전두환의 경제정책에 대한 조롱이었던 것으로 기억한다. 지금 중국이 어디로 가고 있는지를 전망하는 과제는 식자우환과 무식-단순의 사이에 놓여 있는 것처럼 보인다. 중국 사회를 총체적으로 바라보려는 노력은 무망해 보이고 그러기에 대충 어림짐작으로 때려 맞추는 것이 오히려 힘을 얻을 수 있다는 것이다. 그에 대한 비판은 어렵지 않지만 새로운 전망을 제시하기에는 역부족이다.

우리는 앞 장에서 한국 대학의 중국 인식을 '중국 혐오와 반한의 표리관계', '중국식 사회주의에 대한 평가', '방법으로서의 중국'으로 나누어 고찰한 바 있다. 그 연장선상에서 이 장에서는 시진핑 시대 한국인의 중국인식에 대해 점검하고자 한다. 앞장에서 학자들의 중국 인식에 초점을 맞췄다면, 이 글에서는 최근 중국의 변화에 대한 한국인들의 인식을, 대중적호응을 일궈낸 두 텍스트, 『정글만리』와 <슈퍼차이나>를 대상으로 삼아, 돈벌이와 관련해 변화된 인식에 초점을 맞추어 살펴본 후 한국인의 중국인식의 맹점(blind point)을 추출해 보고자 한다. 나아가 중국 인식의 몇 가지경로를 제시하고자 한다.

2_ 『정글만리』의 중국 인식과 문제점

1) 『정글만리』라는 화두

최근 대량의 중국 소설들이 번역 출간되고 있다. 노벨상 수상작가 가오싱젠(高行健)과 모옌(莫言)의 작품을 비롯해 한국 독자에게 가장 환영받는다는 『허삼관/쉬싼관 매혈기』의 위화(余華), 그리고 영화 <홍등>의 원작자로 잘 알려진 쑤퉁(蘇童), 베이징의 왕쉬(王朔)와 톄닝(鐵凝) 그리고 류전윈(劉震雲)과 옌롄커(閻連科) 등의 대표작들이 출간되었고, 상하이의 왕안이(王安憶)와 쑨간루(孫甘露), 산둥(山東)의 장웨이(張煒) 등도 소개되고 있는중이다. 그 가운데 후난(湖南) 출신 작가 한사오궁(韓少功)의 '심근(尋根) 선언'(1984)에서 비롯된 '심근문학'도 주목을 요한다. 이들은 개혁개방시기

가치관의 혼란 속에서 전통으로부터 정체성과 뿌리 찾기를 시도했는데, 『폐도』의 자핑와(賈平凹), 『백록원』의 천중스(陳忠實), 『아이들의 왕』의 아청(阿城)이 이 계열에 속한다. 심근문학의 범주를 조금 넓히면 문혁 시기 하방 되었다가 개혁개방 이후 도시로 돌아온 '지식청년 문학', 그리고 '소수민족 문학'까지 포함할 수 있다. 이렇게 많은 작품이 출간되었으니 한국 독서시장에 이른바 '중국소설 붐'이 일어날 법도 한데, 실제로는 그렇지 못하다. 오히려 한국 작가의 중국 관련 기업소설이 위세를 떨치고 있다. 2013년에 시작된 『정글만리』2) 붐은 지금도 지속되고 있다. 노벨상 수상 작품을 포함한 중국 소설이 한국 작가의 기업소설의 위세에 기를 펴지 못하고 있는 것은 왜일까? 정녕 한국 작가의 수준이 중국 작가의 수준을 훨씬 뛰어넘기 때문에 독자들을 사로잡고 있는 것일까? 그런 식으로 해석하자면 왜 한국 작가는 노벨상 프로젝트 운운하면서도 중국 작가가 넘은 그 문턱을 넘지 못하는 것일까?

근현대 초 백 년의 격절을 거쳐 1992년 수교 이후 20여 년이 흘렀음에도 불구하고 중국 문학과 관련된 한국의 일반대중의 독서 취향은 여전히 『삼국연의』와 『수호전』 그리고 『서유기』 등에 머물러 있는데, 『정글만리』가 이것들과 공유하는 것이 바로 장회체(章回體) 장치다. 연속극처럼 매 편 마지막에 독자의 호기심을 불러일으키는 장면을 배치하고 그 다음 편을 보지 않을 수 없게 만드는 그런 장치가 장회체다. 그렇다면 조정래는 뛰어난 작가적 후각으로 장회체라는 장치를 터득해 응용하고 있는 셈이다. 권당 각 10장, 장당 약 40쪽으로 구성된 텍스트는 마치 '잘 빚어진 항아리(the well wrought urn)'처럼 한국 독자의 입맛에 맞춰져 있다.

---

2) 조정래, 2013. 이 책에서의 인용은 본문에서 권수와 쪽수만 표시함. 예시: 1-100.

『정글만리』는 쓸모가 많은 '항아리'다. 그것은 '대국굴기 중국을 어떻게 인식할 것인가' 라는 질문에 대한 시의적절한 답변이라 할 수 있다. 앞당겨 말하면, 만리장성으로 대변되는 그 넓은 공간은 아무리 다녀도 모두 가볼 수 없고, 25사로 표현되는 3천 년의 역사는 그 속에 빠지면 헤쳐나오기 어려운 망망대해와 같으며, 아무리 먹어도 다 맛볼 수 없다는 음식으로 대표되는 문화적 두터움 앞에서 규모에 압도되어 어쩔 줄 모르던 한국 독자들에게『정글만리』는 중국 인식의 출발점을 마련해 준 것으로 평가할 수 있다. 물론 그것은 완벽한 텍스트가 아니라, 백년간의 격절을 뛰어넘어 문득 우리에게 닥쳐온 중국을 이해하고 논의하기 위한 출발점일 뿐이다. 우리는『정글만리』가 제공한 정보를 토대로 중국이라는 두터운 텍스트를 해부하고 재구성해야 할 것이다.

2014년 4월 '한국 중국현대문학학회'에서『정글만리』를 주제로 좌담회3)를 개최한 것은 시의적절했다. 한국 작가의 중국 관련 기업소설이라는 점을 감안해 중문학 연구자, 국문학 평론가, 칭다오(靑島)의 기업가를 패널리스트로 구성한 좌담회는 사회자의 치밀한 기획과 패널리스트들의 꼼꼼한 준비로 흥미로운 발언들이 오갔다. 좌담회는 각본과 콘티가 있었다. 특히 한국 독자들의 중국 알기 욕망의 수준과 지향을『정글만리』가 대변했다는 지적과 스토리텔링의 전략전술을 학습해야 한다는 제언은 귀 기울일 만한 성과였다. 특정 텍스트를 평가하는 것은 쉽기도 하고 어렵기도 하다. 당일 좌담회에서도 강의 교재로 삼았다는 언급도 있었지만, 1권을 읽다가 던져버렸다는 고백도 있었고, 농민공에 대한 서술이 표층적이고 조선족의 역할에 대한 언급이 없는 '위험한 텍스트'라는 평가도 있었다.

---

3) 이 좌담회 기록은「쟁점조명:『정글만리』를 어떻게 볼 것인가」라는 표제로『중국현대문학』, 제69호(2014.6)에 수록되었다.

어쨌든 한국 작가의 중국 관련 기업소설이 독서계에 파문을 일으켰을 뿐만 아니라 관련 전공학회 학술대회의 주제가 되었다는 사실, 그리고 조만간 중국어로 번역·출간될 것이라는 정보는 우리로 하여금 『정글만리』의 공헌과 가능성 그리고 그 한계를 명확하게 짚도록 핍박하고 있다.

『정글만리』는 2014년 인터넷서점 '알라딘'에서 몇 주 동안 종합 1위를 차지했다. 작가를 인터뷰한 기자의 말에 따르면, 중국 관련 신문기사를 스크랩한 작가의 수첩이 90권이고, 중국에 관해 읽은 책만도 80권이며, 현장에는 2년간 여덟 번을 오갔고, 한 번 가면 두 달씩 머물렀다고 한다. 거기서 얻은 정보를 가지고 또 수첩 20권에 달하는 준비를 했다(이도은, 2013)고 한다. 게다가 네이버 연재를 통해 입소문 전술도 충분히 활용했다. "조정래의 『정글만리』는 올해 3월 25일부터 4개월간 네이버에서 108회 연재한 후 책으로 출간한 것"으로 "수많은 조회 수와 댓글을 기록하며 화제가 되었다. 입소문이 자자하게 나면서 중국 비즈니스를 하는 기업체들에서 신입사원 교육용으로 대량 주문하는 등"(이종민, 2013: 365-66), 인터넷 연재는 큰 성공을 거둔 셈이다. 인류학자의 현지조사에 맞먹는 공력을 들인데다가, 자본주의 문화산업 기제도 충분히 활용한 셈이다.

나도 『태백산맥』 애독자이자 중국(문)학 전공자의 입장에서 『정글만리』를 재미있게 읽었고 '최근 중국 시장에 관한 민족지(ethnography)이자 중국의 역사와 문화에 관한 학습 보고서라는 취지'로 당시 연재하던 칼럼에 소개한 바 있으며(임춘성, 2013e) 그 칼럼 덕분에 인터뷰도 하고 두 번째 서평(임춘성, 2014a)도 쓴 바 있다. 첫 번째 글은 '강추' 맥락이었지만, 텍스트를 꼼꼼히 읽다보니 여러 가지 문제점이 보였고 두 번째 글에서는 "한국인의 중국 인식을 새로운 지평으로 이끄는 징후"라는 평가와 함께 문제점도 지적한 바 있다. 다음에서 구체적으로 살펴보자.

2) 『정글만리』의 중국 인식

제목 '정글'은 중의적이다. 비즈니스 세계를 가리키기도 하고 중국 자체를 가리키기도 한다. 심지어 마오쩌둥의 복잡한 캐릭터를 가리킬 경우도 있다. 전자는 생존의 현장이라는 의미고, 후자는 온갖 나뭇가지들이 얽히고설켜 복잡 난해하다는 의미다. 나아가 인간의 속마음을 헤아리는 용어이기도 하다. 이는 '꽌시(關係)' 샹신원의 해외도피를 겪은 전대광의 평가다. 작가의 서사전략은 입문자 서하원 등이 전문가 전대광 등의 안내를 통해 중국을 새롭게 인식하는 과정을 묘사하는 것이다. 이들은 경제 수도 상하이와 정치 수도 베이징에서부터 시안, 칭다오, 광저우 등의 대도시를 오가며 중국을 답사하고 있다.

작가 조정래가 요점 정리하고 있는 중국의 사회와 문화는 부정적인 측면과 긍정적인 의미를 결합시키고 표층 묘사에서 심층 분석까지 이어지고 있다는 점에서 그 공력이 만만치 않음을 알 수 있다. 이를테면 짝퉁과 장인정신을 연결시킨다든지, 공무원의 부패와 그것을 용납하고 있는 인민의 심리 기제, 개발과 매연, 폭죽놀이의 폐해와 그 경제적·정신적 효과 등등이 그것이다. 그 가운데 결혼식 풍경은 최근 중국을 이해하기 위한 필수 답사 코스다. 888위안을 넣은 빨간 축의금 봉투(紅包)와 그것을 현장에서 꺼내 위폐검사를 하는 모습, 북남과 남녀(北男南女)가 만나 두 번 결혼식을 치루는 것과 축하 퍼레이드를 위한 열 대의 빨간색 캐딜락 등은 중국의 체면 문화와 실용 문화가 절묘하게 어우러진 중요한 지점들이다. 치관옌(妻管嚴), 라오펑유(老朋友)의 의미, 꽌시 문화, 포스트80 세대를 가리키는 바링허우(八零後), 숫자 8 선호, 소황제와 헤이하이쯔(黑孩子), 모던 치파오(旗袍), 허셰(和諧)호, 차 문화, 농민공 등등, 작가가 독자에게 알려주고 싶은 정보는 무궁무진하다. 특히 중국 사회의 작동 기제, 예를 들어 '문제 삼지 않으면 아무 문제가 없는데 문제 삼으니까 문제가 된다.'라든가, '신은 있다면 있고, 없다면 없는 것', '친구로 대하면 친구고, 적으로 대하면 적', 그리고 마오쩌둥의 신격화 등은 중국 사회 작동기제의 최종 심급에 해당한다. 그는 서두르지 않는다. 하나하나씩, 독자들에게 스며들 수 있도록, 적절한 콘텍스트를 구성해, 작중인물의 직접 경험과 그들의 입을 통해 우리에게 전달하고 있다.

조정래의 장점은 중국 이야기를 하면서 한국 이야기를 중첩시키고 있다는 것이다. '그나마 한국이 얼마나 민주화된 인간다운 사회인지를 중국에 와서 비로소 깊이 느꼈던' 전대광의 부인 이지선, 한국 엄마의 전형이랄 수 있는 송재형의 엄마 전유숙 등은 우리에게 한국과 비슷한 중국 그리고 한국과 다른 중국을 전달하고 있다. 특히 전유숙을 통해 자식을 위한 희생이 이데올로기가 되도록 살아온 이 땅의 엄마들을 형상화하고 있는데, 그녀들은 그런 엄마 밑에서 크면서 엄마가 이성적이었으면 하고 울부짖던 딸들이었다. 그런데 지금 사교육과 영어교육 열풍을 통해 중국식 전유숙 '들'이 확대 재생산되고 있는 중이다. 미국에 당당한 자세를 취하고, 미국 종속적인 한국을 비판하면서도 미국화와 서양 바람이 득세하고 있는 곳이 중국이다. 커피 폭탄 세례, 화장하기, 명품 사냥, 성형 수술, 와인 바람, 골프 치기 그리고 이혼 유행 등은 모두 미국화의 첨단을 달리고 있는 한국이 겪었거나 겪고 있는 현상이다.

그는 중국학 전공자들에게도 과제를 던지고 있다. 너희들이 중국을 알아? 너희들이 아는 것이 살아있는 지식이야? 그게 한국인의 중국 인식에 도움이 되는 거야? 그에 대해 모른 척 하는 것은 비겁한 방식이고 가능하지도 않다. 조정래는 투명인간이 아니기 때문이다.

『정글만리』는 중국 인식에 대한 몇 가지 귀중한 정보를 제공하고 있다.

중국 입문자 서하원에게는 "언제부터, 무엇 때문에 뿌리내리기 시작한 생각인지는 막연하면서도 중국사람들은 지저분하다 …, 게으르다 …, 거짓말을 잘한다 …. 이런 부정적인 인상이 깊이 박혀 있었다. 어쩌면 그런 인식은 전혀 근거 없는 것이 아닐 수도 있었다."(1-33) 물론 이 부정적인 인상의 근원이 중국위협론에 토대를 둔 미국 언론을 카피한 국내 언론 보도임을 우리는 알고 있다. 그러나 종합상사 경력 10년이 넘는 베테랑 전대광은 서하원과 다른 생각을 가지고 있다. "우리나라 사람들은 대부분 중국 하면 싼 인건비, 짝퉁, 불량식품 같은 것만 생각하지 초스피드의 경제 성장에 발맞추어 모든 분야의 기술이 세계적 수준에 도달하고 있다는 생각은 안 해요. 상대방을 얕잡아 보는 선입관도 있고, 발전이나 변화를 인정하고 싶지 않은 인간의 심사도 작용하고 그런 거지요. 살아가면서 이런 것, 저런 것 알아가면 중국은 참 흥미롭고 재미있는 나랍니다."(1-32) 조정래는 중국 인식에서 초보자 서하원과 베테랑 전대광의 첫 대면부터 한국인의 이중적인 중국 인식을 대조시키고 있다. 평균 한국인을 대표하는 초보자의 인식은 부정적인 반면, 중국을 알고 이해하는 전대광에게는 흥미롭고 재미있는 나라인 것이다. 우리는 그 사이에 '10년 공부'가 자리하고 있음을 눈여겨보아야 한다. 조정래는 한국인에게 이렇게 말하고 있다. '중국을 웬만큼 이해하려면 10년 공부가 필요하다.' 그만큼 중국은 두터운 텍스트(thick text)인 셈이다. 이와 같은 사례는 부지기수다. 중국 입문자에 해당하는 한국인들은 하나같이 서하원의 수준을 벗어나지 못하고, 10년 정도의 베테랑이 되어야 자연스레 지중(知中)파가 되는 것이다. 중국의 시공간과 그 문화를 이해하기 위해 '10년 공부'가 필요하다는 판단은 이후 한국인들의 중국 학습 기본 지침이 되기에 부족함이 없어 보인다.

등장인물 가운데 특히 우리의 눈길을 끄는 인물은 송재형이다. 송재형은 어머니의 강권으로 경영학을 공부하다가 역사학으로 전공을 바꾸고 바야흐로 중국사 공부에 열을 올리고 있는 베이징대 학생이다. 송재형은 몇 년 간의 경험을 바탕으로 "앞으로 중국은 틀림없이 미국과 맞먹는 나라"가 될 것이라는 확신을 가지고 있다. 2천 년이 넘게 도도하게 흘러온 중국사는 연인 리옌링만큼이나 아니 그 이상으로 그를 유혹하고 있다. 그는 다방면에서 흠잡을 데 없는 전도유망한 '귀 밝고 눈 밝은(聰明)' 청년이다. 자신과 너무 다른 친구 이남근에 대해서도 그 나름의 인생관을 존중할 줄 알고, 이남근의 작은 아버지가 짝퉁 사건으로 공안에 체포되었을 때 석방을 도와주면서 작은 아버지의 삶의 방식과 철학에 대해서도 공감하는 능력을 소유하고 있다. 그는 자신의 지향 추구에 엄격하지만 타인에 대한 너그러운 이해심도 갖추고 있다. 그러기에 경영학에서 역사학으로 전공을 바꿀 때 학교까지 찾아온 엄마를 매정하게 모른 척했지만, 훗날 역사학 전공을 기정사실화 한 후 귀국해서는 "에미 맘을 풀어주고 떠날 줄 아는 아들"이라는 느낌을 갖게 만드는 '장성한 청년'의 면모도 아우르고 있다. 대한민국의 총명한 젊은이들이 대부분 법대와 의대 그리고 MBA의 길로 달려가는 세태를 비판하듯이, 작가는 어머니의 강권으로 중국 경영학을 공부하다가 역사학으로 바꾼 송재형에게 자신의 소망을 이상적으로 투사하고 있다.

그는 독자들에게 두 차례의 특이한 경험을 전한다. 그것은 베이징대 학생들의 집단 인터뷰 관찰인데, 한 번은 미국 시사주간지와의 공개 인터뷰이고, 다른 한 번은 한국 일간지와의 인터뷰이다. 송재형은 인터뷰 관찰을 통해 중국 청년들의 식견과 배짱을 여실히 파악하게 된다. 통역 없이 영어로 진행된 미국 시사주간지의 인터뷰에서 진행자는 중국인들을 난처하게 만드는 질문들을 쏟아낸다. 예를 들어, 지적 재산권, 애플의 짝퉁 소탕전과 아이패드 상표권 등록 소송, 마오쩌둥 숭배 현상, 중미 관계 등에 관한 질문은 사실 중국의 치부를 건드리는 것들이었지만, 그에 대한 중국 학생들의 답변은 서양 중심의 논리를 반박하면서 중국 상황에 맞는 논리를 개발해 대응했다. 송재형이 놀라고 감탄한 것은 이들의 거칠 것 없는 발언과 배짱이었다. 특히 미중 관계를 묻는 진행자의 질문에 "친구로 대하면 친구고, 적으로 대하면 적"(1-317)이라는 답변을 듣고는 충격을 받고, 마오쩌둥 신격화에 대한 질문에 대해 "신은 있다면 있고, 없다면 없는 것"(1-317)이라는 답변에 대해서는 입을 다물지 못한다. 이런 답변은 한국 학생은 절대로 할 수 없다고 생각하기 때문이다. 송재형이 도저히 이해하지 못하는 것 가운데 하나는, 유창하지 않은 영어로 당당하게 답변하고 논쟁하는 중국 학생들의 태도다. 송재형은 문제가 뭔지 묻는 연인 리옌링에게 이렇게 말한다. "응, 그러니까 말야 첫 번째 놀라움은 중국 학생들의 거칠 것 없는 발언이었어. 그 영어 실력은 대부분 그저 그런 보통 수준이었는데, 그런 영어 실력을 가지고 미국사람을 상대로 자기주장을 그렇게 당당하게 펼치다니. 그런 배짱이 어디서 나오는 것인지 그저 놀랍고 감탄스러울 뿐이야."(1-322) 작가는 전대광의 입을 빌어 DNA론(1-331)[4]으로 귀결시키지만, 이는 거꾸로 송재형으로 대표되는 한국인들의 상반된 DNA를 지적하는 것이기도 하다. 이렇게 작가는 한 가지 사건을 통해 두 가지를 이야기하는 능력을 곳곳에서 선보이고 있다.

또한 『중국의 붉은 별』을 통해 마오쩌둥과 중국 공산당을 대외에 보도했던 에드거 스노의 무덤에서 시작한 한국 기자들과의 인터뷰는 역사학 전공 학생들의 역사의식과 현실 인식을 묻는 것이었고 나아가 동북공정과

---

4) 작가는 오랜 세월 몸에 각인된 중국인 특유의 DNA로 중국인의 정체성을 해석하고 있다. 이를테면 크고 넓고 많은 의식의 DNA, 장인 솜씨의 DNA, 분열을 두려워하는 공포 DNA 등.

같은 미묘한 문제도 있었고 짝퉁과 같은 거북한 질문도 있었지만, 중국 학생들은 당황하지 않고 자신의 논리를 가지고 의연하게 대응하는 모습을 보여주었다. 특히 한국에 대한 중국 대학생들의 다양한 평가는 한국 독자들이 귀담아 들어야 할 내용으로 가득하다. 개혁개방 초기 모델이 싱가포르와 한국이었고 한류 열풍의 진원지이자 지금도 한국 드라마의 인기가 식지 않음에도 불구하고, "손바닥만 한 나라 것들이 좀 먹고살게 됐다고 건방을 떤다, 기술 좀 있다고 너무 거만하다"(2-270)는 비난을 하는 이중 감정은 "돈은 중국에서 다 벌어가면서, 방위는 중국을 견제해 대는 미국 편에 서 있는 것"에 대한 비판에서 정점에 이르고, "한국은 도자기점에서 쿵푸를 하고 있다"(1-302)는 비유로 조롱하고 있다. 이렇게 보면 최근의 사드 배치에 대한 중국의 반응은 예견된 것이었음을 알 수 있다.

오랜 시간 문학판과 중국연구에 몸담아온 필자가 보기에, 중국을 배경으로 한 기업소설은 성공을 거둔 듯하다. 무엇보다 독자들의 열렬한 환영을 받고 있으니 글쟁이의 본분은 다한 것으로 보인다. 한국 역사소설가에서 중국 배경의 기업소설가로의 변신은 쉽지 않은 일이다. 물론 작가의 변신은 죄가 아니다. 그러나 『태백산맥』 등 한국 역사소설 시절부터 '개념화'라는 비판은 조정래를 따라다니던 평어였다. 이번 『정글만리』에서도 개념화 수준이 과도하고 작가는 수시로 자신의 공부 심득을 독자에게 전달하고 있는데, 이 부분이 중국을 잘 모르는 독자들에게는 금과옥조가 되고 평균적 한국인의 중국 인식을 제고하는 데 큰 도움을 주고 있다. 그러나 중국 공부에 오래 몸담은 전문가들에게는 지루할 수 있다. 수시로 반복되는 정보와 강의 어투는 반감을 불러일으킬 가능성도 있다. 그리고 문학 애호가들은 장르소설을 탐탁지 않게 여길 수 있다. 그럼에도 불구하고 『정글만리』는 중국과 한국인을 소통시키는 역할을 하면서 중국과 중국인에 대한 한국인의 인식 변화를 권유 또는 강제하고 있다. 이 글에서 『정글만리』를 한국 독자의 취향과 중국 인식 의향을 파악할 수 있는 시금석으로 설정하는 것은 바로 이런 이유에서다. 이제 『정글만리』 중국 인식의 편향과 한계를 살펴볼 차례다.

3) 『정글만리』 중국 인식의 문제점

앞에서도 언급했지만 『정글만리』는 기본적으로 기업소설이다.[5] 그러므로 그것에 과도한 요구를 하는 것은 무리다. 『정글만리』에서 제공하고 있는 중국에 관한 정보를 일방적으로 가치 없다고 매도할 수는 없다. 나 또한 그것을 통해 몇 가지 사실을 새롭게 인식하기도 했다. 그러나 무엇보다 중요한 것은 대부분의 정보가 작가의 편향에 의해 해석되고 있다는 점을 지적해야 한다는 점이다. 물론 작가론은 이 글의 몫이 아니다. 그러나 우리가 『태백산맥』에서 받았던 신뢰와 감동을 부지불식간에 그대로 『정글만리』에 투사하고 있는 점은 경계해야 한다. 『태백산맥』과 『정글만리』의 거리에 대한 고찰은 별도의 과제로 넘길 수밖에 없지만, 『정글만리』에 드러난 작가의 편향은 그가 제공하는 정보를 그대로 수용하기 어렵게 만들고 있다.

작가의 편향 가운데 가장 두드러진 것은 국족주의다. 작가의 국족주의 색채는 당연하게도 이중 전술을 취하고 있다. 한국/한국인에 대한 칭찬과 외국 특히 일본/일본인에 대한 폄하가 주를 이루고 있다. 똑같은 중국 주재 회사원임에도 불구하고, 한국 주재원들은 중국어에 능통하고 중국의 역사와 문화에 지대한 관심을 보이는 데 반해, 일본 주재원들은 통역 없이는

---

5) 작가는 한 TV프로그램에서 '미래소설'이란 표현을 썼는데, 이는 머지않아 중국이 세계를 좌지우지할 것이라는 의미다. OBS, <명불허전>, 2014.5.18. 방영.

중국인 고객과 의사소통을 못하고 중국인 직원들의 문화도 제대로 이해하지 못하는 수준이다. 일본인 주재원들이 하나같이 중국어를 할 줄 모르는 것으로 묘사된 것은 과도하다. 내가 중국현대문학/문화연구를 매개로 국제컨퍼런스에서 만난 일본 학자들은 대개 중국어에 능통했다. 이로 미뤄보아 일본인 주재원 가운데 중국어를 잘 하는 중국통이 적지 않을 것임은 자명하다. 뿐만 아니라 가라오케와 집단 매춘은 일본인과 연계시켜 묘사하고, 올드 상하이 노스탤지어의 핵심 가운데 하나인 '사샤스(Sasha's)'와 같은 고급 레스토랑에서 활약하는 콜걸은 서양인의 몫으로 그리고 있다. 그리고 발마사지방 가운데 건전한 곳은 전대광을 보내고 퇴폐적인 곳은 도요토미 아라키를 보내고 있다. 이런 묘사는 국족주의 정서를 자극하면서 한국인의 도덕적 우월성을 확보하게 만들고 있다. 동북공정 등에 대한 일방적인 이해 등 『정글만리』의 국족주의 색채는 다른 장점을 뒤덮을 만큼 도처에 드러나 식견 있는 독자들을 불편하게 만들고 있다.

그 다음으로 남성중심주의를 들 수 있다. 숭녀공처(崇女恭妻)라는 중국의 사회적 가치관에 대해 작가는 못마땅함을 여과 없이 드러낸다. 마오쩌둥이 시행한 여성해방으로 인해 중국은 여자들에게는 천국이지만 남자들에게는 지옥이라는 것이다. 한자 실력까지 동원해 남(男)성은 밭에 나가 일하므로 가사노동은 여자가 하는 것이 자연의 순리에 따른 역할 분담이고 업무 분업이라는 인식을 읽다 보면 고루한 가부장의 모습이 느껴진다. 그러기에 여성의 성적 자유를 성적 문란으로 비판하지만 남성의 성적 타락에 대한 비판은 어디에도 없다. 심지어 전대광이 김현곤을 찾아 시안에 갔을 때 싼페이(三陪)6)를 낭만이자 멋으로 설정하고 있다. 그는 한자 남(男)에

---

6) 싼페이는 '陪吃 陪喝 陪上床'을 가리키는 말로, 손님을 모시고 식사하고 술 마시고 잠자리까지 함께하는 것을 가리킨다.

대한 해석을 전제할 뿐, 그 글자가 만들어진 이데올로기에 대한 비판은 꿈도 꾸지 못하고 있는 것이다. 최근 대도시 중국 청춘 남녀들의 혼전 동거가 많아진 것은 틀림없지만 그것은 비단 중국에 국한된 현상도 아니고, 더욱 중요한 것은 혼전 동거를 단순하게 성적 문란으로 바라보는 시선에는 사회학적 성찰이 결여되어 있다. 부모 세대의 결혼 생활을 익히 보아온 젊은 세대가 이혼이라는 시행착오의 전철을 답습하지 않기 위해 대안을 모색하는 측면을 무시하고 있는 것이다. 이는 한국 청년들의 만혼 및 비혼 추세와도 연계시켜 고민해야 할 지점이지만, 작가는 그런 성찰 없이 성적 문란, 그것도 남성들에겐 면죄부를 주고 여성들의 성적 문란만 문제 삼고 있는 것이다. 한 마디 덧붙이자면, 성적 문란을 비판하면서도 성애 장면은 '아저씨 소설' 수준으로 묘사함으로써 '아저씨 독자들'을 끌어당기고 있는 점도 지적할 필요가 있다.

『정글만리』의 성공과 문제점의 핵심에는 전지적 작가 시점이 도사리고 있다. 모두 알다시피, 전지적 작가 시점은 현대소설에서 거의 쓰지 않는 기법이다. 전지적 작가는 중세의 신에 해당한다. 작가만이 모든 것을 알고 있고 독자들은 작가가 알려줘야만 정보를 알 수 있다. 이것이 전지적 작가 시점의 존재 이유다. 이런 맥락에서 볼 때 작가는 중국에 무지한 평균 한국인을 독자로 설정하고 자신의 학습 심득을 독자들에게 알려주고 있는 것이다.

소설적 맥락에서도 전지적 작가 시점만큼이나 어설픈 장치가 도처에 드러나고 있다. "늘 느끼는 것이지만 사람의 마음이란 참으로 복잡하고 그리고 미묘한 것"임을 작가는 잘 알고 있다. 그러나 작품에 나오는 인물들은 어느 순간 복잡하고 미묘한 마음을 털어내고 단순한 확성기로 바뀌고 만다. 누구를 막론하고 작가의 손에 걸리면 그 대변인이 되고 마는 것이다. 작가는 중국 공부의 심득(心得)을 독자들에게 전수하기 위해 선명자(善鳴

者), 즉 자신의 말을 잘 대변할 화자를 선택한다. 종합상사원 전대광과 포스코 직원 김현곤이 그들이다. 두 화자의 공통점은 중국 지사 생활 10년을 넘긴 영업부장이란 점이다. 이들은 중국 전문가도 아니고 지식인은 더더욱 아니다. 이들은 회사 방침에 따라 세일즈를 위해 중국어와 중국의 사회와 문화를 공부했다. 회사 방침에 따라 '세일즈의 가장 강한 무기'로 중국을 공부한 것이다. 다행히 전대광과 김현곤은 중국이 최대 시장이라는 사실에 만족하고 중국의 문화와 역사가 공부할 만한 가치가 있는 수천 쪽짜리 백과사전이라는 사실에 안도하며 중국 사람들이 사람의 마음의 깊이를 재고 무게를 다는 사람들이라는 발견에 흡족해 한다.

작가는 이들의 입과 생각을 빌어 자신의 심득을 우리에게 전달하고 있다. 때론 장광설이 없지 않지만, 그만한 분량에 그렇게 많은 정보를 요령 있게 넣기란 쉽지 않다. 심지어 토론을 통해 쟁점도 제시하고 있다. 그래서 영양가가 높은 편이다. 특히 시안에 관한 김현곤의 사색은 일품이다. 이를테면 문물을 만든 도공들과 그들을 짐승처럼 부린 권력자들을 대비하며 과연 누가 역사의 주인공인가라는 질문을 던지는 김현곤은 웬만한 중국사 전공자를 찜 쪄 먹는 수준이다. 그러나 바로 그런 수준으로 인해 조정래의 선명자들은 진정성에서 의심을 받을 수 있다. 전대광과 김현곤 같은 회사원이 존재할 리 없다고 부정하는 것은 아니지만, 작가가 심혈을 기울여 공부한 결과를 수시로 작중인물에 투사함으로써 리얼리티를 손상시키고 있기 때문이다. 그리고 작중인물의 독백과 사색이라는 장치는 작가가 자신의 심득을 독자에게 전달하기 위한 것이지만, 그 장치에만 이르면 전대광이 하건 김현곤이 하건 그 외의 어떤 화자가 하건, 독백과 사색의 톤이 천편일률이다. 조금만 예민한 독자라면 그 독백과 사색은 작가가 그때그때 필요한 인물을 골라 자신의 심득을 이야기하고 있음을 느낄 수 있고, 한발 나아가 작가의 중국 역사 문화 강의를 듣는 듯한 느낌을 지우기 어려운 것이다.

작가는 중국의 여기저기를 돌아다니며 이것저것 건드리면서 고희의 언덕에서 이런저런 심득을 토로하고 있지만, 깊이 있는 새로운 성찰을 찾아보기는 쉽지 않다. 그리고 중국 유학 경험자들 사이에서 '3-5년차 주재원들의 블로그를 편집한 느낌'이라는 혐의도 받고 있고 서사학과 창작을 공부하는 젊은 학생들에게는 '허접한 아저씨 소설'이라는 혹평도 받고 있다. 그럼에도 불구하고, 『정글만리』는 현재 평균적인 한국인 독자의 눈높이에 맞춘 중국 입문서 성격을 띤 기업소설이고, 기업소설의 옷을 입은 계몽소설이라 할 수 있다. 그리고 급변하는 중국이라는 제재를 빈 작가의 강연집이기도 하다. 따라서 『정글만리』는 눈 밝은 독자들에게 두고두고 회자되기에는 부족함이 많다. 그럼에도 불구하고, 필력과 경륜을 갖춘 작가가 맘먹고 '잘 빚은' 중국 관련 기업소설/계몽소설에 많은 독자가 환호하고 있다면 그 나름의 효용이 있는 법. 희수의 나이에 중국 학습서를 출간한 조정래에게 박수를 보내면서 많은 한국인들이 그의 학습노트를 지침으로 삼아 '10년 공부'의 과정을 거쳐 중국을 제대로 인식하기를 기대한다. 그리고 그것을 출발점으로 삼아 중국에 대해 심층 인식의 단계로 나아가기를 희망한다.

3_ <슈퍼차이나>의 중국 인식과 문제점

한국의 중국 붐과 관련해 2013년이 『정글만리』의 해였다면, 2015년은 <슈퍼차이나>의 해라고 해도 과언이 아닐 것이다. 제작팀에 따르면, 다큐멘터리 7편, 스튜디오 토론까지 더한다면 "총 8편에 총 450분"의 방송

시간으로 구성된 프로그램을 "2주간 목금토일 황금시간대에 연속 방영"하는 "과감한 편성"을 함으로써, "10%가 넘는 시청률을 기록"(박진범, 2015: 10)하면서 국내에서 뜨거운 반응을 일궈냈다. 뿐만 아니라, 중국에서도 관심을 보이며 "10여 개의 주요 매체가 제작진과 한중 양국의 전문가를 직접 취재해 기사를 내보냈다."[7] "TV판 중국 대백과사전"(KBS<슈퍼차이나> 제작팀, 2015: 372)이라는 평가도 받고 있는 "<슈퍼차이나>는 총 7편의 다큐멘터리를 통해 분야별로 중국의 부상을 속속들이 보여줌으로써 변화하고 있는 중국을 보다 자세하고 종합적으로 조망할 수 있게 했다."(KBS <슈퍼차이나>제작팀: 372) 나도 학생들에게 강력하게 추천했고 그 가운데 일부를 수업시간에 보여주고 보고서를 받기도 했다.

1) <슈퍼차이나>의 중국 인식

<슈퍼차이나>는 장점이 많은 텍스트다. 이 방영물은 그동안 한국인들의 중국 인식의 맹점에 자리하고 있던 중국의 '팩트'들을 들여다보고 조사하고 취재하고 중국의 실체를 확신하면서 그걸 '슈퍼차이나'라고 명명한 것이다. 현실사회주의권이 몰락하면서 유일한 초강대국 미국을 '슈퍼파워'라고 명명한 것이 30년도 되지 않았는데, 현실사회주의권에 속했으면서도 페레스트로이카보다 10년 먼저 개혁개방을 시행한 사회주의 중국이 40년도 되지 않은 시간에 '슈퍼차이나'로 명명되는 것 자체가 놀라운 일이 아닐 수 없다. 그러면 '슈퍼차이나'로 명명한 이유를 텍스트를 통해 살펴보자.

우선 제작팀은 '차이나 파워'에 초점을 맞춘다. '중국의 힘은 어디에서 비롯되는가?' 이는 부제이기도 하고 프롤로그의 표제이기도 하다. 7편의

---

7) KBS<슈퍼차이나>제작팀, 2015: 371.

다큐멘터리 편명들로 미뤄보면 이것은 단연 경제다. 중국이 경제적으로 부유하게 되어 파워가 생겼다는 것이다. 각 편명들을 살펴보면, 1편 세계 최고의 소비력, 13억 인구의 힘, 2편 짝퉁을 넘어 세계 1위로, 중국 기업의 힘, 3편 지구촌을 집어삼킨다, 차이나 머니 파워, 4편 막강한 군사력으로 패권을 노린다, 팍스 시니카, 5편 땅이 지닌 잠재력, 대륙의 힘, 6편 문화 강국을 향한 전략, 소프트파워, 7편 중국식의 강력한 지도력, 공산당 리더 십으로 구성되어 있다. "인구, 기업, 경제, 군사, 땅, 공산당이라는 다양한 프레임으로 분석"(9)한다고 했지만, 실제로는 경제라는 틀을 거대 인구에 기반을 둔 소비력과 기업 성장, 차이나 머니, 자원 등 다른 측면으로 관찰 하고 있고, 거기에 경제력에 기반을 둔 군사력과 중국의 최종 심급으로서 의 공산당을 덧붙이고 있다. 결국 가난한 '짱꼴라'에서 부유한 '유커(遊客)' 로의 변화에 초점을 맞추고 있는 것이다.

한국인의 중국 인식이라는 각도에서 보면, <슈퍼차이나>의 가장 큰 강점은 21세기 주류 매체랄 수 있는 TV라는 매체를 통해 방영한 것이다. 그것도 EBS가 아니라 KBS에서 제작 방영했고 다큐멘터리임에도 불구하 고 시청률 10%를 웃돌았다는 사실은 중국을 비중 있게 다루어서 그만큼 시청자들에게 어필했다는 말이다.

그 다음으로는 한국인들이 관심을 가지고 있는 경제를 집중적으로 다 룬 점을 들 수 있다. '부자 되세요' 광고 카피 이후 온 국민이 부동산 투기와 주식 투자에 열을 올리고 '잘 먹고 잘 살자'의 21세기 버전인 '먹방', '쿡방' 의 유행에 휩쓸리고 있는 한국인들에게 세계의 공장에서 세계의 시장으로 변한 중국에 대한 새로운 인식은 돈벌이의 가능성을 열어주는 눈이 번쩍 뜨이는 신세계였다. 개혁개방 이전 한국에 몰려온 약장수 조선족으로부터 비롯된 3D업종에 종사하는 수많은 중국인들, 그리고 유학생들로 이루어진 현실 속의 중국인들에 대한 한국인들의 인식은 그다지 호의적이지 않았던 것이 사실이다. 이처럼 호감의 대상이 아니었던 중국인들이 한국인들에게 관심의 대상으로 변모한 것은 바로 그들의 구매력 덕분이었다.

무엇보다 <슈퍼차이나>의 설득력을 뒷받침해준 것은 통계 수치 등 '팩트'에 근거한 정보 제공이었다. 첫 편 시작하면서 '알리바바' 사용자 수부터 시작해서 13억 5,000만 명의 인구, 연간 4억만 대의 모바일 판매량, 6,000만 개가 넘는 기업, 인구 1,000만 명이 넘는 도시 13곳 등의 수치(18-19)는 한국인들이 중국의 '규모'를 인식하는 데 구체적인 틀을 제공해주고 있다. 그리고 이런 수치는 자연스레 "세계에서 가장 큰 소비시장이된 중국은 우리 기업도 도전해볼 만한 매력적인 시장"(21)이라는 진단의근거로 작동하고 있다. 특히 2014년 11월 11일 알리바바의 싱글데이 할인이벤트 매출액이 10조원을 상회한 것을 "중국의 소비력이 미국을 넘어선것"(23)으로 해석하면서 중국을 경제대국으로 이미지 메이킹하고 있다. 특히 2010년 '세계 경제규모 2위'에 올랐고 연 소득 3만 달러 이상의 중산층인구가 3억 명을 돌파했고 10억원 이상의 현금을 가진 자산가도 240만명, 2020년에는 중산층의 규모가 7억 명에 달할 것이라는 예측(26), 그리고중국 관광객들이 "2014년 한 해 동안 한국에서 쓴 돈만 14조 2,000억 원가까이 된다"(53)는 통계 등은 한국인의 돈 벌기 마인드를 자극하기에 충분할 '팩트들'인 셈이다.

<슈퍼차이나>가 한국인의 중국 인식을 업그레이드시켰다고 평가할때 가장 중요한 부분은 중국 사회 작동의 최종심급에 자리한 중국 공산당을 시리즈의 마지막 편에 편성한 것이다. 한중수교 전후 일반 대학 교수들이 가장 이해할 수 없는 직책이 교무(校務)위원회 주임이었다. 한국 교수들눈에는 '옥상옥'처럼 보인 그 직책은 바로 중국 공산당의 해당 대학 지부의

총서기였던 것이다. 사실 '당이 모든 것을 지도한다'라는 기제를 이해하는 것은 일반 한국인의 상식을 벗어난 일이었기에 그만큼 시간이 많이 걸렸고, 지금도 이 부분에 대해 갸우뚱하고 있을 한국인이 많은 상황에서, "모든 힘을 응집해 구체적인 결과물을 만들어나가는 중심에는 '중국 공산당'이 있다"(315)라는 진단은 확실히 한국인의 중국 이해를 한 단계 높이는 효과를 가져왔다. 그리고 "일반 간부에서 중앙 간부가 될 확률은 1만 4,000분의 1이며 최소 23년이 걸린다"(323)라는 지적은 일반 한국인의 상상을 초월한다. "시진핑은 1974년 공산당에 입당"한 이후 "40년이 지난 2013년에 국가주석에 오르기까지 그가 거친 직책만 16개이며 통치한 지역 인구수는 1억 5,000만 명에 이른다." 그는 "지난한 시간 동안 풍부한 경험을 쌓은 인물"(324)인 것이다. 다른 국가에서 이를 비민주적이라고 비판할 수는 있지만, 그들이 '민주적'이라고 하는 시스템을 통해 선출한 지도자들의 무능과 부패를 떠올리면, 그 비판의 목소리가 타당한지, 다시 말해 이른바 '민주적' 시스템이 타당한지에 대한 성찰이 요구된다. 마오쩌둥 시절의 중국 공산당은 노동자, 농민, 병사의 정당이었지만, 지금은 자본가, 기업가, 자영업자도 입당할 수 있다.

2) <슈퍼차이나> 중국 인식의 문제점

인문학/문화연구의 관점에서 볼 때, <슈퍼차이나>의 중국에 대한 관심은 현재 한국의 중국연구 분야에서 진행되고 있는 상황과 조응하고 있다. "경제건설 노선의 확립과 정치 제도화는 이미 개혁개방의 오랜 시간을 거치며 안정화해 온 데 비해, 사회 분야의 변화는 걸맞는 변화가 없던 것이 이제 그 시간 격차의 문제로 나타났다고 평가할 수"(백승욱·장영석·조문영·김판수, 2015: 3) 있다. 바꿔 말하면, 개혁개방 이후 경제 분야가 변함에 따라 정치 분야는 '급속히' 변했고 그 변화가 장기화됨에 따라 나름 안정된 반면, 사회 분야는 '서서히' 변화함으로써 이제야 '문제화'되고 있다고 해석할 수 있겠다. 그렇다면 더욱 상층에 위치하기에 '더욱 서서히' 변화하는 문화/이데올로기 분야는 그러기에 보다 심층적인 분석이 필요하다. 그러나 <슈퍼차이나>에는 이것이 부재한다. 즉 사회와 문화에 대한 심층 분석이 결여되어 있다.

재미있는 현상은, 돈 벌기 대상인 중국을 한껏 부풀리다가 군사 강국 편에서는 미국의 시각으로 보이는 표현들이 여지없이 드러난다. "중국은 자주 분쟁을 만들며 주변 국가를 당황하게 하고 있다. 분쟁 수역에서 고기를 잡다 중국군이나 해경에 붙잡힌 베트남 어민은 물건이나 잡아놓은 물고기를 빼앗기기도 하고 폭행을 당하기도 한다."(183) 중국을 분쟁 조장 당사자로 설정하고 주변국 어민들에게 폭력을 행사하는 국가로 설정하고 있다. 사실 중국 어민의 불법 조업에 대해 한국이 취하는 태도도 중국과 다르지 않음에도 불구하고 말이다. 자기 성찰이 부재한 타자 인식은 표층 지적에 그칠 뿐 제대로 된 해결책을 찾기 어렵다.

다음으로 불철저한 다원주의 관점을 지적할 수 있다. '미디어 제국을 꿈꾸는 중국의 야심'을 언급하면서 "서구는 중국의 중화사상을 비판적인 시각으로 재단하지만 사실 그들이 가지고 있는 우월의식은 중화사상 못지않다. 그들에게 비서구는 개화의 대상이다."(279)라고 진단할 때는 균형 잡힌 시선을 느낄 수 있다. 그런가하면 '세계로 파고드는 중국 문화의 확산 전략'을 언급할 때는 "중국 정부의 공격적인 전략이 마찰과 견제를 불러일으킨 결과"(269), "중국 공산당의 개입에 우려"(270), "점차 강해지는 중국에 대한 두려움이나 반목" 등의 용어를 사용함으로써 서구적인 시각을 그대로 작동시키기도 한다. 물론 중국의 문화국족주의는 여러 논자들에 의해 일찌감치 지적되고 있는 현상이기는 하다.

마지막으로 지적할 것은 <슈퍼차이나>에는 중국의 출로에 대한 전망이 부재하고, 대안도 제시되어 있지 않다는 점이다. 그저 현상 분석에 그치고 있을 뿐이다. '슈퍼차이나'가 한국인들의 돈벌이에 중요한 이웃으로 부상했다는 메시지를 여러 가지 측면에서 전달하고 있을 뿐 중국이 어디로 갈지, 그리고 중국의 출로가 한반도에 미칠 영향 등에 대해서는 관심이 없어 보인다. 물론 중공 오랑캐의 이미지로부터 '슈퍼차이나'의 중심에 위치한 중국 공산당을 읽어내 일반 한국 시청자들에게 전달한 것은 큰 성과지만 출로와 대안에 대한 전망은 부재하다. <슈퍼차이나> PD 중 한 명인 김영철은 "중국은 동북아를 넘어 세계의 패권국으로 가기 위한 길을 걷게 될 것"(김영철, 2015: 13)이라 표명한 적이 있는데, 이런 언급은 기존의 헤게모니 관점을 되뇌었을 뿐 참신한 전망이라 명명하기는 어렵다.

또 다른 PD 박진범은 <슈퍼차이나>의 성공요인으로 "6개항의 프레임, 공정객관성, 다양한 시각, 제작비 조달의 순수성, 영상미, 영상의 힘"을 꼽고, 특히 "이전 서방의 작품과 결이 다른 작품을 외국의 주류매체가 제작"(박진범, 2015: 10)했다는 점을 꼽았는데, 이는 자화자찬의 성격이 다분한 자평이다. 후 3항은 차치하더라도 앞의 세 가지는 제작 의도와는 거리가 있어 보인다.

그러나 한 가지 부언할 것은, <슈퍼차이나>의 중국 인식은 『정글만리』보다 한 걸음 진전한 것으로 평가할 수 있다는 점이다. 나는 이 진전을 한국의 중국학 연구자의 공로로 돌리고 싶다. 바로 <슈퍼차이나>에 등장하는 여러 인터뷰이(interviewee)들이 그들이다. 이들 덕분에 <슈퍼차이나>의 중국 인식은 『정글만리』보다 한 걸음 전진할 수 있지 않았을까?

4_ 중국 인식의 다른 경로

이상에서 『정글만리』와 <슈퍼차이나>를 화두로 삼아 중국 인식의
내용과 문제점을 짚어보았다. 두 텍스트는 우리에게 중국 인식의 출발점을
제공한 점에서 의미가 있지만 그것만으로는 사실 불충분하다. 이들의 중국
인식은 중국이라는 인식 대상에 충실하기보다는, 인식 주체인 한국인의
입맛에 맞춰 재구성되었기 때문이다. 중국에 대한 '10년 공부'가 '도로 나
무아미타불'이 되지 않기 위해서는 적절한 '안내자'와 '문화조정자'를 따라
중국이라는 두터운 텍스트에 접근할 수 있어야 한다. 대국으로 부상하고
있는 중국을 제대로 인식하는 과제는 이제 한국인들에게 선택이 아닌 필수
가 되었다. 그 경로는 다양하다. 문학 텍스트, 영화와 TV드라마 그리고
독립 다큐멘터리 등의 영상 자료, 비판적 사상과 비판적 문화연구 등도
유효한 경로일 수 있다. 여기에서는 문학 텍스트와 영상 텍스트를 유효한
경로로 제시해 보고자 한다.

1) 문학 텍스트를 통한 중국 사회의 심층 인식

포스트사회주의 중국에 대한 인식을 심화 확대시키는 여러 가지 경로
가운데 최근 중국 소설에 대한 진지한 접근은 매우 효과적인 경로일 터이
다. 서두에서 거론한 여러 작가들은 개혁개방 이후 급변하는 중국을 이해
하는 데 더 할 나위 없는 안내자 역할을 하고 있다. 그런데 안내를 제대로
받기 위해서는 안내자의 스타일을 잘 파악하는 것이 중요하다. 최근 중국
작가들은 한국 작가들과도 다르고 기타 외국 작가들과도 다른 독특한 스타
일과 '감정구조(structure of feeling)'를 보여주고 있다. 모두 알다시피, '감정
구조'는 집단적 무의식과 표면화된 이데올로기의 중간에 형성된 특정한

집단과 계급 사회가 공유하는 가치들을 지칭하는 개념으로, 한 세대의 문화(the culture of a period)는 그 시기를 살아가는 구성원들의 집단적인 경험과 가치 및 정서들의 총합체인 특수한 '감정구조'에 근거한다.(Williams, 1961: 48-49) 그러므로 중국 작가들의 스타일과 감정구조를 이해하기 위해서는 일정한 시간과 노력을 투여해 공부할 필요가 있다. 이 과정에 최근 중국 소설을 한국 독자와 접맥시켜 줄 또 다른 차원의 '문화조정자(cultural moderator)'가 필요하다. 다시 말해, 중국 작가의 감정구조와 한국 독자의 취향을 연결시켜 줄 문화조정자가 필요하다는 것이다.

예를 들어 최근 출간된 『풍아송』8)을 보자. 『풍아송』은 제목부터 상징적이다. 중국 문학의 기원에 해당하는 『시경』은 원래 3천 수가 넘는 시가(詩歌) 가운데 공자가 305편을 추려 뽑은 선집이다. 풍(風)은 각 제후국의 민간에서 불리던 민가이고 아(雅)는 조정의 음악이며 송(頌)은 선조들의 덕을 기리는 음악으로, 『시경』의 하위 장르다. 안내자-작가 옌롄커(閻連科)9)에 따르면, 주인공 양커는 직장과 고향에서 도망친 끝에 우연히 『시경』

---

8) 이하 『풍아송』과 관련된 글은 필자가 쓴 「비루한 잉여인간, <정글만리>를 넘어서다—옌롄커의 <풍아송>」(프레시안 books http://www.pressian.com/news/article.html?no=116652)을 토대로 수정, 재구성했다.

9) 옌롄커는 최근 10년 중국소설계에서 가장 중요한 작가의 한 사람으로 중국 내외의 주목을 받아왔다. 한국에서도 『인민을 위해 복무하라』(2005/2008)가 처음 소개된 후, 『딩씨 마을의 꿈』(2006/2010), 『사서』(2010/2012), 『여름 해가 지다』(1992/2012), 『물처럼 단단하게』(2001/2013)에 이어 『풍아송』이 6번째로 번역 출간되었다. 2008년 중국에서 『풍아송』이 출간된 지 몇 년 되지 않아 100편에 가까운 평론과 논문이 나온 사실은 『풍아송』을 괄목상대하게 만든다. 옌롄커를 따라다니는 수식어는 다양하다. 번역본 말미의 「옌롄커 연보」에 따르면, '서사에 자아를 개입'했다는 평가부터 '영웅주의와 이상주의 서사에 대한 반기', '영혼에 대한 탐색', '농민의 아들', '부조리 서사', '노골적(hard-core) 리얼리즘', '서사를 지속시키는 원동력은 고통과 자학', '고통의 용기 있는 수용', '근원 탐색', '민족의 정신사이자 영혼의 종교사, 생명의 속죄사', '부조리 현실주의', '중국에서 가장 쟁의가 많은 작가', '글쓰기의 반도(叛徒)', '신실(信實)주의', '신성 모독', '불량한 창작 경향' 등 각양각색의 평가가 즐비하다. 그리고 루쉰문학상, 라오서문학상, 백화상, 상하이 우수소설상 등 수많은 문학상을 수상하고 세계 각국의 유명대학에 강연과 문학포럼도 수없이 다녔다. 위의 수식어들을 찬찬히 훑어보면 그가 단순하게 문자를 희롱하는 작가가 아님을

고성(古城)을 발견했는데 그곳에는 공자가 잘라낸 시가들이 널려 있었다. 작가의 의도는, 체제화되고 권력화된 텍스트 외에 민간에 흩어진 텍스트의 중요성을 알리는 것이다. 그렇다면 『풍아송』은 공자의 『시경』 편찬 이전의 상태를 지칭한다. 옌롄커는 이 소설을 자신의 '정신적 자전'이라 일컫는다. 주인공에게 자신의 이름자 하나를 주어 양'커'(楊科)라 명명한 것도 그런 맥락이다. 원제를 '귀향'이라 한 것은 바로 시골 출신의 지식인이 기를 쓰고 베이징의 유명대학 교수가 되어 적응하는 과정에서 '수치와 억압 속에서 자아존재의 자리를 찾아가는' 이야기를 썼다는 의미다. 그러나 그 과정은 순탄치 않다. 그가 베이징에서 겪었던 것과 고향에 돌아와 겪은 일들은 그 구조에서 일맥상통한다.

서사를 주도하는 주인공 양커는 농촌에서 왔고 베이징대학으로 보이는 칭옌(淸燕)대학의 교수가 되었다. 그는 최고학부의 교수가 되었음에도 불구하고, 자기비하와 자기연민이 가득하면서 자만과 허영의 습성을 가지고 있다. 그는 또한 몽상과 광상에 빠져있지만 그것을 실천하는 용기는 결여되었다. 그의 의식은 애매하고 항상 피동적이다. 몇 차례 상황을 주도하려 발버둥 쳐보지만 번번이 무시당하고 좌절당한다. 소설은 칭옌대학에서 시작하는데 주인공 양커는 『시경』 전문가로, 막 『시경』에 관한 전문저서의 원고를 마치고 집에 돌아간 날 부인과 부총장의 간통 장면을 목격한다. 그러나 양커는 화도 내지 않고 두 사람 앞에 무릎 꿇고는 "제발 다음부터 그러지 마라"고 부탁한다. 이런 양커의 태도는 독자를 당황하게 만든다.

알 수 있다. 그는 이전 수준의 외침과 탄식으로는 현재 중국의 괴이한 현상에 대응할 수 없다고 인식하고 있다. 그러므로 그는 '포르노적인 상상력'을 발휘해 황당함으로 현실의 황당함을 묘사하고, 현실 체제에서 불청객인 욕망과 악성(惡性)을 두드러지게 묘사했다. 신체의 왜곡과 변형 그리고 색정화는 그의 상용 수법이다. 그리고 눈물이 아니라 웃음이 그가 호소하는 독서효과다. 그러나 그 웃음은 때론 과도해 엽기적이기도 하다.

사실 양커가 간청할 수밖에 없었던 것은 정부(情夫)가 자신이 상대할 수 없는 권력자이기 때문이었다. 그는 나름 작은 꾀를 내어 자신의 이익을 취하려 하지만, 결국 학교에서 쫓겨나 정신병원에 입원하고 다시 그곳에서 도망쳐 고향으로 돌아간다. 그러나 사람의 마음은 그렇게 수습되지 않는다. 결국 양커는 고향에서 옛 애인 링전의 딸 샤오민의 신랑을 목 졸라 살해(?)한다. 신랑이 부인의 정부와 같은 리(李)씨라는 이유만으로 그동안 참아왔던 울분을 그에게 배설하는 것이다. 양커가 링전에게 배설하지 못한 욕망은 샤오민을 향하게 되고 그 욕망을 가로막는 샤오민의 신랑은 부인 루핑과 사통한 리광즈와 오버랩 되는 것이다. 요즘 인지과학(cognitive science)에서 말하는 마음은 독립적으로 작동하는 것이 아니라 '체화된 마음(embodied mind)'이다. 행동으로 나타나지 않은 마음도 일정한 조건이 충족되면 다시 표현되곤 한다. 양커의 욕망은 그의 비루한 잉여적 성격으로 인해 잠복해 있다가 엽기적으로 배설되곤 한다는 측면에서 포스트모던 시대 소시민의 속성을 보여주고 있다.

옌롄커는 최근 중국을 이해할 수 있는 훌륭한 안내자다. 그는 한국 독자들에게, 21세기 중국은 공산독재와 짝퉁천국으로 얼룩져 있는 '짱꼴라'의 나라에 그치는 것이 아님을 이야기하고 있다. 갖가지 인간들이 각자의 수준에서 온갖 일을 벌이며 왁자지껄하게 살고 있다는 것이다. 그 다양한 모습은 우리와 겹치기도 하고 다르기도 하다. 우리의 중국 학습은 또 적절한 '문화조정자'의 매개를 거쳐 새로운 '안내자-작가'를 찾아나서야 한다.

2) 영상자료를 통한 지배이데올로기 비판과 '하층 타자' 분석

21세기가 영상 시대라는 사실은 누구도 부인하기 어렵다. 영상 텍스트는 단순하게 시각적 매체의 수준을 뛰어넘어, 디지털 테크놀로지와 결합해

새로운 미학적 패러다임을 만들어 내고 있다. 포스트사회주의 중국의 경우에도 1980년대가 문학의 시대였다면, 1990년대는 영화의 시대였고 21세기는 TV드라마의 시대라 할 수 있다. 영상자료의 대표인 영화에 관해서는 많은 언급이 있었기에 건너뛰고, 이 부분에서는 21세기 중국의 지배이데올로기의 작동방식을 고찰할 수 있는 TV드라마와 하층 타자를 집중 조명하고 있는 독립 다큐멘터리에 주목할 필요가 있다.

TV드라마(이하 드라마) 연구는 '상하이대학 중국당대문화연구센터'의 1단계 연구과제의 주요 항목 가운데 하나였다. 개별적으로 연구하면서 수시로 토론하는 가운데 2010년 3월 9일과 16일에 진행한 두 차례의 좌담회는 드라마 연구의 의미를 발굴했다는 점에서 의미가 크다. 상하이 문화연구 그룹의 대부분 성원이 참석해 '중국 드라마의 중국적 숨결'과 '중국 드라마의 시대의 아픔'이라는 주제로 좌담회를 진행했다. 앞부분에서는 최근 몇 년 '사회적 효과와 경제적 이익'이라는 이중의 수확을 이루어낸 중국 TV드라마가 보여주는 중국적 풍경에 대해 토론했고, 뒷부분에서는 중국 드라마에 담겨져 있는 사회의 고통에 초점을 맞추었다.[10] 이런 준비과정을 거쳐 2012년 7월 '드라마와 당대 문화'라는 주제로 개최한 학술대회는 주목을 요한다. 학술대회의 취지는 다음과 같다. 당대 사회의 큰 특징은 '통속'과 '오락화'의 문화형식이 나날이 '우아'하고 '경전적'인 문화형식을 대체해 지배적 문화 내지 총체적인 사회구조 재생산의 관건적인 고리가 되었다는 점이다. 오늘날 중국에서 드라마는 이미 사회 영향력이 가장 큰 문예형식이 되었다. 그 제작과 시청, 평론 및 각종 후속 반응(각종 파생 산물의 제작과 판매)은 사회와 인심을 표상하고 문화지향에 영향을 주는 중요한 활동이 되었다. 드라마

---

10) 두 차례의 좌담회 기록은 孫曉忠編(2011)에 수록되어 있고, 최근 「21세기 중국의 TV드라마(좌담)」(김서은 옮김)이라는 표제로 번역되어 임춘성 엮음(2014)에 수록되었다.

는 문화 활동으로 그치지 않고 경제활동이자 정치활동이 되었다.11) 이들은 이런 취지 아래 드라마 제작자 및 작가, 드라마 평론가 및 연구자, 문화연구 및 문학 등 연구자 등을 초청해 가능한 다방면에서 심층적으로 오늘날 '드라마 붐'의 전후맥락과 사회적 영향을 분석하고자 했다.

전문가도 아니고 평상시 드라마를 자주 보지도 않는다던 왕샤오밍이 드라마 관련 학술대회를 개최한 이유는 자명하다. 한편으로는 드라마의 각도에서 사회를 이해하려 하고, 다른 한편으로는 드라마를 통해 양성(良性)문화의 생기를 탐구하고자 하기 때문이다. 그의 말을 들어보자.

> 오늘날 중국의 정치, 경제, 사회 구조와 이들 구조의 재생산 과정은 모두 1990년대 이전과 완전히 달라졌다. 문화 각도에서 보면 오늘 중국의 지배적 문화와 그 생산기제, 그것과 사회적으로 배합되지 않고 그것에 복종하지 않는 문화 역량의 충돌 방식 또한 20-30년 전과 완전히 다르다. 엉망인 것은 우리가 매일 이 거대하고 대개는 격렬한 변화에 말려들어가 점점 심각하게 그것들에 의해 개조됨에도 불구하고 우리는 이들 변화를 진정으로 이해하지 못하고 그것들의 성인이 어떠한지, 그것들이 우리를 어디로 데려가는지 알지 못한다는 점이다. 이런 엉망을 의식해 초조함이 날로 심해지는 때 국산 TV드라마가 크게 유행해 자본 동향과 시장 규모, 정부의 대응, 사회심리, 업계 체제, 매체의 작동 등 각 방면의 신속한 변동을 유발해 거대한 덩어리의 스크린을 합성해 오늘 중국의 지배적 문화 및 그 생산 기제의 복잡한 작동을 명료하게 드러내고 있으니, 나는 당연히 목을 빼고 뚫어지게 볼 것이다.12)

---

11) 「宗旨」, 『第八屆中國文化論壇: 電視劇與當代文化暨國産革命歷史題材電視劇靑年論壇』(資料集), 2012. 7.14-16. 이 학술토론회는 중국문화논단(이사장 董秀玉)의 위탁을 받아 상하이대학 중국당대문화 연구센터와 화둥사범대학 대외한어학원이 주관했다.
12) 王曉明, 「爲什麽是電視劇」; 王曉明, 2013: 395-96.

드라마는 당대 지배이데올로기를 비판적으로 분석해 그 가운데에서 양성문화의 생기를 찾아 그것을 토대로 새로운 문화를 만들려는 왕샤오밍의 목적에 딱 들어맞는 연구 대상이다. 그 속에는 위의 인용문에서 이미 지적했듯 자본의 동향, 시장의 규모, 정부의 대응, 사회심리, 업계 체제, 매체의 작동 등이 한데 어우러져 있기 때문에 지배문화와 그 생산 기제를 명료하게 살펴볼 수 있는 것이다. 그리고 1989년의 톈안먼 학생운동과 2008년의 대지진 자원봉사활동처럼, 잠류하던 '땅속의 불'이 적당한 조건에서 폭발할 것으로 기대한다. 왕샤오밍이 보기에 <달팽이집>, <잠복>, <우리 부대장, 우리 부대>의 높은 시청률은 그런 표현의 하나다. 그는 <격정 불타는 세월> 등에 출현한 혁명군과 군센 노동자들이 매일 저녁 많은 시청자들의 주목 대상이 되고, <우리 부대장, 우리 부대>에 등장하는 남루한 차림의 쓰촨(四川) '총알받이'들이 지속적으로 수많은 시청자들의 관심을 끌어들이는 현상에 주목하는 것이다. 드라마 연구는 이후 성과를 기대해 봄직한 분야다.

TV드라마가 당대 지배이데올로기의 작동 기제를 고찰할 수 있는 영상 자료라면, 독립 다큐멘터리는 그와 쌍극을 이루면서 중국 사회의 속살을 살펴볼 수 있는 매체다. 뤼신위(呂新雨)는 1990년대 중국에서 진행된 신다큐멘터리 운동을 관찰하면서 그 발전을 이론적으로 개괄한 바 있다. 그녀의 관찰과 인터뷰에 따르면, 중국 다큐멘터리는 1995년에 처음 제작되었지만 다큐멘터리 운동이 1980년대의 정신과 혈연관계에 있다고 판단하고 그 발전방향은 우원광(吳文光)의 <유랑 베이징(流浪北京)>에서 기초를 다졌다(呂新雨, 2003: 5)고 본다. 이에 대해서는 9장에서 언급했으므로 여기에 다시 반복하지 않는다.

최근 '하층'을 활발하게 '행주(行走)'하면서 촬영하고, 평자들의 담론화

대상이 되고 있는 '하층' 독립 다큐멘터리는 우리에게 중국 다큐멘터리의 새로운 국면을 보여주고 있다. 뤼신위에 따르면 이들 "다큐멘터리의 핵심은 윤리 문제"로 "촬영자와 피촬영자의 관계는 모든 다큐멘터리의 구조로 이 관계가 사라지면 다큐멘터리가 사라진다. 그것은 다큐멘터리의 원죄이며 원죄는 운명의 체현이자 신의 뜻"(뤼신위, 2014: 277)이라고 한다. 뤼신위는 '중국 독립 다큐멘터리 감독들의 가장 중요한 촬영 방식'이 "오랜 시간에 걸쳐 하층에서 '함께 걷고(行走)' 몸을 매개로 촬영카메라와 하나가 되어, 카메라가 체온의 형식으로 주체의 느낌을 표현하고 직접 느끼며 몸소 실천하는 것"(뤼신위: 279)이라 정의한다. 그러므로 이들에게 다큐멘터리는 '행동'이고 '동사'다. 지단(季丹), 사칭(沙靑), 펑옌(馮艶), 허위안(和淵), 쉬퉁(徐童) 등의 감독들이 대표적인데, 이들 감독들은 공동 이상을 추구하며 하층에 대해 존엄의 정치를 서술하고 있으며 하층 타자를 존엄 집단으로 간주하고 있다.(280-81) 이들은 마치 러시아 나로드니키의 '성스러운 바보'처럼 '고난의 신성화를 추구'(282)한다. 이들은 대체로 일본의 오가와 신스케(小川紳介)로부터 영향을 받은 것으로 보인다. '난징 선언'[13]은 이들의 혁명성을 극명하게 보여주고 있다. 이들 '급진적 독립 다큐멘터리 감독'은 '동물'과 '샤먼'을 구호로 삼아 "자신의 신체와 카메라를 일치함으로써 카메라가 감독의 육체와 직각(直覺)의 확장 혹은 상징이 되게 한다. 그것은 '본능'에 대한 충실, '본능'의 진실성과 생동을 강조하며 육체의 거절과 반항으로 주체의 존재감을 획득한다. 이러한 급진적 태도 속에서 '동사'로서

---

13) http://site.douban.com/117186/widget/notes/5494326/note/181581347/
제8회 CIFF(중국독립영화제)에서 지단, 충평, 양청 등 독립영화감독들이 "샤먼·동물"이라는 제목을 내걸고 선언하고 서명했던 것으로 이를 '난징 선언'이라 부른다. 선언의 내용은 학자와 평론가들이 독립 영상에 대해 엘리트적인 태도와 이론으로 담론을 전개하고 있음을 비판하면서 창작자와 작품의 복잡성과 풍부함을 존중해 줄 것을 요구하는 것이다(뤼신위: 288, 각주16 참조).

의 다큐는 '섹스'이며, 다큐는 일종의 성애 방식이 되고 카메라는 페니스가 된다. 육신은 하층민이며 페니스인 카메라는 하층민을 육신으로 삼아 홍분하고 배설하며 침범하고 혹은 윤리도덕을 위반한다. 즉 반항, 반격 혹은 정복한다."(288-89)

이 가운데서도 여성 감독의 '여성 하층 다큐멘터리'는 여러 가지 면에서 새로움을 보여주고 있다. 특히 주목할 것은 카메라의 시선 권력을 배제하려는 감독들의 노력이다. 그들은 자신을 '하층 타자'로 설정/이동하고 피촬영자와 라뽀(rapport)를 형성한 후 촬영을 시작한다는 공통점을 가지고 있다.

먼저 펑옌(馮艷) 감독의 <빙아이(秉愛)>를 보자. <빙아이>는 감독과 주인공의 10년 사귐을 토대로 만든 작품이다. 내가 이 다큐멘터리를 보며 주목했던 지점은 주인공이 농민이라는 점과 '존엄'이라는 키워드다. 살던 집이 저수지가 되어 온갖 노력을 하다 결국은 집을 해체해 위쪽에 다시 조립했던 완고한 외조부에 대한 기억을 가지고 있는 나에게, "이주를 거부하며 자신의 터전을 지켜나가는 장빙아이", 그녀의 "모습을 10년에 걸쳐 카메라에 담아내고 있"는 펑옌, 그리고 빙아이와의 관계 속에서 "자신의 가치관이 빙아이로 인해 조금씩 변해가고 있는 것을 느꼈다"(馮艷, 2014)는 감독의 고백은 진정한 다큐멘터리가 무엇인지를 깨닫게 해주었다. 이는 감독 스스로 '하층 타자'에 속해 있다고 느끼면서 "위에서 내려다보는 듯한 시선"을 절대적으로 배격함으로써, "하층 타자의 능력을 목격"할 수 있게 되었고 그것을 카메라에 담을 수 있었던 것으로 보인다. 작품 속에서 존경/존엄이라는 용어는 특히 주목을 요한다. 작가의 발제문에서도 말한 바와 같이, 장빙아이는 도시 생활을 동경하지 않았고 부당한 수단으로 돈을 번 도시인들을 경멸했다. 그녀는 스스로 당당함을 유지하고 자녀들에게 존경을 받고자 했다.

지단(季丹) 감독의 <위험한 둥지(危巢)>는 덩샤오핑의 '선부론(先富論)'을 연상시킨다. 그러나 그 과정은 애처롭고 지난하다. 주인공 샤(夏), 링, 강의 이모(阿姨)가 되어 이들 3남매의 교육과 관련된 문제를 카메라에 담는 감독은 때론 피촬영자의 생활에 개입하기도 한다. 감독의 발제문(季丹, 2014)에서 '자는 척하는 사람'이란 표현이 나온다. 근현대 중국의 키워드 가운데 하나가 바로 '마비(痲痺)/아편'으로, 루쉰은 '철방에서 자고 있는 사람들'을 깨우기 위해 큰 소리로 외쳤고(『吶喊』), 수많은 지식인들의 계몽(啓蒙, enlightenment) 언설이 난무했었다. 그리고 이제 좌절과 굴욕의 세기를 극복하고 '글로벌 차이나의 굴기'라는 차이나 드림의 시대에, 감독은 여전히 잠자고 있는, 아니 '자는 척하는 사람'들을 발견하고 놀란다. 루쉰의 시대에 '자고 있는 사람들'을 아무리 깨우려 해도 깨우지 못해 루쉰들은 '방황'했다. 그런데 선지선각자들의 피와 땀 덕분에 잠에서 깨어났음에도 불구하고 사람들은 자는 척하고 있다. 자는 척하는 사람을 깨우는 것은 자는 사람을 깨우는 것보다 어렵다는 사실을 감독은 잘 알고 있다. 감독 자신은 자는 척할 수 없기에 부득불 '지렁이의 노선'을 취한다. 깨어 있는 사람을 위해 그리고 언젠가 위장의 가면을 벗어던질 사람을 위해 '하나의 살아 있는 세포'를 만들고자 한다. 무엇보다도 자신을 위해!

우리는 이들 하층을 행주(行走)하는 감독들의 다큐멘터리를 통해 중국 '하층 타자(subaltern)'의 현실을 인지할 수 있다. 이들은 자신을 현장에 투입해 피촬영자와 라뽀 관계를 형성하고 그들이 자발적으로 촬영에 임하도록 안배하면서 그들의 삶을 카메라에 담고 있다. 참여관찰과 비공식적 (심층) 인터뷰(informal [in-depth] interviews)를 하는 민족지학자와 마찬가지로 감독들은 자신이 보고 겪은 일들을 카메라에 담고 있다. 그 과정을 통해 촬영자와 피촬영자는 상호침투하면서 소통하고 점차 변화하는 모습을 보여주고 있다. 마오쩌둥이 꿈꿨던, 그래서 강제로 시행해 수많은 시행착오를 낳았던 지식인의 하방(下放)은 우연찮게 이들에 의해 구현되고 있는 것이다.

돌이켜 볼 때, 사회주의 신중국은 계몽적 지식인에게 하방이라는 형태로 참회를 강요했지만, 그 방식은 계몽적 지식인이 대중에게 행했던 것과 다를 바 없었고 게다가 국가권력의 개입은 일시적 효과를 보장할 뿐 장기적으로 스며들기에는 역부족이었다. 그러므로 개혁개방 이후 "지식인들은 마침내 '빈농과 하층, 중농의 재교육을 받아들여야 한다'는 하방 담론에서 해방되었으며 지식인들은 농민형상의 약점을 통해 새로이 자신을 긍정하게 되었다." 타의적 참회를 강요하는 하방 담론에서 해방된 논리는 바로 그것이 강요했던 '노동자 농민에게 학습'할 것이 없다는 것이었다. 포스트 사회주의 중국에서 노동자와 농민, 그리고 그 기괴한 결합인 '농민공'은 "대중문화의 타자가 되어 지속적으로 소비되고 있다."(쉐이, 2011: 206, 207) 이 지점에서 신민주주의 혁명과 사회주의 30년은 무효화되고 '이럴 거면 혁명은 왜 했어?' 라는 질문에 답할 길이 없게 된다. 5·4신문학에서 농민이 계몽 대상이었다면 사회주의 혁명문학에서는 주체로 묘사되었다. 계몽주의 담론에서 농민은 우매하고 마비된 모습으로 그려져 사회적으로 극복해야 할 대상이라면 혁명문화에서의 농민은 즐겁고 개방적이며 진취적인 긍정적 형상으로 바뀌게 된다. 그러나 개혁개방 직후 급변 시기에 농민은 다시 타자화되고 있다. 이는 사회주의 시기 농민의 주체화 과정이 실패했음을 반증하는 것이다. 이는 "혁명문화 시대에는 계몽주의적 현대성 서술이 억압되었지만 신시기에는 혁명문화의 현대성 서술이 억압"(208)된 것과도 관련이 있다. 신시기에는 계몽주의와 혁명문화가 공통으로 억압했던 '욕망'이 부상했는데, 농민은 예전에 '계몽'에도 무관심했고 '혁명'에도 무감각했던 것처럼, 어떻게 '욕망'할지에 대해서도 무지하다. 그들은 언제나 '타자'였다. 때로는 지식인의 계몽 대상이 되고, 때로는 국가권력의 조종 대상이 되고, 때로는 대중문화의 조롱 대상이 되는 차이가 있을 뿐이다.

이런 맥락에서 볼 때 하층을 행주하면서 하층 타자들에게 초점을 맞추고 있는 하층 다큐멘터리 감독들의 작품은 마오쩌둥이 예상하지 못했던 차원에서 지식인의 하방을 구현하고 있는 것이다. 이들의 '하층 행주'가 어떤 규모에서 얼마나 지속될지는 짐작하기 어렵다.

5_ 안내자와 문화조정자

이 글은 『정글만리』와 <슈퍼차이나>를 화두로 삼아 그 중국 인식의 내용과 문제점을 짚어보고 인문학과 문화연구 차원에서 다른 인식 경로를 제시해 보았다. 앞에서 살펴본 대로 『정글만리』는 우리에게 중국 인식의 출발점을 제공했고, <슈퍼차이나>는 중국의 현황을 우리에게 알려준 점에서 의미가 있지만 그것만으로는 불충분하다. 두 텍스트의 중국 인식은 중국이라는 인식 대상에 충실하기보다는, 인식 주체인 한국인의 입맛에 맞춰 재구성되었기 때문이다. 조정래가 제시한 '10년 공부'가 '도로 나무아미타불'이 되지 않기 위해서는 적절한 '안내자'와 '문화조정자'를 따라 중국이라는 두터운 텍스트에 접근할 수 있어야 한다. 이 글에서는 대국으로 부상하고 있는 중국을 인식하는 경로로 문학 텍스트, TV드라마와 독립 다큐멘터리 등의 영상 자료의 경로를 제시해 보았다.

이밖에도 수많은 경로가 있을 터인데, 그 수많은 경로에서 적절한 '안내자'와 '문화조정자(cultural moderator)'의 도움을 받아야 할 것이다. '안내자'가 중국의 전문가라면, '문화조정자'는 한국의 중국(문)학 전공자가 맡아야 할 역할로, 한국과 중국 양자를 아우르려는 어설픈 몸짓보다 양자를 제대로 연결시켜 주는 역할에 충실해야 할 것이다. 이를테면 한국문학에 관심을 가진 중국학자에게 한국의 중문학자가 대응하기보다는 적합한 세부전공의 국문학자를 연결해 주는 것이 타당할 것이다.14) 마찬가지로 포스트사회주의 중국의 여러 텍스트는 일반인이 바로 수용하기 어려운 '맥락들'이 있으므로 반드시 적합한 '문화조정자'의 중개를 거쳐 한국에 소개되어야 할 것이다. 조정자 역할은 단순한 매개에서부터 양자의 결핍을 메워주는 역할까지 다양한 스펙트럼을 가지고 있다. 이런 '조정자 역할론'이 결코 자신의 연구 주제를 포기하는 것이 아님은 자명하다. 이와 더불어 중국의 한국(문)학 전공자의 저변 확대와 그들이 중국에서 역방향의 문화조정자 역할을 활발하게 진행함으로써 한중/중한 문화 소통이 궤도에 진입하기를 희망한다.

---

14) 이와 관련해 최근 한국연구재단에서 주관하는 '한중 인문학포럼'은 그것이 진정한 한중 교류인지 재고할 필요가 있다. 제2회 발표자 면면(http://www.nrf.re.kr/nrf_tot_cms/board/biz_notice/view.jsp?show_no=170&check_no=169&c_relation=biz&c_relation2=0&c_no=161&c_now_tab=1&BBS_LLF_CD=biznot&BBS_SLF_CD=161&NTS_NO=80360)(검색: 2016.8.22.)을 볼 때 중국학 전공자가 많이 포진되어 있는데, 중국학 전공자가 한국 인문학을 대변할 수 있는지에 대해서는 재고가 필요하다.

■ 참고문헌

강경락. 2003. 「아시아를 재발견한 일본 역사학자 하마시타 다케시(濱下武志)」, 이희수, 윤상인, 이동철, 임상범 엮음, 『위대한 아시아』. 서울: 황금가지

강내희. 2007. 「신자유주의와 한류—동아시아에서의 한국 대중문화의 문화횡단과 민주주의」, 『중국현대문학』 제42호, 한국 중국현대문학학회

강내희. 2012. 「1987년 체제 이후 한국에서의 신자유주의 지배와 문화지형 변동」, 상하이 대학교 문화연구학부 특강 발표문, 2012.5.9

강내희. 2013. 「세계 문화연구의 몇 가지 길」, 『유럽문화의 경계 넘기—아시아에서의 유럽문화』(자료집), 목포대학교 유럽문화연구소, 2013.6.3

강내희. 2014. 『신자유주의 금융화와 문화정치경제』. 서울: 문화과학사

강내희. 2016. 『인문학으로 사회변혁을 말하다』. 서울: 문화과학사

강보유. 2007. 「세계속의 한류: 중국에서의 한류와 한국어 교육 그리고 한국문화 전파」, 『한국언어문화학』 제4권 제1호

강수택 외. 2003. 『21세기 지식 키워드 100』. 서울: 한국출판마케팅연구소

康有爲. 2006. 『대동서』, 이성애 옮김. 서울: 을유문화사

고부응. 2009. 「한국의 대학과 미국」, 『한국의 대학과 세계』(2009년 춘계학술대회 자료집), 중앙대학교 인문과학연구소·한독문화연구소

공봉진. 2004. 「중국 '민족식별'과 소수민족의 정체성에 관한 연구」, 『국제정치연구』 7-1

공봉진. 2010. 『중국 민족의 이해와 재해석』. 파주: 한국학술정보

공종구. 2006. 「강요된 디아스포라—손창섭의 『유맹』론」, 『한국문학이론과비평』 제32집, 한국문학이론과 비평학회

국립국어연구원. 『표준국어대사전』. http://stdweb2.korean.go.kr/

기어츠, 클리퍼드 1998. 『문화의 해석』, 문옥표 옮김. 서울: 까치

김광억. 2005. 「종족(Ethnicity)의 현대적 발명과 실천」, 『종족과 민족—그 단일과 보편의

신화를 넘어서』. 서울: 아카넷

김누리. 2009. 「한국의 대학과 유럽」, 『한국의 대학과 세계』(2009년 춘계학술대회 자료
집), 중앙대학교 인문과학연구소 · 한독문화연구소

김덕호 · 원용진 엮음. 2008. 『아메리카나이제이션—해방 이후 한국에서의 미국화』. 서울:
푸른역사

김소영. 2010. 『한국영화 최고의 10경』. 서울: 현실문화

김영미. 2006. 「화교, 흩어진 자들의 노래」, 한국중국현대문학학회, 『영화로 읽는 중국』.
파주: 동녘

김영철. 2015. 「슈퍼차이나와 함께 한 1년」, 『<슈퍼차이나> 열풍으로 본 중국 사회의
이해』, 서울대학교 아시아연구소, 2015.5.27

김월회. 2001. 「20세기초 中國의 文化民族主義 硏究」, 서울대학교 대학원 박사학위논문

김윤태. 2004. 「중국 티벳 민족주의 발전의 본질—민족이익과 민족자존회복」, 『중국학연
구』 제28집

김정인. 2003. 「해방 이후 미국식 대학모델의 이식과 학문종속」, 학술단체협의회 엮음, 『우
리 학문 속의 미국—미국적 학문 패러다임 이식에 대한 비판적 성찰』, 서울: 한울

김혁. 2010.5.24. 「혜성처럼 나타난 조선족영화인—장률」, <인민넷 조문판> http://korean.
people.com.cn/75000/11676954.html# (2011.8.8. 검색)

김현미. 2005. 『글로벌 시대의 문화번역: 젠더, 인종, 계층의 경계를 넘어』. 서울: 또하나의
문화

김혜준. 2011. 「화인화문문학(華人華文文學) 연구를 위한 시론」, 『중국어문논총』 50권, 중
국어문연구회

김희교. 2003. 「한국학계의 신식민주의: 중국담론을 중심으로」, 『역사비평』 2003 가을

김희교. 2006. 「중국 애국주의의 실체: 신중화주의, 중화패권주의, 민족주의」, 『역사비평』
2006 여름

남다은. 2011.3.31. 「장률의 <두만강>, 그 '관념성'을 옹호하다」, 『시네 21』 796호

낭시, 장-뤽. 2010. 「유한하고 무한한 민주주의」, 『민주주의는 죽었는가?—새로운 논쟁을
위하여』. 서울: 도서출판 난장

다이진화. 2007. 『무중풍경—중국영화문화 1978-1998』, 이현복 · 성옥례 옮김. 부산: 산지니

다이진화. 2009a. 『거울 속에 있는 듯—다이진화가 말하는 중국 문화연구의 현주소 여성.
영화. 문학』, 김순진, 주재희, 박정원, 임대근 옮김. 서울: 그린비

다이진화. 2009b.『성별중국—중국 영화와 젠더 수사학』, 배연희 옮김. 서울: 도서출판 여이연

따이진화. 2006.『숨겨진 서사—1990년대 중국대중문화 읽기』, 차미경, 오경희, 신동순 옮김. 서울: 숙명여자대학교출판부

데리다, 자크 2004.『환대에 대하여』, 남수인 옮김. 서울: 동문선

들뢰즈, 질. 2002.『시네마 I : 운동-이미지』, 유진상 옮김. 서울: 시각과언어

들뢰즈, 질. 2005.『시네마 II : 시간-이미지』, 이정하 옮김. 서울: 시각과언어

들뢰즈, 질. 2010.『차이와 반복』, 김상환 옮김. 서울: 민음사

들뢰즈, 질·펠릭스 가타리. 2001.『카프카: 소수적인 문학을 위하여』, 이진경 옮김. 서울: 동문선

딜릭, 아리프 2000.「역사와 대립되는 문화인가?—동아시아 정체성의 정치학」,『발견으로서의 동아시아』. 서울: 문학과지성사

딜릭, 아리프 2005.『포스트모더니티의 역사들—유산과 프로젝트로서의 과거』, 황동연 옮김. 서울: 창비

라파이유, 클로테르 2007.『컬처코드』, 김상철·김정수 옮김. 서울: 리더스북

랑시에르, 자크 2010.「민주주의에 맞서는 민주주의'들'」,『민주주의는 죽었는가?—새로운 논쟁을 위하여』. 서울: 도서출판 난장

로버츠, 애덤. 2007.『트랜스 비평가 프레드릭 제임슨』, 곽상순 옮김. 서울: 앨피

로빈슨, 더글러스. 2002.『번역과 제국—포스트식민주의 이론 해설』, 정혜욱 옮김. 서울: 동문선

로쟈. 2006.「로망스 대 포르노」, <로쟈의 인문학 서재>(http://cafe.daum.net/9876)

로쟈. 2007.「테러리즘의 계보학」, <로쟈의 인문학 서재>(http://cafe.daum.net/9876)

로트만, 유리. 1998.『문화 기호학』, 유재천 옮김. 서울: 문예출판사

로트만, 유리. 2008.『기호계—문화연구와 문화기호학』, 김수환 옮김. 서울: 문학과지성사

뤄강. 2012.「상하이 노동자신촌: 사회주의와 존엄이 있는 '생활세계'—≪상하이국자≫의 샤오우의 질문에 답함」, 김민정 옮김,『문화/과학』71호

뤼신위. 2014.「'하층(底層)'의 정치, 윤리, 그리고 미학—2011 난징 독립다큐멘터리 포럼의 발언 및 보충」, 천진 옮김,『문화/과학』77호

류짜이푸·리쩌허우. 2003.『고별혁명』, 김태성 옮김. 서울: 북로드

리더, 존. 2006.『도시, 인류 최후의 고향』, 김명남 옮김. 서울: 지호

리쩌허우. 2004.『역사본체론』, 황희경 옮김. 서울: 들녘

리쩌허우. 2005a.『중국현대사상사론』, 김형종 옮김. 파주: 한길사

리쩌허우. 2005b.「20세기 중국문예 일별」,『중국현대사상사론』, 김형종 옮김. 파주: 한길사

리쩌허우. 2005c.『학설』, 노승현 옮김. 서울: 들녘

리쩌허우. 2010.『중국근대사상사론』, 임춘성 옮김. 파주: 한길사, 2쇄(1쇄: 2005)

리쩌허우. 2013.『중국 철학이 등장할 때가 되었는가?』, 류쉬위안 외 엮음, 이유진 옮김.
　　　파주: 글항아리

리쩌허우. 2014.『미의 역정』, 이유진 옮김. 파주: 글항아리

리쩌허우. 2015.『중국 철학은 어떻게 등장할 것인가?—'하나의 세계'에서 꿈꾸는 시적
　　　거주』, 류쉬위안 엮음, 이유진 옮김. 파주: 글항아리

리쩌허우. 2016.『화하미학』, 조송식 옮김. 서울: 아카넷

李澤厚. 1992.『중국현대사상사의 굴절』, 김형종 옮김. 서울: 지식산업사

마뚜라나, 움베르또·프란시스코 바렐라. 2007.『앎의 나무: 인간 인지능력의 생물학적
　　　뿌리』, 최호욱 옮김. 서울: 갈무리

마루카와 데쓰시. 2008.『리저널리즘』, 백지운·윤여일 옮김. 서울: 그린비

맥케이브, 콜린. 2007.「추천사」,『지정학적 미학—세계 체제에서의 영화와 공간』. 서울:
　　　현대미학사

茅盾. 1989.『누에도 뽕잎을 먹지 않는다』, 편집부 옮김. 서울: 문덕사

무페, 샹탈. 2006.『민주주의의 역설』, 이행 옮김. 고양: 인간사랑

미조구치 유조 2016.『방법으로서의 중국』, 서광덕·최정섭 옮김. 부산: 산지니

바디우, 알랭. 2010.「민주주의라는 상징」,『민주주의는 죽었는가?—새로운 논쟁을 위하
　　　여』. 서울: 도서출판 난장

바르트, 롤랑. 1995.『신화론』, 정현 옮김. 서울: 현대미학사

바오미(왕리숑). 1992.『황화(黃禍)』(1-5). 서울: 영웅

박광득. 2004.「중국공산당의 소수민족정책 연구」,『대한정치학회보』12집 1호

박병광. 2000.「중국 소수민족정책의 형성과 전개: 민족동화와 융화의 변주곡에 관하여」,
　　　『국제정치논총』제40집 4호

박병광. 2002.「개혁기 중국의 지역격차문제: 한족지구와 소수민족지구간 경제편차를 중
　　　심으로」,『국제정치논총』제42집 1호

박병광. 2008a.「개혁개방시기 중국의 민족주의 연구」,『개혁개방 30년과 미래를 향한

한중소통」, 현대중국학회 2008년 추계 국제학술대회 자료집

박병광. 2008b. 「개혁기 중국의 민족주의 등장 배경과 실태」, 『국제문제연구』 제8권 3호

박성수. 2004. 『들뢰즈』. 서울: 이룸

박수연. 2007. 「식민지적 디아스포라와 그것의 극복—백세영의 월북 이전 시에 대해」, 『한국언어문학』 제61집, 한국언어문학회

박진범. 2015.5.27. 「슈퍼차이나의 반향과 성공요인」, 『<슈퍼차이나> 열풍으로 본 중국 사회의 이해』, 서울대학교 아시아연구소

박형기. 2007. 『덩샤오핑—개혁개방의 총설계사』. 파주: 살림

백승욱. 2007. 「동아시아 속의 민족주의—한국과 중국」, 『문화/과학』 52호

백승욱. 2008. 『세계화의 경계에 선 중국』. 파주: 창비

백승욱. 2011. 「중국 지식인은 '중국굴기'를 어떻게 말하는가—왕후이의 「중국굴기의 경험과 도전」에 부쳐」, 『황해문화』 2011 가을

백승욱. 2013. 「한국 1960-1970년대 사유의 돌파구로서의 중국 문화대혁명 이해—리영희를 중심으로」, 『사이間SAI』 제15호

백승욱·장영석·조문영·김판수. 2015. 「시진핑 시대 중국 사회건설과 사회관리」, 『현대중국연구』 제17집 1호

벤야민, 발터. 2009. 『독일 비애극의 원천』, 김유동·최성만 옮김. 파주: 한길사

변화영. 2006. 「문학 교육과 디아스포라—재일한국인 이양지의 소설을 중심으로」, 『한국문학이론과 비평』 제32집, 한국문학이론과 비평학회

보그, 로널드. 2006. 『들뢰즈와 시네마』, 김승숙 옮김. 서울: 동문선

브라운, 웬디. 2010. 「오늘날 우리는 모두 민주주의자이다 …」, 『민주주의는 죽었는가?—새로운 논쟁을 위하여』. 서울: 도서출판 난장

사까모토 요시까즈. 2009. 「왜 지금 동아시아인의 정체성인가?」, 『동아시아의 재발견』, 서남포럼자료집, 2009.9.18

사이드, 에드워드. 1996. 『권력과 지성인』, 전신욱·서봉섭 옮김. 서울: 도서출판 창

사이드, 에드워드. 2005. 『프로이트와 비유럽인』, 주은우 옮김. 파주: 창비

사이드, 에드워드. 2008. 『말년의 양식에 관하여』, 장호연 옮김. 서울: 도서출판 마티

샌델, 마이클. 2012. 『민주주의의 불만—무엇이 민주주의를 뒤흔들고 있는가』, 안규남 옮김. 파주: 동녘

서경식. 2006. 『난민과 국민 사이: 재일 조선인 서경식의 사유와 성찰』, 임성모·이규수

역. 서울: 돌베개

서경식. 2008.8.9. 「올림픽과 국가주의의 '잘못된 만남'」, 『한겨레신문』

蘇曉康·王魯湘 1989. 『하상(河殤)』, 홍희 역. 서울: 동문선

솝즈, 마크·올리버 턴불. 2005. 『뇌와 내부세계』, 김종주 옮김. 서울: 하나의학사

송주명. 2009. 「한국의 대학과 일본」, 『한국의 대학과 세계』(2009년 춘계학술대회 자료
집), 중앙대학교 인문과학연구소·한독문화연구소

쉬지린·뤄강 외. 2014. 『계몽의 자아와해』, 이주노·김명희·김하림·박혜은·이여
빈·이희경·피경훈 옮김. 광주: 전남대학교출판부

스토리, 존. 2002. 『대중문화와 문화연구』, 박만준 역. 서울: 경문사

시그레이브, 스털링. 2002. 『중국 그리고 화교: 보이지 않는 제국, 화교 네트워크의 역사』,
원경주 옮김. 서울: 프리미엄북스

시프린, 앙드레. 2001. 「엮은이의 말」, 『냉전과 대학―냉전의 서막과 미국의 지식인들』.
서울: 당대

신영복. 2004. 『강의―나의 동양고전 독법』. 파주: 돌베개

신영복. 2015. 『담론: 신영복의 마지막 강의』. 파주: 돌베개

신호철. 2009. 「실크로드에 타오르는 투르크 민족주의」, 『시사IN』 제96호, 2009.7.18

심광현. 2009. 『유비쿼터스 시대의 지식생산과 문화정치: 예술-학문-사회의 수평적 통섭
을 위하여』. 서울: 문화과학사

심광현. 2014a. 『맑스와 마음의 정치학―생산양식과 주체양식의 변증법』. 서울: 문화과학사.

심광현. 2014b. 「중국문화연구가 던져 주는 기대와 반성」, 『중국현대문학』 제70호

심광현. 2015. 「리쩌허우의 『비판철학의 비판』의 비판적 수용을 위하여」, 『중국현대문학』
75호

쑨거. 2007. 『다케우치 요시미라는 물음』, 윤여일 옮김. 서울: 그린비

쑨거. 2009a. 「동아시아 시각의 인식론적 의의」, 김월회 옮김, 『아세아연구』 제52권1호

쑨거. 2009b. 「일본을 관찰하는 시각」, 임춘성 옮김, 『문화/과학』 56호

쑨꺼. 2003. 『아시아라는 사유공간』, 류준필·김월회·최정옥 옮김. 파주: 창비

아감벤 외. 2010. 『민주주의는 죽었는가?―새로운 논쟁을 위하여』, 김상운·양창렬·홍
철기 옮김. 서울: 도서출판 난장

아감벤, 조르조 2010. 「민주주의라는 개념에 관한 권두노트」, 『민주주의는 죽었는가?―
새로운 논쟁을 위하여』. 서울: 도서출판 난장

아리기, 조반니. 2008. 『장기 20세기: 화폐, 권력 그리고 우리 시대의 기원』, 백승욱 옮김. 서울: 그린비

아리기, 조반니. 2009, 『베이징의 애덤 스미스—21세기의 계보』, 강진아 옮김. 서울: 도서출판 길

아리기, 조반니. 2012. 「장기적인 관점으로 본 중국의 시장 경제」, 『중국, 자본주의를 바꾸다』. 서울: 미지북스

아탈리, 자크 2007. 『호모 노마드—유목하는 인간』, 이효숙 옮김. 서울: 웅진 지식하우스

아파두라이, 아르준. 2004. 『고삐풀린 현대성』, 차원현·채호석·배개화 옮김. 서울: 현실문화연구

앤거스, 아이언·수트 젤리. 1999. 「현대 미국의 문화정치학」, 엄광현 옮김, 이영철 엮음, 『21세기 문화 미리 보기』. 서울: 시각과 언어

앤더슨, 베네딕트. 2002. 『상상의 공동체—민족주의의 기원과 전파에 대한 성찰』, 윤형숙 역. 서울: 나남출판

오윤호 2007. 「『中國人 거리에』에 나타난 移住의 想像力」, 『어문연구』 제35권 제4호, 한국어문연구회

왕겅우. 2003. 『화교』, 윤필준 역. 서울: 다락원

왕샤오밍. 2003. 「현대 중국의 민족주의」, 최정옥 옮김, 『황해문화』 40호

왕샤오밍. 2005. 「최근 중국의 문화연구」, 박자영 옮김, 『문화/과학』 42호

왕샤오밍. 2009a. 「'포전인옥(抛磚引玉)'」, 임춘성·왕샤오밍 엮음, 『포스트사회주의 중국의 문화연구』, 서울: 현실문화연구

왕샤오밍. 2009b. 「새로운 '이데올로기 지형'과 문화연구」, 임춘성·왕샤오밍 엮음, 『포스트사회주의 중국의 문화연구』. 서울: 현실문화연구

왕샤오밍. 2010a. 「문화연구의 세 가지 난제—상하이대학 문화연구학과를 예로 하여」, 김명희 옮김, 『중국현대문학』 제55호

왕샤오밍. 2010b. 「상하이의 새로운 '삼위일체'」, 고윤실 옮김, 『문화/과학』 63호

왕샤오밍. 2012a. 「육분천하: 오늘의 중국문학」, 백지운 옮김, 『창작과비평』 제40권 제2호

왕샤오밍. 2012b. 「천하 6할: 오늘날의 중국문학」, 변경숙 옮김, 『중국현대문학』 제61호

왕샤오밍. 2013. 「현대 초기 사상과 중국혁명」, 강내희·김소영 옮김, 『문화연구』 2권2호, 한국문화연구학회

왕샤오밍. 2014. 『가까이 살피고 멀리 바라보기: 왕샤오밍 문화연구』, 김명희·변경숙·

고재원·김소영·고윤실 옮김. 서울: 문화과학사

왕샤오밍·임춘성. 2012.「왕샤오밍-임춘성 인터뷰」, 朱杰·김소영 녹취 번역,『오늘의 문예비평』87호

왕지아평 외. 2007.『대국굴기—세계를 호령하는 강대국의 패러다임』, 양성희·김인지 번역. 서울: 크레듀

왕후이. 1994.「중국 사회주의와 근대성 문제」, 이욱연 옮김,『창작과비평』86호

왕후이. 2011.「중국굴기의 경험과 도전」, 최정섭 옮김,『황해문화』2011 여름

왕후이. 2012.「충칭 사건—밀실정치와 신자유주의의 권토중래」, 성근제 옮김,『역사비평』 99호

왕후이. 2015.「두 종류의 신빈민과 그들의 미래—계급 정치의 쇠락과 재형성, 신빈민의 존엄의 정치」, 박자영 옮김,『문화/과학』83호

우혜경. 2010.「다큐멘터리 <張律, 장률(Of Hospitality)> 제작 연구」, 한국예술종합학교 예술사과정 영상원 영상이론과

원용진. 2008.「한국 대중문화, 미국과 함께 혹은 따로」,『아메리카나이제이션—해방 이후 한국에서의 미국화』. 서울: 푸른역사

원종민. 2004.「동남아 화인언어 연구의 현황과 전망」,『화교의 역사와 문화』(제77차 정기 학술발표회 발표논문집), 중국학연구회

원톄쥔. 2013.『백년의 급진—중국의 현대를 성찰하다』, 김진공 옮김. 파주: 돌베개

원톄쥔. 2016.『여덟 번의 위기—현대 중국의 경험과 도전, 1949-2009』, 김진공 옮김. 파주: 돌베개

월러스틴, 이매뉴얼. 2001.「한국어판을 펴내며」, 노엄 촘스키 외,『냉전과 대학—냉전의 서막과 미국의 지식인들』, 정연복 옮김. 서울: 당대

유강문. 2008.5.5.「'바링허우' 민족주의엔 반성이 없다」,『한겨레신문』

유선영. 2008.「대한제국 그리고 일제 식민지지배 시기 미국화」,『아메리카나이제이션— 해방 이후 한국에서의 미국화』. 서울: 푸른역사

유세종. 2007.「현 중국사회를 읽는 하나의 거울—지아장커(賈樟柯)의 <세계>, <스틸라 이프>론」,『중국연구』제42권

유지나 외. 2008.『2008 '작가'가 선정한 오늘의 영화』. 서울: 작가

육상효. 2009.「침묵과 부재: 張律 영화 속의 디아스포라」,『한국콘텐츠학회논문지』Vol.9, No.11, 한국콘텐츠학회

윤성우. 2006. 「번역학과 해석학은 어디서 그리고 어떻게 만날 수 있을까?」, 폴 리쾨르, 『번역론—번역에 관한 철학적 성찰』, 윤성우·이향 옮김. 서울: 철학과 현실사.

윤인진. 2005. 『코리안 디아스포라—재외한인의 이주, 적응, 정체성』. 서울: 고려대학교 출판부

윤지관·임홍배. 2007. 「세계문학의 이념은 살아 있다」, 『창작과비평』 138호

이강원. 2002. 「문화대혁명과 소수민족지구의 정치지도—내몽고자치구와 어룬춘자치기의 사례」, 『한국지역지리학회지』 8-1

이강원. 2006. 「중국의 도시 기준과 대도시 진입장벽: 호구제도와 상하이」, 『현대도시 상하이의 발전과 상하이인의 삶』. 오산: 한신대학교 출판부

이강원. 2008. 「중국의 행정구역과 지명 개편의 정치지리학—소수민족지구를 중심으로」, 『한국지역지리학회지』 14-5

이글턴, 테리. 2007. 『성스러운 테러』, 서정은 옮김. 서울: 생각의 나무

이도은. 2013. 「『정글만리』 베스트셀러 돌풍 작가 조정래의 힘」, 『중앙SUNDAY S MAGAZINE』, NO.338. 2013.9.1.

이동연. 2002. 『대중문화연구와 문화비평』. 서울: 문화과학사

이동연. 2005. 「아시아 문화연구는 있는가?: 비판적 재구성을 위한 질문들」, 『문화/과학』 43호

이동연. 2006. 『아시아 문화연구를 상상하기—문화민족주의와 문화자본의 논리를 넘어서』. 서울: 그린비

이명호. 2010. 「문화번역의 정치성: 이국성의 해방과 이웃되기」, 『비평과 이론』 제15권 1호

이무용. 2005. 『공간의 문화정치학—공간, 그곳에서 생각하고, 놀고, 싸우고, 만들기』. 서울: 논형

이보경. 2007. 「대북 사람들(臺北人) 속의 상해인 '디아스포라'」, 『중국현대문학』 제43호, 한국중국현대문학학회

이본의편. 2008. 「"황화론(黃禍論)"의 유래」, http://blog.daum.net/shanghaicrab/16152401 (2009.1.22. 검색)

이수자. 2004. 「이주여성 디아스포라—국제성별분업, 문학혼성성, 타자화와 섹슈얼리티」, 『한국사회학』 제38집 2호, 한국사회학회

이와부치 고이치. 2004. 『아시아를 잇는 대중문화: 일본, 그 초국가적 욕망』, 히라타 유키에·전오경 옮김. 서울: 도서출판 또하나의문화

이욱연. 2003.「중국인 디아스포라와 高行健의 문학」,『중국어문학지』14권

이욱연. 2004.「두 개의 한류와 한중 문화 교류」,『철학과 현실』62호, 2004년 가을

이욱연. 2007.「동아시아 공동체 문화담론에 대한 비판적 고찰」,『동아연구』제52집

이정인. 2007.「'이방인'과 '국가인'의 경계에 선 가오싱젠(高行健)—망명 이후의 희곡작품을 중심으로」,『중국현대문학』제43호, 한국중국현대문학학회

이종민. 2007.『글로벌 차이나』. 부산: 산지니

이종민. 2013.「이 계절의 책」,『중국현대문학』제66호

이진경. 2001.「역자 서문」, 질 들뢰즈·펠릭스 가타리,『카프카: 소수적인 문학을 위하여』, 이진경 옮김. 서울: 동문선

이진경 편저. 2007.『문화정치학의 영토들—현대문화론 강의』. 서울: 그린비

이희옥. 2004.「한국에서 비판적 중국연구를 한다는 것」,『중국의 새로운 사회주의 탐색』. 파주: 창비

임대근 외. 2008.『중국영화의 이해』. 파주: 동녘

임대근·곽수경 엮고 씀. 2010.『20세기 상하이영화: 역사와 해제』. 부산: 산지니

임영호. 2015.「스튜어트 홀과 문화 연구의 정치」, 스튜어트 홀,『문화, 이데올로기, 정체성: 스튜어트 홀 선집』, 임영호 편역, 서울: 컬처룩.

임춘성. 1995.『소설로 보는 현대중국』. 서울: 종로서적

임춘성. 2004.「중국 근현대 무협소설의 근현대성」,『중국현대문학』제29호, 한국 중국현대문학학회

임춘성. 2008.「중국 대중문화의 한국적 수용에 관한 초국가적 연구: 영화와 무협소설 텍스트를 중심으로」,『중국학보』제57집, 중국학회

임춘성. 2009a.「'서유럽 모던'과 '동아시아 근현대'」, 홍석준·임춘성,『동아시아의 문화와 문화적 정체성』. 서울: 한울

임춘성. 2009b.「포스트사회주의 중국의 문화 경관」, 임춘성·왕샤오밍 엮음,『21세기 중국의 문화지도—포스트사회주의 중국의 문화연구』, 중국'문화연구'공부모임 옮김. 서울: 현실문화연구

임춘성. 2009c.「한중 문화의 소통과 횡단에 관한 일 고찰—중국의 한국문학 번역·출판의 예」,『외국문학』제33호, 한국외국어대학교 외국문학연구소

임춘성. 2010a.「동아시아인의 정체성 형성, 장애와 출구: 비판적 동아시아담론을 중심으로」,『문화/과학』61호

임춘성. 2010b. 「중국근현대문학사 최근 담론에 대한 비판적 검토—'한어문학'과 '화인문학'을 중심으로」, 『외국문학연구』 제41호

임춘성. 2010c. 「포스트사회주의 시기 상하이 글쓰기와 도시공간 담론」, 『중국현대문학』 제52호

임춘성. 2010d. 「책을 펴내며」, 임춘성·곽수경 엮고 씀, 『상하이영화와 상하이인의 정체성』. 부산: 산지니

임춘성. 2012. 「왕안이의 『장한가』와 상하이 민족지」, 『중국현대문학』 제60호

임춘성. 2013a. 「문학과 학문 그리고 정의」, 『중국현대문학』 제65호

임춘성. 2013b. 「루쉰에서 마오쩌둥까지」, 『서남포럼 뉴스레터』, 2013.7.25 http://seonamforum. net/newsletter/view.asp?idx=2138&board_id=21&page=2

임춘성. 2013c. 『중국 근현대문학사 담론과 타자화』. 파주: 문학동네

임춘성·馬小潮 2002. 「양무파(洋務派)와 유신파(維新派)의 중체서용(中體西用)」, 『중국학보』 46권

임춘성·홍석준 외. 2006. 『홍콩과 홍콩인의 정체성』. 서울: 학연문화사

임춘성 엮음. 2014. 『상하이학파 문화연구: 비판과 개입』, 중국'문화연구'공부모임 옮김. 서울: 문화과학사

임춘성·왕샤오밍 엮음. 2009. 『21세기 중국의 문화지도—포스트사회주의 중국의 문화연구』, 중국'문화연구'공부모임 옮김. 서울: 현실문화연구

임춘성·곽수경 엮고 씀. 2010. 『상하이영화와 상하이인의 정체성』. 부산: 산지니

자크, 마틴. 2011. 『중국이 세계를 지배하면』, 안세민 옮김. 서울: 도서출판 부키

장정아. 2003. 「'홍콩인' 정체성의 정치: 반환 후 본토자녀의 거류권 분쟁을 중심으로」, 서울대학교 대학원 인류학과 박사학위논문

장청즈 2013. 「문학과 정의, 세계와 우리의 학술」, 고윤실 옮김, 『중국현대문학』 제65호

전찬일 외. 2009. 『2009 '작가'가 선정한 오늘의 영화』. 서울: 작가

정성일. 2011. 『필사의 탐독』. 서울: 바다출판사

정성일·정우열. 2011. 『언젠가 세상은 영화가 될 것이다』. 서울: 바다출판사

정성일·허문영. 2011.3.15. 「그는 경계에 서 있다」, 『시네 21』 795호

정은경. 2006. 「추방된 자, 어떻게 자신의 운명의 주인이 되는가—코리아 디아스포라 문학의 '현재'」, 『실천문학』 83호

정한석. 2011.3.15. 「마술처럼 흔들리는 취권의 순간들」, 『시네 21』 795호

제임슨, 프레드릭. 2003. 『보이는 것의 날인』, 남인영 옮김. 서울: 한나래

제임슨, 프레드릭. 2007. 『지정학적 미학―세계 체제에서의 영화와 공간』, 조성훈 옮김. 서울: 현대미학사

조경란. 2006. 「현대 중국의 소수민족에 대한 '국민화' 이데올로기―중화민족론을 중심으로」, 『시대와 철학』 17-3, 한국철학사상연구회

조경란. 2013. 『현대 중국 지식인 지도』. 파주: 글항아리

조정래. 2013. 『정글만리(1·2·3)』. 서울: 해냄

조한혜정 외. 2005. 『'한류'와 아시아의 대중문화』. 서울: 연세대학교 출판부

조흥국. 2000. 「동남아 화인의 역사와 정체성」, 『동남아의 화인사회―형성과 변화』. 서울: 전통과현대.

조희연. 2003. 「서문: 지적 '식민화'에 대한 비판적 성찰 시도」, 학술단체협의회 엮음, 『우리 학문 속의 미국―미국적 학문 패러다임 이식에 대한 비판적 성찰』. 서울: 한울

주은우. 2007. 「배신당한 아메리칸 드림, 그러나 버리지 않는 꿈」, 『문화/과학』 51호

주진숙·홍소인. 2009. 「장률 감독 영화에서의 경계, 마이너리티, 그리고 여성」, 『영화연구』 42호

지젝, 슬라보예. 2010. 「민주주의에서 신의 폭력으로」, 『민주주의는 죽었는가?―새로운 논쟁을 위하여』. 서울: 도서출판 난장

진, 하워드 2001. 「냉전시대 역사의 정치학: 억압과 저항」, 『냉전과 대학―냉전의 서막과 미국의 지식인들』. 서울: 당대

진사화. 1995. 『20세기 중국문학의 이해』. 서울: 청년사

진중권. 1994. 『미학 오딧세이 1』. 서울: 새길

陳平原. 2004. 『중국소설사―이론과 실천』, 이보경·박자영 옮김, 서울: 이룸.

천광싱. 2012. 「경험으로 본 한국-대만의 지적 교류와 연대」, 최원식·백영서 엮음, 『대만을 보는 눈―한국-대만, 공생의 길을 찾아서』. 파주: 창비

천쓰허. 2008. 『중국당대문학사』, 노정은·박난영 옮김. 파주: 문학동네

천핑위안. 2013. 『중국소설의 근대적 전환』, 이종민 옮김. 부산: 산지니

첸리췬. 2012. 『내 정신의 자서전』, 김영문 옮김. 파주: 글항아리

첸리췬. 2012. 『망각을 거부하라: 1957년학 연구 기록』, 길정행·신동순·안영은 옮김. 서울: 그린비

錢理群. 2012. 『모택동 시대와 포스트 모택동 시대 1949-2009 (상·하)』, 연광석 옮김. 파주:

한울아카데미

초우, 레이. 2004. 『원시적 열정—시각, 섹슈얼리티, 민족지, 현대중국영화』, 정재서 옮김.
　　서울: 이산

초우, 레이. 2005. 『디아스포라의 지식인—현대 문화연구에 있어서 개입의 전술』, 장수
　　현·김우영 옮김. 서울: 이산

촘스키, 노엄 외. 2001. 『냉전과 대학—냉전의 서막과 미국의 지식인들』, 정연복 옮김.
　　서울: 당대

촘스키, 노엄. 2001. 「냉전과 대학」, 『냉전과 대학—냉전의 서막과 미국의 지식인들』.
　　서울: 당대

최갑수. 2009. 「한국의 대학과 한국」, 『한국의 대학과 세계』(2009년 춘계학술대회 자료
　　집), 중앙대학교 인문과학연구소·한독문화연구소

최원식. 2003. 「민족문학과 디아스포라—해외동포들의 작품을 읽고」, 『창작과비평』,
　　2003년 봄

최원식. 2007. 「포스트한류시대의 입구에서」, 『플랫폼』 7호, 인천문화재단

최원식. 2009. 『제국 이후의 동아시아』. 파주: 창비

최장집·박찬표·박상훈. 2007. 『어떤 민주주의인가—한국 민주주의를 보는 하나의 시
　　각』. 서울: 후마니타스

최형식. 2007. 「중국의 현대화와 민족주의」, 『시대와 철학』 18-4, 한국철학사상연구회

카스텔, 마누엘. 2008. 『정체성 권력』, 정병순 옮김. 서울: 한울아카데미

쿵칭둥. 2007. 『한국쾌담—베이징대 쿵 교수의 도발적 한국론』, 김태성 옮김. 서울:
　　올림

퀸, 필립 A. 2006. 『중국인의 해외진출과 자본주의』, 이영욱·홍석준·한승현·강진아·
　　박혁순·윤성주 옮김. 서울: 아카넷

크라니어스커스, 존. 2001. 「번역과 문화횡단 작업」, 金素英·姜來熙 옮김, 『흔적』 1, 문화
　　과학사

크라머, 슈테판. 2000. 『중국영화사』, 황진자 옮김. 서울: 이산

판보췬. 2015. 『중국현대통속문학사 上』, 김봉연·신동순·신홍철·유경철·임춘성·전
　　병석 옮김. 서울: 차이나하우스

프랫, 메리 루이스 2015. 『제국의 시선—여행기와 문화횡단』, 김남혁 옮김. 서울: 현실문화

프록터, 제임스 2006. 『지금 스튜어트 홀』, 손유경 옮김. 서울: 앨피

하남석. 2014. 「중국의 고민을 어떻게 이해할 것인가」, 『황해문화』 2014년 봄

하마시타 다케시. 1997. 『홍콩: 아시아의 네트워크 도시』, 하세봉 · 정지호 · 정혜중 공역. 서울: 도서출판 신서원

하트, 마이클. 2006. 『들뢰즈 사상의 진화』, 김상운 · 양창렬 옮김. 서울: 갈무리(2쇄. 1쇄: 2004)

학술단체협의회 엮음. 2003. 『우리 학문 속의 미국―미국적 학문 패러다임 이식에 대한 비판적 성찰』. 서울: 한울

한국 철학사상연구회 편. 1997. 『철학대사전』. 서울: 동녘

허석. 2006. 「해외이주 일본인들의 디아스포라적 특성에 대한 연구―이주지에서의 일본 어신문 발행과 국민적 아이덴티티 유지를 중심으로」, 『일본어문학』 제31집

헬드, 데이비드 외. 2003. 『전지구적 변환』, 조효제 옮김. 파주: 창비

헬드, 데이비드. 2012. 『민주주의의 모델들』, 박찬표 옮김. 서울: 후마니타스(3쇄. 1쇄: 2010)

홀, 스튜어트 외. 1996. 『현대성과 현대문화 1, 2』, 전효관 외 옮김. 서울: 현실문화연구

홀, 스튜어트. 2015. 『문화, 이데올로기, 정체성: 스튜어트 홀 선집』, 임영호 편역. 서울: 컬처룩

홍석준. 2008. 「중심과 주변의 변증: 동남아시아의 종족집단(ethnic group)과 종족성 (ethnicity)을 보는 시선들」, 『민족문제를 통해 본 중심과 주변의 변증』, 동아대학교 석당학술원 문화콘텐츠연구소, 2008.11.28

홍석준 · 임춘성. 2009. 『동아시아의 문화와 문화적 정체성』. 서울: 한울

홍성민. 2009. 『문화정치학 서설―한국 진보정치의 새로운 구상』, 파주: 나남

황성민. 1992. 「전통문화에 대한 반성과 서체중용론」, 『현대중국의 모색―문화전통과 현대화 그리고 문화열』. 서울: 동녘

황희경. 2004. 「현대중국의 계몽철학자: 리쩌허우」, 리쩌허우, 『역사본체론』. 서울: 들녘

황희경. 2007. 『중국 이유 있는 '뻥'의 나라?』. 서울: 삼성출판사

홍호평. 2012. 「서론: 지구적 자본주의의 세 전환과 중국의 부상」, 『중국, 자본주의를 바꾸 다』. 서울: 미지북스

홍호평 · 조반니 아리기 외. 2012. 『중국, 자본주의를 바꾸다』, 장윤미 · 이홍규 · 하남석 · 김현석 옮김. 서울: 미지북스

KBS<슈퍼차이나>제작팀. 2015. 『슈퍼차이나』. 고양: 가나출판사, 2015(11쇄).

高力克. 2007. 「第七章 如何認識轉型中國─關於自由主義與新左派的論爭」, 許紀霖·羅崗等, 『啓蒙的自我瓦解: 1990年代以來中國思想文化界重大論爭研究』. 長春: 吉林出版集團有限責任公司

高允實. 2015. 「從電視劇到網絡劇─生産. 消費方式的變化與新的'大衆主體'─」, 上海大學文化研究系 博士學位論文

金珍鎬. 2008. 「韓中靑年反中·反韓情緖의 原因及解決途徑」, 『개혁개방 30년과 미래를 향한 한중소통』(현대중국학회 국제학술대회 자료집), 北京, 2008.10.24

暨愛民. 2007. 「文化民族主義的現代取向」, 『中央民族大學學報(哲學社會科學版)』 2007年第5期

金昭英. 2014. 「中國網絡文學網點的主流生産機制研究─以榕樹下和起點中文網爲」, 上海大學文化研究系 博士學位論文

羅崗. 2012. 『人民至上: 從"人民當家作主"到"社會共同富裕"』. 上海: 上海人民出版社

南帆. 2001. 『雙重視域─當代電子文化分析』. 南京: 江蘇人民出版社

魯迅. 2005. 「文化偏至論」, 『魯迅全集』1권. 北京: 人民文學出版社

當代文化研究網編. 2010. 『"城"長的煩惱』. 上海: 上海書店出版社

戴錦華. 1999. 『隱形書寫─90年代中國文化研究』. 南京: 江蘇人民出版社

戴錦華. 2000a. 『霧中風景: 中國電影文化 1978-1998』. 北京: 北京大學出版社

戴錦華. 2000b. 「緖論」, 戴錦華主編, 『書寫文化英雄 世紀之交的文化研究』. 南京: 江蘇人民出版社

戴錦華. 2006. 『霧中風景: 中國電影文化 1978-1998』. 北京: 北京大學出版社(2版)

戴錦華主編. 2000. 『書寫文化英雄 世紀之交的文化研究』. 南京: 江蘇人民出版社

德里克, 阿里夫. 2007. 「后社會主義?─反思"有中國特色的社會主義"」, 苑潔主編, 『后社會主義』. 北京: 中央編譯出版社

董麗敏. 2011. 『性別·語境與書寫的政治』. 北京: 人民文學出版社

鄧光輝. 2001. 「論90年代中國電影的意義生産」, 『當代電影』 2001年第1期

羅鋼等主篇. 2000. 『文化研究讀本』. 北京: 中國社會科學出版社

羅紋文. 2011. 「李澤厚"情本体"思想研究」, 西南大學博士學位論文

羅小茗. 2012. 『形式的獨奏─以上海"二期課改"爲個案的課程改革研究』. 上海: 上海書店出版社

羅小茗. 2015. 『末日船票─日常生活中的文化分析』. 上海: 上海人民出版社

羅小茗編. 2011. 『制造"國民": 1950-1970年代的日常生活與文藝實踐』. 上海: 上海書店出版社

路春艷. 2010. 『中國電影中的城市想像與文化表達』. 北京: 北京師範大學出版社

雷啓立. 2008. 『傳媒的幻像: 當代生活與媒體文化分析』. 上海: 上海書店出版社

劉立娟. 2010.「東南亞華文文學中文化身份認同與書寫」,『時代文學』2010-3

劉广新. 2006.「李澤厚美學思想述評」, 浙江大學博士學位論文

李陀. 1999.「序」, 戴錦華,『隱形書寫: 九十年代中國文化研究』. 南京: 江蘇人民出版社

馬軍驤. 1990.「漂移的軌迹—楊德昌電影初識」,『電影藝術』1990-05

馬克思・恩格斯. 2009.「共産黨宣言」,『馬克思恩格斯文集』第2卷, 中共中央馬克思恩格斯列寧斯大
　　　　林著作編譯局編譯, 北京: 人民出版社

莫海斌. 2006.「南洋本土的漢語書寫: 東南亞華文文學的族性言說」,『暨南學報(哲學社會科學版)』
　　　　2006-4

孟凡東・何愛國. 2007.「20世紀中國文化民族主義的三大核心訴求」,『北方論叢』, 2007年第3期

牟方磊. 2013.「李澤厚"情本体論"研究」, 湖南師范大學博士學位論文

白永瑞. 2009.『思想東亞: 韓半島視覺的歷史與實踐』. 臺北: 臺灣社會研究雜誌社

白永瑞・陳光興編. 2010.『白樂晴—分斷體制・民族文學』, 李旭淵ほか譯校訂. 臺北: 聯經出版

范伯群. 2007.『中國現代通俗文學史(揷圖本)』. 北京: 北京大學出版社

費孝通. 1999.『中華民族多元一體格局』. 北京: 中央民族大學出版社

費孝通主編. 2003.『中華民族多元一體格局』. 北京: 中央民族大學出版社(6刷)

徐迅. 1998.『民族主義』. 北京: 中國社會科學出版社

薛毅編. 2008.『鄉土中國與文化研究』. 上海: 上海書店出版社

邵燕君. 2003.『傾斜的文學場: 當代文學生産機制的市場化轉型』. 南京: 江蘇人民出版社

孫慰川. 2001.「靜觀與禪悟—評臺灣導演楊德昌的影片『一一』」,『電影評介』2001-11

孫慰川. 2002.「關錦鵬的電影世界」,『電影新作』2002-03

孫慰川. 2004.「論楊德昌的誠意電影及其美學特徵」,『南京師大學報(社會科學版)』2004-03

孫曉忠編. 2009.『魯迅與竹內好』. 上海: 上海書店出版社

孫曉忠編. 2009.『方法與個案: 文化研究演講集』. 上海: 上海書店出版社

孫曉忠編. 2011.『巨變時代的思想與文化—文化研究對話錄』. 上海: 上海書店出版社

孫曉忠編. 2012.『生活在後美國時代—社會思想論壇』. 上海: 上海書店出版社

宋偉杰. 1999.『從娛樂行爲到烏托邦衝動: 金庸小說再解讀』. 南京: 江蘇人民出版社

施立峻. 2003.「資本神話時代的文化批判—楊德昌『麻將』觀後兼及一種大衆文化觀的理解」,『藝術
　　　　廣角』2003-04

也斯. 1995.『香港文化 Hong Kong Culture』. 香港: 靑文書屋

楊振昆. 1995.「東南亞華文文學的文化考察」,『云南社會科學』1995-4

楊曉林. 2007. 「現代儒者的困惑與理性反思─楊德昌電影論」, 『世界華文文學論壇』 2007-02

呂新雨. 2003. 『紀錄中國: 當代中國新紀錄運動』. 北京: 三聯書店

呂新雨. 2008. 『書寫與遮蔽: 影像・傳媒與文化論集』. 桂林: 廣西師範大學出版社

呂新雨. 2012. 「"底層"的政治・倫理與美學─2011南京獨立紀錄片論壇上的發言與補充」, 『紀錄片專題』 2012年第5期

呂新雨. 2013. 『鄉村與革命─中國新自由主義批判三書』. 上海: 華東師範大學出版社

呂新雨等著. 2012. 『大衆傳媒與上海認同』. 上海: 上海書店出版社

呂正惠. 2013. 「橫站, 但還是有支點」, 王曉明, 『橫站: 王曉明選集』. 臺北: 人間出版社

王賡武主編. 1997. 『香港史新編 上下冊』, 香港: 三聯書店(香港)有限公司

王耕. 2015. 「李澤厚歷史本體論研究」, 河北大學哲學博士學位論文

王德威. 1993. 『小說中國─晚晴到當代的中文小說』. 臺北: 麥田出版

王德威. 1998. 『想像中國的方法』. 北京: 三聯書店

王德威. 2003. 「被壓抑的現代性─晚清小說的重新評價」, 王曉明主編, 胡曉眞譯, 『二十世紀中國文學史論(上)』. 上海: 東方出版中心

王力雄. 2006. 『遞進民主─中國的第三條道路』. 台北: 大塊文化出版

王力雄. 2006. 『黃禍』(1991) (http://book.edoors.com/book/7640)

王列耀. 2003. 「東南亞華文文學: 華族身份意識的轉型」, 『文學評論』 2003-05

王列耀. 2007. 「東南亞華文文學的"異族叙事"─以非律賓, 馬來西亞, 印度尼西亞和泰國爲例」, 『文學評論』 2007-06

王列耀・池雷鳴. 2008. 「存異与靠攏─東南亞華文文學發展中的一种趨勢」, 『暨南學報(哲學社會科學版)』 2008-04

王廉等. 2011. 『中國城市化教程』. 河源: 暨南大學出版社

王曉明. 1993. 「曠野上的廢墟」, 『上海文學』 1993年第6期

王曉明. 2002. 「從"淮海路"到"梅家橋"─從王安憶小說創作的轉變談起」, 『文學評論』 2002年第3期

王曉明. 2003. 『半張臉的神話』. 桂林: 廣西師範大學出版社

王曉明. 2010. 「文化研究的三道難題: 以上海大學文化研究系爲例」, 『上海大學學報(社會科學版)』 2010年第1期

王曉明. 2011. 「六分天下: 今天的中國文學」, 『文學評論』 2011年第5期

王曉明. 2012a. 「從"上海"到"重慶": 中國"經濟"和"城市化"的新路?」, Cultural Economies and Cultural Cities in Asia, 서울: 한국문화연구학회 국제학술대회 자료집, 2012.2.10

王曉明. 2012b. 『近視與遠望』. 上海: 復旦大學出版社

王曉明. 2013. 『橫站: 王曉明選集』. 臺北: 人間出版社

王曉明主編. 2000. 『在新意識形態的籠罩之下: 90年代的文化和文化分析』. 南京: 江蘇人民出版社

王曉明編. 2012. 『中文世界的文化研究』. 上海: 上海書店出版社

王曉明・陳清僑編. 2008. 『當代東亞城市: 新的文化和意識形態』. 上海: 上海書店出版社

王曉明・朱善杰編. 2012. 『從首爾到墨爾本: 太平洋西岸文化研究的歷史與未來』. 上海: 上海書店出版社

王曉明・周展安編. 2013. 『中國現代思想文選』(I・II). 上海: 上海書店出版社

汪暉. 1998. 「當代中國的思想狀況與現代性問題」, 『文藝爭鳴』 1998-6

汪暉. 2000. 「九十年代文化研究與文化批評」, 『死火重溫』. 北京: 人民文學出版社

汪暉. 2008. 「現代性問題答問」, 『去政治化的政治—短20世紀的終結與90年代』. 北京: 三聯書店

汪暉・李歐梵. 1994. 「文化研究與地區研究」, 『讀書』 1994年7-8期

于麗娜. 2002. 「迷惘與冷酷的都市寓言—王家衛與楊德昌電影對比」, 『電影藝術』 2002-01

苑潔主編. 2007. 『後社會主義』. 北京: 中央編譯出版社

袁進・丁雲亮・王有富. 2008. 『身份構建與物質生活』. 上海: 上海書店出版社

韋菁. 1992. 「『青梅竹馬』: 楊德昌的文化反省」, 『電影藝術』 1992-03

應雄. 1990. 「『恐怖分子』的意義」, 『電影藝術』 1990-05

李歐梵. 2002. 『尋回香港文化』. Hong Kong: Oxford University Press

李陀. 1999. 「'當代大衆文化批評叢書序」, 宋偉杰, 『從娛樂行爲到烏托邦衝動: 金庸小說再解讀』. 南京: 江蘇人民出版社

李澤厚. 1994a. 『美的歷程』. 合肥: 安徽文藝出版社

李澤厚. 1994b. 『中國古代思想史論』. 合肥: 安徽文藝出版社

李澤厚. 1999. 『己卯五說』. 北京: 三聯書店

李澤厚. 2002. 『歷史本體論 A Theory of Historical Ontology』. 北京: 三聯書店

李澤厚. 2014. 『李澤厚對話集. 中國哲學登場—與劉緒源2010・2011年對談』. 北京: 中華書局

林文淇・沈曉茵・李振亞編. 2000. 『戲戀人生—侯孝賢電影研究』. 臺北: 麥田出版股份有限公司

林春城. 2011. 「少數民族電影的文化橫跨與文化認同: 張律的電影美學」, 『2011"亞洲電影新勢力"國際高壇學術硏討會』(자료집), 杭州傳媒學院(2011.9.23)

林春城・王光東編. 2013. 『新世紀韓國的中國現當代文學研究』. 上海: 復旦大學出版社

張美君・朱耀偉編. 2002. 『香港文學@文化研究』. Hong Kong: Oxford University Press

張英進. 2008. 『影像中國─當代中國電影的批評重構及跨國想像』, 胡靜譯. 上海: 上海三聯書店

蔣俊. 2003. 「形象的理性, 藝術的思辨─楊德昌電影研究」, 南京師範大學碩士學位論文

錢善剛. 2006. 「本體之思与人的存在─李澤厚哲學思想研究」, 華東師范大學博士學位論文

趙景陽. 2015. 「中國道路的探尋与个体自由的確証─李澤厚倫理思想的一種解讀」, 蘇州大學博士學位論文

趙衛防. 2005. 「縫合与間离─對中國少數民族電影的一种評析」, 『電影藝術』 2005.1.5

趙忠臣. 2008. 「"樹"的意象化內涵─由少數民族題材電影中的'樹'引起的思考」, 『電影文學』 2008-04

趙稀方. 2003. 『小說香港』. 香港: 三聯書店

左衡. 2003. 「楊德昌影片『獨立時代』的文化批評」, 『電影新作』 2003-01

周蕾. 1995. 『寫在家國以外』, 米家路等譯. Hong Kong: Oxford University Press

朱文斌. 2004. 「后殖民論述与去中國性─以東南亞華文文學爲例」, 『紹興文理學院學報(哲學社會科學)』 2004-6

朱文斌. 2007. 「中國文學是東南亞華文文學的殖民者嗎─兼与王潤華教授等商榷」, 『華文文學』 2007-2

朱文斌. 2008. 「作爲"殖民者"的魯迅」, 『西南民族大學學報(人文社科版)』 2008-6

朱衛國. 2003. 「楊德昌電影, 一一道來」, 『電影新作』 2003-01

周宁. 2008. 「東南亞華文文學研究: 領域与問題」, 『中國比較文學』 2008-3

竹內好. 2005. 『近代的超克』. 北京: 三聯書店

陳光興. 2001. 「文化研究的意義在臺灣」, 『視界』 第4輯

陳國恩. 2010. 「海外華文文學不能進入中國現當代文學史」, 『中國現代文學研究叢刊』 2010-1

陳思和. 1987. 『中國新文學整體觀』. 上海: 文藝出版社

陳思和. 1999. 『中國當代文學史教程』. 上海: 復旦大學出版社

陳思和. 2003. 『中國現當代文學名篇十五講』. 北京: 北京大學出版社

陳映芳. 2002. 『在角色与非角色之間: 中國的青年文化』. 南京: 江蘇人民出版社

陳清僑編. 1997. 『文化想像与意識形態─當代香港文化政治論評』. Hong Kong: Oxford University Press

陳曉雲. 2008. 『電影城市: 中國電影与城市文化(1990-2007年)』. 北京: 中國電影出版社, 2008

陳昕. 2003. 『救贖与消費─當代中國日常生活中的消費主義』. 南京: 江蘇人民出版社

蔡翔. 2010. 『革命/敍述: 中國社會主義文學─文化想像(1949-1966)』. 北京: 北京大學出版社

詹姆遜 F. R. 2004. 「爲臺北重新繪圖」, 王逢振 主編, 『文化研究和政治意識─詹姆遜文集第3卷』. 北京: 中國人民大學出版社

焦雄屏. 2002. 『臺灣電影90新新浪潮』. 臺北: 麥田出版

崔之元. 2010. 「重慶模式的意義」, 『熱風學術』 第四輯. 上海: 上海人民出版社

崔之元. 2011. 「重慶實驗的三个理論視角: 喬治, 米德和葛蘭西」, 『開放時代』 2011-09

七格·任曉雯. 2010. 『神聖書寫帝國』. 上海: 上海書店出版社

包亞明·王宏圖·朱生堅. 2001. 『上海酒吧空間, 消費与想像』. 南京: 江蘇人民出版社

海天. 1998. 「剖析都市社會的楊德昌」, 『大衆電影』 1998-08

許紀霖·羅崗等. 2007. 『啓蒙的自我瓦解: 1990年代以來中國思想文化界重大論爭研究』. 長春: 吉林
　　出版集團有限責任公司

胡大平. 2002. 『崇古的曖昧: 作爲現代生活方式的休閑』. 南京: 江蘇人民出版社

胡月霞. 2005. 「東南亞華文文學的移民心態与本土心態」, 『北京交通大學學報(社會科學版)』 2005-4

黃子平·陳平原·錢理群. 1985. 「論"二十世紀文學"」, 『文學評論』 1985-5

『"文化視野中的都市化—以重慶爲例"工作坊: 會議手冊』, 重慶大學人文社會科學高等研究院, 2012.
　　4.19-24

「中國作家王力雄訪談錄(2): 遞進民主」, <BBC 中文網> (http://www.bbc.com/zhongwen/trad/china/
　　2015/02/150210_iv_wanglixiong_2) (2015.2.10. 검색)

Honig, Emily. 2004. 『蘇北人在上海, 1850-1980』(中文), 盧明華譯. 上海: 上海古籍出版社

崔元植. 2008. 『東アジア文學空間の創造』, 靑柳優子譯. 東京: 岩波書店

Ahmad, Aijaz. 1996. "Jameson's Rhetoric of Otherness and the 'National Allegory'." In: Terry
　　Eagleton, and Drew Milne. eds., *Marxist Literary Theory: a reader*. Oxford: Blackwell

Anderson, Benedict. 2002. *Imagined Communities: Reflection on the Origin and Spread of
　　Nationalism*. New York: Verso(Revised Edition 11th impression)

Appadurai, Arjun. 1996. *Modernity at large: Cultural Dimensions of Globalization*. Minneapolis:
　　University of Minnesota Press

Barth, Frederik. ed., 1969. *Ethnic Groups and Boundaries: The Social Organization of Cultural
　　Difference*. Boston: Little, Brown

Brass, Paul R. 1991. *Ethnicity and Nationalism*. London: Sage

Choi, Inbom. 2003. "Korean Diaspora in the Making: Its Current Status and Impact on the Korean Economy." In: Fred Bergsten & Inbom Choi, eds., *The Korean Diaspora in the World Economy*. Washington, DC: Institute for International Economics

Cohen, Abner. 1969. *Custom and Politics in Urban Africa: A Study of Hausa Migrants in Yoruba Towns*. London: Routledge and Kegan Paul

Dirlik, Arif. 1989. "Postsocialism? Reflections on Socialism with Chinese Characteristics." In: Arif Dirlik and Maurice Meisner, eds., *Marxism and the Chinese Experience*. Armonk, N.Y.: M. E. Sharpe, Inc

Eagleton, Terry and Drew Milne. eds., 1996. *Marxist Literary Theory: a reader*. Oxford: Blackwell

Geertz, Clifford. ed., 1963. *Old Societies and New States*, New York: Free Press

Grewal, Inderpal. 1994. "The Postcolonial, Ethnic Studies, and Diaspora: The Contexts of Ethnic Immigrant/Migrant Cultural Studies in the U. S.", *Socialist Review* 24(4): 45-74

Hann, Chris. 2002. "Farewell to the socialist 'other'." In: Chris Hann, ed., *Postsocialism: Ideals, Ideologies and Practices in Eurasia*. London & New York: Routledge

Humphrey, Caroline. 2002. "Does the category 'postsocialist' still make sense?." In: Chris Hann, ed., *Postsocialism: Ideals, Ideologies and Practices in Eurasia*. London & New York: Routledge

Jacques, Martin. 2009. *When China Rules the World: the End of the Western World and the Birth of a New Global Order*. New York: The Penguin Press

Jameson, Fredric. 1994. "Remapping Taipei." In: Nick Browne, Paul G. Pickowicz, Vivian Sobchack, Esther Yau, eds., *New Chinese Cinemas: Forms, Identities, Politics*. Cambridge: Cambridge University Press

Johnson, Richard · Deborah Chambers · Parvati Radhuram · Estella Tincknell. 2004. *The Practice of Cultural Studies*. London: SAGE Publications

Kohn, Hans. 1967. *The Idea of Nationalism: A Study in its Origins and Background*. New York: Collier-Macmillan.

Latham, Kevin. 2002. "Rethinking Chinese consumption: social palliatives and the rhetorics of transition in postsocialist China." In: Chris Hann, ed., *Postsocialism: Ideals, Ideologies and Practices in Eurasia*. London & New York: Routledge

Lotman, Yuri. 1990. *Universe of the mind: a semiotic theory of culture*. tr. Ann Shukman.

Bloomington: Indiana University Press

McGrath, Jason. 2007. "The Independent Cinema of Jia Zhangke: From Postsocialist Realism to a Transnational Aesthetic." In: Zhen Zhang, ed., *The Urban Generation—Chinese Cinema and Society at the Turn of the Twenty-first Century*. Durham and London: Duke University Press

Meinecke, Friedrich. 1970. *Cosmopolitanism and the Nation State*. Princeton, N.J.: Princeton University Press

Naficy, Hamid. 2001. *An Accented Cinema: Exilic and Diasporic Filmmaking*. Princeton, N.J.: Princeton University press

Pickowicz, Paul. 1994. "Huang Jianxin and the Notion of Postsocialism." In: Nick Browne, Paul Pickowicz, Vivian Sobchack, and Esther Yau, eds., *New Chinese Cinemas: Forms, Identities, Politics*. New York: Cambridge University Press

Ryang, Sonia. 2002. "Diaspora and Beyond: There is No Home for Koreans in Japan," *Review of Korean Studies* 4(no.2): 55-86

Shils, Edward. 1957. "Primordial, personal, sacred and civil ties," *British Journal of Sociology* 8: 130-45.

Storey, John. 1998. *Cultural Studies and the Study of Popular Culture: Theories and Methods*. Edinburgh: Edinburgh University Press

Thompson, Evan. 2007. *Mind in life: Biology, Phenomenology, and the Science of Mind*. Cambridge, London: The Belknap Press of Harvard University

Tölölyan, Khachig. 1991. "The Nation State and Its Others: In Lieu of Preface," *Diasporas* 1(1): 3-7

Venuti, Lawrence. 1995. *The Translator's Invisibility*. London & New York: Routledge

Wang, Gungwu & John Wong, eds. 1999. *Hong Kong in China—The Challenges of Transition*. Singapore: Times Academic Press

Williams, Raymond. 1961. *The Long Revolution*. London: Chatto & Windus

Zhang, Jun & Jamie Peck, 2016. "Variagated Capitalism, Chinese Style: Regional Models, Multi-scalar Constructions," *Regional Studies*, Vol. 50, No. 1

Zhang, Yingjin. 2002. *Screening China: Critical Interventions, Cinematic Reconfigurations, and the Transnational Imaginary in Contemporary Chinese Cinema*. Ann Arbor: The

University of Michigan Press

Zhang, Yingjin. 2007. "Rebel without a Cause?—China's New Urban Generation and Post-socialist Filmmaking." In: Zhen Zhang, ed., *The Urban Generation—Chinese Cinema and Society at the Turn of the Twenty-first Century*. Durham and London: Duke University Press

Zhang, Zhen., ed. 2007. *The Urban Generation—Chinese Cinema and Society at the Turn of the Twenty-first Century*. Durham and London: Duke University Press

Coppola, Francis Ford. 1972, 1974, 1990. <대부 *God Father*> I, II, III

Lee, Spike. 1989. <똑바로 살아라 *Do the Right Things*>

Leone, Sergio. 1984, <원스 어폰 어 타임 인 아메리카 *Once Upon a Time in America*>

Scorses, Martin. 2002. <갱즈 오브 뉴욕 *Gangs of New York*>

關錦鵬(Stanley Kwan). 1989 or 1990. <뉴욕의 중국인 人在紐約 *Full Moon in New York*, 일명 三個女人的故事>

李安(Ang Lee). 1993. <결혼 피로연 喜宴 *The Wedding Banquet*>

楊德昌. 1982. <바램 指望>, <光陰的故事>

楊德昌. 1983. <바닷가의 하루 海灘的一天 *That Day on the Beach*>

楊德昌. 1985. <타이베이 이야기 青梅竹馬 *Taipei Story*>

楊德昌. 1986. <위험한 사람들 恐怖分子 *Terrorizers*>

楊德昌. 1991. <구링제 소년 살인사건 牯嶺街少年殺人事件 *A Brighter Summer Day*>

楊德昌. 1994. <독립시대 獨立時代 *A Confucian Confusion*>

楊德昌. 1996. <마장 麻將 Couples>

楊德昌. 2000. <하나 그리고 둘—*A One and a Two*>

王穎(Wayne Wang). 1993. <조이럭 클럽 *Joy Luck Club*>

張律. 2004. <당시 唐詩 *Tang Shi*>

張律. 2005. <망종 芒種 *Grain in Ear*>

張律. 2006. <경계 境界 *Hyazgar Desert Dream*)>

張律. 2007. <충칭 重慶 *Chongqing*>

張律. 2008. <이리 裡里 *Iri*>

張律. 2010. <두만강 豆滿江 *Dooman River*>

張艾嘉. 1995. <샤오위 少女小魚 *Siaoyu*>

陳可辛(Peter Chan). 1996. <첨밀밀 甛蜜蜜 *Comrades, Almost a Lover*>

찾아보기

<용어편>

<인명편>